글로벌마케팅

이 윤 선 저

청목출판사

머리말

1995년 세계무역기구(WTO)가 출범하면서 세계화가 빠르게 진전되고 있다. 기업은 전 세계시장에서 활동하게 되었고 글로벌 경쟁시대를 맞이하고 있다. 이와 더불어 FTA, NAFTA, EU, ASEAN, MERCOSUR 등의 지역공동체의 형성과 지역주의(regionalism) 확산도 활발히 이루어지고 있다. 이는 해당 국가 간 교역증진과 경제성장의 초석이 된다는 측면에서 많은 국가들이 FTA 등과 같은 협정을 맺고 있다.

따라서 국가 간의 무역 장벽이 제거됨에 따라 무역이 엄청나게 증가되고 있다. 또한 기업은 원하는 국가에 수출, 라이센싱, 프랜차이징, 턴키베이스, 직접투자 및 생산 등을 과거에 비해 아주 자유롭게 활동할 수 있게 되었다. 그래서 과거 보호무역과는 다르게 기업 활동의 경쟁도 점점 심해지고 있다. 시장이 개방됨에 따라 외국기업의 국내시장 진입으로 인하여 국내시장 경쟁이 치열해지고 있으며, 또한 국내기업이 해외시장 진출로 인한 해외시장에서의 경쟁 역시 치열해지고 있다.

따라서 기업은 경쟁력을 갖추고 원활한 기업 성장을 하기 위해서는 해외시장에서 필연적으로 활동하여야 한다. 어느 국가에서 제품을 생산해서 어느 국가에 판매할 것인가? 어떠한 방식으로 해외에 진출할 것인가? 어느 국가에 진출할 것인가? 등 역동적인 활동들이 기업의 경쟁력을 높일 수 있으며, 기업에게 새로운 기회(opportunity)를 제공할 것이다.

최근 들어 한국의 여러 기업들이 해외시장에 참여하고 있다. 특히 중국의 개방화에 따른 한국기업의 해외진출은 하루가 다르게 증가하고 있다. 1990년대 초기 매스컴에는 한국기업이 해외진출 실패에 대한 뉴스가 주류였다면, 2000년대 와서는 해외진출 성공에 관한 뉴스를 많이 접하게 되었다. 이는 과거에 비해 해외시장에 대한 정보의 역할이 컸기 때문이었다고 볼 수 있다.

이러한 관점에서 이 책은 글로벌마케팅의 주제들을 환경적·전략적·관리적 측면에서 폭넓게 다루면서 기본적인 개념을 소개하는 데 역점을 두었다. 또한 개념과 이론의 이해를 돕기 위해 주제에 맞는 사례 등을 별도로 제공하였다. 단지 아쉬운 점은 주제에 맞는 유익한 자료를 수집하고 제공하는 것이 생각보다 쉽지 않았다.

이 책은 크게 네 부분으로 구성되어 있다. 제1부에서는 글로벌마케팅에 대한 이해를 위한 부분으로 글로벌마케팅 및 기업 국제화에 대한 개념과 이론 등을 제시하였다. 1장에시는 글로벌마케팅의 이해와 성격, 2장에서는 기업국제화의 촉진요인과 동기, 3장에서는 글로벌마케팅을 이해하는 데 필요한 기본 이론인 무역이론과 직접투자이론 등을 다루었다. 제2부에서는 글로벌마케팅에서 매우 중요한 글로벌마케팅 환경에 대한 설명으로, 4장에서는 세계무역기구, 지역경제 블록 및 글로벌 경제 환경 등, 마케터들이 중요하게 생각하는 문화적 환경 등을 보다 구체적으로 다루었다. 제3부에서는 글로벌마케팅 전략을 다루었다.

특히, 7장에서는 기업이 어떠한 방법으로 해외에 진출할 수 있는가? 어떠한 방식이 기업이 해외 진출하는 데 가장 경쟁력을 가질 수 있는가? 즉 해외시장 진출 전략에 대하여 설명하였다. 8장에서는 기업이 해외에 진출하기 전에 해외시장 조사활동에 관한 내용과 마케팅믹스 전략인 제품전략, 가격, 유통 및 촉진전략 등을 전략적인 차원에서 다루었다. 제4부에서는 글로벌 마케팅의 조정 및 통제에 관한 설명으로 이 부분에서는 글로벌 마케팅 조사기법 등을 다루었고, 마지막 장에서는 컴퓨터 환경의 변화로 인한 인터넷 인구가 폭발적으로 증가하고 있어 인터넷 마케팅 이론에 대해서도 다루어 보았다.

이 책을 집필하기 위하여 그동안 선배교수님들이 이루어 놓은 저서를 바탕삼아 연구를 하였고, 그대로 인용하기도 하였다. 따라서 내용상의 미흡함에는 넓은 아량으로 이해해 주기 바라며, 선배교수님과 독자여러분들의 아낌없는 질타와 조언을 기대해 본다. 다음에는 좀더 좋은 책이 나올 수 있도록 스스로에게 깊이 있는 연구 활동을 다짐하며, 이 책을 집필할 수 있도록 아낌없이 도와주신 여러 지인들과 이 책이 발간될 수 있도록 세심한 배려를 해 주신 청목출판사 사장님께도 깊은 감사를 드린다.

2010년 7월 13일

이 윤 선

차 례

제1부

글로벌마케팅의 이해

제1장

국제마케팅의 이해와 성격

제 1 절 글로벌마케팅의 이해

1. 국제마케팅의 개념

2000년도 초기에는 세계화·국제화·개방화라는 용어는 제한적으로 사용하였으나 2010년대 와서는 때와 장소를 구분하지 않고 누구나 아주 자연스럽게 사용하고 있다. 그야말로 경제, 정치, 법률, 사회문화, 교육, 농업 및 수산업 분야에서도 아주 자연스럽게 사용하고 정책 및 전략 의사결정에 세계화 변화를 고려하고 있다. 또한 WTO 체제의 구축은 21세기의 세계화를 본격적으로 이끌어 나가고 있다. 21세기 이후의 세계경제는 개별적인 집합이 아니라 세계를 하나의 시장으로 보는 시대에 들어서고 있다. 이러한 방향으로 이끌어 가게 된 원인은 여러 요인으로 볼 수 있지만 WTO의 자유무역체제에 따른 각국의 경제성장이 세계화를 가속화시켰다. 또한 통신과 교통 등의 발전이 한층 세계화를 가속시키고 국가 간의 거리를 더욱 더 좁혀 나가고 있다. 다시 말해 지구가 한 국가로 변해 가는 느낌을 더욱 받아가고 있다.

이처럼 세계시장은 WTO 구축 이후, 세계경제 흐름이 급속도로 변하여 왔으며 또한 하루가 다르게 변해 가고 있다. 이에 따라 기업도 원하는 국가에 가서 기업활동이 가능하게 되었고 무한경쟁체제로 변해 가고 있다. 시장이 개방되기 전에는 국내기업 간 경쟁에서 세계기업간의 경쟁으로 변해 가고 있다. 세계시장 진출로 인하여 기업성장의 기회는 점차 커져 가고 있지만 이와 더불어 경쟁의 강도는 과거에 비하여 급속도로 높아가고 있다.

위와 같은 급속한 변화로 인하여 기업이 살아남기 위하여 기업들은 경영자원을 가장 효율적인 방법으로 사용하기 위해서 세계시장에 진출하고 있다. 이 같은 해외진출이 기업의 존폐가 달려 있다고 해도 과언이 아니기 때문이다. 또한 기업이 해외진출을 가능케 하는 것은 통신과 운송의 발달로 인하여 어느 국가에서 제품을 생산하든지 단시일내에 원하는 시장에 공급이 가능하기 때문이다.

이와 같이 세계시장은 더욱 더 복잡해져 가고 있고 무한경쟁시대로 달려가고 있다. 따라서 기업은 기회인 동시에 위험에 직면하고 있다. 기회를 살리려는 기업은 적극적으로 해외진출을 꾀하려고 하겠고 위험에 직면한 기업은 살아남기 위해서 여러 가지 방안을 모색할 것이다. 여기에서 분명한 것은 국내경쟁이 아니라 국제경쟁이라는 것이다. 따라서 제품생산, 판매, 기술, 서비스 등의 경쟁력을 확보하기 위해 노력하고 있다.

이러한 환경변화 흐름에 맞추어 기업의 국제마케팅활동도 급속한 형태로 발전되어 가고 있다. 어느 국가에 진출할 것인가? 어느 국가에서 제품을 생산할 것인가? 어느 국가에서 제품을 판매할 것인가? 또한 어떠한 방법으로 해외에 진출할 것인가?에 대한 의사결정을 하여야 한다.

국제마케팅은 국경선을 넘어서 기업활동이 원활히 수행할 수 있도록 정보를 제공하는 것이다. 이는 기업활동에 필요한 수출, 수입, 라이센싱, 프랜차이징, 턴키베이스, 경영관리계약, 해외직접투자 등에 최적의 의사결정을 할 수 있도록 정보를 제공하는 것을 말한다. 뿐만 아니라 각국제품의 선호도 제품의 라이프 사이클 등의 제품을 판매할 수 있도록 또한 기업에서 필요한 자원을 획득할 수 있도록 정보를 제공하는 기업활동을 말한다.

1985년 미국 마케팅학회가 다음과 같이 국제마케팅의 정의하고 있다. 국제마케팅이란 "개인이나 조직의 목표를 만족시키는 교환을 창출해 내기 위해 아이디어, 재화 및 서비스의 개발, 가격, 촉진, 유통을 계획하고 집행해 나가는 국제적 과정"이라고 정의하고 있다. 이를 요약해 보면 국제마케팅을 개인과 조직의 목적을 충족하기 위해 국경선을 넘어 이루어지는 경영활동을 계획하고 집행해 나가는 것으로 요약할 수 있다. 외국학자 뿐만 아니라 국내학자들의 정의를 보면 커다란 틀을 벗어나지 않은 비슷한 견해를 가지고 있다. 이러한 학자들의 연구 기반으로 본 책에서는 국제마케팅을 "개인과 조직(기업)의 목적을 달성하기 위한 것으로, 국경선을 넘어 이루어지는 아이디어, 재화 및 서비스, 기업 활동 등이 원활히 이루어질 수 있도록 계획하고 집행해 나가는 과정"이라고 정의한다.

2. 국제마케팅 활동

국제마케팅 활동은 전통적으로 마케팅믹스 중심이었으나 최근에는 세계화 및 국제화에 따른 환경을 중심으로 한 마케팅 활동이 이루어지고 있다.

첫째, 국제마케팅 조사활동을 수행한다. 이는 시장의 규모와 성장률, 경쟁기업, 경제구조, 정부정책 등 기업활동에 필요한 정보를 수집한다. 물론 직접 현지국가에서 정보를 수집할 수도 있지만 컨설팅을 받을 수도 있다. 이는 기업이 해외진출하기 위한 첫 단계이므로 매우 중요한 활동이다.

둘째, 국제마케팅 전략계획활동을 수행한다. 예를 들어, 어느 국가시장에 진입할 것인가(ASEAN, 미국, 중국, EU), 진출시기는 언제로 할 것인가(세계 경제환경에 따라), 어떠한 진입방식을 선택할 것인가(수출, 라이센싱, 프랜차이징, 턴키프로젝트, 직접투자), 세계환경 변화를 어떻게 대응할 것인가 등의 전략을 수행한다.

셋째, 국제제품 활동을 수행한다. 어느 국가에서 제품을 생산할 것인가, 생산된 제품을 어느 국가에 판매할 것인가, 특정 국가에 신제품을 판매할 것인가 아니면 기존제품을 판매할 것인가 등 제품과 관련된 모든 전략을 수행한다.

넷째, 국제가격활동을 수행한다. 제품의 가격은 어떻게 책정할 것인가에 대한 활동을 말한다. 물론, 국제 가격은 원가지향적(cost oriented)인 방법에 의해 결정되면서 2차적으로 수요지향적 관점으로 수정되는 것이 일반적이다. 그러나 기업의 전략이나 국가환경에 따라 가격에 변화를 줄 수도 있다.

다섯째, 국제유통활동을 수행한다. 생산된 제품을 어느 곳에서 판매를 하는 것이 가장 좋은가. 소비자는 어디서 구매하기를 원하는가, 제품을 생산자로부터 최종소비자가 구매하기까지에 어떠한 유통단계를 거치는가. 이와 같이 유통에 관한 모든 사항을 계획하고 수행한다.

여섯째, 국제촉진활동을 수행한다. 해외에서 제품을 판매하기 위한 광고, 인적판매, 판매촉진, 홍보 등을 계획하고 시행하는 것이다. 즉 자사에서 생산하는 제품과 서비스를 세계 고객들에게 판매하기 위한 활동이라고 할 수 있다.

일곱째, 국제서비스활동을 수행한다. 국제기업이 자사의 상품 혹은 거래를 통하여 세계의 고객들에게 어느 정도 만족을 주었는지 평가하고, 불만족스러운 부분에 대하여 사후서비스를 시행하고 이것을 시정함으로써 보다 향상된 상품과 고객만족을 가져오기 위한 활동들을 말한다(이장로).

〈표 1-1〉 글로벌 마케팅-맥도날드

마케팅 믹스요소	표준화(standardized)	현지화(localized)
생산(product)	빅맥(Big Mac)	McAloo Tikka potato burger(India)
촉진(promotion)	상표(Brand name) Advertising(slagon) " I'm loving it"	Slang nicknames; Macca's-Australia MakDo-Philippines McDoo-Germany McJoy magazine "Hawaii Surfing Hula" promotion - Japan
유통(Place)	번화가식당(high-traffic public area)	Themed dining car-Switzerland Stena Line Ferry-Helsinki to Oslo Home delivery-India
가격(Price)	평균가 $3.10-미국, 터키	$5.21-Switzerland $1.31-China

자료 : W. J. Keegan and M. C. Green, *Global Marketing*, fifth edition, Prence Hall, 2008.

제 2 절 글로벌마케팅의 성장배경

국제화가 진전되고 세계화가 촉진됨에 따라 세계 많은 국가들은 자국의 경제성장을 해외경제 활동에 많이 의존하고 있다. 최근 들어 많은 국가들이 개방정책을 추진함에 따라 외국기업의 유치와 자국기업의 해외진출이 과거보다 많이 늘어나고 있다. 또한 국가마다 생산활동에 필요한 자원의 차이가 있기 때문에 경쟁력 차원에서 해외 진출을 시도하고 있다. 이는 세계화가 진전됨에 따라 기업활동의 범위가 국제지향에서 글로벌지향으로 변해 가고 있다. 또한 소비자도 해외에 나가지 않고서도 원하는 세계 유수의 제품을 국내시장에서 구입할 수가 있고, 국제제품에 관한 정보도 인터넷, 홈쇼핑, 위성방송 등을 통해서 쉽게 접할 수가 있다. 따라서 국내소비자나 해외소비자의 구매동향이 비슷해져 가고 있다. 이와 같은 요인이 기업으로 하여금 국제마케팅 또는 글로벌

마케팅의 배경이라 할 수 있다.

1. 글로벌마케팅 추진요인

1) 다자간 무역협정(Multilaterial Trade Agreements)

많은 수의 다자간 무역협정은 글로벌 통합을 보다 더 촉진하고 있다. 이미, NAFTA국가인 미국, 캐나다, 멕시코간의 무역이 증가되고 있다. 1994년에 120여 국가에 의해서 비준된, 관세 및 무역에 관한 일반협정(GATT)은 자유무역 촉진과 보호하기 위하여 세계무역조직(WTO)을 창립하였다. EU 회원국 증가는 역내에서 무역에 관한 장벽을 낮추고 있다. 즉 EU 국가간 자유시장을 추구하는 것을 말한다. 단일 화폐인 유러(euro)의 태동은 21세기의 유럽국가의 무역이 획기적인 증가를 기대하고 있다.

2) 고객니즈의 수렴과 정보혁명

전 세계에서 마케팅을 연구하는 사람은 문화의 차이뿐만 아니라 보편성을 발견할 것이다. 국제화와 세계화에 따른 각 국의 문호개방으로 인하여 문화가 점점 변해 가고 있기 때문에, 과거에 비해 문화적 차이를 점점 이해할 수 있고, 문화적 보편성은 점점 넓어져 가고 있다. 문호가 개방이 되기 전에는 문화의 차이와 보편성에 대하여 측정이 불가능 하였다. 따라서 개방화·국제화·세계화에 따른 소비자의 욕구가 빠르게 동질화되고 있다.

또한 정보혁명이 기업의 국제화 추진요인이라 할 수 있다. 인터넷과 전 세계 네트워크를 가진 CNN과 MTV 등으로부터 쉽게 세계생활과 문화를 접할 수가 있다. 이에 따라 소비자가 원하는 것을 쉽게 알 수 있을 뿐만 아니라 세계인의 라이프스타일을 파악할 수 있을 것이다. 또한 원하는 제품이 어느 국가에서 판매하든 간에 쉽게 자국에서 구매할 수 있고 원하는 시간에 받을 수 있게 되었다. 이와 같은 정보의 혁명이 세계시장을, 세계의 고객으로 만들어 가고 있다.

3) 세계경제 성장

세계화 · 국제화 · 개방화가 세계경제 성장에 커다란 역할을 하고 있다. 이에 따라 글로벌 마케팅활동이 역할이 더 커져 가고 있다. 이러한 경제성장이 글로벌 마케팅 확대에 크게 기여하고 있다.

최근 들어 선진국가의 경제성장이 개도국 경제성장에 커다란 역할을 하고 있다. 세계화에 따라 개도국도 무역자유화를 확대 실시하고 있고 외국인 투자에 대한 규제도 개선하고 있다. 이들 또한 경제성장은 무역 증대로부터 온다는 것을 알고 있기 때문에 외국기업 유치와 수출에 심혈을 기울이고 있다. 따라서 자국수출 증대를 가져올 수 있는 외국인 투자를 유치하기 위하여 각종 인센티브를 제공하고 있다.

이와 같은 경제성장과 경제환경의 변화가 시장의 규모를 크게 하였고, 따라서 국제마케팅의 역할도 국제화 중심에서 세계화 시장으로 넓혀가고 있다.

4) 지역경제협력

세계 많은 지역에서 국가간 경제통합을 하였고, 지속적으로 국가간 경제통합을 시도하고 있다. EU는 단일화폐의 도입으로 역내의 무역의 증가뿐만 아니라 역내 국가의 경제성장에도 커다란 역할을 하고 있다. 이와 같이 지역경제의 협력을 하기 위한 기구를 보면 ASEAN, EU, NAFTA, APEC, MERCOSUR 등이 있다. 또한 개별국가 간 경제협력을 하기 위한 FTA 등을 체결하고 있다. 전 세계국가들이 자국의 경제성장을 가져오기 위해 여러 방법으로 국가간 경제협력을 하고 있다. 이와 같이 과거보다 무역이 증가 하고 해외시장 의존도가 커짐에 따라 글로벌 마케팅 또한 역할이 커지고 있다.

5) 운송 및 통신의 발전

최근 들어 운송과 통신의 발전으로 단일 생활권으로 변하고 있다. 세계 어느 곳이던 하루면 원하는 제품 배달이 가능해졌다. 또한 운송의 발달로 인하여 기업이 원하는 곳에서 제품을 생산해서 원하는 곳으로 쉽게 운송이 가능하다. 이는 운송비 절감의 효과도 가져오고 있다. 또한 항공기의 발전으로 인하여 쉽게 세계 어느 곳이든 여행이 가능해졌을 뿐만 아니라 여행시간의 단축도 가져왔다. 이로 인하여 무역의 증대와 해외투자 증가를 가져오게 되었다.

1980년대만 해도 통신 수단으로 전화, 텔렉스, 우편(DHL) 등이었다. 이들은 현재의 인터넷, 화상통화 등에 비하면 매우 복잡하고 많은 시간과 비용이 들었다. 통신 및 커뮤니케이션의 오류가 있을시 이것을 수정하기 위해서 많은 시간을 소비하였다. 그러나 현대의 통신은 짧게는 몇 분 길게는 한두 시간 안에 해결이 가능해졌다. 또한 화상회의도 가능하기 때문에 의사결정 시간도 많이 단축이 되었다. 이로 인하여 기업의 해외진출이 가속화되었고, 일반인들도 보다 더 쉽게 여행이 가능해졌다.

통신과 운송의 발전으로 보다 더 쉽게 기업은 국제시장 참여가 가능해졌고, 소비자의 라이프스타일 뿐만 아니라 구매동향 등을 쉽게 파악할 수 있다.

6) 제품개발비 상승

특정한 제품을 개발하기 위해서는 엄청난 비용과 시간이 소요된다. 또한 이러한 제품이 개발된다 하더라도 제품의 사이클이 길지 않기 때문에 커다란 손실을 가져올 수 있다. 이와 같은 요인들 때문에 기업은 국내시장보다 규모가 큰 국제시장에 진출하게 된다. 또한 국가마다 제품의 사이클이 다르게 존재하기 때문에 해외직접투자와 수출 등이 이루어진다. 그러므로 제품개발 비용을 상쇄할 수 있는 해외시장에 진출하는 것이 필연적이다고 할 수 있다. 해외시장은 국내시장보다 크기 때문에 판매를 확장할 수 있다.

7) 레버리지효과

레버리지 효과란 기업이 2개국 이상에서 경험을 축적함으로써 활용할 수 있는 이점을 말한다. 즉 여러 국가에 경영거점을 두고 있는 다국적기업이 경쟁사간, 즉 다국적화되지 않은 자국의 동종기업과 진출 국가의 현지기업에 비해 '제품상의 격차와 시장상의 우위요소'를 갖는 경우를 말한다. 기업이 신규시장지역으로 진출할 때 레버리지효과를 통하여 시간과 자금을 절약할 수 있다. 레버리지 유형으로는 ① 경험이전, ② 규모의 경제, ③ 자원활용, ④ 글로벌 전략이 있다(W. J. Keegan, M. C. Green).

① 경험이전(Experience Transfer)

글로벌 기업은 전 세계 시장에서 얻은 경험을 타국 시장에 활용(leverage)할 수 있다. 하나의 국가에 또는 지역시장에서 시행해 본 것에 대한 효과가 있는 경영기법, 전력, 제품, 광고메시지, 판매 및 촉진아이디어 등을 유사한 국가시장에 적용하는 것이다. 예로, 월풀(whirlpool)사가 미국에서 주요 소매업체인 시어스(Sears)와 서큐시티(Circuit city)와의 거래하면서 체득한 협상 능력을 유럽의 주요 가전제품시장 소매업체에 적용될 수 있을 것이다.

② 규모의 경제(Scale Economies)

규모의 경제란 생산량이 늘어남에 따라 단위당 제품원가가 감소하는 것을 말한다. 따라서, 기업은 대량생산을 통해서 규모의 경제효과를 얻을 수 있다. 이는 단일 국가의 공장의 규모의 경제효과 뿐만 아니라 부품 생산을 규모의 경제효과를 얻을 수 있는 다른 국가에서 제조할 수 있을 것이다.

규모의 경제에 의한 레버리지 효과는 제조에 한정되지 않는다. 기업이 합병 후 중복 직위를 제거하여 경제성을 증대하는 것과 같이 글로벌 기업은 기능을 집권화함으로써 글로벌 활동의 경제성을 성취할 수 있다. 또한, 거대 규모의 글로벌 기업은 직원의 능력과 질(competence and quality)개선에 기회를 만든다. 즉 다양한 국가에서의 효율적인 공장 생산에 의한 부품을 조합시켜 완성할 수 있다.

③ 자원활용(Resource Utilization)

국제기업의 주요 강점 중의 하나는 세계시장에서 가장 효율적으로 경쟁할 수 있게 하는 사람, 돈, 그리고 원료를 찾기 위해 전세계를 대상으로 조사할 수 있는 능력이다. 국제기업에 있어서는 본국 통화가치가 급격하게 상승하거나 떨어져도 문제가 되지 않는다. 왜냐하면, 국제기업에는 본국통화와 같은 개념은 없기 때문이다. 국제기업은 자사가 필요한 자금을 세계 어디에서 가장 유리하게 조달할 수 있는지를 조사하여 자금을 확보할 수 있기 때문이다.

④ 글로벌 전략(Global strategy)

국제기업의 가장 큰 장점 중의 하나는 기업이 글로벌전략을 수립할 수 있다는 것이다. 글로벌전략은 사업기회, 추세, 위협, 그리고 자원 등 세계적 경영환경을 조사하는 정보시스템에 의거하여 수립된다. 기회가 확인되면, 다른 나라에서 배운 경험과 자원을 집중하여 규모의 경제를 달성하여 자사의 경쟁우위를 확보할 수 있게 된다.

2. 글로벌마케팅 제약요인

1) 경영자 시야 및 조직문화

최근에 코스닥시장에 특정 업체의 주식이 상한가로 올라갔다는 뉴스가 매스컴을 통해서 들을 수 있었다. 이유 인즉 그 기업에 새로운 CEO로 교체되었기 때문이라고 한다. 이와 같이 기업의 성장과 후퇴는 CEO에 달려 있다고 해도 과언이 아니다. 많은 기업에서는 유능한 CEO를 초빙하려고 신문 및 잡지 등에 초빙광고를 하고 있다. 즉 능력 있는 경영자만이 글로벌 시장에서 성장할 수 있다는 것이다.

때로는 경영자의 인식부족으로 글로벌 마케팅 기회를 무산시키는 기업이 많이 있다. 물론 세계경제 환경 또는 동종업계에 대한 정보와 지식부족으로 새로운 생각과 사고가 없기 때문에 새로운 해외시장의 기회를 잡지 못하고 있다.

또한 기업본사가 근시안적 시각을 가지고 해외시장 여건에 대해서 듣지 않고 일방통행식 명령만 고집하는 것도 큰 문제이다. 이 같은 조직문화는 정보를 왜곡할 뿐만 아니라 새로운 시장 환경에 적응하기 가 어렵다.

2) 정부통제

대부분의 국가는 자국의 경제성장에 어느 정도 공헌할 수 있는가에 따라 외국인투자 또는 외국기업을 허용하기도 하고 규제하기도 한다. 이와 같이 정부통제는 자국산업의 보호와 외국기업이 국내경제 성장에 얼마나 기여를 할 것인가에 따라서 규제를 가하고 있다. 물론 WTO(세계무역기구) 협정아래 또는 각 국가간의 맺은 FTA(자유무역협정)에 따라 무역에 관한 관세를 부과하고 있다. 그러나 자유무역과 시장개방이 국가경제 성장에 크게 기여해 왔기 때문에 대부분의 국가에서는 자유경제 체제를 유지하려고 노력하고 있다. 그러나 일부 개발도상국가는 외국기업의 활동을 국제표준에 맞지 않는 자국의 법 제정으로 외국기업을 통제하고 있다.

오늘날 관세장벽은 WTO, GATT, NAFTA와 같은 경제협력에 의해 선진국가에서 대체적으로 없어졌다. 그러나 바이로컬 캠페인(Buy local compaigns), 식품안전법 및 다른 관료장벽(burcaucratic obstacles) 같은 비관세장벽(nontariff barrier; NTBs)들이 여전히 기업이 각 국가 지역 시장에 접근하는 것을 어렵게 만든다.

3) 반글로벌화 운동

세계의 상당수 사람들에게 글로벌화와 글로벌 마케팅은 위협요인이다. 이런 사람들이 적대감을 표현하기 위하여 글로바포비아(globaphobia)라는 용어가 등장하였다. 글로바피아는 글로벌화에 관한 전략 수립자 또는 세계 유수의 글로벌 기업으로 표적으로 하는 시위와 폭동 등 다양한 형태로 표출되고 있다. 또한 무역협정, 글로벌 상표, 기업정책 등에도 표출하고 있다. 우리나라에도 칠레와 FTA협정 전 많은 이해관계자들과 반글로벌화를 외치는 사람들이 FTA체결을 격렬하게 반대하였다. 또한 1980년대에 많은 극렬주의 자들이 미국기업과 다국적 기업이 한국에 많이 들어오면 한국기업은 미국기업에 종속당한다고 극렬하게 시위를 하였다. 1990년도 초반에 일본 문화 개방(영화, 만화, 비디오, 게임)에 관해서 많은 단체들이 절대로 개방하면 안 된다고 외쳤다. 글로벌화를 반대하는 대표적인 사람들은 노동조합, 이해관계자, 극렬주의자, 비정부단체(NGO) 및 학생 등이 있다. 미국의 몇몇 사람들은 개도국의 저임금 노동력에 의한 값싼 제품이 수입됨으로써 미국 노동자의 임금이 하락하고 기업의 수익을 기록해도 블루컬러나 화이트컬러의 일자리도 줄어든다고 믿고 있다. 많은 개도국에서는 미국을 비롯한 소수의 선진국만이 자유무역의 이익을 향유한다고 보고 있다(W. J. Keegan & M. C. Green).

사례 1-1

소니가 삼성전자에 뒤진 7가지 이유

"1등 자부심 · 신용 중시 경영으로 속도전과 유연 대응에 실패"

삼성전자는 세계에서 사랑받는 브랜드가 됐다.

2000년대 갓 들어섰을 때만 해도 소니는 여전히 세계 전자회사의 간판이었다. 나라마다. "소니 같은 회사 하나만 있었으면 좋겠다"는 말을 달고 다녔다. 우리도 사정은 마찬가지여서 소니는 난공불락의 전자회사일 줄만 알았다.

그러나 어느 시점 삼성전자는 소니를 바짝 따라붙었고 2001년 순이익을 '하프'로 따돌리는 일이 벌어졌다. 그로부터 시간이 갈수록 두 회사의 격차는 벌어졌다. 일본 경제의 상징이던 소니가 삼성전자를 따라올 수 없는 이유들도 하나 둘씩 선명해지기 시작했다.

이들은 크게 일곱 가지로 압축된다. 이를 뒤집으면 삼성전자가 소니를 앞서는 이유가 되는 것은 물론이다.

① 내수 의존 너무 과했다
- 삼성전자는 수출드라이브 마케팅으로 글로벌 브랜드화

국내총생산(GDP)을 기준으로 일본 경제의 내수 비중은 65%에 달한다. 한국은 30%가량으로 평가되고 있다. 더구나 한국은 인구가 일본의 40%에도 못 미친다. 일본은 인구가 1억2,700만여 명이다. 중국·인도·미국·인도네시아·브라질 등과 함께 세계 10위권에 들어가는 '인구 대국'이다.

국내에서만 제품을 잘 팔아도 상당한 규모의 시장이 형성될 수 있는 여건을 갖고 있다. 일본에 내수시장 경제체제가 확립된 것은 한국·베트남 전쟁 특수가 끝난 1970년대 이후였다. 일본은 1950~53년 한국전쟁 특수를 만나 패전 이후 맨손에서 전기·전자산업의 발판을 마련할 수 있었다.

이어 베트남 전쟁 특수는 일본을 세계 2위의 경제대국 자리를 완벽하게 굳혀줬다. 1950~70년대 가만히 앉아서 산업 기반을 일으키게 된 일본은 국민소득이 비약적으로 증가했다. 1991년에는 1인당 국민소득이 미국·서유럽 국가를 제치고 1위를 차지하기도 했다. '신삥(新品·신상품)'이 쏟아질 때마다 소비자들은 열광했고, 기업들은 내수에서 확보한 에너지를 토대로 해외시장에서는 자연스럽게 브랜드 가치를 높여나갔다. 1979년 처음 등장한 소니 워크맨은 일본 전기·전자산업의 황금기를 상징하는 '신기(神器)'였다. 일본의 전기·전자제품 타운인 아키하바라의 명성도 이때부터 본격화됐다.

그러나 워크맨의 명성도, 아키하바라의 명성도 시들해진 지 오래다. 거품 경제 붕괴 이후 일본 내수시장이 침체하면서 일본 기업들의 활력도 크게 떨어졌기 때문이다. 니혼게이자이신문이 "일본 업체가 실지를 회복하기 위해선 해외시장 개척을 강화해야 한다"고 지적한 것도 이런 분석을 뒷받침하고 있다.

반면 삼성전자는 처음부터 수출 드라이브 마케팅 전략에서 출발했다. 내수 기반이 취약한 상태에서 규모의 경제를 실현하기 위해서는 수출밖에 길이 없었던 것. 세계적인 명성을 얻게 된 단초도 바로 여기에 있다.

② 경제 갈라파고스 현상에 멍든다
- 삼성전자는 세계시장 변화의 흐름에 기민 대응

일본에선 무엇이든 일본 내부에서만 인정받으면 만사형통이다. 현재 일본에는 한국의 휴대전화 단말기도 진출하고 있다. 삼성전자·LG전자·팬택 등 3개사가 어려운 여건 속에서도 저변을 확대 중이다. 가장 큰 어려움은 브랜드가 한국 제품이라는 것이지만 기술

표준도 장벽이다.

기술이 모자라서가 아니다. 일본은 세계시장의 조류와 관계없이 일본시장의 특수한 사양을 고집한다. 휴대전화 한 대 안에 TV 시청은 물론 카메라 등 온갖 기능을 갖춘다. 그래서 일본에 진출하려면 일본시장 전용 휴대전화를 별도로 만들어야 한다. 글로벌 시장에서는 박막형 휴대전화가 인기를 끌지만, 일본에서 온갖 기능을 모두 포함시키다 보니 휴대전화가 투박할 수밖에 없다.

제조 비용이 올라가고 휴대전화 가격도 비싸진다. 이렇게 독특한 일본 경제의 흐름을 일본에서는 '갈라파고스 현상'이라고 부른다. 남아메리카 동태평양에 있는 에콰도르령(領)의 이 섬은 아메리카 대륙에서 1,000㎞가 떨어져 있다. 이곳의 동물들은 같은 종(種)임에도 아주 딴판으로 생긴 모양새를 갖고 있다.

찰스 다윈의 진화론에도 영향을 줬을 만큼 대륙과 격리된 채 내부에서만 진화되다 보니 모양새가 달라졌다고 생물학자들은 분석하고 있다. 일본 경제의 이런 갈라파고스화는 일본의 전자제품이 해외시장에 통용되지 않는 중대 원인으로 꼽힌다. 기능이 너무 뛰어난 고가의 제품을 제시하기 때문에 해외시장에서는 오히려 먹혀들지 않고 있는 것이다.

국내 소비자 취향에 맞춘 상품 개발에 매달린 나머지 급변하는 글로벌 환경과는 거리가 멀어졌다는 의미다. 그러나 삼성전자는 세계시장 변화의 흐름을 예민하게 캐치하고 유연하게 대응책을 내놓는다. 세계적 미래학자 앨빈 토플러의 '제3의 물결' 핵심도 바로 소비자의 추행에 맞춘 유연생산, 즉 프로슈머 아니던가?

③ 신용 중시, 창의성 죽이는 조직 문화
- 경직적 상거래 관행 '스피드 경영' 막았다!

일본 기업들은 신용을 중시한다. 한번 거래를 튼 상대방에 대해서는 절대적인 신뢰를 보내준다. 서로 신뢰를 기반으로 협력하기 때문에 부품업체와의 대화가 활발해져 제품 개발력을 높이는 원동력이기도 하다. 그러나 새로운 거래처를 만드는 데는 아주 인색하다. 아무리 좋은 기술을 가져와도 문전박대하는 것이 당연하다고 해도 과언이 아니다.

전기·전자제품에 필수적인 세라믹 부품을 제조하는 교세라도 처음엔 고객 확보로 어려움을 겪었다. 기술력을 토대로 첨단 기술을 개발했지만 무명의 기업이란 이유로 일본 기업들로부터 외면당했던 것이다. 그러나 미국에 진출해 브랜드 파워를 얻자 일본시장에 거꾸로 진입할 수 있었다.

이렇게 경직적인 상거래 관행은 소니를 비롯한 일본 업체들의 '스피드 경영'을 불가능하게 만들고 있다. 소니가 본격적으로 침체하기 시작한 것도 인터넷 보급에 따라 광속의 세계가 펼쳐진 2000년대에 접어들면서였다. 애플사가 개발한 i포드는 소니의 위상을 결정적으로 흔든 아이디어 상품이었다.

일본 기업과 상거래를 트려면 말단 직원에게 레터를 보낸 뒤 한참을 기다려야 한다. 그런 뒤 담당 과장이 결정을 하는 데 며칠이 걸리고, 다시 부장이나 임원을 거치려면 더욱 많은 시간이 걸린다. 거래 경험이 없거나 무명의 기업이라면 상담을 거절당하기 일쑤다. 조직이 내부적으로 안정돼 있지만 급변하는 시장 상황을 받아들여 창의적인 아이디어를 발산하기 어렵게 되는 것이다.

소니의 대표 상품인 TV와 전략 상품인 게임기·MP3플레이어가 각각 삼성전자·닌텐도·애플 등에 밀린 것도 이런 일본식 조직문화가 작용하는 것으로 평가되고 있다. 하워드 스트링거(67) 회장도 이런 조직문화 개선에 크게 애쓰고 있지만 쉽지는 않은 모양이다.

④ 독이 된 최고라는 자부심
- 경쟁자 없는 1등의 한계에 부닥쳐

일본에서는 전기·전자제품은 '일제가 최고'라는 인식이 뿌리깊다. 그러나 한국 상품이 상당히 경쟁력을 갖췄다는 사실은 잘 모르고 있다. 한국 상품에 대해서는 값은 싸지만 질이 낮은 2등 상품이라는 편견이 강하다. 이런 인식은 일본 기업들에 독이 되고 있다. 경쟁기업을 한 수 아래로 보면서 상품력 강화 등 시장 변화의 기회를 놓치고 있기 때문이다.

경쟁자가 없다는 자부심이 삼성전자 등 한국 전자회사의 성장을 돕고 있는 셈이다. 그러나 삼성전자의 경우 소니라는 이름의 벤치마킹 대상 기업이 분명하게 설정됐고, 나중에는 추격의 대상으로 삼아 쉼없이 앞을 향해 달렸다. 그리고 결국 소니를 밀찌김치 제쳤다.

⑤ 기술력 맹신으로 마케팅 취약
- 이제 세계시장은 마케팅 전쟁터

도쿄대 세노오 겐이치로 교수는 최근 그의 저서 『기술력으로 이긴 일본이 왜 사업에서는 졌나』를 통해 기술력의 맹신이 일본 기업들의 경쟁력을 약화시켰다는 분석을 내놓았다. 일본 기업들은 반도체 분야에서 1만 개의 특허를 보유하고 있다. 그러나 반도체 산업으로 돈을 버는 기업은 미국의 인텔과 삼성전자다.

일본은 획기적인 신제품도 잘 내놓는다. 액정 패널·DVD플레이어·카내비게이션·D램메모리는 모두 일본 기업이 세상에 빛을 보게 했다. 초기엔 시장 점유율이 80~100%에 달한다. 하지만 상용화되면 점유율은 20% 이하로 내려간다. 마케팅 전략 없이는 세계 경쟁에서 이길 수 없음을 의미하는 것이다.

자료 : 이코노미스트, 2009.11.17

제 3 절 국제마케팅과 국내마케팅의 차이

국제마케팅과 국내마케팅의 차이는 국내시장과 해외시장의 차이점을 구분함으로 알 수 있다. 전자는 국내시장 중심의 마케팅활동에 대한 것인 반면 후자는 해외시장 즉 국경선을 넘어선 국내시장과는 상이한 환경하에서 이루어지는 활동을 말한다. 다시 말해서 전혀 다른 환경의 차이에서 수행하는 것을 말한다. 국가간 경제적 환경, 사회문화적 환경, 정치·법률환경이 국내와 다른 환경하에서 마케팅활동을 말한다. 따라서 이와 같은 환경의 차이로 인하여 먹는 것, 자는 것, 입는 것이 다르기 때문에 원하는 제품, 욕구, 구매동기 등이 상이하다. 그러므로 국내에서 성공적인 마케팅 프로그램일지라도 수정 없이 그대로 해외시장에 이전해서 적용하기엔 문제점이 있다는 것을 알아야 한다.

1) 환경의 차이

본국과 다른 시장 환경하에서 마케팅활동을 말한다. 현지 국가의 경제, 사회문화, 정치·법률 뿐만 아니라 언어, 지리, 기후, 인구, 가치관 등의 통제불능요소(uncontrolable factors)의 차이를 보여주고 있기 때문에 국내 및 국제마케팅 차이가 상이하다는 것을 보여주고 있다.

예를 들어 경제수준 즉 GNP가 한국과 대만이 해서 소비동향이나 구매욕구가 비슷하다고 볼 수 없듯이 종교에 따라서 먹는 것, 입는 것, 자는 것 등이 또한 상이함을 보여주고 있다. 이러한 환경의 차이가 마케팅 방법이 국가마다 다르게 구사하는 것이 최선의 방책이라고 볼 수 있다. 최근의 국내기업가 중에 해외기업활동에서 성공한 이유에 대한 답을 보면 "현지화"를 철저히 하였기 때문이라고 한다. 여기서 현지화란? 현지환경에 맞게 인사관리, 생산, 마케팅, 재무관리 등을 현지 환경에 맞게 수행하는 것을 말한다.

〈표 1-2〉 해외시장의 환경요소

국가시장 환경특성	
시장특성	*1인당 GNP *시장규모/성장률 *무역 및 외국인투자현황 *경쟁기업/경쟁환경 *산업발전단계
고객행동	*사회·문화적인 요인 *종교 *소비패턴 *외제품선호도 *원산지 효과 *신제품 수용 및 확산
정부정책 및 법률	*인·허가 절차 *각종 규제 *조세제도/회계제도 *외환 및 무역정책 *외국인투자정책
자원 및 하부구조	*인적자원(가용인력, 기술수준, 임금) *자본 *토지 및 공업단지 *전력, 수도 및 용수 *도로 및 운송 *항만 *통신 *도시화의 정도

자료 : Warren J. Keengan, *Global Marketing Management*, 7th edition, Prentice -Hall, 2001, 이장로, 『국제마케팅』 제5판, 무역경영사, 2008, 일부 수정함.

2) 다수의 국가에서 마케팅활동

국내마케팅은 본국중심 활동을 수행하는 반면에 국제마케팅 활동은 본국뿐만 아니라 다수의 국가에서 동시에 행하여지는 마케팅활동을 말한다. 다수의 국가란? 기업이 다양한 국가환경 속에서 마케팅활동을 수행한다는 것이다. 다국적 기업은 다수의 국가에서 동시에 기업활동을 하고 있다. 이러한 다국적 기업은 필연적으로 다수의 국가를 대상으로 마케팅조사 뿐만 아니라 마케팅활동을 하고 있다. 또한 한국의 중소기업도 많은 국가를 대상으로 수출 및 수입을 동시에 수행하고 있다. 이는 국경선을 넘어서 이루어지는 다수의 국가를 대상으로 하는 기업활동에 대한 국제마케팅의 일환이라 할 수 있다.

3) 통화의 차이

국가마다 사용하고 있는 통화가 있다. 미국은 달러, 영국을 비롯한 EU 국가는 유로화, 중국은 위안화 등을 사용하고 있듯이 저마다 다른 통화를 사용하고 있다. 최근의 중국 위안화에 대한 절상 혹은 절하에 대한 논란이 뜨겁게 달아오르고 있다. 이는 한 국가의 통화가 세계경제뿐만 아니라 개별국가에 미치는 영향이 크기 때문이다. 특히 국제무역에 경제성장을 의존하는 한국은 타 국가의 통화에 대한 정보가 필요하다. 한국의 환율은 항상 변화하기 때문에 변화의 정도에 따라 기업에 주는 손익이 다르게 나타난다. 이와 같은 환율의 변동성 때문에 국제간의 거래에서 많은 어려움을 겪고 있다. 특히 수출가격 책정에 있어서 안정적인 가격을 제시하지 못하기 때문에 마케팅 활동에 어려움을 겪고 있다. 수입업자는 안정적인 가격으로 공급을 받기 원하고 수출업자도 또한 안정적으로 공급하기를 바랄 것이다. 따라서 국제마케팅 관리자는 환율 변동을 고려하여 가격정책을 고려하여야 한다.

4) 정부정책의 차이

국가마다 기업에 대한 정부정책이 차이가 있다. 이는 국가마다 경제성장, 사회문화, 정치 및 법률적인 환경의 차이가 있기 때문이다. 즉, 선진국, 개발도상국, 개도국 등에 따라 기업에 대한 정책이 다르다. 특히 외국기업의 활동에 대한 정책도 다르다. 그러므로 마케팅 관리자는 진출 대상국의 기업에 대한 정책을 고려하여 국제마케팅 전략을 수립하여야 한다. 특히 선진국의 기업에 대한 정책은 명료하고 해석이 쉽지만, 개도국의 정책에 대한 룰은 복잡하고 명확하지가 않다. 따라서 선진국보다도 개도국에서 기업활동을 할 때는 보다 더 세심한 정부정책을 파악하여야 한다.

위의 네 가지 차이점이 국제마케팅의 특성이라고 할 수 있다. 본국시장만을 대상으로 하지 않고 국경선을 넘어서 이루어지는 세계시장을 대상으로 한다는 점이 국내마케팅과 다른 점이고, 각 국가의 환경, 통화 및 정부정책 등을 고려하여 마케팅전략을 수립한다는 점이다.

또한 조동성 교수는 수출마케팅, 현지마케팅, 세계마케팅을 포함한 국제마케팅과 국내마케팅의 차이를 다음과 같이 설명하였다.

〈표 1-3〉 국내마케팅과 국제마케팅의 차이점

항목	국내마케팅	국제마케팅		
		수출마케팅	현지마케팅	세계마케팅
대상시장	국내시장	해외의 불특정 다수의 시장	특정 현지시장	세계의 특정 다수시장
마케팅대상	단일요소 및 복합요소	상품(완제품 및 원자재)기술, 자본, 일력 등의 단일요소	상품, 기술, 자본, 일력, 상표, 경영 등의 복합요소 및 그 시스템	右와 같음
마케팅전략	시장적응	바이어 의존	현지적응	표준화
전략형태	매입 및 판매	수출, 기술이전(하청단계의) 해외건설	(위청단계의) 해외건설, 해외직접투자, 해외자원개발	해외직집투자 및 이와 결합된 해외자원개발
경쟁대상	국내기업 또는 국내투자 외국기업	바이어	현지기업 또는 현지투자 외국기업	세계기업
일반적 경쟁상태	독과점 및 경쟁	경쟁	독과점 및 경쟁	독과점
기업의 형태	국내기업	해외지향기업 (수출기업)	현지지향기업 (다국적기업)	세계지향기업 (세계기업)

자료 : 조동성, 『국제경영론』, 경문사, 1994.

제 4 절 국제마케팅의 발전단계

세계화 · 국제화 · 개방화에 따라 각국의 진입장벽이 과거에 비해 낮아졌다. 이는 기업이 과거에 비하여 쉽게 원하는 국가에 진입할 수 있다는 것을 가리키고 있다. 이에 따라 기업이 국내중심 활동에서 해외중심으로 이루어지고 있다. 각 국의 문호가 개방되기 전에는 국내중심 기업활동으로 인한 국내 마케팅 중심이었으나 최근에는 문호가 개방됨에 따라 시장규모가 커다란 해외중심 마케팅으로 변해 가고 있다. 물론 시장개방이 제한적일 때에도 많은 기업이 수출과 수입을 하기 위하여 제한적으로 수출마케팅을 하였다. 그러나 최근에는 대부분의 기업 활동이 국내중심보다 글로벌 중심으로 변하고 있기 때문에 마케팅활동도 변해 가고 있고 변해 왔다. 예를 들어 현대자동차를 보면 과거에는 국내중심 생산 및 판매에서 최근에는 미국, 인도 등에서 생산과 판매를 하고 있다. 제품개발에서부터 세계시장에 판매한다는 목표아래 제품을 생산하고 있는 것을 볼 수 있다. 이에 따라 국제마케팅의 발전형태 및 활동이 다음과 같이 변해 가고 있다.

1) 국내마케팅(Domestic Marketing)

이 단계는 기업이 어떠한 유형의 제품을 개발하고 생산하느냐에 따라서 기업이 국내마케팅을 하느냐 혹은 해외마케팅을 하느냐를 결정할 것이다. 물론 기업이 처음 창업을 해서 제품을 생산해서는 대부분이 국내중심으로 제품을 판매할 것이다. 시간이 흘러감에 따라서 국내 소비자의 인식정도에 따라 해외에 진출하는 것이 일반적인 기업이라고 할 수 있다. 물론 선진 다국적 기업은 제품개발에서부터 전 세계시장을 대상으로 하는 마케팅을 하고 있지만 개발도상국의 기업 대부분은 국내생산 및 국내 판매가 중심이 주를 이루고 있다. 개발도상국의 기업은 해외경험과 정보부족으로 해외진출하기란 쉽지가 않다. 따라서 국내마케팅은 처음부터 국내중심 생산 및 판매활동을 대상으로 하는 자국중심성향(ethnocentrism) 단계를 말한다. 자국중심성향은 기업활동에 있어서 자국의 관점에만 생각하는 것으로서 기업의 성장전략은 국내시장에 중심을 두고 있다.

2) 수출마케팅(Export Marketing)

기업이 창업을 해서 국내생산해서 국내판매 활동을 하는 것이 일반적이라고 할 수 있다. 시간이 흘러감에 따라 기업의 국내시장 활동경험으로 인한 국내경쟁력이 높아져 갈 것이다. 이로 인한 국내시장 소비자의 인지도를 바탕으로 해외시장 판매를 생각하게 될 것이다. 또한 기업이 성장하기 위해서는 국내시장보다 거대한 해외시장으로 눈을 돌리는 것이 일반적이라고 할 수 있다. 물론 국내시장 중심 기업이 해외시장에 진출하는 것이 쉽지만은 않다. 따라서 처음부터 직접적으로 해외시장 개척을 해서 진출하는 것이 가장 좋지만은 기업의 자원과 해외시장 경험부족으로 인하여 경험이 풍부한 종합무역회사나 중간상에 위탁해서 수출하는 것으로 시작된다. 이와 같이 간접수출을 통하여 기업이 성장해 나갈 것이다. 또한 이 같은 수출을 통하여 자사제품에 대한 해외고객의 반응도에 따라 기업의 수출전략이 변해갈 것이다. 따라서 국내생산 경험에 따라 또는 간접수출에 의한 해외고객의 반응에 따라 기업에서는 필요한 인재를 확보하고 과거에 위탁수출하던 것을 자사가 확보한 인재를 통하여 직접수출을 시작한다. 이와 같이 새로운 인재가 시장을 직접 개척하고 새로운 해외고객을 찾아서 수출하는 것을 직접수출이라 한다. 수출마케팅은 기업이 생산하는 제품을 국내 판매가 아닌 해외시장 판매를 목적으로 마케팅하는 것을 말한다.

3) 다국적 마케팅(Multinational Marketing)

국내 마케팅은 하나의 국가인 국내를 중심으로 마케팅하는 것을 가리키는 반면에, 다국적 마케팅은 하나의 국가를 대상으로 하는 것이 아니라 다수의 국가를 대상으로 하는 마케팅 활동을 말한다. 또한 각각의 국가를 대상으로 마케팅 활동을 수행하지만은 때로는 지역별로 또는 대륙별로 기후, 사회문화, 종교, 관습 등이 비교적 같은 국가 단위를 묶어서 마케팅 활동하는 것이 특징이다. 예를 들어 동남아시아 중에 아세안(Asean 10개국)(기후, 주식, 국민소득), 서남아시아에 오일자원에 의존하는 국가(종교, 문화, 언어), 남미(기후, 종교, 문화, 국민소득), 유럽인 EU(기후, 문화, 국민소득) 등을 구분하여 지역적으로 마케팅 활동을 하고 있다. 주로 다국적기업이 지역에 본부를 두고 기업활동을 하기 때문에 마케팅 활동도 지역적으로 이루어지는 것이 보통이다. 다국적 마케팅의 특징은 지역중심성향(regiocentric orientation)을 가지고 있으며, 제품계획에 있어서 서유럽, 동남아시아, 남미 및 유럽과 같은 지역은 지역별로 제품에 따라 표준화를 시도하고, 생산, 광고 및 유통 또한 지역별로 이루어지고 있다. 물론 제품에 따라 표준화가 가능한 것이 있는 반면에 표준화가 불가능한 것도 있다. 주로 기능성(전자제품, 자동차) 제품은 표준화가 가능한 반면에 소비재 제품은 취향에 따라 종교에 따라 소비성향이 다르기 때문에 표준화가 덜 하다고 볼 수 있다. 따라서 다국적 마케팅의 중점은 현지시장(domestic market) 및 현지환경(domestic climates)에 적응시키는 데 있다. 다양한 해외 현지환경(경제적, 사회문화적, 정치 및 법률환경) 속에서 마케팅 활동을 하기 때문에 마케팅을 지역별로 또는 국가별로 세분화해서 조정하고 통합하는 것이 중요하다.

4) 글로벌 마케팅(Global marketing)

21세기 들어 개방화 · 세계화가 급속하게 이루어짐에 따라 세계 각국의 소비자의 수요가 동질화 추세가 점점 거세지고 있다. 이는 점진적으로 세계 어느 곳에서나 같은 제품과 서비스를 원하고 있다는 것을 의미한다.

글로벌 마케팅은 시장이 하나(one market)라는 전제하에서 시작된다. 기본적으로 세계를 하나의 시장으로 보고 마케팅활동을 수행하는 것을 말한다. 이는 상이한 국가에서 마케팅 프로그램을 표준화하는 것을 말한다. 즉 동일한 제품, 가격, 촉진 및 유통을 사용하는 것을 말한다. 또한 글로벌 기업은 본국시장과 외국시장의 구별 없이 전 세계시장을 하나의 동질적인 시장으로 보고 표준화된 제품을 판매한다. 따라서 다국적 마케팅은 각 국가별로 또는 지역별로 별도로 전략을 수립하는 반면에, 전 세계를 대상으로 제품을 판매한다는 전제하에 전 세계를 대상으로 마케팅 전략을 수립하는 것을 말한다. 최근 들어 기업은 글로벌 경제성을 가지고 있는 표준화를 더욱 강조하고 있다.

위의 네 가지 마케팅 유형을 보면 글로벌 마케팅과 국내 마케팅은 각자의 독특한 마케팅 프로그램을 사용하고 있다. 즉 국내 마케팅은 국내 중심 사고하에 국내시장 대상인 반면에, 글로벌 마케팅은 세계시장을 하나의 시장으로 보고 마케팅 프로그램을 계획하고 실행하는 것이다. 그러나 수출마케팅 및 다국적 마케팅은 특정국가 또는 특정지역을 대상으로 하는 마케팅 프로그램이다. 따라서 수출마케팅, 다국적 마케팅, 글로벌 마케팅을 구분하지 않고 혼용해서 국제 마케팅으로 사용하고자 한다.

〈표 1-4〉 국제마케팅의 단계별 특성

특성/단계	국내 마케팅	수출 마케팅	다국적 마케팅	글로벌 마케팅
경영자의 사고	국내시장중심	본국지향	현지시장지향	세계시장지향
마케팅 선략	국내마케팅선략	수출마케팅전략/표준화	다국적 마케팅전략/차별화	글로벌전략/통합
세계관	국내시장	국내시장의 연장	현지시장	세계시장
주요 자산	본국위치	핵심능력집중	분권화/현지자립	전 세계적 배치
경쟁우위		가격경쟁력/납기준수/안정적 품질	현지시장에 대한 유연성/적응능력	세계적 통합/조정능력

자료 : 이철 · 장대련, 『글로벌시대의 국제마케팅』, 학현사, 1998.

사례 1-2

기업 기술 넘어 마케팅… 삼성전자 '글로벌 신(新)승부수' 쏘다

'非공대' 최지성 사장 체제 후 '품질의 삼성'에서 '이미지'로
마케팅에 年6조8,000억 쏟아 "일류 글로벌 브랜드로 도약"

삼성전자는 올 6월 전략 휴대폰 '제트폰'을 사상 처음 전 세계 50개국에 동시 출시했다. 지역별 거점 도시인 런던 · 두바이 · 싱가포르 등에서는 동시에 제품설명회를 열었다.

삼성전자는 최근까지 국내에서 제품을 출시한 뒤 소비자의 반응을 살피고 미국→유럽→동남아 등 순서로 제품을 확산시키는 '틈새' 전략을 사용해 왔었다. 그러나 제트폰의 경우, 막강한 마케팅 네트워크를 앞세워 전 세계 시장에서 동시 출시하는 '전면전' 전략을 택했다.

삼성전자는 이어 한 달 만에 이탈리아 · 멕시코 · 남아공 등 20여개국에 추가로 진출, 제품 판매 국가를 70여개국으로 늘렸다. 이만큼 단기간에 전 세계로 확산한 것은 세계적으로 유례가 없을 일. 공급망 관리에 탁월한 능력을 지닌, 세계 휴대폰 1위 기업인 노키아도 혀를 내둘렀다는 후문이다.

글로벌 주요 기업광고 비용		
회사	광고비	매출
도요타	5조1,170	306조1,090
코카콜라	3조4,970	37조2,660
디즈니	3조3,830	44조1,480
삼성전자	2조6,000	121조
인텔	2조1,700	43조8,640
마이크로소프트	1조4,000	70조4,860
hp	1조1,670	138조830
맥도널드	8,200	27조4,150
애플	5,670	37조8,900

자료 : 〈각 기업 2008년 결산 보고서〉 삼성전자 수치는 글로벌 연결기준

뿐만 아니다. 삼성전자는 세계 스포츠 마케팅계의 '큰손'이다. 삼성전자는 2016년 브라질 올림픽을 포함해 20년 동안 세계 스포츠의 축전인 올림픽 경기를 후원하고 있다. 또 영국 프로축구의 자존심인 첼시 구단을 2013년까지 연장 후원하기로 했다. 삼성전자는 2004년 경쟁업체인 노키아를 제치고 첼시 후원을 따냈고 최근에 연장 계약도 했다.

▲ 삼성전자는 영국 프리미어 축구 리그의 최고 명문 구단인 첼시 구단을 후원하고 있다. 삼성전자가 지난 2005년 매년 200억원씩 첼시를 후원한다고 발표했을 때에는 적잖은 논란이 있었지만 지금은 가장 성공적인 스포츠마케팅 사례로 꼽히고 있다./삼성전자 제공

◆삼성전자는 마케팅 기업?

삼성전자가 마케팅 기업으로 변신하고 있다. 삼성전자는 '품질의 삼성'이라는 슬로건대로 연구개발(R&D) 중심의 기업으로 분류돼 왔다. 매년 매출액의 8~9%를 연구개발에 투자하며 반도체나 LCD 분야에서 미국·일본의 쟁쟁한 기업들을 제치고 세계적인 기술 기업의 반열에 올라섰다.

하지만 최근 2~3년 삼성전자에 미묘한 전략 변화가 나타나고 있다. 우선 삼성전자의 마케팅 비용 지출은 본사 기준으로 2005년 1조9,065억원에서 작년에는 4조7,106억원으로 두 배 이상 급증했다. 여기에 해외 법인에서 별도로 지출하는 마케팅 비용을 합치면 무려 6조8,000억원에 육박한다.

특히 작년 4분기에는 글로벌 금융위기가 본격화됐는데도 불구, 매출 대비 마케팅 비용의 비중이 10%를 넘어섰다. 위기 속에서 공격적인 마케팅을 통해 2위와 격차를 확실히 벌리겠다는 뜻이다. 삼성전자 최지성 사장은 지난 7월 CEO 메시지에서, 또 같은 달에 열린 해외 지법인장 회의에서도 "시장점유율을 갉아먹으면서 이익을 내는 것은 오늘을 살기 위해 내일을 버리는 것과 같다"면서 마케팅에 대한 강한 의지를 표했다.

글로벌 기업 출신의 마케팅 전문가 영입도 부쩍 늘고 있다. P&G 출신의 심수옥 전무가 TV 브랜드마케팅을 총괄하고 있고, 화장품 회사인 로레알 출신인 이영희 상무는 휴대폰 해외마케팅을, 존슨앤드존슨·켈로그 등에서 근무했던 이종석 전무가 글로벌 마케팅 실장으로 핵심 요직에 있다.

삼성전자 관계자는 "'순혈주의'가 강한 삼성전자에서 주요 부문 마케팅 책임자를 외부에서, 그것도 비(非)IT 분야에서 스카우트한 것은 엄청난 변화"라고 말했다. 최지성 사장이 20여년 만에 처음 비(非) 공대 출신으로 삼성전자를 대표하는 CEO에 오른 것도 의미 있는 변화다. 최 사장은 '디지털 보부상'이라고 불릴 정도다.

◆삼성, '글로벌 브랜드 기업'으로 변신 중

삼성의 마케팅 비용 지출 규모는 이미 글로벌 최고 수준이다. 본지가 2008년 브랜드 가치가 높은 상위 30개 기업을 대상으로 연간 광고비를 조사한 결과, 삼성전자는 코카콜라·도요타·디즈니에 이어 세계 4위권이다. IT업계에서 강력한 마케팅으로 명성이 높은 마이크로소프트·인텔·HP 등을 이미 앞질렀다.

삼성전자가 이처럼 마케팅을 강화하는 데에는 최근 2~3년 사이 부품인 반도체와 LCD가 상대적으로 부진하고, 소비제품인 휴대폰과 TV가 호조를 보였다는 점과 관련이 깊다. 여기에는 최 사장의 마케팅 전략이 한몫을 했음은 물론이다.

다른 한편으로는 삼성전자가 이미지와 브랜드를 중시하는 일류 글로벌 브랜드 기업으로 도약하는 단계라는 분석도 있다. 한양대 경영학과 홍성태 교수는 "기업이 처음에는 가격으로 경쟁하다가 이어 품질→브랜드로 경쟁한다"면서 "삼성은 이미 최고의 제품을 만들고 있으며, 이제는 세계 최고의 이미지가 훨씬 더 중요해졌다"고 말했다.

자료 : 조선일보, 2009.10.13

사례 1-3

"한국기업 해외마케팅기법 2% 부족해요"

"한국 기업들의 글로벌 마인드만 강화해도 지금보다 10%는 더 성장할 수 있을 것입니다."

시몽 뷔로 주한 캐나다상공회의소 회장(48 · 사진)은 "한국은 지난 50년간 눈부신 성장을 거듭해 왔고, 주로 수출로 먹고 살지만 글로벌화는 아직 멀었다"며 이같이 말했다.

캐나다 몬트리올 출신으로 비숍대학에서 재무학을 전공하고 HEC대학에서 국제경영학 석사학위를 받은 뷔로 회장은 올해로 24년째 한국과 인연을 맺고 있다. 1986년 유공(현 SK에너지) 국제금융부에서 근무하면서 처음으로 한국 땅을 밟았다. 이후에도 관심을 갖고 드나들던 그는 1998년부터 아예 한국에 눌러앉았다.

그는 "한국 경제를 낙관적으로 전망하지만 반도체 자동차 선박 등 몇몇 대기업의 스타제품이 수출액의 60% 이상을 차지할 정도로 수출구조가 편향돼 있다"며 "한국 경제가 더 건강해지려면 글로벌 강소기업이 많이 나타나 세계 시장으로 뻗어나가야 한다"고 충고했다. 이런 생각에서 그는 10여년 전 한국 기업의 해외 진출을 돕는 컨설팅회사 '벡티스(VECTIS)'를 설립했다. "10여년 동안 다국적 기업과 한국 기업들을 접하다 보니 누구보다도 속사정을 잘 알게 됐어요. 그래서 한국 기업들이 세계 무대에서 활동할 수 있도록 도와주고 싶었어요."

한국 기업들이 해외 시장에서 실패하는 이유는 뭘까. "사장님들을 만나보면 기술이나 인재에 대한 자부심이 대단해요. 하지만 글로벌 마케팅을 위해 얼마나 노력하느냐고 물으면 대답을 못해요. 아무리 좋은 기술과 인재를 갖고 있어도 잘 포장해 팔지 못하면 아무 소용이 없죠."

뷔로 회장은 한국 기업들의 실패 요인을 열거했다. 미국에 진출했다 철수한 싸이월드도 한 예다. "'1촌 맺기'로 한국에서 히트한 싸이월드는 '페이스북'보다 원조예요. 하지만 미국에서는 1촌 맺기가 통하지 않는 정서입니다. 숨겨진 실패 요인을 간과한 거죠." 그는 해외 시장에 진출하려면 기술과 인재에 대한 자랑보다 상대를 설득할 구체적인 계획을 만들고, 제품 설명은 엔지니어 대신 상대방의 니즈를 잘 알고 있는 세일즈 전문가가 하는 게 정답이라는 조언도 덧붙였다.

그가 한국에서 가장 이해하기 힘든 것은 직장 선 · 후배 간의 위계질서다. "최소한 비즈니스 세계에서만은 나이나 타이틀보다 업무능력을 존중해줘야 합니다. 수평적으로 생각해야 해요. 오바마는 34세 젊은이를 정보최고정보책임자(CIO)로 기용하기도 했잖아요."

대통령 직속 국가브랜드위원회 위원, 서울시 외국인 투자자문회의 위원, 인베스트 코리아 자문위원, 서울 글로벌센터 자문위원 등으로 활동하고 있는 뷔로 회장은 전라도 반찬을 좋아하고 조용필·정태춘의 노래를 즐겨 부른다. 한국은 그에게 '제2의 고향'이다. 지난해 10월에는 서울시 명예시민이 됐다. 그는 "사랑하는 아들에게 매를 들듯 한국을 사랑하기 때문에 쓴소리도 더 많이 한다"며 "유럽에 장기 출장가면 고향이 그리울 때가 있는데, 그 고향은 캐나다가 아니라 한국"이라며 웃었다.

그는 최근 해외 시장에서 성공하기 위한 아이디어를 담은 '글로벌 비즈니스 마인드 세트'란 책을 펴냈다. 또 오는 3월 2일 오후 2시 한경닷컴 서울 신촌교육센터에서는 '글로벌 비즈니스 성공전략'이란 주제로 세미나도 열 예정이다.

자료 : 한국경제, 2010.2.9

사례 1-4

마케팅 巨匠, 잭 트라웃의 충고

"저는 잔인할 정도로 솔직합니다.(I am brutally honest.)"

한국 관련 질문에 대해 '독설'을 토하던 이 마케팅의 세계적 거장(巨匠)은, 스스로 좀 미안했는지 웃으면서 잠시 화제를 돌렸다.

"스리랑카의 국가 컨설팅을 맡은 적이 있었습니다. 그때 '나라 이름부터 바꿔라. 스리랑카라니… 터무니없고(terrible), 엉망(mess)이다. 옛 이름 실론을 다시 쓰라'고 충고한 적도 있을 정도예요."

'포지셔닝(positioning)'이란 개념을 경영에 도입한 것으로 유명한 잭 트라웃(Trout) '트라웃 앤드 파트너' 대표는, 실제로 냉혹하리만큼 직설적이고 때로는 시니컬하게 말을 뿜어냈다. 웃는 얼굴과 경쾌한 조크가 버무려지긴 했지만, 좌고우면(左顧右眄) 없는 그의 화법은 표현하고 싶은 목표를 향해 쾌속으로 내달렸다. 그의 화법은 그가 강조하는 마케팅 기법을 닮아 있었다.

매일경제 주최 '세계지식포럼 2008' 참석차 한국을 찾은 그의 열변을, 단독·공동 인터뷰와 강연을 통해 3시간 동안 경청했다. 그는 '더없이 치열해진 세계 경쟁에서 어떻게 해야 살아남고 앞서가는가'를 놓고 미국과 세계와 한국 사례를 넘나들면서 거침없이 의견을 쏟아냈다.

우선 "당신 주장의 요체(要諦)를, 늘 당신이 하는 충고처럼 간결하게 정리해보라"고 요청해봤다. "매우 매우 간단하다"고 답한 그는 자신의 이마 양쪽을 두 검지로 깊게 누르면서 "고객의 뇌리 속에서, 고객의 마음 속에서 어떻게 '차별화'할 것인가? 이게 정수(精髓)

고, 이게 전부"라고 잘라 말했다.

▲ '마케팅의 거장' 잭 트라웃이 두 검지로 자신의 이마 양쪽을 누르면서 고객 뇌리에서의 차별화가 중요함을 역설하고 있다. 그는 그가 강조하는 마케팅 기법처럼 단순하고 명쾌한 화법을 구사하며 인터뷰를 이어나갔다. / 이진한 기자 "고객의 마음 속은 전쟁터입니다. 이 전쟁터에서 차별화하지 못하면 패배합니다. 그게 포지셔닝(positioning)입니다. 기업이든 제품이든 정당이든 국가든 똑같아요. 제품이나 브랜드 아이디어가 '못'이라면 차별화 마케팅은 '망치'입니다. 못이 아무리 좋아도 고객의 마음에 망치로 밀어넣지 못하면 아무 소용없죠. 마음 속에, 뇌리 속에 파고들려면 메시지를 날카롭게 갈아야 합니다. 날카로우려면 애매하거나 불필요한 것은 빼고 단순해야 합니다. 차별화해야 합니다. 안타깝게도, 지금은 차별화하지 못하면 경쟁자에게 바로 밀려나는 시대입니다. 더욱 안타깝게도, 한번 밀려나면 그 자리로 돌아가는 것은 거의 불가능해요."

마케팅의 거장(巨匠) 잭 트라웃(Trout) 대표가 말하는 단순화는 어떤 뜻일까?

"사람은 누구나 여러 특성과 개성의 혼합체입니다. 하지만 그 사람을 독특하고 두드러지게 만드는 것은 결국 딱 하나의 특성이에요. 아인슈타인 하면 '지성(知性)'이고, 마릴린 먼로 하면 '섹시함'이죠. 제품도 똑같습니다. 제품도 여러 특성의 혼합물이지만 그 제품을 독특하고 두드러지게 만드는 것은 결국 딱 하나의 특성입니다. 자동차로 예를 들자면 볼보는 '안전', 페라리는 '속도', 도요타는 '신뢰', 메르세데스 벤츠는 '엔지니어링' 하는 식이죠. 한국의 기아는 현재로서는 '비싸지 않다'는 특성이 가장 먼저 느껴집니다."

—당신이 평가하는 최고의 차별화 슬로건은?

"음…. 제가 가장 좋아하는 최고의 마케팅, 최고의 슬로건은 BMW의 'Ultimate Driving Machine'입니다. 명쾌하고 강렬하죠. 그리고 더 중요한 것은 이 슬로건을 25년 동안이나 바꾸지 않고 일관되게 유지해 왔다는 점입니다. 제가 본 최고의 브랜드 관리입니다. 요건은 명쾌한 메시지와 일관성, 이렇게 두 가지입니다."

■드라마나 스토리를 창출하라

—어떻게 차별화해야 합니까?

"기업이 활용할 수 있는 차별화 방법으로는 1등 이미지, 개척자 이미지, 최신 이미지, 리더십 이미지, 전통과 유산(遺産) 이미지 등을 들 수 있습니다. 예를 들어 구글이나 스타벅스는 그 분야를 개척했다는 이미지로 성공을 거두었습니다. '구글(Google)'은 검색한다는 뜻의 동사로도 쓰일 정도입니다. 이렇듯 1등 혹은 개척자 이미지는 차별화로 활용하기에 매우 좋습니다."

—1등이라도 1등임을 내세우기 싫어하는 경우라면 어떻게 하나요?

"1등이라면 '넘버원'을 강조하는 편이 낫습니다. 1등이라는 걸 굳이 앞세우기 싫다면, '이 사회의 리더이다', '리더이므로 남들보다 뭔가를 더 해내게 된다'는 맥락으로 리더십을 강조하면 됩니다. 리더십은 우산 같은 것이거든요. 리더십이야말로 브랜드에 신뢰를 구축하는 최고의 지름길이지요. 또 리더십은 어떻게 그 리더의 자리까지 올랐는지 스토리를 풀어낼 수 있는 좋은 플랫폼입니다."

—1등이나 선구자가 마케팅하기 쉽다는 건 너무 당연하지 않나요?

"1등이 아니라고, 선구자나 개척자가 아니라고 실망할 필요는 없어요. 이를테면 '최신'이라는 이미지도 잘 이용하면 차별화 효과가 큽니다. 미국에서 '애드빌(Advil)'은 아스피린 등 기존 제품보다 '진전된(advanced) 진통제'라는 이미지, 옛 약이 아니라 최근에 개발된 약품이란 이미지를 통해 진통제시장에서 3위보다 훨씬 앞선 '의미 있는 2위'로 올라섰습니다."

—1등도 아니고, 최신도 아니라면?

"제품이 만들어지는 과정이나 소재, 전통이나 유산 등을 잘 활용해서 차별화된 드라마나 스토리 혹은 이미지를 창출하는 것도 효험이 있습니다. 일본 소니(Sony)는 '트리니트론'(Trinitron · 1968년 소니가 개발한 새로운 브라운관 방식)이란 걸 내세워 텔레비전 제품을 성공적으로 마케팅했습니다. 소비자들은 '야, 소니는 트리니트론을 쓴대' 하고 환호하면서 앞다퉈 소니 제품을 샀어요. 트리니트론이 소니 텔레비전 제조 과정의 스토리 혹은 심벌이 된 셈이지만 트리니트론이란 복잡한 물건이 도대체 뭔지 정말로 아는 소비자는 거의 없었습니다.

스페인의 올리브 오일 마케팅도 좋은 예입니다. 스페인은 세계에서 올리브 오일을 가장 많이 생산하지만 이런 사실은 묻힌 채 이탈리아 제품이 국제적으로 가장 많이 알려져 있었어요. 이미지상으로는 이탈리아 올리브 오일이 1등이었던 셈입니다. 1등도, 최신도 아닌 스페인이 취할 전략은 '드라마화(化)'였습니다. 일단 '스페인이 세계의 1위 올리브 오일 생산국'이라고 포지셔닝을 하고, '2000년 전 로마(이탈리아)는 우리(스페인)의 가장 큰 고객이었습니다. 지금도 그들은 여전히 그렇습니다'는 식으로 스토리를 만들어간 것입니다. 이 전략은 주효해 스페인은 이제 올리브 오일의 1위 생산국 이미지를 되찾았습니다."

—중소기업이 글로벌 마케팅에 성공하려면?

“포지셔닝을 새롭게 한 성공 사례가 있습니다. ‘컴퓨데이터’란 회사는 아르헨티나의 바코드 리더기 전문 회사였어요. 대표적인 제품의 이름은 ‘멀티스캔’이었죠. 제가 어떻게 했을까요? 회사명 ‘컴퓨데이터’를 버리고 제품명인 ‘멀티스캔’으로 회사 이름을 바꾸게 했어요. ‘혹시 미국에 지사가 있느냐’고 물었더니 마이애미에 한 곳 있다고 하기에 그곳을 본사로 바꾸게 했습니다. 컴퓨터에 강한 나라는 미국이기 때문입니다. 사장의 이름도 아예 미국식으로 개명시켰어요. 이렇게 되니 사장 명함이 확 바뀌었어요. 아르헨티나에 본사를 둔 ‘컴퓨데이터’란 회사의 남미식 이름 사장에서 미국에 본사를 두고 명쾌한 전달력을 지닌 ‘멀티스캔’이란 회사의 미국식 이름 사장으로…. 어떤 결과가 나왔을까요? 이 회사 매출은 10배로 늘었고 55개국에 수출하게 됐습니다.”

■한국 재벌은 특화 브랜드 검토하길

—삼성과 LG는 한국의 대표적 글로벌 브랜드인데, 어떻게 보나요?

“미국에서 많은 사람들은 삼성과 LG가 일본 브랜드라고 생각합니다. 그런데 한국의 국가 이미지 포지셔닝이 어정쩡하고 북한과 겹쳐지는 상황에서는 차라리 일본 브랜드로 오해받는 편이 낫습니다. 일본은 전자제품에 강하다는 이미지가 있으니까요. 그리고 LG가 ‘Life is Good’이라고 광고하던데 그게 무슨 메시지인지 잘 모르겠어요. 더구나 금융위기 때문에 요사이 인생은 그리 좋지가 않은데….(웃음)”

—당신은 삼성의 브랜드 이미지가 혼란스럽다고 지적한다던데….

“그렇습니다. 삼성은 텔레비전과 휴대폰에서 모두 세계 최고를 지향합니다. 하지만 ‘노키아’ 하면 휴대폰이 떠오르고, ‘소니’ 하면 텔레비전이 떠오르는 반면 삼성은 초점이 없습니다. 그래서 삼성이 휴대폰을 아무리 훌륭하게 만들더라도 노키아를 앞서기에는 힘겨워 보입니다. 저는 한국의 재벌들이 부문별로 특화된 몇 개의 브랜드로 나누는 것을 검토하라고 권하고 싶습니다.”

—현대차가 올해 ‘제네시스’라는 고급 차를 새로 출시했는데, 렉서스와 비교되는 경우가 많습니다.

“현대차는 물론 미국 시장에서 매우 높은 경쟁력을 갖고 있습니다. 하지만 제네시스는 바로 현대차 마케팅의 한계를 보여줍니다. 제네시스와 렉서스는 브랜드 관리 측면에서 완전히 다릅니다. 도요타는 렉서스라는 브랜드를 완벽하게 분리시켰습니다. 10마일 거리 안에서는 도요타 딜러와 렉서스 딜러가 겹치지 않게 할 정도로 세심하게 관리했어요. 그래서 사람들은 렉서스가 도요타에서 튀어나왔다는 이미지를 갖지 않습니다. 하지만 현대는 제네시스라는 브랜드를 분리하지 않았습니다. 제네시스를 누구에게 가서 사지요? 현대차 딜러입니다. 그러니 제네시스에서는 새로운 '고급' 이미지가 절대 나올 수 없는 것입니다."

—현대차의 미국 시장 컨설팅을 맡는다면 어떻게 충고하겠습니까?

"음, 현 상황에서 저는 'More Car for the Money'를 내세우는 전략을 추천하겠습니다."

—결국 '싼차'란 뜻 아닌가요?

"비슷한 의미이긴 하지만…, 가격에 비해서 성능이 좋은 차란 뜻입니다. 그리고 이 전략이 요즘과 같은 불황에서는 현대차에 좋은 기회를 제공할 수 있어요. 렉서스를 사려면 엄청난 돈을 지불해야 하지만 제네시스라는 우수한 성능에는 그렇게 많은 돈을 내지 않아도 된다는 뜻입니다. '팬시 마케팅'보다는 '밸류 마케팅'을 선택하란 의미인데 이는 현대차가 써야 하고, 또 쓸 수밖에 없는 전략입니다. 제네시스가 렉서스와는 다르다는 것 때문이기도 하지만 지금은 세계적인 불황이기 때문이기도 합니다. 그래서 현대차에는 오히려 유리한 환경일 수도 있어요. 오랜만에 찾아온 불황이 깊어지면서 이제 소비자는 지갑을 잘 열지 않게 됩니다. 현명하게 돈을 쓴다는 생각이 들어야 지갑을 엽니다. 자동차뿐 아니라 여러 시장에서 가치를 엄격하게 따지는 새로운 게임이 시작되는 것입니다. 당분간 이런 새로운 게임은 지속될 것입니다."

잭 트라웃은

세계 최고의 마케팅 전략가 중 한 사람으로 꼽힌다. 1980년 친구이자 동업자인 알 리스(Ries)와 함께 저술한 '포지셔닝(Positioning: The Battle for Your Mind)'은 '마케팅 분야의 바이블'로 평가받고 있다.

GE의 광고부서에서 사회생활을 시작했고, 타이어 회사 '유니로열(Uniroyal)' 광고 책임자를 역임했다. 이후 알 리스와 함께 광고 마케팅 회사를 세워 26년간 함께 경영했다.

그는 '마케팅 전쟁(Marketing Warfare)', '단순함의 원리(The Power of Simplicity)', '호스센스(Horse Sense)', '빅 브랜드, 성공의 조건(Big brands big trouble)' 등의 베스트셀러를 잇따라 내놓았다.

그가 대표로 있는 '트라웃 앤드 파트너'는 미국 코네티컷에 본사가 있고, 13개국에 지사를 두고 있다. IBM, AT&T, 제록스, 에릭슨, 메릴린치, P&G, 휴렛팩커드 등이 그의 고객사이다.

자료 : 조선일보, 2008.10.25

연 습 문 제

1. 글로벌마케팅을 정의하고 그 의미를 설명하라.

2. 글로벌마케팅의 중요성에 대하여 설명하라.

3. 글로벌마케팅의 배경에 대하여 설명하라.

4. 글로벌마케팅의 활동에 대하여 설명하라.

5. 글로벌마케팅과 국내마케팅의 차이점을 논하시오.

6. 글로벌마케팅의 성장배경을 논하시오.

7. 글로벌마케팅의 발전단계에 대하여 설명하라.

8. 국내마케팅, 국제마케팅, 글로벌마케팅의 차이점에 대하여 설명하라.

제 2 장

기업의 국제화

제 1 절 기업국제화의 의미

최근 들어 국제화 혹은 세계화라는 용어는 계층 없이 일상적인 언어로 사용하고 있다. 또한 정부, 기업, 관공서 등의 정책이나 전략에 국제화 또는 세계화란 용어를 대부분 사용하고 있다. 이는 세계가 지구촌화되면서 국내기업과 국제기업의 활동에 대한 구분이 모호해지고 있으며, 국제경영활동을 행하는 주체에 대해서도 국제기업, 다국적기업, 초국적기업, 글로벌기업, 세계기업 등 다양한 용어로 사용하고 있다. 그러나 국제화의 정의는 학문적으로 정확하게 내려져 있지 않는 상태로 학자들 마다 유사한 정의를 내리고 있다. 일반적으로 기업의 국제화란 두 개 이상의 국가에서 기업활동을 확대해 나가는 과정을 의미하며 이에 따른 기업성장을 달성하기 위한 기업전략의 변화과정을 의미 한다. 다시 말해서, 기업의 국제화란 기업이 보유하고 있는 경영자원의 해외시장에 참여정도를 점진적으로 높이고, 기업 활동을 세계적으로 확대해 나가는 동시에 기업의 성장기회를 국내·외적으로 달성하기 위한 기업전략의 변화과정이라고 볼 수 있다. 이러한 관점에서 기업의 국제화란

1) 기업활동의 확대와 2) 기업활동 주체의 변화라고 볼 수 있다.

1. 기업활동의 확대

국내시장의 개방에 따른 외국기업의 국내진출로 인하여 국내시장 경쟁의 격화로 국내기업의 해외진출이 자연스럽게 이루어지고 있다. 이는 국가가 가지고 있는 자원의 격차로 인한 이동이 가장 크다고 볼 수 있다. 예로 노동, 자원, 기술 및 시장규모 등이 풍부하지 않은 한국 기업들은 자의든 타의든 간에 해외시장에 진출하고 있다. 이는 기업성장과 시장개방화에 따른 기업의 자구책이라고 볼 수 있다. 또한 세계시장의 개방과 무역장벽이 제거됨에 따라 경쟁에서 살아남기 위한 전략이라고 볼 수 있다. 기업활동의 확대는 다음과 같다.

1) **지리적 범위 확대(geographic scope)** : 한 국가에서 다수의 국가로 기업활동이 점차적으로 넓어진다는 것을 말한다. 기업이 창업 초기에는 국내 생산 및 판매 중심에서 해외 생산 및 판매로 확대해 나가는 것을 말하며, 기업의 주체에 따라 생산효율성을 높이기 위해서 또는 자원을 확보하기 위해서 해외시장에 진출 한다. 예를 들면 한국기업은 자원부족 및 국내시장의 협소로 인하여 해외시장 진출을 꾀하고 있다. 특히 해외시장에서 살아남기 위한 방안으로 생산성 즉 경쟁력을 확보하기 위하여 생산효율성이 뛰어난 중국, 베트남 및 필리핀 등으로 진출하고 있다.

2) **사업범위 확대(business scope)** : 국세시장에서 한 가지 사업 및 품목을 가지고 기업활동을 하는 것이 아니라 여러 가지 사업을 동시에 수행하는 것을 말한다. 예를 들어 삼성의 경우 TV, 냉장고, 컴퓨터, 세탁기, 핸드폰 및 스마트폰 등의 제품으로 다각화를 시작으로 IT제품 등을 세계시장으로 공급하고 있다. 이는 다수의 제품을 생산공급하는 사업 다각화를 의미한다.

3) **국제시장 참여방식 확대(entry mode)** : 기업이 해외시장 진출하는

방식이 다양화된다는 것을 의미한다. 기업이 국내 생산 및 판매로 시작하여 국내시장의 소비자의 반응에 따라 수출의 형태로 해외시장에 참여하는 것이 가장 일반적이다. 수출로 인한 해외시장의 경험 취득으로 인한 새로운 해외시장 참여방식을 모색하게 된다. 점차적인 방식을 보면 수출-라이센싱-프랜차이징-경영관리계약 해외직접투자 등으로 참여방식을 확대해 나간다. 이와 같은 참여 방식이 국내기업이 다국적기업 즉 글로벌기업 으로 진화되는 단계라고 볼 수 있다.

4) 경영기능범위확대(functional scope of business) : 생산, 재무, 인사, 마케팅관리 등을 여러 나라에서 수행하는 것을 말한다. 예로 한국기업이 중국 및 베트남에 진출하는 이유는 국내 인건비 상승으로 인한 가격경쟁력을 높이기 위한 방안으로 진출하는 기업이 대부분이다. 현지생산 뿐만 아니라 현지에 유능한 인재를 채용, 현지 자금조달, 현지 마케팅 활동 등을 세계 여러 나라에서 수행하게 된다는 것을 말한다.

기업의 국제화 정도에 따라서 위에 제시한 네 가지 방법이 개별적인 차원에서 고려되기도 하지만 기업의 세계화 진척에 따라서 동시에 통합적으로 실행되기도 한다.

2. 기업활동의 주체의 변화

기업이 성장함에 따라 기업활동의 주체가 변한다. 대부분의 기업이 국내중심 기업활동을 한다. 또한 국내기업활동 여하에 따라 기업이 해외시장에 진출하게 된다. 이는 자연스럽게 기업이 국내중심기업에서 해외중심기업으로 진화하는 과정을 가리킨다. Perlmutter는 기업활동의 변화를 본국시장중심(ehnocenric), 현지시장중심기업(polycentric), 지역시장중심(regiocentric), 세계중심시장(geocentric)으로 분류하였다. 이 네 가지의 머리 글자를 따서 EPRG모형이라고 한다.

1) 본국시장중심기업(ethnocentric) : 모든 기업활동이 본국중심으로 이루어지는 것을 말한다. 이는 경영전략과 전술활동이 자국시장 중심으

로 이루어지는 것을 의미한다. 따라서 해외시장에서의 경영활동은 자국의 전략에 근거해서 이루어지고 기업 경영활동에 필요한 인사, 재무, 마케팅, 연구, 개발 등도 본국의 방식으로 해외에서도 이루어지는 것을 말한다.

2) **현지시장지향기업(polycentric)** : 기업활동과 기업활동에 필요한 경영자원이 현지시장(local market)중심으로 이루어지는 것을 말한다. 현지의 경영환경-거래관행, 유통구조, 소비자 필요성, 문화 등에 잘 융화하기 위해 해외 지사의 경영을 현지에 맡기는 경영전략을 말한다. 따라서 현지 지사의 주요 조직은 대부분 현지의 인적자원으로 충당하고 일상적 업무에 대한 의사결정이 대부분 지사에 위임되어진다. 이와 같은 점에서 분권화의 진보된 경영이라고 할 수 있다. 그러나 재무, 연구개발 등의 주요한 의사결정은 본사가 의사결정을 가진다.

3) **지역시장중심기업(regiocentric)** : 진출한 나라의 시장을 기초로 한 경영으로 현지의 요구를 중시하는 전략이다. 지역시장의 수요를 충당하기 위한 것이기 때문에 지역사업본부의 역할이 대단히 중요하다. 그리고 대다수의 의사결정 권한을 본사에서 위임한다. 그로 인한 인적자원, 교육, 마케팅, 생산입지 선정 등의 기능은 지역에 적합한 형태로 지역사업본부가 행한다. 예로 지역시장중심의 구성은 동남아시아, 서아시아, 미주, 남미, 서유럽, 동유럽 등으로 지역을 묶어서 기업활동을 하는 것을 말한다.

4) **세계시장지향기업(Geocentric)** : 세계를 하나의 시장으로 보고 경영활동을 전체를 통제하고 조성하는 기업활동을 말한다. 다시 말해서 기업활동과 필요한 자원배분을 전세계시장 중심으로 이루어지는 것이 특징이다. 세계지향형 다국적기업은 범세계적인 제품을 생산하고 국적에 관계없이 세계적으로 유능한 인재를 고용하는 등 진정으로 글로벌 경영을 추구하는 경영자세이다. 본사와 지사를 유기적으로 결합하여 글로벌적 관점에서 사업활동을 수행한다. 즉, 좁은 내셔날리즘의 지역을 탈피하고, 중요한 의사결정은 본사와 지사의 협의에 의해 결정된다. 또

한 경영자원의 배분에 있어서는 늘 세계적 규모로 최적화를 기준으로 한다.

〈표 2-1〉 세계시장에 대한 경영자의 지향상

	본국시장지향성 (Ethnocentric)	현지시장지향성 (Polycentric)	지역시장향성 (Regiocentric)	세계시장향상 (Geocentric)
조직의 복잡성	본사는 복잡하나 자회사는 단순함	다양하고 독립적인 형태	지역시장에 기반을 둔 상호의존적 형태	점차적으로 복잡하고 상호의존적 형태
권한 (의사결정)	본사 중심적	비교적 본사의 권한이 적음	지역사업본부의 독자적 의사결정 또는 자회사 상호간의 긴밀한 유대 하에서 의사결정이 이루어지는 것이 일반적임	본사와 자회사의 공동참여에 의한 결정
평가와 통제	본사의 평가 기준을 인사와 성과에 적용	현지시장 중심으로 결정	지역시장 중심으로 결정	범세계적이고 지역적인 평가 기준을 적용
상벌제도	본사 중심적	상당히 다양함; 자회사의 성과에 대한 보상이 높을 수도 있고 낮을 수도 있음	지역시장의 목표 달성에 대한 보상	국제적 지역적 경영관리자는 지역적 전세계적인 목표 달성에 대한 보상을 받음
의사소통 (정보흐름)	본사의 자회사에 대한 주문, 명령 또는 조언이 상당히 많음	본사의 간섭이 거의 없으며, 자회사들 간 정보교환도 거의 없음	본사의 간섭은 적은 편이나, 지역사업본부의 간섭이 많은	본사와 자회사간의 활발한 정보교환
조직구성원 국적	본사국의 국적이 절대 다수	현지국 국적이 많음	지역시장 소재국의 국적이 많음	범세계적 국적구상
인사정책	전세계 요직에 본사국 국적의 인재를 채용하고 배치함	현지국 요직에 현지시장 국가의 인재를 중용함	지역시장 국가의 인재를 중용함	세계 어디에서나 요직에 국적과 관계없이 최고의 능력을 가진 인재 중용

자료 : 이수영, 『글로벌 마케팅』, 대명, 2007. 재인용

최근 들어 국제화·세계화가 진전됨에 따라 과거에 비하여 기업의 발전단계도 변화를 가져오고 있다. 이는 한 국가의 자유무역과 시장개방의 역사를 가지고 있기 때문에 세계시장에 관한 경험과 정보를 과거에 비해 충분이 가지고 있기 때문에 위와 같은 순서대로 기업이 해외시장에 참여하지 않는다. 물론 과거에는 보호무역이 존재하고 폐쇄경제

를 취할 때에는 해외진출이 쉽지 않았기 때문에 펄뮤터(Perlmutter)가 제시한 순서대로 기업이 진화되었다고 볼 수 있다.

사례 2-1

세계화 걸맞게 기업이름을 바꿔라

*전세계등록 회사명-브랜드 480만개/컴퓨터 조사하는 데만 3개월 걸려/총경비 삼성 1,200억-LG는 800억/ "이미지 통일"로 생산성 향상 그룹마다 CIP 열올려 국내에서는 썩 괜찮은 이름이 외국에 나가서는 아주 나쁜 의미로 전락하는 사례가 많다. 또 같은 이름이나 심벌 또는 로고가 이미 외국에 등록되어 있어 해외진출에 제동이 걸리는 경우도 많다. 그래서 경영국제화 추세와 함께 시작된 기업들의 국제화된 새 이름 찾기 바람이 계속 유행을 타고 있다. 그 과정에서 단순히 웃어넘길 수만은 없는 많은 얘깃거리들도 속속 생겨나고 있다. 몇 년 전 그룹이름을 한화로 바꾼 한화그룹의 경우 영문표기상의 문제 때문에 그룹명칭을 바꾼 케이스. 개명하기 전 그룹명인 한국화약그룹의 영문표기는 KOREA EXPLOSIVE GROUP이었기 때문이다. 중국어로는 한국폭파집단으로 표기돼 한국의 대표적인 테러집단으로 오해받기도 했다. 선경그룹의 영어표기 SUNKYOUNG은 침몰한다는 발음의 SUNK와 유사, 침몰하는 기업으로 오해받기도 했다. 이 때문에 선경은 연말까지 그룹명칭을 바꾸는 작업을 진행 중이다. 제일제당의 경우도 영어 첫 단어인 CHEIL이 미국 사람들에게는 감옥 이라는 뜻의 JAIL로 잘못 발음되는 경우가 많아 고심 중이다.

쌍용그룹의 쌍용은 원래 모기업인 쌍용양회가 위치한 강원도 영월군 서면 쌍용리에서 따온 이름. 영어로 쌍이란 발음이 마땅치 않아 고육지책으로 SSANG이라는 조어를 만들어냈다. 그러나 처음 보는 희한한 단어였기 때문에 외국인들 사이에서 그룹의 인지도를 오히려 높이는 결과를 초래했다고 쌍용관계자들은 주장한다. 삼성의 경우는 외국인들이 SAMSUNG을 자꾸 쌤성이라고 발음, 한 때 고민한 것으로 알려진다. 나쁜 의미의 미국을 은유하는 상징어 엉클 샘을 연상하게 하기 때문이다. 회사이름은 형편없는데, 제품명이 좋아 아예 제품명을 회사이름으로 바꿔 성공한 기업들도 적지 않다. 일본의 소니(SONY)사의 원래 이름은 동양전기통신공사. 그러나 이 회사가 트랜지스터 라디오를 개발, 소니라는 이름으로 공전의 히트를 치자 아예 회사명을 소니로 바꿔버렸다. 소니라는 이름은 귀여운 여자아이 이름이라는 의미와 아들 같은, 전망이 좋은이라는 뜻의 SONNY에서 파생된 것으로 알려졌다. 미국의 정유회사인 쉘(SHELL)은 원래 조개목걸이 공장에서 출발한 것 때문에 쉘이라는 이름을 썼다. 미국 애플(APPLE) 컴퓨터의 애플이란 이름은 창업주가 돈을 벌면 과수원을 사겠다는 일념에서 지은 컴퓨터와는 전혀 동떨어진 이름. 그러나 지금은 애플이 개인용 컴퓨터의 대명사가 되었다. 그러나 칙칙하고 된장냄새가 물씬

풍기는 이름이라고 해서 회사이름을 금방 바꾸는 것은 쉽지 않다. 웬만한 고유명사는 대부분 전세계 어느 곳에라도 등록돼 있어 같은 이름을 피해 멋진 이름을 짓는 일은 하늘에서 별을 따는 작업에 비유된다. 현재 전세계 각국에 등록된 기업 및 브랜드명은 무려 4백80만개. 컴퓨터로 조사하는 데만 3개월이 걸리고 컴퓨터에 없는 이름을 일일이 현지에서 등기부를 뒤적거리려면 최소 1년 6개월은 걸린다고 한다. 미국 제너럴 일렉트릭(GE)의 경우 GE의 상호와 로고 등 지적재산권을 관리하는 변호사만 2백명을 두고 있다. GE에 잘못 걸려들면 이름을 제대로 써보지도 못하고 패가망신할 수 있다. 삼성의 경우 필립스의 브랜드중 하나인 삼손과 이름이 비슷해 삼성브랜드를 유럽시장에 등록할 때 애를 먹었다. LG도 럭키금성에서 LG로 이름을 바꿀 때 이를 먼저 알고 남미의 한 사기꾼이 LG로 먼저 등록, 이 브랜드를 사느라고 고생한 것으로 알려졌다. 그래도 이 경우는 괜찮은 편. 대우의 경우 심벌 로고를 외국에서 사용하는데 아직도 많은 애로를 겪고 있다. 대우는 그룹심벌마크로 세계로 뻗어가는 이미지를 담았는데 이 마크가 하필이면 미국 컨티넨탈 항공의 심벌마크를 바로 세워놓은 모습과 똑같기 때문. 통계에 따르면 국내 30대 재벌그룹중 13개 그룹이 해외에 유사한 이름을 갖고 있어 해외 브랜드를 아예 돈을 주고 사거나 아니면 사용승인 계약을 맺은 것으로 확인되고 있다. 이름을 바꾸는데 소요되는 비용도 천문학적인 수준으로 늘고 있다. LG의 경우 기본개념을 미국 랜더사에 약 1백만달러(8억원)의 용역으로 의뢰했고, 조사비용으로 1백20만달러(9억6천만원), 등록비용으로만 3억원을 썼다. 여기에다 명함, 서식류 교환, 계열사 로고 타입과 심벌마크 교환등 완전히 싹 바꾸는데 들어가는 모든 비용을 합하면 약 8백억원에 달했던 것으로 알려진다. 삼성의 경우도 약 1천2백억원이 들어간 것으로 업계는 추정하고 있다. 그런데도 요즘 국내재벌그룹들은 기업이미지 통일작업의 일환인 CIP작업을 경쟁적으로 벌이고 있다. 삼성, LG, 대우, 쌍용, 한화가 이미 계열사이름을 통일하는 작업을 거의 끝냈고, 선경그룹이 SK로 이름을 바꾸는 작업을 거의 마무리짓고 있다. 국내 CIP전문업체인 두킴사의 디자인 매니저 이승희씨는 "세계화 시대를 맞아 국제감각에 맞는 신선한 이름으로 바꾸면 성공의 기회가 더욱 많아질 것"이라고 말했다.

자료 : 조선일보, 1995.9.25

제 2 절 기업국제화의 촉진요인

최근 들어 국제화와 더불어 기업을 둘러싼 환경이 급속도로 변화하고 있다. 이러한 환경의 변화로 인하여 기업의 해외시장진출도 증가하고 있다. 이와 같이 기업국제화를 촉진하는 요인으로는 시장요인, 비용요인, 정부요인, 경쟁요인 등으로 분류할 수 있다.

〈표 2-2〉 기업 및 산업글로벌화의 요인

기업 및 산업의 글로벌화요인	제 요인
시장요인	*각국 시장 기호의 동질화 *글로벌 고객의 등장 *제품수명주기의 단축 *글로벌 브랜드 및 광고개발 *글로벌 유통채널 구축
경제적요인	*생산 또는 유통에 있어서의 범세계적인 규모의 경제 *학습곡선의 급속화 *범세계적 소싱의 효율적 증대 *국가별 비용차이의 증대 *제품개발비용의 증가
경쟁요인	*국가간의 상호의존성 심화 *경쟁기업의 범세계적인 이동 *경쟁기업의 범세계적인 이동에 대한 선제 기회
정부요인 및 환경요인	*정부정책의 변화 *기술의 변화 *통신수단의 발달 *운송비의 감소

자료 : 강태구, 『글로벌 기업』, 무역경영사, 2008.

1. 시장요인

세계 시장이 동질화되어 가고 있다. 이는 시장의 규모가 커져 가는 것을 의미한다. 이와 같이 국내시장중심에서 벗어나 국제시장에 기업이 참여하는 촉진요인이다. 각 국가의 시장이 개방하기 전에는 자국시장 중심으로 생산 및 소비가 이루어졌고, 해외국가에서 생산한 제품은 극히 일부분의 국내소비자들이 사용하였다. 그러나 최근 들어 국제화 및 개방화에 따른 각 국가의 개방화 정도가 과거에 비하여 활짝 열려 각 국가 간의 교역이 아주 급속도로 증가하였고, 어느 국가에 있든 간에 원하는 제품을 손쉽게 구매할 수 있다. 이와 같이 국제화에 따른 교역의 증가를 가져왔고 이로 인한 소비자의 욕구가 점점 동질화되어 가고 있다. 다시 말해서 국가 간의 생활패턴과 소비의 기호가 국가 간 수렴되고 동질화되고 있다는 것을 말한다. 예로 맥도날드, 피자, 스파게티 등이 서구지역 뿐만 아니라 세계 어느 나라에서든 이 같은 음식을 애용할 수 있다. 또한 독일 맥주의 경우 과거에는 독일에서만 구매할 수 있었으나 최근에는 세계 어느 나라에서든 구입할 수 있다. 이와 같이 시장의 개방이 곧 기업의 국제화를 촉진하는 것으로 작용하고 있다.

2. 비용요인

기업의 국제화로 인하여 규모의 경제성을 가져올 수 있다. 자국시장은 국제시장에 비하여 매우 적기 때문에 규모의 경제를 실현하기가 불가능하다고 볼 수 있다. 국제시장에 참여함으로 규모의 경제성을 실현할 뿐만 아니라 제품의 경쟁력과 기업성장을 가져올 수 있다. 또한 자국시장에서 생산하는 제품의 라이프사이클과 제품의 개발비용이 문제가 되고 있다. 예로 핸드폰의 사이클을 보면 한국은 쇠퇴기에 접어들어가고 있지만 베트남, 필리핀 등은 도입기 또는 성장기에 있다고 볼 수 있다. 이와 같이 기업이 해외시장에 참여함으로써 제품에 대한 사이클을 늘려갈 수 있고 또한 제품 개발비용도 줄여 나갈 수 있다. 또한 국가 간의 입지특위변수가 다르기 때문에 기업이 경쟁력을 높일 수 있는 국가로 진출하게 된다. 다시 말해서 국가 간에 생산요소비용인 재료비, 노무비, 제조간접비 등이 차이가 있기 때문에 생산성과 생산요소비용을 고려해서 생산 국가를 선택하게 된다.

3. 정부요인

기업의 국제화는 정부의 정책에 많은 영향을 받는다. 정부요인의 변화로는 관세장벽이 축소되고 비관세장벽이 감소되고 있고 각국 정부간의 우호적인 무역에 관한 제도와 정책 등이 있다. 이와 같이 정부요인의 변화가 기업으로 하여금 해외시장의 참여를 촉진하고 있다. 또한 각 국가 간에 FTA 협정으로 인하여 문호의 개방은 기업으로 하여금 국제시장참여를 촉진하고 있다. 또한 각 국의 정부는 국제시장의 참여가 자국의 경제성장에 중요한 역할을 하고 있기 때문에 외국기업이 국내에 들어올 수 있도록 많은 제도의 개선과 유인책을 사용하고 있고 이와 반대로 국내기업이 해외시장에서 기업 활동을 할 수 있도록 정책적인 지원책을 쓰고 있다.

4. 경쟁요인

WTO 구축과 FTA 협정으로 세계무역량이 지속적으로 증가되고 있다. 각 국가의 시장이 완전히 개방됨에 따라 경쟁적인 터전으로 변하게 되었다. 경쟁력에서 살아남으려는 기업은 글로벌 차원에서 생산효율성을 가진 수 있는 국가로 생산기지를 결정한다. 또한 시너지 효과를 얻을 수 있는 기업과 인수·합병 등이 증가되고, 글로벌 경쟁을 시도하는 새로운 경쟁자들이 등장한다. 따라서 경쟁력이 없는 기업은 도태되고 경쟁력이 있는 기업만이 살아남게 되었다. 살아남기 위한 전략의 일환으로 기업은 국내기업에서 안주하는 것이 아니라 경쟁에서 살아남을 수 있는 국가에 진출을 하고 있다. 자유무역이 확산되기 전에는 국내시장의 경쟁이 자국 기업들 간에 경쟁을 하였으나 최근 시장이 완전 개방되고 WTO체제가 구축한 이후에는 국내시장의 경쟁이 곧 국제시장의 경쟁이라고 볼 수 있게 되었다. 이러한 환경하에서 필연적으로 기업이 국제화되지 않으면 살아남지 못할 것이다.

제 3 절 기업국제화의 동기

기업들은 익숙한 자국의 사업환경에서 영업활동을 수행하기 때문에 본래부터 우위를 가지고 있다. 그런데 왜? 사업환경이 어려운 해외에 진출하려고 하는가? 이는 세계경제환경의 변화와 기업이 무엇을 생산하느냐에 따라, 즉 기업의 유형에 따라 동기가 다르다고 볼 수 있다. 본 절에서는 기업의 국제무역활동을 추구하는 동기와 해외직접투자 동기에 관하여 살펴보려고 한다.

1. 기업의 국제무역 추구하는 동기

1) **매출증대** : 국내시장의 규모와 국제시장의 규모는 엄청난 차이가 난다. 이는 시장의 기회가 국내시장보다 국제시장의 기회가 크다고 볼 수 있다. 따라서 기업은 자연스럽게 기업의 매출을 증가시키기 위해서는 국내시장보다 해외시장을 선호하게 된다. 예로 현대 자동차, 기아자동차 등은 미국, 인도, 유럽 등에 공장을 설립하고 국제시장의 진입을 적극적으로 추구하고 있다. 대부분의 다국적 기업들의 매출액을 보면 국내 매출액보다 해외 매출이 더 늘어나고 있다.

2) **규모의 경제** : 제품판매를 국내에만 판매할 때보다 국내외 동시에 제품을 판매할 때가 기업의 생산량과 매출액이 더 늘어날 것이다. 이로 인하여 기업의 생산량이 증가함에 따라 단위당 생산원가가 절감이 되어 경험곡선 효과와 규모의 경제를 얻을 것이다. 기업이 제품생산에 대한 규모의 경제를 가졌을 때 경쟁력을 가지고 있다고 할 수 있다. 예로 포항제철이 생산하는 철강제품이 국내시장에만 판매된다고 가상하면 철근의 가격은 상상할 수 없을 정도로 높을 것이고 제품의 매출은 아

주 제한적일 것이다.

3) **유휴시설의 활용** : 국내 가전제품인 냉장고의 유형은 크게 대형, 중형, 소형 등을 생산한다. 최근 국내소비자의 구매동향을 살펴보면 많은 소비자들이 대형냉장고를 선호하는 추세로 바뀌고 있다. 가전회사는 모든 냉장고를 생산하기 위한 설비를 갖추고 있음에도 소비자가 원하는 대형냉장고를 집중적으로 생산하고 있기 때문에 규모의 경제를 가질 수 있을 것이다. 그러나 소형냉장고의 판매가 국내시장에 저조하기 때문에 규모의 경제를 갖기가 어렵다. 따라서 소형냉장고 설비를 적극적으로 이용하고 활용하기 위해서는 소형냉장고 제품을 생산해서 해외에 수출함으로써 규모의 경제를 이룰 뿐만 아니라 유휴시설을 더욱 적극적으로 활용할 수 있다.

4) **위험분산** : 국내시장에만 판매하는 회사는 국내경제 환경에 따라 기업이 성·패를 좌우하게 된다. 그러나 국내 뿐만 아니라 다수의 국가에 제품을 판매할 때는 특정 국가에서 겪게 될 위험을 분산시킬 수 있다. 예로 아시아 금융위기(IMF)로 인하여 한국, 러시아 등은 커다란 어려움에 직면하였다. 그 당시 지급불능을 선언한 러시아로 수출하였다면 기업은 도산하고 말았을 것이다. 그러나 러시아 뿐만 아니라 다수의 국가로 제품을 수출하였다면 기업의 파산은 막았을 것이다. 이와 같이 다수의 국가에 수출을 함으로써 위험을 최소화하고 분산할 수 있다.

5) **제품라이프사이클 연장** : 모든 제품에는 라이프사이클이 있다. 사이클이 긴 제품이 있는 반면에 사이클이 작은 제품도 있다. 특히 기능성 제품인 전자제품군은 사이클이 매우 짧다. 핸드폰의 사이클은 길게는 1년 짧게는 몇 달만에 시장에서 사라지고 있다. 최근 들어 스마트폰의 등장으로 기존에 사용되고 있는 제품은 사라질 위험에 처하게 될 위치에 있다. 핸드폰을 제조해서 SK, LG 등에 납품을 하였던 기업들은 생산이 현저하게 줄어들 것이다. 이 같은 시장동향으로 인하여 국내에 판매하던 것을 해외에 수출함으로써 제품 사이클을 늘려 나갈 수 있다.

사례 2-2

글로벌기업 되려면 좋은 느낌을 팔아라!

세계적 생활용품 업체인 P&G는 2005년 '이미지 가치'를 감안, 장부기액 28억달리에 불과한 질레트를 570억달러에 인수했다.

질레트가 갖고 있는 이미지의 위력을 높게 평가했다는 뜻이다.

이미지가 좋은 기업들은 경쟁이 치열한 시장에서 손쉽게 이익을 올린다.

경쟁업체와 엇비슷한 제품을 내놓아도 훨씬 비싼 가격에 팔려 나간다.

모토로라의 15년 독주체제를 무너뜨린 노키아, 창의적인 기업문화를 바탕으로 야후를 제압한 구글, 실용적인 차를 만든다는 이미지로 GM을 압도한 도요타 등이 긍정적 이미지의 덕을 본 글로벌 기업으로 분류된다.

기업 이미지를 끌어올리는 문제는 한국 기업들에 특히 중요하다.

국내 기업들은 기술력에서 글로벌 기업과 비슷한 수준을 갖췄음에도 불구, 브랜드 파워와 이미지 경쟁에서 밀려 시장을 주도하지 못했다.

삼성경제연구소가 지난달 28일 발표한 '무형자산과 기업의 경쟁력' 보고서에 따르면 한국의 코스피 100대 기업이 갖고 있는 기업 이미지 등 무형자산의 가치는 글로벌 기업(미국 S&P 100대 기업)의 3.2%에 불과했다.

시장 내에서도 긍정적인 이미지를 유지하는 일은 무척 중요하다.

한국은 반기업 정서가 강한 나라로, 자칫 정치적 이슈에 휘말려 노골적인 '반기업 운동'의 표적이 되기 십상이다.

미리 긍정적인 이미지를 만들어 놓지 못한 기업이라면 돌발 변수를 만날 경우 한순간에 '2류 기업'으로 전락할 수 있다는 뜻이다.

최근 들어 대기업을 중심으로 '이미지 경영'이 활성화되고 있는 것은 이 같은 측면을 고려한 것으로 풀이된다.

우선 기업의 사회공헌활동(CSR)이 강화되고 있다.

△기업의 경영방침이 윤리적인지 △제품 생산 과정에서 환경을 파괴하거나 인권을 유린하는 일이 없는지 △지역사회와 국가에 얼마만큼 공헌하고 있는지 등을 따지는 소비자들을 우군으로 끌어들이겠다는 전략이다.

신입사원 하계수련대회를 충남 태안 지역에서 개최해 기름제거 활동을 벌이기로 한 삼성그룹이나 '직원 한 사람이 한 그루 나무심기 운동'을 벌이고 있는 포스코 등이 대표적인 사례다.

제품 디자인을 강화하는 움직임도 '이미지 경영'의 일환으로 볼 수 있다.

제품 이미지가 일관되고 고급스러워야 기업 이미지도 높아진다고 판단하고 있는 것이다.
특히 가전업계 등 제품의 품질이 상향 평준화돼 있는 분야의 기업들은 디자인 인력 강화에 힘쓰고 있다.
'글로벌 기업'이라는 이미지를 가꾸기 위해 노력하는 기업들도 쉽게 볼 수 있다.
SK그룹은 최근 이사회를 미국 뉴욕에서 개최했다.
내수 기업이란 이미지를 글로벌 기업으로 바꾸기 위한 움직임으로 해석된다.
LG전자는 CHO(최고인사책임자)를 포함, 4명의 최고경영진을 외국인으로 선발하는 등 인적자원의 글로벌화 작업을 벌이고 있다.
현대·기아자동차는 자사 차량을 타고 2박3일 일정으로 금강산을 다녀오는 '금강산 가족여행 이벤트'를 개최하는 등 소비자와의 접점을 늘리는 데 공을 들이고 있다.
소비자들에게 'VIP 대우를 해주는 기업'이라는 이미지를 갖도록 하자는 포석이다.
스포츠 마케팅을 '이미지 경영'에 접목시킨 사례는 매우 많다.
이제는 글로벌 차원에서 스포츠 마케팅이 이뤄진다.
삼성전자와 LG전자는 각각 영국 프리미어 리그에서 활동하는 프로축구클럽 첼시FC와 풀럼FC를 후원하고 있다.
스포츠 마케팅이 기업의 이미지 제고와 실적 향상에 상당한 도움이 된다고 판단했기 때문이다.
실제로 삼성전자는 첼시FC를 후원한 지난 3년간 유럽 시장 휴대폰 매출이 4배나 늘어나는 효과를 봤다.

자료 : 한국경제, 2008.6.4

2. 해외직접투자를 추구하는 동기

에이티멘과(Eiteman)과 스톤힐(Stonehill)은 개별기업 입장에서의 직접투자 동기에는 전략적 동기, 행동적 동기, 경제적 동기로 구분하였다.

1) 전략적 동기

다국적기업의 사례연구와 설문조사를 통하여 직접투자 동기는 다음과 같이 제시하였다.

(1) **시장 추구형** : 특정국가에 진출하여 현지시장을 확보·유지하면

서 제3국에 새로운 수출시장을 개척하기 위하여 이루어지는 투자를 말한다. 한 예로 현대자동차가 인도시장과 미국시장을 겨냥하여 인도 및 미국에서의 투자활동을 들 수 있다.

(2) **원재료 추구형** : 자사에서 필요한 원자재를 안정적으로 공급받기 위하여 원재료가 풍부한 국가에 진출하는 투자 형태를 말한다. 1961년도 우리나라 최초의 해외직접투자가 원재료를 확보하기 위해서 인도네시아에 진출하였다.

(3) **생산효율 추구형** : 생산요소인 재료비, 노무비, 제조간접비 등이 저렴한 국가에 진출하여 제품을 생산할 목적으로 투자 진출하는 것을 말한다. 한국기업이 베트남, 중국 등에 투자 진출하는 것은 국내생산비보다 저렴하기 때문에 이루어진다고 볼 수 있다.

(4) **지식 추구형** : 외국의 선진기술이나 경영관리기법을 습득하기 위하여 투자하는 것을 말한다. 현재 한국기업이 미국, 일본, 유럽 등에 투자를 하는 것은 다른 이유도 있지만, 현지 기술자나 전문가를 고용하여 신기술을 습득하려고 하는 투자도 있다. 가장 좋은 예로 미국 캘리포니아주의 실리콘벨리에 현지법인을 설립한 예를 들 수 있다.

(5) **정치안정 추구형** : 정치적으로 안정된 국가에 투자하는 동기를 말한다. 한국기업과 일본기업의 해외투자국 선정에 있어서의 결정요소를 보면 한국기업은 시장잠재력을 가장 중요시한 반면에 일본기업은 정치적 안정성을 최우선으로 두고 투자국을 선정하고 있다.

2) 행동적 동기

아하로니(Aharoni)는 해외직접투자의 의사결정에 있어서 주요 요인과 부차적 요인 동기로 나누었다.

(1) 주요요인

① 자사제품에 대한 유통업자, 외국정부의 제안과 같은 외부로부터의 제안

② 시장손실에 대한 두려움

③ 경쟁기업의 해외진출

④ 국내시장에서의 외국기업과의 강한 경쟁 때문에 해외투자가 이루어진다.

(2) 부차적요인

① 피투자국과 무역협정(FTA)을 맺고 있는 제3국 시장에 우회진출 목적

② 생산요소 및 다른 제품에 대한 시장을 창조하기 위하여

③ 노후화된 기계를 재이용하기 위한 동기 등을 들 수 있다.

3) 경제적 동기

경제적 관점에서 볼 때 해외직접투자는 각국의 실물자산, 생산요소, 금융 등의 시장이 불안전상태에 있기 때문에 이루어진다고 볼 수 있다. 이처럼 불안전한 실물 자산시장에 진출하여 성공할 수 있는 것은 기업이 다음과 같은 것을 보유할 수 있기 때문이다.

① 규모의 경제,

② 전문적 경영관리기법,

③ 제품 및 생산요소시장에 대한 충분한 지식,

④ 전문적 기술,

⑤ 충분한 자금공급능력 등을 보유하고 있기 때문이다

제 4 절 기업국제화의 과정

1. 기업의 국제화 과정

국내기업이 다국적기업으로 진전하기까지에는 오랜 시간과 여러 단계를 거친다. 그러나 최근 들어 많은 기업이 빠른 시간에 다국적기업으

로 성장하는 기업도 있다. 그 이유는 2000년도 이후 빠른 시장 개방에 따른 기술이전 및 무역의 증가가 역할을 하였다. 기업의 주체에 따라 체계적으로 단계별로 성장하는 기업도 있지만, 첨단 산업인 IT기업 중에는 몇 단계를 뛰어넘어 단숨에 세계시장을 대상으로 하는 기업도 있다. 일반적으로 이러한 기업국제화 및 성장 단계를 보면 다음과 같다.

1) **간접수출단계** : 어떠한 기업이든 국내 판매 뿐만 아니라 해외수출도 하기를 원한다. 그러나 기업이 국내중심 기업활동에만 치중하다 보면 해외시장에 관한 정보 및 해외시장 개척할 인재가 부족하다. 이러한 상황에도 불구하고 해외에 수출하기를 원하는 기업은 외부 해외경험이 있는 회사나 수출 중간상에 위탁을 해서 수출을 한다. 다시 말해서 제3자에게 위탁 수출하는 것을 간접수출이라 한다.

2) **직접수출단계** : 간접수출을 통한 기업성장과 경험을 통해 얻은 결과에 따라 기업의 수출부서와 무역에 능통한 인재영입을 할 것이다. 그리고 자사가 직접 해외시장 개척을 하고, 수출을 자사의 명의로 직접 수출하는 단계를 말한다.

3) **판매지점설치단계** : 판매지점 설치는 수출을 하는 모든 국가에 설치를 하는 것이 아니라 수출 핵심국가 또는 무역량이 많은 국가에 판매촉진과 매출증대를 위해서 설치를 한다. 또한 소비자의 동향 파악과 서비스를 실현하기도 한다.

4) **판매자회사 설치단계** : 판매자회사는 제조업체가 현지국가의 유통회사에 의존하지 않고 독자적인 판매 및 마케팅 전담 조직 등을 설치하는 단계이다.

5) **계약생산 및 조립운영의 단계** : 계약생산은 국제기업이 해외의 독립제 조립체로 하여금 일정한 계약조건하에 생산하게 하는 것을 말한다. 다시 말해서 기업은 계약제조나 조립운영을 통한 해외시장에서 제품 생산하는 단계를 말한다.

6) **제조공장설립단계** : 해외직접투자 단계라고 할 수 있다. 해외시장에 제조공장을 설립하고 제품을 제조하고 판매하는 단계를 말한다.

7) **다국적기업단계** : 다국적기업은 국가별전략을 추구하는 기업유형이다. 독립적 조직으로 구성되어 있는 해외자회사들은 개별국가에서 현지국가 기업인 것처럼 활동하고 비교적 큰 자율성을 갖는다. 이 단계는 두 개 이상의 국가에서 기업활동을 하는 단계를 말한다.

8) **글로벌기업단계** : 전 세계를 하나의 단일시장으로 보고 기업활동을 하는 단계를 말한다. 또한 글로벌 기업은 전 세계시장을 대상으로 제품을 개발 및 마케팅하는 단계를 가리킨다.

2. 학자들이 제시한 기업의 국제화 과정

1) 요한슨과 비더샤임 풀(Johanson & Wiedersheim-Paul)

요한슨과 비더샤임 폴은 스웨덴 기업에 대한 사례연구에서 기업들은 다음과 같은 일정한 단계를 점진적이고 순차적으로 국제화되어 간다고 주장한다.

① 비정기적인 수출

② 중간상을 통한 수출

③ 해외 판매 자회사 설립

④ 해외생산 · 제조자회사 설립 등이다.

그들은 기업의 국제화는 그 단계가 높아져갈수록 자원의 개입수준이 높아질 뿐 아니라 예전과 전혀 다른 시장경험 및 정보를 가져다준다고 주장한다. 그리고 기업들은 어떤 특정한 한 나라의 시장 내에서 한 단계 한 단계 더 높은 수준으로 점진적이고 순차적으로 발전해 간다고 주장한다.

2) 요한슨과 발네(J. Johanson and J. E. Vahlne)

요한슨과 발네는 스웨덴 기업의 국제화 과정을 고찰한 결과, 기업들은 일시에 대규모 생산설비를 해외에 투자하기보다는 국제경영활동을 점진적으로 점차 확대해 나가는 단계적인 과정을 밟는다고 주장한다.

① 무역이 전혀 없는 단계
② 무역대리인을 통한 수출단계
③ 현지 판매 자회사를 통한 수출단계
④ 현지 생산공장 설립단계 등이 그것이다

3) 루트(F. R. Root)

루트는 기업의 국제화 단계를 다음과 같이 구분하고 있다.
① 간접적 · 비정기적 수출 또는 파동적인 수출
② 능동적인 수출
③ 라이센싱
④ 해외시장에서 합작투자
⑤ 대규모 다국적마케팅 및 생산

기업이 어떠한 단계를 거처 국제화 되는가를 살펴보았다. 대부분의 기업들은 위 학자들의 연구결과에 따르면 일정한 과정을 거처 점진적으로 국제화되어 가는 것으로 밝혀지고 있다(강태구).

사례 2-3

월드컵은 스포츠 넘어 경제전쟁

남아공월드컵 공식후원 마케팅비만 20조
4년만의 최고 기회…홍보 모든 수단 총동원

요즘 판매되는 하이트맥주 캔은 온통 국가대표 선수로 뒤덮여 있다. 국가대표 축구팀 공식 후원사인 하이트맥주가 월드컵 특수를 노리기 위해 제작한 캔 디자인이다. 그 캔 맥주를 마셔 본 사람이라면 월드컵을 떠올릴 것이다. 하지만 자세히 살펴보면 어느 곳에도 월드컵 이란 단어는 들어 있지 않다. 월드컵 공식 후원사가 아니면 월드컵의 ㅇ자도 사용하지 못하기 때문이다. 하지만 어느 업체도 마케팅을 할 절호의 기회인 월드컵을 강 건너 불구경하듯 보고만 있을 수 없다. 하이트맥주처럼 앰부시(매복) 마케팅을 통해서라도 4년 만에 찾아온 마케팅 호기를 놓치지 않는다.

◆ **축구공이 만들어 내는 경제효과**

축구공 하나가 만들어내는 경제 규모는 거대하다. 통상적으로 글로벌 기업의 인지도를 1% 높이는 데 약 5,000만 달러가 든다고 한다. 이 추산이 맞는다면 월드컵은 비용에 비해 매우 효율적으로 인지도를 높여주는 수단으로 여겨진다. 국제축구연맹(FIFA) 공식 후원사(스폰서)는 모두 11개. 국내에서는 유일하게 3개 대회 연속 월드컵 마케팅에 나선 현대·기아자동차가 FIFA를 공식적으로 후원하고 있다. 공식 후원사들이 남아공 월드컵을 전후해 마케팅에 푸는 돈은 20조원 선으로 알려져 있다. FIFA 공식 후원사인 아디다스도 이번 대회에서 독일 남아공 스페인 아르헨티나 등 12개국 대표팀에 1억2,500만 달러(1,500억원)를 쓸 예정이다.

다른 기업들의 마케팅 예산을 더하면 100조원에 달한다. 이뿐만 아니다. 분야를 방송중계, 스포츠 용품 판매, 월드컵 관련 도박 산업 등으로 넓히면 이 숫자는 150조원으로 늘어난다.

아무래도 월드컵으로 가장 큰 경제 효과를 누리는 것은 개최국이다. 기업들의 월드컵 관련 투자가 활발하게 이뤄지고 경기장과 편의시설 공사로 새로운 일자리가 만들어지는 효과도 있다.

정부가 펴낸 2002년 경제백서에 따르면 2002년 한·일 월드컵이 창출한 부가가치는 4조원에 달한다. 간접효과까지 합하면 26조4,600억원에 이른다. 기업 이미지 제고 효과가 14조7,600억원으로 가장 컸고, 국가브랜드 홍보 효과도 7조7,000억원에 달했다. 2006 독일 월드컵에서도 개최국 독일이 100억유로(약 17조8,590억원)의 유·무형 부가가치와 4만여 명의 고용유발 효과를 올린 것으로 추산됐다.

이번 월드컵 개최지 남아공은 직접적인 경제 효과를 50억랜드(약 7,500억원) 선으로 추정하고 있다. 경기장을 건설하면서 13만개 일자리가 창출된 것으로 남아공 정부는 보고 있다.

◆ **"월드컵만한 기회 없다" 매복마케팅 승부수**

= 전문가들은 월드컵과 올림픽 중 마케팅 효과가 좋은 스포츠 이벤트로 월드컵을 꼽는다. 대회 기간도 월드컵이 2주 정도 길 뿐 아니라 축구라는 종목이 집중도가 상당히 높다는 이유에서다. 단시간에 소비자들에게 제품을 알리는 데는 월드컵만한 기회가 없다고 본 것이다.

그러다 보니 월드컵 기간에 치열한 마케팅 전쟁이 벌어진다. 공식 후원사와 매복 마케팅사의 경쟁은 어느 전쟁터보다 뜨겁다. 오히려 매복 마케팅을 통해 성공한 경우도 있다. 2002년 월드컵 때 나이키가 대표적이다.

당시 매복 마케팅을 펼친 나이키는 FIFA 공식 후원사인 아디다스보다 오히려 더 큰 효과를 거뒀다는 평가를 받았다. 나이키는 FIFA 공식 후원사가 되지 않고, 본선에 진출한 각국 대표팀을 지원하기로 했다. 나이키 유니폼을 입은 한국 대표팀이 4강에 진출하고 브라질이 우승함으로써 아디다스에 그로기 펀치를 날렸다. 2002년 당시 판매한 한국 나이키 유니폼은 15만장에 이른다.

2002년 월드컵 당시 공식 후원사였던 KT도 SK텔레콤의 매복 마케팅에 한방 먹은 경우다. KT가 대한축구협회와 공식 후원 계약을 맺자 SK텔레콤은 국가대표 축구팀 공식 응원단인 붉은 악마와 후원 계약을 체결하며 맞불을 놓았다. 그 결과 국민은 KT보다 SK텔레콤을 공식 후원사로 인식하게 됐다.

코카콜라는 월드컵의 대표적인 마케팅 성공 사례로 꼽힌다. 코카콜라는 1930년 제1회 우루과이 월드컵에서 음료를 제공한 것을 시작으로 무려 60년을 월드컵과 함께하며 코카콜라 브랜드를 세계인에게 확고하게 심었다. 월드컵 마케팅 전쟁의 최대 승전 기업인 셈이다.

◆ 월드컵 승리는 경제력과 무관?

국부와 성적이 꼭 비례하는 것은 아니다. 오히려 월드컵 성적을 좌우하는 것은 경제력이 아니라 열정이라는 흥미로운 통계도 있다.

경영컨설팅 전문사 프라이스워터하우스쿠퍼스(PwC)가 지난 80년간의 월드컵 역사를 추적한 보고서 월드컵 성적의 계량 경제학을 통해 내놓은 결론이다. PwC는 남아공 월드컵을 앞두고 브라질이 통계학상 유력한 우승 후보인 반면 영국은 8강에 드는 정도일 것이라고 분석했다.

1인당 국내총생산(GDP)만 놓고 보면 브라질은 1만달러 정도. 영국의 4분의 1 수준이다.

PwC는 "상대적으로 빈국인 중남미 국가들이 지난 80년간 유럽의 부국들을 제치거나 종종 대등하게 시합을 벌여 왔다"고 전제하면서 "최소한 월드컵에 관한 한 잘 산다는 사실이 바로 우승과 직결된다는 것은 아니다"고 진단했다. "축구 기량이란 게 훌륭한 스포츠센터뿐만 아니라 뒷골목에서도 쉽게 습득할 수 있다"고 PwC의 거시경제 책임자인 존 호크워스 씨는 설명한다.

인구의 많고 적음 역시 월드컵 성적에 직접적인 영향을 주는 요소는 아니다. 인구가 월드컵 성적에 어느 정도 효과를 미치는 것은 맞지만 통계적으로 큰 의미가 있는 것은 아니라는 것.

일례로 대한민국과 함께 B조에 속한 아르헨티나는 브라질과 경기력에서는 대등하지만 인구에서는 5분의 1 수준이다.

우루과이 스웨덴 크로아티아 등 축구 강국으로 꼽히는 인구 소국들이 엇비슷한 경우다. 오히려 경제력과 인구 외의 다른 요인이 성적과 더 직결된다고 PwC는 보고 있다. 대표적인 게 홈그라운드의 이점이다. 18차례 월드컵 가운데 6번의 우승국은 주최국이다. 우승은 못했더라도 보통 우수한 성적을 기록한 것도 개최국이다.

개최국이 16강에 탈락한 적이 한 번도 없다는 월드컵 징크스와 2002년 한 · 일 월드컵 때 한국이 4강에 오른 것이 상징적인 예다. 영국과 프랑스 역시 자국에서 열린 월드컵 대회에서만 우승했다.

열정도 경제력과 무관하지만 경기력과 직접적인 연관을 맺는 긍정적인 요소로 꼽힌다. 분석을 맡았던 호크워스 책임자는 축구 전통과 열정 역시 월드컵에서 좋은 성적을 낼 수 있게 하는 강한 긍정적 요인이라고 지적하면서 "축구장에서는 종종 다윗이 골리앗을 무너뜨릴 수 있다. 강력한 축구문화와 이에 수반한 국민적 열정이 세계 경제대국을 제압할 수 있는 것"이라고 설명했다.

자료 : 매일경제, 2010.6.11

연 습 문 제

1. 기업의 국제화와 글로벌마케팅에 관하여 논하시오.

2. 기업 활동의 확대에 따른 글로벌마케팅의 역할에 대하여 설명하라.

3. 기업국제화의 촉진요인에 대하여 설명하라.

4. 기업이 국제무역을 추구하는 동기에 대하여 설명하라.

5. 기업이 해외직접투자를 추구하는 동기에 대하여 설명하라.

6. 기업국제화 과정에 대하여 설명하라.

7. 기업국제화의 환경요인에 대하여 설명하라.

8. 기업 활동의 주체의 변화에 따른 글로벌마케팅의 역할에 대하여 논하시오.

제3장

글로벌 마케팅의 기본이론

제1절 무역이론

1) 절대우위론

국가간에 무역(예로 한국과 중국), 즉 수출과 수입이 왜 일어나는가를 설명하는 이론으로는 절대우위론과 비교우위론이 있다.

절대우위론(theory of absolute advantage)은 Adam Smith에 의해 처음 제기되었다. Adam Smith는 1776년에 출간한 『국부론』(*An Inquiry into the Nature and Causes of the Wealth of Nations*)에서 분업의 효율성을 강조 하였는데, 이를 생산부문과 국가에 적용한 것이 바로 절대우위론이다. 이 이론의 요지는 국가마다 자연적·인위적 조건에 따라 생산비 차이가 존재한다는 사실을 전제하고 각국이 절대적으로 싸게 생산할 수 있는 재화에 특화하여 수출하고, 자국에서 비싸게 생산되는 재화를 수입함으로써 교역 당사국 모두는 무역의 이익을 얻게 되고, 생산자나 소비자, 그리고 세계경제 전체에 부의 증대가 이루어진다는 것이다(김광수 외). 다시 말해, 두 국가 간의 생산비에 절대적 차이가 있을 경우 각 나라는 절대우위 제품에 특화하여 서로 교역

함으로써 이득이 발생한다고 주장하였다.

예컨대 한국의 IT산업은 세계최고의 기술력을 보유한 국가이다. 특히 핸드폰의 세계시장점유율은 여러 경쟁 국가들에 비해 높고 또한 세계에서도 가장 효율적인 핸드폰 생산국가이다. 중국은 폭발적인 자전거 수요와 풍부한 인력을 바탕으로 노동집약적 산업인 자전거 생산이 주변국에 비하여 가장 효율적인 국가이다. 다시 말해, 한국은 핸드폰 생산에 절대 우위를 가지고 있고, 중국은 자전거 생산에 절대 우위를 가지고 있다, 따라서 한국은 핸드폰 생산에 중국은 자전거 생산에 특화하여 이를 각각 무역을 통해 교환함으로써 두 나라는 모두 혜택을 보게 된다는 것이다.

〈표 3-1〉 한국과 중국의 생산비 비교

	상품 1단위당 노동투입시간	
	핸드폰	자전거
한국	100	120
중국	130	80

한국과 중국은 각각 핸드폰과 자전거만을 생산하고 이 두 상품의 생산에 소요되는 요소는 노동뿐이라고 가정하자. 한국은 핸드폰을 생산하는데 100시간이 필요하고, 자전거를 생산하는데 120시간이 필요하다. 중국은 핸드폰을 생산하는데 130시간이 필요하고, 자전거를 생산하는데 80시간이 소요되고 있다. 그런데 한국과 중국 간의 무역이 성립되어, 핸드폰과 자전거가 1 대 1로 교환된다고 하자.

한국은 무역이 있기 전에는 자전거 한 대를 만드는데 120시간의 노동시간을 소요하였지만, 지금은 각국의 무역을 통하여 노동 100시간을 들이면 자전거 1단위를 얻을 수 있게 된 것이다. 즉 한국은 노동 100시간을 투자하여 핸드폰을 생산하여 이것을 중국에 수출하여 자전거 1단위와 교환하면 되기 때문이다. 이와 반대로 중국은 무역이 있기 전에는 핸드폰을 얻기 위해 노동 130시간을 소비하였으나, 무역을 하고난 후에는 핸드폰 1단위를 얻기 위해 80시간의 노동시간을 들이면 된다. 위에서 설명한 바와 같이 무역은 더 적은 노동시간으로도 똑같은 양의 상품을 얻을 수 있게 된다. 즉, 동일한 단위를 생산하면서도 한국은 20시간, 중국은 50시간의 노동시간의 혜택을 볼 수 있다.

절대우위론의 가정은 다음과 같다. 첫째, 완전고용, 동일한 수요, 정보 공유 등의 완전경쟁을 전재로 한다. 둘째, 두 국가 한 개의 생산요소만 존재한다. 셋째, 생산요소는 노동에만 존재하고, 관세 및 운송 등의 거래비용이 없다.

위에서 제시한 가정은 현실성이 없다. 한 예로 자유경쟁시장 하에서 완전경쟁이란 존재하지 않다는 것을 알 수 있을 것이다.

2) 비교우위론

Adam Smith의 절대우위론에 의하면 교역대상국이 절대적으로 가장 싸게 생산할 수 있는 제품을 가지고 있는 경우에 무역이 이루어진다. 그러나 만일 한 나라가 두 상품 모두에 대하여 절대우위를 가지고 있는 경우에는 어떻게 될까? 이에 대해 D. Ricardo는 비교우위론에서 한 국가가 두 개의 제품 생산에 절대적 우위를 갖고 있는 경우에도 국제무역이 가능하다는 것을 제시했다. 한 국가가 두 상품 생산 모두에 절대열위를 갖고 다른 국가가 두 상품생산에서 절대우위를 갖는 경우에도 각국이 비교우위를 갖는 제품에 전문화하여 생산하고 이를 양국 간에 서로 교환한다면 두 나라 모두에게 이익을 향유하게 된다는 것이다.

〈표 3-2〉 한국과 중국의 생산비 비교

	상품 1단위당 노동투입시간	
	자동차	오토바이
한 국	90	100
중 국	130	110

한국과 중국이 자동차와 오토바이만을 생산하고 있으며, 노동이 유일한 생산요소라고 가정할 때, 이 두 상품을 생산하는데 있어서 두 국가의 생산비는 위에서 보는 바와 같이 한국은 자동차 한 대를 생산하는

데에 노동 90시간이 필요하고, 오토바이 한 대를 생산하는 데에 필요한 노동시간은 100시간이 소요된다.

이와 같이 한국은 자동차와 오토바이 생산에 상대적 우위를 가진다. 즉 한국에서 자동차 생산비가 중국에서의 생산비(90/130) 75%에 지나지 않는데 비해, 오토바이 생산비는 중국의 생산비(100/110) 91%에 달한다. 따라서 한국은 자동차 생산이 중국보다 더 효율적이다.

무역의 결과 중국과 한국에 돌아가는 이익을 보면, 한국은 오토바이 한대를 생산하는데 노동 100시간이 필요하나 무역의 결과로 인해 노동 90시간을 들여 자동차를 생산하여 오토바이를 교환하면 오토바이 생산하는데 필요한 노동시간이 10시간 절약된다. 또한 중국도 오토바이 한 대를 110시간 들여서 생산하여 자동차 한 대와 교환하면 노동 20시간이 절약된다.

결론적으로 말하면 첫째, 양국이 비교우위를 가진 제품을 각각 수출하고 비교열위에 있는 제품을 수입하면, 두 나라 모두 수익을 볼 수 있다. 둘째, 모든 제품생산에서 절대우위를 가진 나라가 절대열위인 나라와 무역을 해도 이득을 얻을 수 있다. 셋째, 모든 제품생산에 절대적인 열위품목 밖에 없는 나라도 비교우위 제품을 수출하면 무역으로부터 이득을 얻을 수 있다(김광수 외 2인).

비교우위론의 가정을 보면 다음과 같다.

첫째, 완전고용 및 완전경쟁의 시장구조이다.

둘째, 두 국가 두 재화로 구성된 구조를 전재하고 있다.

셋째, 생산요소는 노동이며 노동의 질은 동일하고 국가간의 이동이 불가능하다.

넷째, 기술진보는 없고 단위당생산비는 불변이다.

다섯째, 무역에 대한 어떠한 장애요인은 없다.

비교우위론 역시 절대우위론의 경우와 마찬가지로 몇 가지 근본적인 한계를 가지고 있다.

사례 3-1

Hidden Champions 세계를 지배하는 작은 기업

해외진출 초기부터 자사 상표 고집 … 헬멧 세계시장 18% 점유

Hidden Champions경기도 용인의 오토바이 헬멧 제조업체 ㈜홍진HJC(이하 HJC)는 특이한 기업이다. 본지의 '히든 챔피언-세계를 지배하는 작은 기업' 시리즈에 나오는 기업 중 유일하게 소비자가 직접 사용하는 제품을 만든다. 이 회사 김용해 이사는 "최종 소비자를 상대로 사업하는 한국 중소기업 가운데 세계 1위를 달리는 회사는 거의 없을 것"이라고 말했다. 다른 히든 챔피언은 대부분 부품·소재회사들이다. 그러니 세계 시장점유율이 높아도 일반인들에겐 '숨어 있는(hidden)' 기업들이다.

반면 HJC는 고객이 쓰는 헬멧 자체가 '움직이는 광고판'이다. 헬멧에는 영문 로고인 HJC가 큼지막하게 박혀 있다. 40년 가까이 소비재를 만들며 탄탄하게 기업을 키워온 덕분에 중소기업이지만 꽤 알려져 있다.

'신화창조의 비밀' 등 유망 기업을 소개하는 TV 프로그램에 출연했고, 1996년 노사 화합을 다룬 공익광고에도 등장했다. '노사가 하나 되면 경쟁력은 열이 됩니다'라는 광고였다. 모범적인 중소기업으로 꼽힌 덕분에 2004년 김대중 전 대통령이 용인 공장을 직접 방문한 적도 있다. 이때 창업주 홍완기 명예회장이 대통령 앞에서 회사 현황을 브리핑했다. 그런 의미에서 '히든'이란 수식어는 HJC엔 잘 어울리지 않을 수도 있다. 하지만, 지명도와 관계없이 작은 덩치로 전문 아이템을 잡아 세계시장을 주름잡는다는 '히든 챔피언'의 조건은 두루 갖췄다.

경기도 용인의 ㈜홍진HJC 연구소 풍동(風洞)실험실에서 한 연구원이 헬멧 주위로 흘러가는 바람의 흐름을 지켜보고 있다. 2007년 건립된 이곳은 고속으로 주행하는 오토바이 운전자의 헬멧을 최적의 조건으로 설계하기 위한 연구시설이다. 오토바이가 고속으로 달릴때 헬멧이 바람의 압력을 이기지 못하고 전후좌우로 심하게 움직일 때가 있다. 그러면 헬멧이 옆으로 돌아가 운전자의 시야를 가리면 큰 사고로 이어질 수 있다.

◆키코 위기를 넘다=기업이 늘 잘나갈 수는 없다. 이 회사도 최근 1~2년 새 언론을 거의 타지 않고 '숨어 있는' 기업이 됐다. 환 헤지 상품인 키코(KIKO)에 덜미가 잡힌 것이다. 2008년 923억원의 매출에 67억원의 영업이익을 올렸음에도 불구하고 1,323억원 적자를 낸 것도 키코 탓이었다.

'비 올 때 우산을 빼앗는다'는 은행이 다행히 HJC는 적극 지원했다. 주거래은행이 적극 나서 키코 판매 은행과 조율했다. 결국 지난해 9월 은행이 받아야 할 돈 1,200억원 대신 주식을 받는 출자전환에 합의했다. 수출을 잘하고 현금 흐름이 좋은 회사였기 때문에 가능한 일이었다. 출자전환으로 은행이 보유하게 된 지분은 23% 과거엔 일부 우리사주를 제외하곤 대주주가 거의 모든 지분을 갖고 있었다. 자금 사정이 좋았기 때문에 굳이 지분을 넘겨 돈을 끌어들일 필요도 없었다. 하지만 은행이 2대 주주로 참여하게 된 만큼 향후 주식공개(IPO)가 추진될 가능성이 있다. 홍 명예회장은 "(은행들이 미래에 주식을 팔아야 하니까) 언젠가는 주식을 상장해야 할 것"이라고 말했다.

◆큰 시장 찾아 해외로=홍 명예회장이 창업한 것은 1971년. 당시 회사 이름은 홍진기업이었다. 처음엔 헬멧 내피를 만들다 74년 헬멧 제조를 시작했다. "방적이나 인쇄업종은 기계만 사면 뛰어들 수 있지만 헬멧은 기계화하는 데 한계가 있다고 생각했다. 선택과 집중에 신경썼다. 국내 시장에서 1위를 차지하기 위해 전력투구했다."

78년 국내 시장 1위에 올랐다. 하지만 한국은 너무 비좁았다. 레저용 오토바이가 많은 외국과 달리, 한국 시장은 배달업과 같은 '생계형 오토바이' 이용자가 많았다. 오토바이가 자동차 전용도로를 달릴 수 없는 것도 문제였다. 고심 끝에 해외 수출로 방향을 틀었다. 개발 과정이 쉽지는 않았다. 한국인용 헬멧은 앞뒤가 길쭉한 미국인 머리 모양과 맞지 않았다. 헬멧 내부를 수출용에 맞게 고치기 위해 시행착오를 거듭했다. 미국에서 판매하기 위해선 안전규격부터 통과해야 했다. 미국 연방교통성 규격(DOT)을 가까스로 통과했고 84년 미국에 첫 수출을 시작했다. 87년엔 헬멧 안전도에서 최고 권위를 자랑하는 미국의 스넬(Snell) 규격도 통과했다. 까다로운 안전규격에 합격한 덕분에 미국 시장에 안착할 수 있었다.

◆'고객의 고객'을 섬겨라=중소기업이었지만 해외 진출 초기에 주문자상표부착생산(OEM) 방식 대신 자기 브랜드를 고집했다. 미국 최대의 헬멧 판매사가 자사 상표를 쓰는 조건으로 100만 달러나 되는 큰 물량을 주문했지만 응하지 않았다. 남의 이름으로 쉽게 장사하기보다는 고유 브랜드를 지키기로 한 것이다. HJC가 직접 거래하는 고객(바이어)은 '디스트리뷰터'로 불리는 일종의 도매상이다. HJC는 미국 판매망을 구축하기 위해 굳이 가장 큰 바이어를 선택하지 않았다. 그 대신 소비자를 상대하는 소매상인 딜러 매장에 직접 나가 바이어의 평판을 조사했다. 자사 바이어와 거래하는 '고객의 고객'인 딜러의 의견에 귀를 기울였다.

가장 큰 바이어에게 독점판매권을 주는 대신 지역을 쪼개 바이어를 선정했고, 이런 과정을 거쳐 선정한 바이어는 20여 년간 한 번도 바꾸지 않았다. 덕분에 제조회사와 유통망이 긴밀한 유대로 연결될 수 있었다.

◆글로벌 중소기업으로=이 회사, 매출액 대비 수출 비중이 97%에 달한다. 북미시장 점유율 35%, 세계시장 점유율은 18% 수준이다. 그러나 고가 제품이 많이 팔리는 유럽 시장에서는 유럽·일본 기업에 밀린다. 고가 시장에 본격적으로 진입하기 위해 새로운 모델을 속속 내놓고 있다. 대표적인 게 '변신 헬멧'이다. 헬멧 시장은 머리를 앞으로 숙여 고속으로 주행할 때 착용하는 스포츠(스피드)형, 허리를 세우고 주행하는 크루저형, 익스트림 스

포츠에 사용되는 오프로드형 등으로 나뉜다. 변신 헬멧은 이런 다양한 수요를 모두 감안해 간단한 조작으로 헬멧 모양을 바꿀 수 있게 한 제품이다. 에어백이 달린 헬멧도 양산을 앞두고 있다.

미국과 유럽에 판매법인을, 중국·베트남·개성공단엔 공장을 뒀다. 한때 무노조·무분규 기업으로 소개된 적도 있지만 2007년 노조가 생겼고 이듬해인 2008년 파업으로 몸살을 앓았다. 시장에서 가격경쟁이 치열해지면서 저가제품 생산은 주로 해외로 넘겼다. 대신 국내엔 고가품 생산과 연구개발(R&D) 등 본사 기능을 남겼다. 홍 명예회장은 "고가제품에서 저가제품까지 모두 생산할 수 있는 라인업을 갖춘 곳은 우리밖에 없다"며 "남미에도 공장 설립을 추진 중"이라고 말했다.

회사 이름에 나오는 '홍진(洪進)'은 '넓은 세계로 나아간다'는 의미다. 또 홍완기 명예회장의 형제들인 홍씨들이 함께 경영에 참여한다는 뜻도 있다. 홍진HJC는 가족기업의 장점을 잘 살린 사례다. 결과적으로 형제는 강했다.

충남 논산에서 7형제 중 장남으로 태어난 홍 명예회장은 타고난 발명가였다. 회사의 신제품 개발을 진두지휘했다. 달리면 바람을 받아 불빛이 나는 헬멧 액세서리 '윈드 라이트', 이동식 턱 보호대를 장착한 헬멧, 앞면에 열선을 연결해 입김이나 성에로 뿌옇게 흐려지는 것을 방지한 스노 모빌 헬멧, 스피커와 마이크를 부착한 헬멧 등을 내놓아 좋은 반응을 얻었다.

2008년 명예회장으로 물러나면서 기업 경영에서 한 발 비켜나 있지만 요즘도 개발회의엔 참석한다. 그는 "제품 개발회의에 참석해도 내 고집을 강하게 주장하지는 않는다"며 "팔릴 수 있는 물건을 만드는 게 무엇보다 중요하다"고 말했다.

올해 초엔 자신이 개발한 특허 제품을 만들기 위해 별도 법인인 ㈜홍진창조를 세웠다. 폐비닐을 이용해 인체에 해가 없는 슬레이트를 만든다.

차남인 홍수기 회장은 30년 가까이 해외영업과 마케팅을 담당했다. 미국시장에 진출한 것도 그가 직접 뛰어 안전규격을 통과한 덕분이었다.

1983년 샘플 헬멧 10개와 영한·한영사전을 들고 겁도 없이 미국으로 날아갔다. 영어가 서툴러 바이어를 만나면 손짓 발짓 섞어가며 의사소통을 해야 했다. 홍 회장의 책 『미스터 헬멧 기적을 쓰다』에는 이런 고생담이 생생하게 담겨 있다. 그가 해외출장을 다닌 거리만 따져도 지구를 250바퀴 정도는 돈 것 같다고 책에서 밝혔다.

5남 윤기씨는 명예회장을 도와 제품 개발을 하다 지금은 중국 공장을 책임지고 있다. 현재는 물러났지만 6남 효기씨가 자금관리를 한 적이 있고, 막내 을기씨는 스노 모빌 헬멧과 헬멧용 통신기기를 맡기도 했다. 7형제 중 다섯이 힘을 모은 것이다. 을기씨는 96년 스노 모빌 헬멧을 캐나다에서 테스트하다가 사고로 사망했다.

홍수기 회장은 "HJC의 시작은 작고 초라했지만 미국 1위에 이어 세계 1위까지 올라갈 수 있었던 가장 큰 원동력은 형제의 힘이었다"고 썼다. 현재 대표이사는 전문경영인인 안중구 사장과 명예회장의 아들인 홍석중 사장이 맡고 있다.

전문가가 본 홍진HJC

헤르만 지몬은 베스트셀러 『히든챔피언』에서 "오토바이 헬멧의 대명사인 HJC는 세계시장의 20%를 점유하고 있으며, 뛰어난 연구개발 능력이 있다"고 홍진HJC를 소개했다. 중소기업으로는 보기 드물게 'HJC'라는 자체 브랜드로 세계시장을 누비는 기업으로 인정한 것이다. 하지만 최근 홍진HJC에선 히든챔피언의 공통 특성인 성장이 사라졌다. 2004년 매출액 1,289억원을 달성한 이후 지난 5년간 매출이 1,000억원 언저리에서 정체돼 있다.

진정한 히든챔피언으로 성장하기 위해서는 뛰어난 연구개발 능력을 바탕으로 새로운 성장 돌파구를 열어야 한다.

우선 북미 헬멧 시장의 2배인 세계 최대 유럽시장에 적극 진출할 필요가 있다. 홍진HJC의 유럽시장 점유율은 6위에 불과하다. 성능을 따지는 북미시장과 달리 유럽시장은 패션을 중시한다. 이미 북미시장에서 인정받았던 성능·견고성과 함께 유럽시장에서 통하는 기능과 디자인 개발에 집중해야 한다. 유럽시장 공략을 위해 유럽의 명품 브랜드를 인수합병 하는 것도 고려해 볼 필요가 있다.

둘째로 유통구조를 개선해 납기 경쟁력을 강화해야 한다. 현재 홍진HJC는 아시아에 생산 공장을 두고 있어 북미시장에서 주문하면 판매까지 3개월 이상 걸린다. 경쟁사에 비해 경쟁력이 떨어진다. 유통구조 개선과 함께 주요 시장 근처에 생산공장을 설립하는 것도 추천한다.

셋째로 기존 사업을 활용한 사업다각화도 고려해 보면 좋겠다. 오토바이 헬멧시장의 세계시장 규모는 4억 달러 정도로 성장에 한계가 있다. 오토바이 헬멧 액세서리 사업이나 오토바이용 의류사업은 기존의 HJC 브랜드를 활용할 수 있어 추진해 볼 만하다.

자료 : 중앙일보, 2010.7.5

3) 헥셔-올린의 무역이론

스웨덴의 경제학자인 헥셔(F. Hecksher)와 그의 제자인 오린(B. Ohlin)은 Ricardo가 주장하는 비교우위의 원천은 각국이 서로 다루게 보유하고 있는 생산요소의 부존량에서 발생하였다고 주장하였다. 생산요소의 부존량이란? 한 국가가 보유하고 있는 상대적 비율을 말한다. 즉 국가 사이에 생산비의 차이가 발생하는 원천은 요소부존도의 차이에 있다는 것을 밝혔다.

헥셔와 올린은 요소 부존도와 생산요소 집약도를 고려하여 국가의 무역유형을 설명하였다. 즉, 각국은 그 자신이 풍부하게 소유한 생산요소를 집약적으로 사용하여 제품생산을 생산한다면 이에 대한 제품 생산에 비교우위를 갖고 있으며, 이러한 상품을 수출하게 된다는 것이다.

요소부존 이론(factor endowment theory)은 두 가지 명제로 구성되었다.

(1) 제1명제

제1명제는 국가 간에 생산요소의 부존도가 차이가 있고, 제품에 투입되는 생산요소의 비율이 다르기 때문에 제품 생산비의 차이가 존재한다는 것이다.

예로, 인도와 미국 두 나라가 생산요소(자본과 노동력)를 투입하여 X와 Y라는 두 상품을 생산한다고 가정하자. 미국은 상대적으로 자본이 풍부한 나라이고 인도는 노동이 풍부한 나라이다. 미국에서는 상대적으로 자본의 가격이 싸고 인도에서는 상대적으로 노동력이 쌀 것이다.

한편 X와 Y는 기술계수가 서로 달라서 X의 생산에는 자본이, Y의 생산에는 노동력이 더 많이 필요하다고 가정하자. 그러면 인도는 노동이 풍부한 나라이기 때문에 노동집약적인 제품 X를 생산해서 미국으로 수출하고, 반대로 미국은 자본이 풍부하기 때문에 자본재 Y를 생산하여 인도로 수출한다는 것이다. 두 나라는 각기 비교우위에 있는 상품으로 특화될 것이다. 따라서 미국은 Y를 수출하고 X를 수입하는 반면, 인도는 X를 수출하고 Y를 수입할 것이다.

이와 같이 각 국간에 생산요소가 서로 다를 경우 무역의 형태가 달라진다는 것이다.

(2) 제2명제

제1명제에 따라 인도와 미국이 무역이 이루어지면 인도에서는 무역이 이루어지기전 Y를 생산하는 데 사용되던 자본과 노동이 모두 X의 생산에 옮겨질 것이다. 그러나 X는 노동집약적인 상품이므로 인도는 X를 집중 생산하는 경우 노동에 대한 수요는 상대적으로 증가하고 자본에 대한 수요는 상대적으로 감소하게 된다. 그 결과 상대적으로 싸던 노동의 가격은 상승하고 비싸던 노동의 가격은 하락하여 이들 간의 가격차이가 점점 균등화하는 경향을 보게 된다. 미국에서도 Y생산에 특화하게 되는 경우 자본가격은 상승하게 되고 노동가격은 하락하게 된다. 따라서 두 생산요소의 가격이 균등화 하는 경향을 나타난다.

제2명제는 국가 간에 생산요소가 이동하지 않더라도 무역에 의하여 요소가격이 균등화 된다는 것이다.

4) 레온티에프 역설

레온티에프(W. Leontief)는 헥셔-올린의 연구에 대하여 실증적 검증을 하였다. 레온티에프는 1947년 미국의 투입산출표(input-output table)를 이용하여 수출품과 수입품 100만 달러어치를 생산하는데 소요된 자본과 노동의 양을 계산해 보았다, 그런데 헥셔-올린의 정리와는 정반대의 결과를 얻었다. 결과를 보면 미국은 자본집약적인 제품을 수입하고 노동집약적인 제품을 수출한 것으로 나타났다.

이와 같은 연구는 인도, 일본, 캐나다, 영국 등에도 시도되었다. 인도의 경우에는 일반적으로 노동집약재를 수출하고 자본집약재를 수입하나(헥셔-올린 정리의 긍정), 가장 자본이 풍부한 미국과의 무역에서 인도는 자본집약재를 수출하고 노동집약재를 수입한다는 사실을 보여주고 있다(헥셔-올린 정리의 부정). 또한 미국과 일본과의 무역에는 헥셔-올린의 정리가 긍정된 반면 미국・캐나다, 그리고 영국간의 무역에는 부정되었다(조동성).

이처럼 헥셔-올린의 정리와 반대의 결과가 도출된 이유를 보면 다음과 같다. 미국의 노동은 타국의 노동에 비하여 동일한 자본과 결합하더라도 3배 이상의 노동생산성을 가진 까닭에 비록 노동량 그 자체는 희소하더라도 노동으로부터 비롯하는 생산성은 오히려 상대적으로 풍부하며, 이에 따라 미국은 자본집약적 상품보다는 생산성이 높은 노동집약적인 상품을 수출한다는 것이다.

5) 국제제품수명주기이론

버논(R. Vernon)에 의해 제창된 것으로서, 제품수명주기론(product life cycle theory)은 제품의 수명주기에 기초하여 무역패턴과 직접투자의 원인을 밝히는 이론이다. 제품수명주기란, 제품은 인간과 같이 태어나서 죽기까지 여러 단계를 거친다. 예로 유년기, 청년기, 장년기, 노년기에 이르면서 사멸하듯이, 상품도 공장에서 제조하여 시장에 출시될 때 도입기, 성장기, 성숙기, 쇠퇴기 등을 거쳐 시장에서 사라지는 현상을 말한다.

주로 제품의 개발과 생산은 선진국에서 이루어지고, 시간이 흘러감에 따라 중진국, 개발도상국 등으로 흘러들어간다. 이유는 기술, 교육, 혁신 등의 잠재력이 개도국보다 크기 때문이다.

첫 번째 단계 도입기는 새 제품이 개발되어 시장에 처음 나온 단계이므로 수요의 가격탄력성이 낮아 가격경쟁의 효과는 없다. 특징은 과다한 투입비용, 손실발생, 무경쟁자 및 매출액 성장이 매우 느리다. 제품의 소비는 주로 선진국에만 생산과 소비가 나타나게 된다.

두 번째 단계 성장기는 급속한 시장성장을 이룩할 수 있는 단계를 말한다. 특징은 급속한 시장수요의 단계이고, 실질적 이익의 출현이 창출되는 단계이다. 또한 신 경쟁자의 출현이 있고, 판촉비용의 감소와 제조원가의 절감이 이루어지는 단계다.

이 단계에서는 제품품질의 향상과 새 모델의 추가, 침투할 새로운 세분시장의 모색, 제품시장전략, 시장점유율전략 등을 가져야 한다.

세 번째 단계 성숙기는 모든 잠재구매자에 의해 제품이 수용되었으므로 매출성장이 둔화되는 단계이다. 특징은 격심한 경쟁에 직면하게 됨으로 경쟁체제에 노력을 기울이게 된다. 또한 경쟁력이 약한 기업은 시장에서 도태되고 강한 경쟁력을 가진 기업만이 존속 · 유지된다.

경영전략으로 경쟁력에서 살아남기 위하여 생산요소비용이 저렴한 국가에 진출하는 단계이다. 현지에서 생산한 제품을 다시 수입을 하거나 현지 국가에 유통하는 전략을 갖는다.

이 전략은 국가마다 제품의 라이프사이클이 차이가 있기 때문에 해외생산과 진출이 가능한 단계이다.

네 번째 단계 쇠퇴기는 매출액과 이익이 급속히 감소하는 단계이다. 기술혁신에 따른 신제품의 탄생, 패션과 소비자 기호의 변화, 수입품에 의한 대체 등으로 매출액이 급감하며, 매출이익이 감소한다. 또한 매출액과 이익이 급속히 줄어 기업들이 보다 나은 사업 분야에 자원을 투입하기 위하여 기존제품시장에서 탈피한다.

국가마다 자원의 격차가 존재하듯이 제품에도 국가마다 사이클이 다르게 존재하고 있다. 이와 같은 사이클의 격차가 존재하기 때문에 무역이 일어나고 해외직접투자가 일어나고 있다. 또한 사이클을 통하여 특정한 국가의 기회를 잡을 수 있다. 예로 최근 삼성 또는 엘지에서 LCD, LED, 3D TV 등을 생산하고 있다. 이 같은 제품은 미국이나 유럽선진국에서 빠르게 시장잠식과 성장을 하고 있다. 그러나 베트남, 인도네시아 필리핀 등에서는 가격부담으로 인한 도입기 단계에 있다고 볼 수 있다. 이와 같이 특정제품에 따라 국가마다 사이클이 존재하기 때문에 무역이 이루어진다고 볼 수 있다.

6) 연구개발요소이론

이 이론은 그루버(W. Gruber), 메타(D. Mehta), 버논(R. Vernon)에 의해 제시된 이론이다. 이 이론에 의하면, 선진국의 무역패턴이 주로 연구·개발에 의하여 결정된다는 이론을 말한다. 선진국이 수출산업에 비교우위를 차지하게 된 이유는 기존상품에 대한 생산비용 절감과 신제품개발을 위한 연구에 투입되는 우수한 기술인력이 개도국보다 많았기 때문이다.

7) 대표수요이론

린더(S. B. Linder)에 의해 제시된 무역이론이다. 린더는 산업을 농산물부문과 공산물부문으로 나누어 농산물 부문은 헥셔-올린의 요소부존도의 격차로서 설명될 수 있으나 공산물 부분의 무역패턴은 수요의 측면에서 설명되어야 한다는 이론이다.

대표수요이론의 기본명제는 특정 상품이 수출가능제품이 되기 위해서는 국내에서 대표적으로 생산되고 판매되는 제품이어야 한다. 즉 자국 내에서 1등이 되는 제품이 해외에서도 인정을 받을 수 있는 제품이 된다는 것이다. 린더는 수출가능 제품들 중에서도 국내에서 가장 수요비중이 큰 제품이 비교우위를 갖는다고 하였다. 그러므로 국제시장에서 경쟁력을 가질 수 있는 비교우위의 원천은 국내 수요의 크기에 있으며, 국내수요가 크면 클수록 국제경쟁력 및 비교우위가 있다는 것이다.

8) 산업내 무역이론

산업내 무역(intra-industry trade)은 각국이 동일하거나 동일하다고 생각되는 산업내에서 밀접한 관련성을 갖는 제품을 교역하는 것으로서, 서로 다른 산업내의 교역을 나타내는 산업간무역(inter-industry trade)과는 구별된다.

산업내 무역이 일어나는 이유로는 다음과 같다.

첫째, 소득수준의 향상에 따른 수요구조의 다양화 및 이에 따른 제품차별화를 들 수 있다.

둘째, 생산과정의 복잡화와 규모의 경제의 산업 간, 지역 간 차이를 들 수 있다.

셋째, 국가별로 생산요소비용의 차이 등을 들 수 있다.

최근 들어 산업내 무역이 증가되는데, 이는 교역 상대국간에 산업내 분업이 확대되고 있음을 나타내고 있다. 산업내 분업은 교역상대국의 수요 다양화에 따라 동일한 성질의 상품이라도 디자인이나 스타일 등에서 차별화된 제품을 상호 교환하는 제품차별화 분업과 제품생산의 공정에 서로 특화하는 공정간 분업으로 다시 나눌 수 있다.

한편, 산업내 무역은 원자재나 단순제조업과 같이 동질적이거나 비차별화된 제품에서도 이루어지는데, 이는 주로 이전 비용, 계절적 또는 주기적인 공급의 변동 등에 기인한다. 하지만 내부분의 산업내 무역은 차별화된 제품에서 이루어지고 있다. 따라서 산업간 무역이 요소부존도의 국가 간 차이에 따른 비교우위에 바탕을 두고 있다고 한다면, 산업내 무역은 제품차별화와 규모의 경제라는 시장불안전요소에 따라 기업이 누릴 수 있는 경쟁우위에 기인한다고 할 수 있다(조동성).

사례 3-2

"국내는 좁다"…우리가 한국의 히든 챔피언

#사례 1

헤어아이론은 머리 스타일을 연출할 때 쓰는 도구다. 애초 긴 생머리를 만들어주던 기능이 주로 사용됐지만 최근에는 다양한 헤어스타일을 연출하는 도구로 부상하면서 국내외 시장도 덩달아 성장했다. 유럽의 헤어아이론 시장에서 1위를 점유하는 기업이 한국에 있다는 사실을 아는 이들은 많지 않다. 헤어아이론 전문메이커 ㈜GHD코리아는 지난해 독자브랜드 헤어아이론으로 무려 5,200만달러가량의 외화를 벌어들였다. 이 회사는 펌제, 헤어에센스, 헤어빗 등 사업의 다양화를 통해 헤어 스타일링에 관련한 토털 브랜드화를 준비 중이다.

#사례 2

경기도 안성에 있는 ㈜경원소재는 지난해 말 3,000만불 수출 탑을 수상하며 전선소재 분야 선두기업의 자리를 굳혔다.

통신용, 전력용, 절연용 전선소재와 자동차특수선, 선박용 등 다양한 용도로 활용되는 전선 절연소재를 생산하는 이 회사는 전체 제품의 70%를 해외에 수출한다. 세계 50여 개국 200여 업체가 이 회사를 이용한다. ㈜경원소재는 외환위기를 겪으면서 좁은 국내시장이 아닌 해외로 눈을 돌렸고, 매년 30억원 이상을 R&D에 집중 투자해 남다른 품질을 인정받고 있다.

#사례 3

에이스전자㈜는 디자인과 품질, 가격경쟁력의 '3박자'를 갖추며 생산품의 80% 이상을 해외로 수출하고 있는 '작지만 내실 꽉 찬' 생활가전 전문기업이다.

지난달 대우일렉트로닉스㈜의 청소기사업부문을 인수한 이 회사는 기존에 가지고 있던 40여 개의 특허에 580여 개의 특허가 추가로 더해지면서 청소기 부문에서 타의 추종을 불허하는 기술경쟁력을 갖추게 됐다. 2012년 매출 1,000억원과 그에 걸맞은 이익률을 실현해 코스닥 상장기업으로 거듭나겠다는 포부다.

세계 시장에서 'Made in Korea'의 위상을 드높이는 세 회사의 공통점은 뭘까. 자본금이나 종업원 수는 얼마 안 되지만 자신만의 강점을 바탕으로 세계 시장에 우뚝 섰다는 것이다. 작지만 강한 기업, 히든 챔피언(Hidden Champion)의 전형이다.

히든 챔피언은 작지만 강한 중소기업이다. 흔히 강소(强小)기업이라고도 한다. 일반인에겐 잘 알려져 있지 않다. 그렇지만 특유의 기술과 집중력, 의지를 바탕으로 세계시장을 석권하는 기업이다.

KOTRA는 최근 경기침체 속에서도 외국시장에서 선전하는 이 같은 히든 챔피언의 공통점을 기술력, 현지화 마케팅, 뛰어난 품질로 분석했다. KOTRA는 '세계시장을 누비는 한국의 강소제품들' 보고서를 통해 세계 20개국에서 선전하고 있는 31개 히든 챔피언을 낱낱이 소개하고 "기술과 품질을 갖춘 동시에 현지화 마케팅에 성공한 결과"라고 분석했다.

한국형 히든 챔피언의 공통점은 분명하다. 처음부터 세계시장을 목표로 했고, 남들이 가지 않은 분야를 선택해 한 우물을 팠다. 자기 분야에서 1위가 되기 위해 막대한 연구개발비를 투자하는 것도 마다하지 않았다.

히든 챔피언을 육성해야 하는 이유는 세계에서 수출을 가장 많이 하는 독일의 사례에서 엿볼 수 있다. 2000년만 해도 수출 1위는 미국(점유율 12.1%)이었지만 2007년엔 독일(9.5%)이 미국(8.3%)을 앞질렀다. 비결은 한 가지다. 강력한 중소기업이다. 어떤 분석 결과에 따르면 세계 히든 챔피언 중 3분의 2인 1,300여개가 독일기업이라고 한다. 이들 히든챔피언은 독일 전역에 산재해 있으면서 독일을 먹여 살리는 중요한 역할을 하고 있다. 네덜란드와 벨기에도 비슷하다. 이들 나라의 인구는 한국의 3분의 1, 5분의 1에 불과하다. 그럼에도 불구하고 세계시장 점유율은 네덜란드 4.0%, 벨기에 3.1%로 한국(2.7%)보다 높다. 강력한 히든 챔피언 덕분이다.

중소기업청은 한국형 히든 챔피언 1,000개를 육성한다면 한국의 세계 수출시장 점유율은 작년 말 11위에서 8위로 올라설 것으로 예상했다. 히든 챔피언의 글로벌화는 고용 창출에도 기여한다.

브랜드파워는 아직 미약하지만 세계시장을 무대로 의미 있는 도전에 나선 히든 챔피언들에게 응원의 갈채를 보내야 하는 이유다.

자료 : 한국경제, 2009.7.23

제 2 절 해외직접투자이론

1. 직접투자이론

국제기업에 의해서 이루어지고 있는 해외직접투자는 투자기업이 생산요소인 기술, 자본, 경영자원 등을 해외에 포괄적으로 이전하여 현지국가의 생산요소와 결합하여 제품을 생산, 판매, 마케팅 등을 하는 기업 활동으로서 투자기업이 의사결정과 통제 등을 통하여 현지경영에 직접 참여하는 해외 사업방식을 가리킨다.

해외직접투자는 주로 다국적기업에 의해 이루어지고 있기 때문에 해외직접투자의 이론은 다국적기업에 관한 이론을 규명하고자 많은 노력을 하고 있다.

이 이론이 해외직접투자의 어떠한 측면을 설명해 줄 수 있는 이론이어야 하는가에 대한 것은 해외직접투자 현상을 완전히 설명해 줄 수 있는 이론이 되기 위해서는 다음과 같은 물음에 답할 수 있어야 한다(Root).

첫째, 기업이 해외직접투자를 이용하여 해외에 진출하는 이유는 무엇인가?

둘째, 해외투자기업들은 현지기업들이 익숙한 자국의 사업 환경에서 영업활동을 수행하고 있기 때문에 본래부터 우위를 가지고 있는데, 어떻게 이들과 성공적으로 경쟁할 수 있는가?

셋째, 기업이 수출이나 라이센싱을 이용하지 않고 생산기업으로서 해외시장에 진출하는 이유는 무엇인가?

넷째, 해외직접투자가 과점적 대기업에 의해서 지배되고 있는 이유는 무엇인가?

다섯째, 해외직접투자가 어떤 산업에서는 많이 이루어지고 또 다른 산업에서는 거의 이루어지지 않는 이유는 무엇인가?

여섯째, 국가 및 산업에서 역투자가 발생하는 이유는 무엇인가?

일곱째, 미국과 같은 일부 소수의 국가들이 전 세계 해외직접투자의 대부분을 차지하고 있는 이유는 무엇인가? 등이다.

해외직접투자이론중 위에서 열거한 일곱 가지를 명백히 답할 수 있는 이론은 존재하지 않으며, 현재의 해외직접투자이론은 직접투자의 일부 현상만을 설명해 주고 있다(이윤선).

1) 독점적 우위이론

해외직접투자이론을 처음으로 제시한 하이머(Hymer)는 사업조직론의 입장에서 불안전시장에 주목한다. 불안전 시장이란 파는 측과 사는 측 쌍방이 시장거래에 따라 최적이익을 얻을 수 없는 시장을 가리킨다. 특히, 과점단계에서의 시장은 다양한 이유로 왜곡하게 된다. 제품 및 서비스의 품질이나 가격에 관한 정보는 불안전하고, 파는 측과 사는 측 사이의 그 평가도 다르게 된다.

만약 시장이 완전경쟁시장이라면 해외직접투자는 생기지 않는다. 무역이론이 분명하게 설명하고 있듯이 각 국은 비교우위에 근거하여 무역을 행하고 노동을 절약하여 서로의 이익을 얻을 수 있기 때문이다. 제품시장이 완전하면 수출이 가장 유리하고, 또 제품시장이 불안전하고 기술시장이 완전하면 라이센싱이 유리하다. 그러나 제품시장도 기술시장도 불안전한 경우, 해외직접투자에 따른 현지생산이 가장 유리해진다.

하이머는 해외직접투자의 동기로서 경쟁배제와 과점적 우위를 들고 있다. 경쟁 배제란 어느 나라의 기업이 다른 해외기업의 소유권을 지배함에 따라 양지간의 경쟁을 배제시키는 것으로서, 이에는 수평적 방향의 움직임과 수직적 방향의 움직임이 있다. 수평적 방향의 움직임이란 두 회사가 같은 시장에 같은 제품을 공급하는 수평적 독점의 상태이다. 이러한 경우에는 한 편이 다른 편을 지배히에 두든지 또는 합병하여 경쟁을 배제시킬 수 있다. 시장에 공급할 수 있는 기업은 한 회사만이 되기 때문이다. 수직적 방향의 움직임이란 원재료나 부품을 파는 측과 사는 측이 함께 한 회사만 존재하는 쌍방독점의 상태이다.

독점적우위는 동기라기보다는 해외직접투자의 필요조건이라고 생각하는 것이 이해하기 쉽다. 해외직접투자를 하는 기업은 주로 과점적 대기업이다. 이러한 과점적 대기업이 해외직접투자를 하기 위해서는 무엇인가 기업특유의 비교우위, 즉 독점적 우위를 가지면 안 된다. 왜냐하면, 어느 시장에 있어서든 현지기업 쪽이 외국기업보다도 유리한 입장이기 때문이다. 현지기업은 현지국의 경제, 언어, 법률, 정치 등과 관련된 정보를 입수하여 외국기업보다 상대적으로 우위성을 갖는다. 외국기업은 현지정부의 대외차별, 국가 리스크, 외환리스크 부담을 갖는다. 따라서 외국기업이 해외에서 사업을 성공시키기 위해서는 이와 같은 열위성을 상회하는 무엇인가의 우위성을 갖지 않으면 안 된다. 예를 들어, 낮은 코스트의 생산요소, 효율적 생산에 관한 기술, 유통능력, 제품차별화 능력 등이다. 케이브스(Caves)는 라이센싱이 가능한 기술보다는 분할 불가능한 제품차별능력이야말로 해외직접투자의 주된 동기가 된다고 하고 있다.

캔들버거(Kindleberger)는 과점적 우위를 다음과 같이 세 가지로 정리 할 수 있다.

첫째, 제품 및 가격 차별화 능력

둘째, 요소시장 차별화 능력: 특허기술, 비공개기술, 자본조달에서의 차별화, 경영자 능력.

셋째, 규모의 경제(scale of economies)

갠들버거에 따르면 이러한 독점적 우위가 불안전시장을 형성한다고 한다. 이들 독점적 우위의 존재는 참여장벽이 높고, 정보를 독점하고, 교섭력을 향상 시킨다. 하이머의 경우, 불안전 시장과 독점적우위가 결부되어 해외직접투자가 생긴다고 지적한 공적은 크지만 불안전시장과 독점적 우위의 관계를 반듯이 명시하지는 않고 있다. 캔들버거에 따르면 독점적 우위 그 자체가 불안전 시장을 만들어내는 것이 분명하고, 해외직접투자는 과점과 불가분의 관계에 있다(이윤선).

2) 경영자원이동이론

기업을 자본의 집적체가 아닌 다양한 경영자원의 덩어리로 처음 본 것은 펜로즈(Penrose)이다. 그는 해외직접투자를 경영자원 축적에 따른 기업성장의 한 형태라고 생각했으며 그 생각을 체계화시킨 것이 페이어웨더(Fayerweather)이다.

페이어웨더는 해외직접투자는 기업성장의 한 과정이라고 생각한다. 국내시장을 대상으로 하여 경영하고 있던 기업은 경영자원의 축적과 함께 국제시장에 나선다. 처음에는 수출로부터 시작하여 판매자회사 설립, 생산자회사 설립으로 진전된다. 해외직접투자는 시장지위를 유지, 확대하기 위해서 생기는 것이고, 단순한 자본 이동이 아니다. 시장지위를 유지, 확대하기 위해서는 다양한 경영자원이 이용된다. 이러한 해외직접투자는 국경을 넘는 경영자원의 이동인 것이다.

국제시장에 있어서는 경영자원의 격차가 존재한다. 자원에는 천연자원, 노동력, 자본, 공업상의 기술, 경영관리상의 기술, 기업가 능력 등이 있지만, 천연자원은 이동이 불가능하고, 노동력 또한 이동이 어렵다. 결국, 나머지 경영자원이 국제간 자원격차에 근거하여 그것이 풍부한 나라에서 희소한 나라로 이동된다. 그러나 자원격차만으로 해외직접투자의 방향이 결정된다고 하면 해외직접투자의 대부분은 선진국에서 개발도상국으로 향할 것이다. 그러나 실제로는 경영자원의 이동방향은 그 효율에 따라 결정된다. 자원이동 효율은 기업 내부시장 쪽이 외부시장보다도 높고, 또 시장의 규모와 성장률이 큰 쪽이 높다. 따라서 수출이 외환이나 관세 등에 따라 제약을 받게 되면, 기업은 시장지위를 유지하기 위해 직접투자 기업내부시장의 창설을 하여 시장규모와 성장률이 큰 선진국 시장으로 진출하는 것이다. 경영자원의 이동은 자원의 절대적 격차만으로 결정되는 것이 아니다.

코미야도 해외직접투자를 이해하는 부분에서는 기업성장론의 분석이 유효적절하다고 생각하고 있다. 코미야가 말하는 경영자원이란 1) 경영관리상의 지식, 경험, 2) 특허, 노하우, 마케팅 방법 등 광의의 기술적 및 전문적 지식, 3) 판매, 원자료 구입, 자원 조달 등의 시장지위, 4) 상표, 5) 정보수집, 연구개발을 위한 조직 등을 가리킨다. 이와 같은 경영자원이 그 한계 생산성이 낮은 지역, 또는 나라에서 그보다 높은 곳으로 이동하는 것이 해외직접투자이다. 이와 같은 경영자원은 기업내부에 있어서는 공공재적 성격을 갖는다. 즉 한번 축적되면 사용해도 감소되지 않으며, 이동에도 거의 코스트가 들지 않는다. 단지, 그것을 어디에서 사용하는 것이 가장 효율적인가의 문제이다. 기업은 경영자원의 한계생산성에 따라서 경영자원을 이동하는 것이다(이윤선).

3) 내부화 이론

불안전시장에 대체하는 이론으로서 기업조직 내부를 거래의 장소로서 처음 제시한 것은 코즈(Coase)이다. 이른바 "코즈의 정의"는 그 뒤 윌리엄슨(Williamson)에 의해 체계화되었다. 이 이론은 시장불안전성에 따른 시장대체이론을 해외직접투자에 응용했던 이론으로 일반적으로 내부화(internalization)이론이라 부른다.

더닝은(Dunning)은 해외직접투자, 수출, 라이센싱 등과 같은 형태로 해외진출을 결정하는 조건을 기업특수우위(Owner-specific advantages), 내부화우위(Internalization advantages), 입지특수요인(Location advantages)이라고 말한다.

내부화(Internalization advantages)란 기업특수우위를 기업조직내부에서 이용하는 인센티브다. 시장거래에서는 코스트가 들고, 품질이나 가격에 대한 사는 쪽의 평가도 불확실하다. 사는 쪽에 의한 품질확보도 보증할 수 없고 판매조건, 가격 등의 관리도 곤란하다. 이러한 시장에서는 기업특수우위를 이용하는 것보다도 기업조직내부의 이익을 활용하는 쪽이 이용효율은 높게 된다.

〈표 3-3〉 시장불안전성의 발전요인

시장불안전 요인	예
산업특수 요인 지리특수 요인 국가특수요인 기업특수요인	제품의 성질, 외부시장의 구조 지리적, 사회문화적 특성 정치, 경제요소 경영능력

자료 : Buckley and Casson.

버클리와 케이슨(Buckley and Casson)은 내부화 우위에 역점을 둔다. 그 들의 특징은 최종재의 시장보다도 중간재시장에서의 불안전성에 주목하는 것이다. 중간재는 반가공재료뿐만아니라 기술이나 전문지식 및 인적자원등도 포함된다. 이와 같이 중간재 시장이 불안전한 경우에는 시장에 대체하는 것으로서 기업조직이 이용된다. 즉, 내부화이다. 내부화가 입지특수요인과 결부되고 국제적으로 행해지면 해외직접투자가 된다. 내부에서는 수익과 동시에 비용도 생긴다. 여러 활동에서의 최적규모의 불일치가 가져오는 자원코스트, 커뮤니케이션코스트, 내부시장의 관리코스트, 외국소유 기업에 대한 정치적 차별코스트 등이 내부화코스트의 사례가 된다. 따라서 내부화는 한계비용이 한계수익과 같아질 때까지 행해진다. 그 한계점을 결정하는 요소는 산업특수요인, 지역특수요인, 국가특수요인, 기업특수요인 등의 네 가지 요인이 있으나 그 중에서 제품의 성질이나 외부시장의 구조와 관계되는 산업특수요인이 가장 중요하다

〈표 3-4〉 시장내부화의 수익과 비용

수익	비용
내부거래시장의 창출 가격차별화 구축 거래 쌍방간의 협상 회피 구매자 불확성의 회피 정부간섭의 극소화	시장세분화에 따른 비용증대 커뮤니케이션 비용증대 현지정브의 차별대우 가능성 증대 경영진의 전문성 제고비용 증대

자료 : *Ibid.*

럭맨(Rugman)도 중간재 시장이 불안전하기 때문에 기업은 스스로 특유의 우위를 내부시장을 통해 이용한다고 생각한다. 그의 특징은 시장거래와 내부거래를 거래 코스트개념으로 비교 가능하다고 한 것이다.

일반적으로 시장을 통한 거래에 있어서 나타나는 문제점은 다음과 같다.

첫째, 적정가격을 찾는 중개 코스트
둘째, 계약당사자의 의무를 결정하는 코스트
셋째, 계획리스크와 관련투입비용
넷째, 세금

특히 기술이나 지식 등의 중간재의 시장거래에 있어서는 거래비용이 금지적 수준에 달하는 경우도 있다. 한편, 내부화의 경우, 기업조직의 설립을 위한 초기코스트는 크지만, 기술이나 지식의 공공재적 성격 때문에 내부이전코스트는 작다고 할 수 있다. 랙맨은 이 이론에서 감모리스크를 가미하여 수출, 직접투자, 현지생산, 라이센싱의 대체문제에 적용시키고 있다. 수출코스트는 시간의 경과와 관계없이 일정하다. 직접투자 코스트는 생산자회사 설립 때문에 처음에는 크지만, 시간의 경과에 따라 감소된다. 라이센싱 코스트는 고도기술의 감모 때문에 처음에는 크지만 기술이 보급되고 일반화되는 것에 따라 급속히 감소된다(이윤선).

4) 시장불안전 접근방법

시장불안전 접근방법의 핵심은 기업이 범세계적 영역을 소유하고 있다고 가정할 때 그 기업의 해외투자결정은 지역경쟁자와 분배없이 확실한 가능성의 우위를 가지면서 이전하는 것으로 설명될 수 있다. 특정국가에 진출하는 외국인 회사는 국내회사와 비교해 볼 때 많은 부가적인 비용과 불리한 점에 직면할 것이다. 국내기업은 경제 · 사회 · 법률 · 정부의 환경 등에 본질적인 지식을 가지고 있을 것이다. 외국인 회사는 오로지 이러한 지식을 하나의 비용으로서 취득할 수 있을 것이다. 더 나아가, 외국인 기업은 외환위험, 상이한 문제에서의 영업활동으로부터 발생 가능한 오류 및 오해의 위험, 거기에서 오는 부가적인 영업비용 등에 부딪친다.

그러므로 해외에서 성공적으로 활동함에 있어서 기업은 국내회사의 본질적인 우위성을 차감한 것보다 더 많은 우위성 보상을 가져야만 한다. 이 같은 우위성은 국경을 넘어 그 회사 내로 전환할 수 있어야 한다. 이 같은 우위성은 기업특유의 우위성요소로서 관련되어지고 있다. 기업의 경쟁적 우위는 상품 또는 생산요소에 대한 시장의 불안전성에 의해서 설명되어질 수 있다. 완전경쟁의 이론적 세계에서 기업은 동종의 제품들을 생산하고 모든 생산적 요소에 동등한 접근방법을 가진다. 산업조직이론에 의해서 설명된 것으로서 불안전 경쟁의 더 많은 현실세계 안에서 기업은 제품차별화, 제품명, 특수한 마케팅 기술 및 진출금지를 통해서 경쟁적 우위를 획득한다. 경쟁적 우위의 나른 근원은 특허된 기술, 내부 및 외부 규모의 경제 또는 자본시장에의 접근 여부 등을 들 수 있을 것이다.

넓은 관념에서의 기술적 우위는 생산 및 산업공정뿐만 아니라 조직의 노하우 및 관리기법, 그리고 특수한 마케팅 기술과 관련이 있다. 기본적으로 기술우위성은 지식의 소유를 말하고, 그리고 지식은 기업에 있어서 하나의 공공상품으로서 특징지어져 왔다. 그리고 한번 개발 되어진 노하우는 모기업에 있어서 어떠한 부가적인 비용없이 외국지사에 이용할 수 있을 것이다. 반대로 경쟁자들은 지식 또는 기술의 습득에 있어서 비용이 발생할 수 있다.

그러나 지식우위는 다른 기업들과의 사이보다도 그 기업 안에서 보다 더 쉽게 이전할 수 있어야만 한다. 지식시장이 불안전할 때 그 기업은 지식을 잠재적 구매자에게 판매에 의해서보다도 그 기업 안에서 지식을 사용함에 있어서 높은 수익을 얻을 수 있다.

시장불안전 모델은 국내 또는 국제적으로 직접적인 영업을 확장할 것인가에 대하여 기업 안에서의 산업을 판별하는 데 도움을 준다. 그러나 이 모델은 범세계 수평적 배분에 의해서 추가되는 것이 필요하다. 왜냐하면, 이 모델은 기업이 해외기회를 지속적으로 알고 있다고 가정하기 때문이다(이윤선).

5) 절충이론

더닝(Dunning)에 의해 제시된 절충이론은 생산비용과 법적제한과 같은 국가특유변수(country-specific variables), 독점기술과 규모의 경제와 같은 기업특유변수(company-specific variable), 기업의 선택과 관련된 내부화 변수(internalization variable) 등을 포함하는 외국투자의 포괄적인 이론을 제시하였다.

위의 내용을 다시 정리하면 외국인직접투자의 의사결정은 다음과 같은 세 가지 요소에 의하여 이루어진다고 언급하였다.

첫째, 소유권 우위 및 기업경쟁우위 : 소유자의 경영기술, 상표권, 규모의 경제

둘째, 입지우위 : 정치적 위험, 국가정책, 국가생산비, 관세, 세금, 국제운송비용

셋째, 내부화우위 : 기업 특유의 우위요소를 직접 이용함으로써 얻는 이익

더닝은 무역과 해외직접투자를 포괄하는 개념으로서 국제생산이라는

개념을 도입하여 기업 특유의 요인과 입지요인에 의해 수출이나 투자를 선택한다는 견해로서 거시·미시적 양자의 요인을 종합했다는 측면에서 더닝 자신이 이를 절충이론이라고 불렀다(이윤선).

6) 국민경제적 접근이론

고지마(kojima)와 오자와(ozawa)에 의해 개발된 이론으로서 해외직접투자가 개별기업차원에서 이루어지게 되면 피투자국과 투자국간에 갈등이 심화될 뿐만 아니라 역무역적으로 작용하기 때문에 국민경제적 차원에서 해외직접투자가 이루어져야 한다는 이론이다. 다시 말해서 투자국과 피투자국 간에 비교생산비를 토대로 하여 투자국에서는 비교열위에 있고 피투자국에서는 비교우위에 있는 산업에서 해외직접투자가 이루어져야 투자국과 피투자국간의 균형있는 성장을 이룩할 수 있다는 것이다.

고지마(kogima)는 이상의 주장을 근거로 해외직접투자 유형을 일본형과 미국형으로 구분하였다. 미국형의 해외직접투자는 미국 기업의 독점적 우위를 활용하거나 무역장벽을 회피하기 위하여 이루어지는 것이 대부분으로서 역 무역지향적이며 따라서 미국의 비교우위를 약화시키고, 국제수지의 약화, 고용감소 등 산업구조를 왜곡시키게 된다. 반면에 일본의 해외 직접투자는 국민경제활동의 일환으로서 첫째, 일본에서 불가결한 자원의 확보, 둘째, 개도국에 비해 비교우위를 갖는 설비, 반제품 등 생산재의 수출촉진, 셋째, 일본의 노동력 부족 및 고임금 등으로 인해 비교 우위를 잃어가는 섬유산업, 잡화산업 등의 개도국으로의 이전과 같은 무역지향적 동기들에 의해 이루어진다.

오자와(ozawa)는 미국의 경우와 비교하여 일본의 해외직접투자를 촉진하고 있는 요인은 다음과 같이 설명하고 있다.

첫째, 미국을 비롯한 여러 선진국의 해외직접투자는 개별 기업적 차원인 미시적 요인이 작용하지만 일본의 해외직접투자는 국민경제적 차원인 거시적 요인이 작용한다는 것이다. 즉 미국 및 선진국들의 다국적

기업의 해외직접투자는 규모의 경제, 제품차별화, 조직 고도화 등을 통한 개별기업 자체의 가치 증대인 반면, 일본의 다국적기업은 자국 내의 부존요소로서의 부족, 자원의 안정적 확보의 필요성, 환경적 제약 등 거시적 요인이 크게 작용하고 있다.

둘째, 일본의 부존요소가 풍부한 국가로의 해외직접투자를 촉진시킨다고 보고 있다. 다시 말해서 특정산업이 경쟁적일수록, 즉 독점적 성격이 약할수록 해외투자가 적극적으로 이루어지고 있다고 보고 있다(이윤선).

사례 3-3

인도네시아서 전기밥솥 1위 성공신화를 쓰다

"인도네시아에서 전기밥솥을 파는 건 알래스카에서 냉장고 파는 격" 소리 들었지만
시장이 없다고?…그럼 만들면 되지

미래가 보장된 한국 시장을 버리고 해외로 나간 사람이 있다. 그가 가지고 간 제품은 그곳에 없는 제품이었다. 그가 가지고 간 제품명은 해당 국가의 말이 돼 버렸다. 그는 그곳에서 시장을 만들었고 프리미엄 브랜드를 만들었다. 나이키나 월마트처럼 자사 소유의 공장도 없다. 한국 본사에서 연구·개발(R&D)하고 중국 공장에서 제품을 주문자상표부착생산(OEM)한 뒤 인도네시아에 수출하는 글로벌 시스템을 구축했다. 그가 바로 용마의 창업자 마용도 회장이다. 그가 생면부지의 땅에서 어떻게 시장점유율 1위의 성공신화를 만들었을까? 마 회장의 '인도네시아 시장개척기'를 들어봤다.

한국에서 7시간가량 비행기를 타고 서남쪽으로 가면 5,300여㎞ 떨어진 곳에 인도네시아 자카르타가 나온다. 이곳에서 마용도 용마 회장은 전기밥솥 하나로 '밥솥 왕국'을 만들고 있다.

"매직콤(Magic com) 주세요."

인도네시아의 카르푸 매장에서 밥솥을 사는 사람에게 흔히 들을 수 있는 말이다. 인도네시아에는 전기밥솥이라는 단어가 없다. 이 때문에 용마가 생산하는 전기밥솥의 브랜드인 매직콤이 자연스럽게 전기밥솥의 뜻을 갖게 됐다. 인도네시아 사람들은 일본제 코끼리표 밥솥이나 샤프 밥솥을 사면서도 "매직콤 주세요"라고 말한다.

그도 그럴 것이 용마가 생산하는 매직콤이 인도네시아 시장에서 전기밥솥의 대명사가 됐기 때문이다.

그의 리더십은 어디에서 나온 것일까?

마 회장은 "생각을 바꾼 발상의 전환에 있었다"고 말했다. 그는 "많은 사람은 우리나라 밖에 무한한 시장이 있다는 사실을 알고 있지만 생각으로 끝난다"며 "창조적 아이디어는 실행함으로써 성취할 수 있다"고 말했다. 그래서 그는 아무리 어렵고 힘든 일도 생각을 바꾸면 쉽게 해결된다고 믿는다. 이른바 생각을 바꾸는 '발상의 전환 리더십'에 대한 신봉자다.

마 회장은 또한 직원의 자율성을 중시한다. 그는 "사장은 일하는 사람이 아니라 방향을 정하는 사람"이라며 리더십이란 "직원이 사장 눈치보지 않고 맘껏 일하도록 배려한 데 있다"고 말했다. 이 때문에 사장이 사무실에 있는 것을 불편해하지 않도록 오전만 출근해 결제하고 그 이후는 집에서 일한다.

◆ **세상은 넓고 시장은 크다**

외환위기 직전인 1995년 한국 전기밥솥 시장은 포화상태였다. 출혈경쟁으로 많은 기업이 도산 직전까지 내몰리고 있었다.

"이대로 출혈경쟁을 하면 회사가 망할지도 모른다고 생각했습니다."

마 회장은 "당시 직원 300명을 먹여 살릴 생각을 하니 앞이 깜깜했다"며 "위기의식에 몸서리가 쳐졌다"고 말했다. 1979년 10월 창업 이래 대우전자와 필립스에 전기밥솥과 주방용품을 만들어 납품하고 일부는 직판을 했기 때문에 헐값경쟁은 경영에 치명적이었다.

그는 머리를 식히기 위해 인도네시아로 친구들과 골프여행을 떠났다. 이틀 여행이었다. 여행을 하며 재래시장을 방문했다. 밥솥회사 사장인 그의 눈에 골동품 가게에 있는 전기밥솥이 한눈에 들어왔다. 사실 그것은 밥솥이 아니라 밥만 할 수 있는 '열판'이었다. 마 회장은 반사적으로 "인도네시아에도 전기밥솥이 있나요"라고 물어봤다.

그런데 가게 주인으로부터 의외의 답이 돌아왔다. "전기밥솥이 무엇인가요."

인도네시아에는 그때까지 전기밥솥이 없었던 것이다. "정말 전기밥솥이 없단 말인가?" 호기심에 전자제품 판매점을 방문했다. 가게 주인의 말대로 전기밥솥이 무엇인지조차 몰랐다. 서울로 돌아온 마 회장은 시장조사를 해봤다. 조사 결과 놀라운 사실을 알게 됐다. 부산에서 유독 용마의 전기밥솥이 잘나가고 있었다. 탐문 결과 인도네시아에서 온 보따리 장사들이 용마가 생산한 전자밥솥을 대량으로 구매해가고 있었던 것이다. 마 회장은 국내 시장을 접고 당시 인구 2억2,000만명의 거대 시장에 도전장을 내기로 결심했다.

◆ **내 브랜드로 무에서 유를 창조하다**

= "결론은 해외시장이다." 마 회장은 인도네시아에 푹 빠지기 시작했다. 대우전자와 필립스의 OEM업체로는 미래가 없다고 생각했다.

"그래, 내 브랜드를 갖자. 시장이 없는 곳에서 신세계를 창조해 보자." 일부는 알래스카에서 냉장고를 파는 격이라며 반대했다. 하지만 마 회장의 결심은 단호했다.

"인도네시아는 정말 매력적인 시장으로 다가왔습니다. 그때 기준으로 인구가 세계 4위 2억2,000만명이었으니까요. 그 많은 사람이 일반 솥에 밥을 지어먹고 있었어요. 제가 전기밥솥을 소개하자 인도네시아 사람들은 입을 쩍 벌릴 정도로 신기해했습니다."

마 회장은 "시장이 없기 때문에 무에서 유를 창조해낼 수 있다는 자신감을 갖게 됐다"고 강조했다. 전기로 밥을 하는 마술 같은 전기밥솥이라는 의미에서 '매직콤'이라고 이름을 정했다.

취사와 보온 두 가지 기능을 갖춘 전기밥솥에 '매직콤'이란 브랜드를 달아 제품을 출시했다. 마 회장은 "당시 인도네시아 사람들은 전기밥솥이 무엇인지 몰랐기 때문에 밥하는 방법에 대한 교육을 매우 중시했다"고 말했다.

마 회장은 신문광고를 통해 '전기밥솥'의 효능을 대대적으로 선전했다. 결과는 대성공이었다. 선풍적인 인기몰이가 시작됐다.

◆ **인도네시아인의 마음을 울리다**

= 대기업 하도급업체로 마 회장이 일하면서 배운 것은 "내 브랜드를 가져야 한다"는 것이었다. 그것도 프리미엄 브랜드만이 시장에서 살아남는다고 믿었다. 마 회장은 인도네시아의 초특급 연예인을 광고모델로 기용했다. 샌드라 대위, 마우디 등 인도네시아에서 가장 인기 있는 연예인들만 광고모델로 내세웠다. 그것도 전국적인 방송만을 상대했다. 특히 CM송으로 승부를 걸었다. "용마는 삶의 매직이야(Yongma is magic in life)." CM송은 놀라운 위력을 발휘했다.

하루 생산 능력 2,000개에 불과했던 경기 군포의 공장에는 비상이 걸렸다. 밀려드는 주문을 맞추기 위해 24시간 공장을 가동해야 했다.

현지 유통업체들이 경쟁사보다 먼저 제품을 확보하기 위해 공장 앞에 진을 치는 일까지 생겼다. 인도네시아에서 비행기를 타고 와서 군포공장 앞에 투숙하며 완제품이 만들어지는 대로 실어갈 정도였다.

1997년부터 매월 공장을 증설해 하루 생산시설 1만5,000개까지 규모를 7배나 키웠다.

마 회장은 다양한 사회공헌을 통해 현지인에게 다가섰다. 지난해 10월 인도네시아 파당지역에 지진이 발생하자 쌀 1만포대와 밥솥 1,000개를 보냈다. 2003년과 2008년에는 인도네시아대학(UI)과 족자카르타에 있는 다자마자대학 등 현지 명문대학 두 곳에 도서관과 음악당, 카페테리아를 갖춘 현대식 건물 '한국관'도 세워줬다. 이곳에서 수많은 인도네시아 학생들이 한국어 공부를 하며 한국을 배우고 있다.

◆ 경쟁사들이 생겨나다

매직콤이 불티나게 팔리자 1998년쯤 복제품들이 생겨나기 시작했다. '프리미엄 브랜드' 전략을 고수하던 용마에 최대 도전은 헐값 제품이었다. 특히 중국의 저가 OEM제품들이 쏟아졌다. 일본제 고가 제품도 시장을 교란시켰다.

매출이 순식간에 20%가량 급감했다. 문제는 현지 기업들이 매직콤이라는 브랜드를 달아 사용하면서 심각해졌다. '○○○매직콤', '△△△매직콤'이란 브랜드로 고객들을 혼란스럽게 했다. 결국 현지 업체 4개사와 소송을 해서 이겼다.

용마가 승소함에 따라 현지 업체들은 '매직콤' 브랜드 대신 '밥솥(rice cooker)'이라는 명칭을 사용할 수밖에 없었다. 이 결과 매출이 다시 늘기 시작했다.

◆ 오픈 소싱으로 경쟁력 발휘

= "2005년 들어 한국에서 공장하기가 정말 힘들어졌습니다. 무엇보다 인건비가 급등했습니다. 저는 고민에 빠졌습니다. 공장을 해외로 이전할 것이냐, 아니면 아웃소싱할 것이냐를 놓고 밤잠을 설쳤습니다." 마 회장은 "제품 경쟁력은 물론 가격 경쟁력을 유지하는 게 중요하다고 생각했다"며 "눈물을 머금고 중국 광저우로 생산기지를 옮겼다"고 말했다.

그는 직접 투자하는 방식 대신 OEM방식을 선택했다. 왜냐하면 그 자신이 수년 동안 대기업의 OEM으로 활동해왔기 때문에 OEM의 메커니즘을 잘 알고 있었기 때문이다.

나이키처럼 서울 본사를 연구개발(R&D)센터로 전환했다. 30명의 핵심 인력이 디자인, 제품개발, 품질관리, 마케팅 전략을 수립한다. 이렇게 해서 마 회장은 한국~중국~인도네시아를 연결하는 3각 채널을 만들었다. 제품개발과 마케팅 · 디자인은 서울에서, 제품 생산은 중국에서, 판매는 인도네시아에서 하는 글로벌 오픈소싱의 구조를 가지고 있다. 마 회장은 인도네시아 시장 개척은 현지인에게 맡겼다. 그는 4~5차례 방문해 사회사업과 주요 현안만 결제한다. 모든 지휘는 서울 본사에서 이뤄진다. 오픈소싱 결과 용마의 경쟁력은 또다시 높아졌다.

◆ 인도네시아 유통채널 1개로 통일

"처음부터 외상거래는 하지 않았습니다. 무조건 달러로 거래했습니다."

마 회장은 원화값 등락에 크게 신경쓰지 않는다. 처음부터 달러를 기본 통화로 정했기 때문이다. 더 중요한 것은 모든 거래가 선결제, 후납품이라는 사실이다. 처음 인도네시아에 물건을 판매할 당시 '공급자 파워'가 강했기 때문에 가능했다. 중국OEM업체와의 거래도 달러가 기본이고 현금으로 거래한다. 그만큼 OEM업체와 높은 협상력을 발휘할 수 있다. 용마제품의 인도네시아 수입상은 당초 10여 개에 달했다. 하지만 관리의 효율성을 높이기 위해 마 회장은 2005년 단 1곳으로 통일했다.

◆ 프리미엄 브랜드 구축…사업분야 확대

= 마 회장은 한국기업이 만든 프리미엄 제품이라는 이미지를 강조하고 있다. 매직콤의 현지 시장점유율은 25%에 달한다. 50만루피아(약 7만원) 이상의 고가 제품의 시장점유율은 90%가 넘는다. 이 때문에 용마에서 생산한 고가 전자식밥솥은 인도네시아인들의 '혼수품 1순위'로 손꼽힌다. 전자밥솥으로 구축한 프리미엄 이미지를 앞세워 마 회장은 현재 선풍기와 냉 · 온수기, 정수기 분야로 시장을 확대하고 있다.

지난해 3월에는 매직콤 판매사인 '매직홈시스'를 설립했다. 프리미엄 브랜드의 이미지를 강화하기 위해 AS에 대한 서비스도 강화했다. '서비스회사'를 별도 법인으로 설립해 100여 명 전담요원이 40군데에서 애프터서비스를 제공한다. 올해는 본사 사옥도 신축할 예정이다. 지난해 매출은 3,000만달러(약 360억원), 순이익은 70억원이다.

1년에 판매하는 밥솥만 160만개에 달한다. 마 회장은 3년 뒤 밥솥 매출이 300만개로 늘 것으로 예상하고 있다. 포화상태인 한국시장에서 판매되는 밥솥은 160만~170만개. 이를 2억5,000만명의 인도네시아 시장에 적용하면 연간 850만개의 밥솥이 팔리게 된다는 계산이 나온다. 이 가운데 30%(255만개)를 목표로 하고 있다.

마 회장은 "시장이 성숙해질수록 프리미엄 브랜드가 각광을 받게 돼 있다"며 "인도네시아 중산층을 공략한 뒤 동남아시아의 인근지역으로 시장을 확대해나갈 방침"이라고 밝혔다.

◆ 시장변화에 능동적으로 대응

= "전기밥솥 시장의 탄생에서 성숙에 이르기까지 한국시장에서의 경험이 얼마나 도움이 되었는지 몰라요." 마 회장은 "한국시장에서 전기밥솥이 걸었던 길을 이미 알고 있다는 사실이 인도네시아 시장 개척과 공략에 큰 도움을 주고 있다"며 "해외진출을 고민하는 기업들은 주저하지 말고 해외로 나와라"고 조언했다. 그는 "특히 한국시장에서 수십 년 전에

발생했던 일들이 동남아시아의 개발도상국가에서 현재 발생하고 있다"며 "한국기업들이 가진 선진 노하우라면 인도네시아에서 성공할 수 있다"고 밝혔다. 시장이 어떻게 변할지, 소비자 입맛에 어떤 변화가 발생할지 이미 알고 있기 때문에 지혜롭게 시장변화에 대응할 수 있는 장점이 있다는 분석이다.

마 회장은 "인도네시아는 전 세계가 주목하는 잠재력이 큰 시장이다"면서 "15년간 많은 성과를 이루었지만 이제 시작에 불과하다"고 더 큰 도전정신과 열정을 강조했다. 인도네시아시장의 무한 잠재력을 향해 그는 오늘도 인도네시아 지도를 펼쳐 놓고 시장공략 방안을 강구하고 있다.

자료 : 매일경제, 2010.5.28

연 습 문 제

1. 글로벌마케팅의 이론의 중요성을 논하시오.

2. 절대우위론과 비교우위론의 단점에 대하여 설명하라.

3. 헥셔-올린의 무역이론에 대하여 설명하라.

4. 국제제품수명주기이론에 대하여 설명하라.

5. 산업내 무역이론에 대하여 설명하라.

6. 독점적 우위이론에 대하여 설명하라.

7. 내부화이론에 대하여 설명하라.

8. 절충이론에 대하여 설명하라.

9. 국민경제적 접근이론에 대하여 설명하라.

제 2 부

글로벌마케팅 환경분석

제 4 장

글로벌 마케팅의 경제적 환경

제 1 절 세계무역기구(WTO)

1995년 1월 1일 WTO가 공식 출범하였다. 2008년 기준 153개 국가가 회원국으로 가입하고 있다.

GATT가 세계화의 토대를 마련하였다면, WTO는 본격적으로 세계화를 이끌어 가고 있다고 할 수 있다. GATT는 강제성이 미비한 협정체제였으며, 주요 협상품목이 공산품이었으나 WTO는 강제성을 띈 무역기구로써 교역가능한 모든 품목이 협상에 포함되었다. 즉 WTO 체제는 상품교역 뿐만 아니라 서비스, 지적재산권, 무역정책검토제도, 복수국가간무역등 광범위한 분야를 관장하고 있기 때문에 회원국 경제의 세계화를 주도하고 있다고 할 수 있다. 그러므로 각국의 정부 특히 개발도상국과 신흥공업국은 WTO 체제에 편입하기 위해 시장의 개방화와 각종 규제의 철폐 등을 시행하였으며, 이러한 상황은 국제기업들의 세계화활동에 상당한 도움이 되고 있다(박의범 외).

1. WTO의 설립 배경 과 주요 기본원칙

1) WTO의 설립배경

WTO가 등장하게 된 배경은 크게 두 가지로 요약할 수 있다. 첫째, GATT체제로 유지되었던 세계무역질서의 붕괴이다. 1970년대 2차에 걸친 오일쇼크와 세계불경기로 인하여 선진국들은 고실업, 고인플레이션, 저성장으로 경기가 침체되고, 개발도상국의 부상으로 선진국들은 매년 많은 무역수지 적자에 빠지게 되자 신보호무역주의가 만연하게 되고 비관세장벽의 역할이 중요해지기 시작하였다. 그러나 GATT체제하에서는 이러한 요인들을 강력하게 억제할 수 없었다. 둘째, GATT체제는 새로운 무역환경을 반영하지 못하였다는 점이다. 즉 선진국과 새로운 신흥공업국과의 무역문제가 대두되었는데 선진국들은 비교우위를 지닌 서비스와 지적재산권 등에 대하여 개도국에 대한 시장 확대를 원하고 있었고, 개도국들은 선진국들의 신보호무역주의에 의한 비관세장벽의 남용에 대해 불만을 갖고 있었다.

이러한 문제점을 포함한 다수의 요인 때문에 전세계 125개국(GATT 가입국 123개국 포함)의 대표들이 참가한 제8차 우루과이라운드(UR)에서는 현재의 GATT 체제의 한계를 극복하고 향후의 새로운 국제무역질서를 더욱 효과적으로 규율하기 위하여 강력한 세계무역기구인 WTO를 수립하도록 합의하였다. 이에 따라 1947년 10월에 제정되어 그간 47년 동안 세계무역을 관장해 온 GATT체제는 막을 내리고 신 GATT체제라고 표현할 수 있는 WTO시대가 도래하게 되었다(박의범 외).

2) WTO 주요 기본원칙

WTO 협정의 목적은 '생활수준의 향상, 완전고용의 달성 및 높은 수준의 실질소득과 유효수요의 지속적인 양적증대, 자원의 완전이용, 상품 및 서비스의 생산과 교역의 증대이다.

1. **최혜국대우 원칙(MFN)** : 최혜국(most favored nation)대우원칙이 GATT체제에서는 상품교역에 국한되었지만 이를 서비스 및 지적재산권 분야로 확대하여 국적에 관계없이 무차별적으로 평등하게 대우할 것을 가입국의 의무로 하고 있다. 즉 관세, 과징금 및 수출입과 관련된 모든 규칙 및 절차에 있어 최고의 편익, 호의, 특전, 면제 등의 대우를 회원국에 무차별, 무조건적으로 즉시 부여한다. 또한 규제의 경우에도 무차별대우 의무를 가진다. 예외로는 GATT 설립전의 양국 또는 복수국간의 특혜, 관세동맹, 또는 자유무역지대간의 특혜, 특정 체약국간의 협정 부적용, 개도국에 대한 특별한 대우 등이다.

2. **내국민대우원칙** : WTO체제하에서 내국민대우원칙은 동종 상품, 서비스, 지적재산권자 등을 내외국인을 막론하고 무차별적으로 대우할 것을 규정하고 있다.

3. **수량제한의 일반적 폐지원칙** : 수량제한을 폐지하는 이유는 수량제한조치가 관세조치보다 국내산업보호도가 심하고 직접적으로 자유무역을 왜곡하기 때문이다.

4. **관세에 의한 보호조치** : GATT와 마찬가지로 관세만이 무역규제수단으로 용인되고 있으며, 협상을 통해 관세율을 점진적으로 인하할 것을 목표로 하고 있다(황중서).

사례 4-1

한-칠레 FTA 발효 후 교역 연 평균 27.1% 증가

칠레와의 자유무역협정(FTA)이 발효된 후 6년 동안 대 칠레 교역 비중이 증가하고 교역액 증가율도 우리나라 전체 교역 증가율을 넘는 추세를 보인 것으로 나타났다. 하지만 2년간 수출 증가율은 정체 상태에 빠진 것으로 조사됐다.

관세청은 31일 칠레 교역 규모는 FTA 발표 전인 2003년 이후 2007년까지 꾸준한 증가하다가 최근 2년간 감소 추세를 보였다고 밝혔다. 전체 교역 중 칠레가 차지하는 비중은 수입이 협정 체결 전인 2003년 0.59%에서 2009년 0.96%로 증가했고 수출도 2003년 0.27%에서 2009년 0.61%로 늘었다. 한-칠레 FTA 발효 후 양국간 교역은 6년간 연평균 27.1% 증가율을 기록하며 대세계 교역 증가율 11.9%를 크게 상회했다.

그러나 지난 2008년 이후 교역 규모는 줄어들어 지난해엔 53억3,200만달러에 그쳤다. 전년 대비 25%나 줄어든 것이다. 교역이 감소하면서 대칠레 무역적자 규모도 줄어 FTA 발효 이전인 지난 2003년(5억4,100만달러)과 비슷한 8억7,400만달러까지 감소했다. 대칠레 무역적자 규모는 지난 2006년으로 22억4,700만달러에 달했다.

글로벌 금융위기 영향에다 중국-칠레 및 일본-칠레 등 경쟁국의 FTA 발효로 칠레 수출시장 경쟁이 치열해지고 있기 때문이라는 게 관세청의 분석이다. 특히 수출 감소의 영향이 컸다. 칠레에서 수입하는 품목의 60% 이상이 동 관련이어서 수입 규모가 동의 국제시세에 영향을 많이 받아서다. 실제로 전체 수출 중 칠레가 차지하는 비중은 지난 2007년에는 2.55%에 달했으나 지난해엔 1.39%까지 쪼그라들었다.

관세청은 국내 수출기업들이 FTA의 가격 측면 이점에만 안주하지 말고 제품 품질 경쟁력 및 마케팅 등에 주력할 필요가 있다고 강조했다.

한편 최근 발생한 칠레 강진으로 대칠레 수입 의존도가 큰 품목을 중심으로 수급 차질 및 국내 물가에 부담을 줄 것으로 예상된다. 최대 수입 품목인 동과 펄프의 국제가격이 이미 상승세를 타기 시작했으며 포도 돼지고기 등 칠레 의존도가 높은 소비재 수입물가 및 국내 소비자 물가도 상승할 것으로 보인다. 이에 따라 대칠레 수입 편중이 심한 품목과 관련된 수입업체는 거래선을 다변화 할 필요가 있는 것으로 지적됐다.

자료 :한국경제, 2010.3.31

제 2 절 지역경제 블록

1. 지역경제블록 개념

지역경제블록이란, 지역경제통합집단이라고 부르는 일반적으로 동일 지역내의 국가들이 각종 경제사항에 관하여 협력하기 위해 체결하는 협정(agreements) 또는 조약(treaties)을 말한다. 동일지역 내 국가들이 지역경제블록을 형성하여 블록 내 국가들 간에 긴밀한 경제협력을 하려는 것은, 국가별로는 각자 추구하는 경제목표 등을 달성하기 어렵기 때문에, 복수의 국가들이 집단적으로 공동의 경제목표(common economic goals) 등을 달성하려는 시도에서 비롯된다(김중배).

2. 지역경제블럭의 추구목적

① 상쇄력과 협상력 강화
② 역내에서 자유무역의 편익실현
③ 역내 경제에 활력소 제공
④ 역내 산업화 촉진
⑤ 지역요새의 구축

3. 지역경재통합형태

1) 자유무역지역

자유무역협정(FTA)은 경제통합(economic integration)의 한 형태로 당사 국간의 상품 및 서비스 교역에 있어 관세와 기타 무역장벽들을 제거하는 것을 목적으로 체결하는 협정이다 즉, 자유무역협정(FTA: Free Trade Agreement)은 특정국가간에 배타적인 무역특혜를 서로 부여하는 협정으로서 가장 느슨한 형태의 지역 경제통합 형태이며, 지역무역협정(RTA: Regional Trade Agreement)의 대중을 이루고 있다.

〈표 4-1〉 지역경제통합의 유형

역내관세철폐	역내공동 관세부과	역내생산요소 자유이동보장	역내공동경제 정책수행	초국가적 기구 설치/운영
자유무역협정				
관세동맹 (베네룩스 관세동맹)				
공동시장(EEC, CACM, CCM, ANCOM 등				
완전경제통합(마스트리히트 조약 발효 이후의 EU				

자료 : www.mofat.go.kr

2) 관세동맹(customs union)

FTA보다도 한 단계 더 진전된 형태의 경제통합을 말한다. 관세동맹은 역내관세 철폐뿐만 아니라 역내공동 관세를 부과하고 있다. 즉 자유무역(FTA)에서 진일보한 형태로 회원국간에 무역장벽을 없애는 것과 동시에 비회원국에 대해서도 공동의 관세정책을 갖는다. EU도 초기에는 관세동맹으로 시작하였으며 관세동맹의 대표적인 국가로는 남미의 볼리비아, 콜럼비아, 에콰도르, 페루 등이 자유무역과 관세동맹을 취하고 있다. 이들 국가에 수입하는 제품에 대하여는 공동으로 5~20%의 공통적인 관세를 부과하고 있다.

3) 공동시장(common market)

자유무역 및 관세동맹보다 더 발전한 형태로 역내관세철폐, 역내 공동관세 부과 뿐만 아니라 역내 생산요소 등이 자유롭게 이동이 보장되는 시장을 말한다. 따라서 자본, 상품, 원재료, 인적자원, 기술 및 서비스 등의 이동이 자유롭게 이루어진다는 것이다. 또한 국가 간 투자에 대한 제한이 없을 뿐만 아니라 이민에 관해서도 자유로우며 유럽연합을 제외한 공동시장을 구성한 지역경제통합은 없는 상태이다.

4) 경제통합(economic union)

이는 위의 세 단계보다도 좀더 발전된 단계로서 공동시장을 뛰어 넘어 이루어지는 단계를 말한다. 따라서 역내 공동경제 정책수행, 초국가적 기구설치 및 운영하는 경제통합이다. 또한 공통의 통화를 가지고 회원국 간의 단일 세율을 적용하며 공통의 재정정책을 펼친다. 현재, 유럽연합은 완벽한 경제연합을 실현하고자 노력하고 있으며, 유럽연합(EU)에서는 공통통화발행(유로화), 단일 조세제도의 실행과 공동의 재정·금융정책의 실시다.

4. 지역별로 본 세계경제의 블록화 추세

1) 유럽연합(European Union)

1952년 구주석탄철강공동체(ECSC)가 6개국의 회원국으로 발족이후 2007년 1월 1일까지 모두 6번의 확대과정을 거쳐 회원국은 27개국이다. 2007년도 기준 EU 주요 경제지표는 GDP 12.3조 유로, 1인당 GDP 24,800유로를 가리키고 있다. 27개국 총인구는 4억9천만명이다. 역외수출은 1.24조 유로이고 역외수입은 1.43조 유로이다.

〈표 4-2〉 연도별 EU 가입국 현황

연도	가입국구	가 입 국 명
1952	6개국	프랑스, 서독, 이태리, 베네룩스 3국
1973	3개국	영국, 아일랜드, 덴마크
1980년대	3개국	그리스(81), 포르투갈, 스페인(86)
1995	3개국	오스트리아, 스웨덴, 핀란드
2004	10개국	폴란드, 헝가리, 슬로바키아, 슬로베니아, 체코, 리투아니아, 에스토니라, 라트비아, 몰타, 사이프러스
2007	2개국	루마니아, 불가리아

자료 : 이수영, 『글로벌마케팅』, 대명, 2007.

(1) 유로통화

유로는 2002. 1. 1일부터 도입되어 경제수렴조건(물가, 재정, 금리, 환율)과 법규수렴조건(중앙은행 독립성 보장)을 충족하는 16개 회원국에서 운용되고 있다.

2002. 6.30일 이후부터는 유로를 사용하는 국가화폐는 모두 폐기처분됐다. 유로화 동전의 한 면은 가입국이 공동의 디자인을 사용하고 다른 한 면은 개별 국가의 디자인을 사용한다.

유로화 동전은 1, 2, 5, 10, 20, 50센트 동전과 1, 2유로 동전이 있다. 유로화 지폐는 동전과 달리 회원국이 동일한 디자인을 사용하며, 5, 10, 20, 50, 100, 200, 500짜리 유로지폐가 있다(www.koreanmissiontoeu.org).

(2) 공동통상정책

① 성립배경

EU의 공동통상정책은 공동농업정책과 함께 EU가 출범 초기부터 회원국으로부터 독립하여 전적인 권한을 행사해 온 정책분야이다. 1957년 Roma 조약에 의해 설립된 유럽경제공동체는 역내국가간 모든 관세와 수량제한을 철폐하고 대외적으로는 공동 관세를 운영하는 관세동맹을 1969년 전까지 이룩하는 것을 핵심적인 목표로 하고 있었다(로마조약 9조). 관세동맹은 역외수입품에 대해서는 공동의 관세와 통일된 수입절차 적용을 의미하므로 유럽 관세동맹이 그 기능을 효율적으로 발휘하기 위해서는 각 가맹국이 개별적으로 실시해오던 통상정책을 공동정책으로 일원화할 필요가 있었으며, 국제무대에서의 교섭력 강화를 위해서도 국제통상무대에서 하나의 단위로 행동해야 하고 단일 목소리를 내야 하므로 국제무대에서의 교섭력을 강화하기 위해서도 공동통상정책의 실시는 필수불가결하다고 할 수 있다. 이렇듯 EU의 공동통상정책은 관세동맹의 기반으로 수립되었으며 관세동맹의 논리적 귀결이라고 볼 수 있다. EU 관세동맹은 당초 목표연도보다 1년 앞선 1968년 수립되었으나 본격적인 공동통상정책은 로마조약 111조에 의거, 각 회원국이 통상정책을 공동으로 실시할 수 있도록 제 3국과의 무역관계를 조정하는 작업이 완료된 1970년 1월 이후부터 EU 집행위에 의해 본격적으로 실시되어 오고 있다.

② 관할주체

EU 회원국의 전체 대외교역 중 65%를 차지하는 회원국 간 교역은 관세 및 수량 제한이 철폐된 만큼 더 이상 공동통상정책의 대상이 될 수 없으며, 35%를 차지하는 역외국가와의 교역만이 통상정책의 대상이 될 수 있다. 역외국가와의 교역과 관련된 통상정책은 기본적으로 EU기관(주로 집행위원회)의 소관사항이어서 EU 회원국의 관할권은 제한적이며 간접적이다. 우선 통상정책의 근간이랄 수 있는 관세, 수출입규정은 모두 집행위의 소관사항이다. 이와 같이 EU가 대외무역에 있어 회원국을 대리하여 권한을 행사하는 것은 회원국들이 주권을 EU에 사실상 이양하였다고 할 수 있다.

그러나, 회원국들이 공동통상정책에 대해 전혀 역할을 수행하지 못하는 것은 아니다. 관세 및 수출입 규정과 같이 EU에 권한이 위임된 분야의 경우에도 각 회원국들은 다양한 이사회 참가를 통해 자신의 입장을 개진할 수 있으며, 이를 지지하는 회원국 수가 과반수를 넘는 경우 집행위의 정책안을 변경하거나 기각시킬 수 있다. 또한, 서비스나 투자, 지식재산권, 무역과 환경, 노동 등 새로운 통상 분야의 경우에는 아직 회원국의 관할권이 남아 있거나 공동관할로 되어있기 때문에, 집행위로서는 회원국 대표로 구성된 자문위원회와의 긴밀한 협력을 통해 통상정책을 입안 시행할 수밖에 없다. 공동통상정책의 입안 및 시행권은 집행위원회가 갖고 있지만, 최종 결정권은 회원국 외교장관으로 구성된 일반 및 대외관계이사회(General Affairs and External Relations Council)가 행사하고 있다.

③ 법적 근거

현재 EU의 통상정책은 1993년 마스트리히트 정상회담에서 체결된 EU창설조약(Treaty on European Union and the Treaty establishing the European Community) 제3조 및 제131조~134조를 법적 근거로 하고 있다. 이 조약 3(1)조는 EU공동체의 활동 범위를 규정하면서, 회원국간 역내 상품 수출입에 대한 관세 및 수량제한 부과의 금지(a)와 공동통상정책(b)이 활동범위에 포함됨을 명시하고 있다. 131조는 공동통상정책의 목적(국제교역의 발전, 교역장벽과 관세인하), 132조는 수출신용 등 회원국 해외 수출지원 제도의 조화 당위성, 133조는 공동통상정책의 범위, 집행위 및 이사회 권한, 표결 정족수(가중다수결), 자문위원회(133조 위원회) 운영, 134조는 공동통상정책으로 인해 특정 회원국에 불이익이 발생한 경우 처리 원칙에 대해 규정하고 있다.

④ 공동통상정책의 목적

EU창설조약 131조는 회원국 간 관세동맹을 설립함으로써 국제무역을 조화롭게 발전시키고 교역상의 장벽을 점진적으로 폐지하는 한편 관세를 인하하는 것을 목표로 하며, 회원국 간 관세폐지에 따른 경쟁력 강화라는 긍정적인 효과를 고려해 나가면서 공동통상정책을 실시할 것을 규정하고 있다. 이러한 기본원칙을 보다 구체화하기 위해, 2006년 10월 집행위원회는 경쟁력 있는 유럽경제(competitive European economy)를 달성하기 위해 ㉮ 역내외 시장 개방, ㉯ 강력한 다자간 무역체제 수립, ㉰ 유럽의 가치(민주주의, 법치 등) 및 지속가능한 발전(환경, 노동) 추구라는 3가지 목표를 발표하였다.

EU는 공동통상정책을 통해 타국의 시장 개방, 즉 관세를 인하하고 비관세장벽을 철폐하여 EU 상품 수출을 확대하고 투자환경을 개선하여 경제적 이익을 달성하려는데 1차적인 목적을 두고 있으나, 이는 각국의 교역장벽의 완화를 통한 전 세계적인 교역신장은 각국의 지속적인 경제발전과 자유무역체제 실현에 기여하게 되며 결과적으로 EU 경제성장에도 도움이 된다는 기본인식에서 출발하고 있으며, 이러한 점에서 EU 역내적으로는 보호주의 확산 억제도 최근 들어 주요한 목적 중 하나가 되고 있다(www.koreanmissiontoeu.org).

사례 4-2

정치적 통합마저? …유럽합중국 탄생하나

유럽연합(EU)을 하나의 정치체제로 묶는 '리스본 조약' 비준동의안이 지난 2일 치러진 아일랜드 국민투표에서 통과했다.

이제 EU가 미국과 같은 하나의 국가인 유럽합중국(United States of Europe)으로 변모하는데 성큼 다가서게 된 것이다.

이미 세계 최대 경제블록인 EU가 정치적 통합마저 이루게 되면 국제정치 무대에서 '늙은 사자'로 불리던 구대륙의 발언권은 더욱 강해질 전망이다.

지난 3일 오후(현지시간) 아일랜드 정부가 발표한 국민투표 결과에 따르면 국민의 67.1%가 조약 비준동의안에 찬성, 32.9%가 반대해 통과됐다.

16개월 전 아일랜드에서 실시된 국민투표에선 찬성 46.6%, 반대 53.4%로 부결됐었지만 1차 투표에서 반대했던 유권자 가운데 20% 이상이 "경제를 살리기 위해서는 EU라는 울타리가 필요하다"며 찬성으로 돌아섰다.

브라이언 코웬 아일랜드 총리는 "아일랜드 국민은 물론 유럽에도 좋은 날이 됐다"고 말했다.

◇ '유럽합중국' 탄생 가능성 높아져

EU 정치적 통합의 핵심 근거인 리스본 조약이 아일랜드 국민투표 통과라는 최대 난제를 넘어섬에 따라 EU의 정치적 통합은 빠르게 진행될 것으로 전망된다.

리스본 조약은 2005년 프랑스와 네덜란드 국민투표에서 유럽헌법 조약이 부결돼 무산되면서 이를 대체하기 위해 추진된 일종의 유럽연방 구성을 위한 조약이다.

정식 명칭은 유럽연합(EU) 개정조약(EU reform treaty)이다.

EU 27개 회원국 정상들이 2007년 포르투갈의 수도 리스본에서 열린 정상회담에서 최종 합의해 공식 서명한 까닭에 '리스본 조약'이라고 불린다.

이 조약은 임기 2년6개월에 한 차례 연임이 가능한 정상회의 상임의장(EU 대통령직)을 신설하고 외무장관에 해당하는 임기 5년의 외교정책 대표직을 만드는 등 EU 전체를 하나의 국가처럼 운영할 수 있도록 하는 내용을 담고 있다.

지금까지 EU는 EU 회원국이 6개월마다 돌아가며 순회의장국을 맡는 등 '지도자' 개념이 뚜렷하지 않았다.

조약의 핵심 중 하나는 의사결정 방식을 종전 만장일치제에서 이중다수결제로 바꾸는 것이다.

EU 전체 인구의 65% 이상, 27개 회원국 중 15개국 이상이 찬성하면 가결되는 제도다.

27개 회원국의 이해관계가 상충할 때도 신속히 의사 결정이 가능하도록 함으로써 명실공히 단일 정치공동체가 되는 것이다.

대신 공동체에서 탈퇴하고자 하는 회원국은 정상회의에 탈퇴 의사를 통보하고 유럽의회의 동의를 얻은 탈퇴협정에 이사회가 시명하면 합법적으로 결별할 수도 있게 된다.

◇ 체코 · 폴란드까지 서명하면 내년 발효 가능

그러면 왜 이렇게 중요한 조약의 통과 여부가 아일랜드에서 결정된 것일까?

이유는 리스본 조약은 27개 회원국 전체가 찬성해야 발효되기 때문이다.

대부분 국가에서는 직접민주주의제도인 국민투표 없이 대의민주주의제에 따라 의회 · 정부가 자체적으로 비준 절차를 거쳤다.

이 조약은 당초 2008년 회원국들의 비준 절차를 거쳐 통과되면 2009년부터 발효될 예정이었다. 하지만 2008년 6월 국민투표를 실시한 아일랜드에서 부결돼 일정이 1년 이상 늦어졌다.

아일랜드는 25번째로 비준에 찬성한 국가가 됐으며 남은 곳은 체코와 폴란드뿐이다.

체코 · 폴란드는 모두 리스본 조약이 국회를 통과하고 대통령 서명만을 남겨 놓고 있으며 서명을 미루고 있는 바츨라프 클라우스 체코 대통령의 행보가 마지막 관문으로 남을 전망이다. 하지만 유럽 내 통합여론의 압력이 적지 않아 결국 연내 통과될 확률이 높다.

폴란드와 체코에서 비준이 연내에 마무리될 경우 내년 1월 1일 리스본 조약이 발효될 가능성이 높다.

이렇게 되면 EU는 경제뿐만 아니라 정치적으로도 단일한 목소리를 낼 수 있게 돼 미국 · 중국과 어깨를 나란히 하는 '글로벌 플레이어' 위상을 확고히 하게 된다.

◇ 아일랜드인들은 왜 찬성으로 돌아섰나

16개월 전 리스본 조약 국민투표를 부결시켜 유럽합중국 출범을 벼랑 끝으로 몰았던 아일랜드가 이번에는 큰 표 차이로 조약을 통과시킨 배경에는 아일랜드를 강타한 경제위기가 있었다.

한때 규제완화와 감세를 무기로 '캘틱 타이거'로 불리며 세계경제의 기린아로 꼽히던 아일랜드는 지난해 말 글로벌 경제위기의 직격탄을 맞으며 금융권이 파산하고 실업률이 치솟으면서 '유럽의 중환자'로 전락했다.

특히 최근 다른 유럽국가들이 플러스 성장으로 돌아서고 있는 것과 달리 아일랜드는 실업률이 15%를 넘어서는 등 여전히 회복의 싹이 보이지 않고 있다.

국민들 사이에서 "경제를 살리기 위해서는 EU라는 울타리가 필요하다"는 여론이 형성된 것이다.

마케팅 컨설턴트인 피터 글린씨(30)는 "조약에 찬성해야만 유럽연합과의 관계를 원만하게 유지하고 지속적인 투자를 이끌어내 불황에서 벗어날 수 있다"고 강조했다.

더블린 인근 어촌마을 호스의 브리드 밀튼씨(67)는 "우리가 지금 가지고 있는 유일한 희망은 EU"라고 밝혔다.

작년의 실패 이후 정부와 정치인·기업들의 일관된 리스본 조약 홍보 노력도 큰 몫을 했다.

여당인 피아나페인과 야당인 노동당·녹색당은 한 목소리로 국민투표 찬성 캠페인을 벌였다.

아일랜드에 공장을 가지고 있는 다국적기업 인텔과 유럽 저가항공사 라이언에어 등은 엄청난 홍보비를 들여 국민들에게 찬성표를 던져야 경제가 산다는 점을 강조했다.

더블린 시내 스코일 초등학교 투표장에서 만난 메리 디건씨(29)는 "작년엔 아무도 리스본 조약이 뭔지, 왜 찬성해야 하는지 몰랐지만 올해는 조약에 관해 너무 많이 들어서 질릴 정도"라며 "유럽연합과 아일랜드가 더 가까워져야 한다는 것에 의심의 여지가 없어 찬성표를 던졌다"고 설명했다.

자료 : 한국경제, 2009.10.9

2) 북미자유무역협정(NAFTA)

북미자유무역협정(North American Free Trade Agreement)은 1994년 1월 1일 미국, 캐나다, 멕시코 등이 자유무역을 추진하기 위하여 체결된 협정이다.

권내 인구 4억5천(2008), GNP 6조 2,030억 달러(1990)의 대(大)자유무역시장을 형성하는 협정으로, 유럽공동체(EC)를 능가하는 경제권이다. 이 협정 발효로 미국과 멕시코는 농산물 교역물량의 57%에 대해 관세를 폐지하였고, 발효 후 10년간 전체의 94%를, 15년 내 모든 농산물의 교역을 완전 자유화한다.

(1) NAFTA의 목표: 회원국간의

① 무역장벽의 철폐와 원활한 상품 및 서비스의 이동
② 공정한 경쟁조건의 배양

③ 투자기회의 확대
④ 지적재산권의 효율적인 보호
⑤ 협정의 시행, 운용 및 분쟁해결에 관한 절차 마련
⑥ 협정혜택의 확대 및 증진을 위한 협력체계의 구축 등이다.

3) 아세안 연합(ASEAN)

동남아시아국가연합(Association of Southeast Asian Nations, ASEAN)은 인도네시아, 말레이시아, 필리핀, 싱가포르, 태국 등 5개국 외교장관들이 1967년 8월 방콕에서 지역안보 환경변화에 공동으로 대응하기 위한 ASEAN 창립선언을 채택함으로써 결성되었다.

이후 브루나이(84년), 베트남(95년), 라오스(97년), 미얀마(97년), 캄보디아(99년) 5개국이 추가로 가입하면서 정치·안보·경제·사회·문화를 아우르는 지역협력체로 발전하게 되었다.

2008년 기준 아세안 연합국의 총인구는 약 5억8천만명에 달하고 있으며, 국가 면적은 세계전체의 3.5%에 해당하는 446만㎢이다. 총 GDP는 14,968억$을 가리키고 있고, 수출은 9,836억$, 수입은 9,462억$을 가리키고 있다(www.asean korea.org).

(1) 설립목적

아세안 국가설립목적은 다음과 같다.
① 동남아시아 지역의 경제 성장과 사회·문화 발전 도모
② 지역안보 및 평화유지를 위한 협력 증진
③ 동남아시아 지역 내 제반문제의 해결을 목적으로 설립하였다.

(2) 아시안 자유무역지대(AFTA)

1992년 〈경제협력 증진에 관한 기본협정〉 및 〈공동 유효특혜관세 협정(CEPT)〉을 체결함으로써 AFTA 창설 추진을 합의하였다. 1999년 제3차 비공식 정상회의 시 태국, 인도네시아 등 ASEAN 선발 6개 회원국은 2010년, 후발 4개 회원국은 2015년까지 각각 관세를 철폐키로

합의하여, 2002년 1월부터 선발 6개국 간 관세 인하가 개시되었으며, 2004년 하반기부터는 적용 품목이 6만여 개로 확대되어 5%이하 관세 인하 실행률이 98.9%에 이르는 등의 성과를 나타내고 있다.

아울러 ASEAN은 자유무역지대를 기반으로 경제통합 효과를 극대화하기 위해 「ASEAN 투자지대(AIA)를 합의하였다. 1999년 제3차 비공식 정상회의 시 태국, 인도네시아 등 ASEAN 선발 6개 회원국은 2010년, 후발 4개 「e-ASEAN 구상」 등을 포함하는 「AFTA 플러스」 정책을 추진하고 있다(www.asean korea.org).

4) 남미공동시장(MERCOSUR)

남미의 공동시장인 MERCOSUR(메르코수르)은 남아메리카지역의 자유무역과 관세동맹을 목표로 결성된 경제공동체이다. 1980년대 브라질과 아르헨티나 두 나라의 경제협력 프로그램으로 출발하였으며 1991년 인접국 우루과이와 파라과이가 참여하고 파라과이에서 아순시온협약을 맺음으로써 성립하였고 1995년 1월 1일 정식 발효되었다.

대외 공동관세제도를 채택하여 관세동맹의 형태를 띠고 있으나 일정기간 예외품목 규정을 두고 있어 자유무역지역과 관세동맹의 중간단계로 볼 수 있다. 대외공동관세는 최고 20%까지 11단계로 나누어 적용된다.

회원국은 아르헨티나, 브라질, 파라과이, 우루과이, 베네수엘라 5개국이며 칠레와 볼리비아가 준회원국으로 참가하고 있다. 페루·에콰도르·콜롬비아·베네수엘라와도 남미자유무역지역 결성을 위한 협상을 진행중이며, 1995년에는 유럽연합(EU)과 협력을 합의하였다(두산백과사전).

1) **설립목적** : 1980년 브라질, 아르헨티나의 경제협력프로그램에서 출발하였다. 설립초기의 목적은 만성적 인플레, 남미 지역 간 환율조정체제 결여 및 정치적 불확실성을 해결할 목적으로 설립하였다. 그러나 2006년 현재는 5개국의 정회원국과 5개국의 준 회원국이 있다. 초창기

와는 달리 설립목적은 다음과 같다.

① 자유무역지역의 창설

② 공동의 역외관세

③ 자본, 노동 서비스의 자유로운 이동

5) APEC(Asia Pacific Economic Cooperation)

APEC은 아시아 · 태평양 지역의 경제협력을 위한 기구이다. 1989년 1월 오스트레일리아의 호크 수상이 세계성장 센터인 아시아태평양 지역의 지속적인 발전 및 경제문제에 관한 제도적인 협의 시스템의 창설을 정식으로 제창하여 만들어졌다. 회원국으로는 21개국으로 이루어져 있다.

(1) APEC **목표** : APEC의 설립목표는 역내 무역과 투자 자유화의 실현을 목표로 하고 있으며, 각 분야별 협력을 통하여 동아시아와 미주를 잇는 경제공동체를 점진적으로 추진하는 것을 목표로 하고 있다. 즉 무역, 인적자원, 기술, 관광, 통신 등의 분야에 실질 협력을 증진해 나간다.

① 역내 무역과 투자 자유화

② 동아시아와 미주를 잇는 경제공동체 추진

제 3 절 글로벌 경제환경

1. 국제경제 환경

경제적 환경(economic environments)은 환경요인 중에 기업활동에 직접적으로 영향을 미치는 요소이다. 이 절에서는 국제경제환경을 국제적 경제환경과 개별경제적 환경을 설명하기로 한다.

1) 인구

인구는 한 국가의 경제발전에 가장 중요한 요소이다. 미국, 일본 등은 인구 규모가 일정한 수준 이상을 가지고 있기 때문에 경제성장을 가져왔다고 볼 수 있다. 최근 들어 21세기 경제 주도권은 중국과 인도라고 부정하는 사람은 없을 것이다. 이같이 말할 수 있는 것 중 하나는 거대한 인구 규모와 성장률을 가지고 있기 때문이다.

인구가 많다고 해서 반드시 모든 분야에 성장을 가져오는 것은 아니다. 경제수준에 따라 특정분야의 시장규모를 측정할 수 있다. 소비재를 보면 필수품이나 편의품은 시장을 측정하는데 인구수가 좋은 지표가 될 수 있다. 그러나 사치품이나 고급자동차 등은 인구수에 따라 시장규모를 측정할 수 없다. 따라서 국제마케터는 인구수가 많을수록 시장규모가 크다고 가정하고, 인구성장률, 인구 지리적 분포, 인구 연령별 분포 등을 탐색하고 분석하는 것이 중요하다.

〈표 4-3〉 국제경제환경 체크리스트

관련지표	지표 요소
인구관련지표	*인구 및 인구 증가율 *연령별 인구분포 *지역별 인구밀도 및 분포
경제관련지표	*경제규모와 국민소득 *경제 및 산업구조 *경제개방 및 국제부채 *경기변동 및 인플레이션 *재정 및 무역규모, 국제수지 *도시화의 정도 *금융제도 통화의 안전성과 교환성 현지자금조달 가능성 현지금융 시장과 금융정책 송금제한 등 외환통제
국제정치 경제지표	*본국과 현지국의 관계 *지역경제통합가입여부 *무역에 대한 규제조치 *기타 국제조약과 협약

자료 : 황중서, 『국제화시대의 기업』, 형설출판사, 2001.

1) 경제시스템

검증되어야 할 주요 변수들은 GDP, GDP의 지역상 분배, 자본투자의 수준, 소지자지출, 노동비용, 통화팽창률 및 실업의 수준을 포함한다. 많은 다른 나라의 경제조건을 비교하기는 쉽지 않은 일이다. 또한 믿을 수 없는 정보, 자료수집 기간의 차이 및 자료비교 등의 문제점들이 있다. 각각의 기업은 경영과 관련된 특별한 경제변수에 관심을 가질 것이다. 예로 커다란 규모의 원자재를 운영하는 기업은 세계의 여러 부분에서 이러한 자원의 유용성, 다른 나라에서 뽑아내는 비용, 그리고 수송체계 등에 관하여 알고자 할 것이다. 다른 한편, 소비재 제조자는 GDP 성장률, 소비자 지출, 가정수입과 다른 소비자와 관련된 경제통계 등의 정보를 소집할 필요가 있다.

특정 국가 경제 환경을 분석할 때 검증된 변수들은 다음과 같다.

(1) 경제구조

한 나라의 경제구조는 인구 규모와 증가율, 소득수준과 배분, 천연자원, 농업 및 제조업의 활동과 서비스 분야의 규모에 따라 결정된다. 경제하부 구조는 기업의 활동을 보조하는 총체적인 외적시설 및 서비스 등을 가리킨다. 즉 통신 및 수송체계, 전기 공급, 금융 및 재정, 유통망, 광고 및 시장조사 등을 포괄하는 상업상의 하부구조를 가리킨다.

(2) 산업구조

산업구조는 다음과 같은 요인에 의해서 결정되어진다. 첫째, 경쟁기업의 수, 둘째, 기업 간의 시장점유율 분배, 공정한 시장 몫을 가질 수 있는지의 여부, 셋째, 경쟁 단위의 평균 규모 등이다.

(3) 시장성장

이것은 실제 지역의 통화관점에서 일반적으로 측정된다. 실제 화폐가치는 통화팽창의 효과 때문에 적용된 가치이다. 지역의 통화가치 평가치는 사용될 필요가 있다. 왜냐하면 다른 통화로의 이전이 환율의 불안정에 의해 영향을 받기 때문이다. 또한 시장의 성장이 기업의 활동을 촉진 시킬 것이다. 예로 중국, 베트남 등이 고성장 시장 이라 볼 수 있고, 미얀마, 파키스탄, 스리랑카 등이 저성장 시장이라고 볼 수 있다. 그러나 산업의 특성에 따라 한 국가 내에서도 저성장 산업이 있고 고성장 산업도 있다.

(4) 경제개방

경제개방의 정도에 따라 외국기업의 활동이 보다 더 자유로울 것이다. 한 나라의 수입과 수출에 대한 GNP의 비율은 국제무역에 있어서 불안정의 가능성을 나타낸다. 높은 해외무역에 의존하는 국가는 그들 국가의 수출에 많은 경제적 복지에 의존한다. 반대로 폐쇄경제는 미래 경제에 대하여 상당한 통제력을 갖는다.

(5) 국제적 부채

서비스에 대한 국가의 의무와 해외교류 수입으로 해외부채를 상환하는 국가적 의무비교는 국제수지가 위기에 직면했을 때 해결법을 찾는 능력을 보여준다. 그러나 국가경제 요구에 서비스하는 많은 해외 부채는 보다 밝은 미래를 확보하기 위하여 현재 공장과 설비에 투자하는 목적으로 빌린 것임을 암시하기 때문에 긍정적인 경제적 표시일 수 있다. 즉 해외부채에 대한 사용처에 따라 달라진다는 것이다. 또한 한 국가의 부채에 따라 외환 통제의 정도를 가늠할 수 있다.

(6) 도시와의 정도

도시화의 정도를 파악하는 것은 매우 중요하다. 왜냐하면, 대부분 나라에서는 도시와 농촌사이에 수입과 생활상의 중요한 차이점이 있기 때문이다. 이러한 차이점은 다음과 같다. 첫째, 생산품의 품질과 기술과 관련된 기대감, 둘째, 쇼핑의 패턴, 소비자들이 상점에 방문하는 빈도수, 소매점의 규모와 유형, 평균적인 구매의 가치, 셋째, 상품이 유통될 수 있는 용이함, 넷째, 구매된 상품의 본질 등이다.

(7) 소득수준과 경제성장률

한 나라의 1인당 높은 GDP를 가질 수도 있지만 침체적인 성장을 경험할 수도 있다. 자유로이 쓸 수 있는 소득은 또 다른 중요한 변수 이다. 한 국가의 경제성장에 따라 개인소득이 결정이 되기 때문에 국가의 경제성장은 중요하다고 볼 수 있다. 개인의 지출은 소득수준과 비례한다고 볼 수 있다. 또한 침체적인 성장은 구매력 저하로 기업성장에 어려움을 가져다주고 있다.

(8) 국제수지

한 국가의 외적무역관계에 관한 중요한 정보원은 국제수지표를 들 수 있다. 국제수지는 국가의 거주자들과 외국인들 사이의 특정기간 동안 발생하는 모든 거래의 총체적인 기록을 가리킨다. 대부분의 국가들은 월별, 분기별, 연도별 국제수지의 수치를 발행한다. 그 계산은 국가의 외적 무역구조, 국제 채권자 또는 채무자로서의 위치, 그리고 세계의 나머지 국가들과 경제적 관계의 방향을 나타내는 추세를 보여준다.

국가의 국제수지는 경제적인 호전상태를 전반적으로 나타내주는 표시, 외국의 외환통제를 부과하는 국가정부의 가능성, 세금증가 및 이자율의 증가와 같은 경제정책과 수입제한, 그리고 가치 하락이 발생할지의 여부이다. 한 국가의 국제수지를 검증하는 것은 또한 다른 수입상품과의 경쟁 정도를 나타내는 것이다(이윤선).

2. 개별경제적 환경

해외에서 기업활동을 하고자 하는 기업은 진입하고자 하는 국가의 현지 경제환경을 면밀히 파악하여야 한다. 이는 국제기업 활동을 하는 기업에게 직접적으로 영향을 미치는 환경요소이다. 이와 같은 환경요소를 일반경제적 환경요소와 마케팅관련환경으로 분류하여 설명하고자 한다.

1) 일반경제적 환경

(1) 지리적 특성

지리적 특성은 변화지 않는 토지나 자연적으로 주어진 조건을 말한다. 즉 자연적 조건 및 자연적 환경을 의미하며 지리적 위도, 지형, 기상, 기온, 천연자원 등을 말한다. 이와 같은 환경이 기업활동에 커다란 영향을 미친다. 예로 동남아시아는 지리적으로 적도 아래에 위치하고 있다. 이들 국가의 기온은 사계절이 뚜렷하게 구분이 되지 않는 국가이다. 사계절 무더운 날씨를 가지고 있다. 우리나라와는 입는 형태가 다를 뿐만 아니라 먹는 것 등이 판이하게 다르다. 이와 같이 지리적 특성에 따라 소비자가 원하는 것이 다르다는 것을 인식하여야 한다.

이 같은 지리적 환경에 따라 인구의 분포, 도시의 구성, 소비자의 특성, 생활양식 및 습관, 소비태도 및 소비성향 등이 영향을 주고 있다.

〈표 4-4〉 개별경제적환경 체크리스트

개별경제적 환경	환경요인
일반 경제적 환경	*지리적 특성 *지역개발적 특성 *산업환경의 특성 시장의 규모와 변화(유행, 시장성장률) 경쟁기업의 동향(점유율, 강약점)
마케팅관련 환경	*유통제도 유통경로 가격제도 및 거래조건 *광고제도 광고대행사 광고에 대한 규제 *경제관련법규 독점금지법 재판매가격유지협정 정부의 지도나 지침

자료 : 황중서, 『국제화시대의 기업』, 형설출판사, 2001.

2) 마케팅 환경

국가마다 경제적 환경이 다르고 소비자의 라이프스타일 태도 및 구매동향이 다르기 때문에 마케팅 환경도 국가마다 다르다고 볼 수 있다. 에로 유통제도 및 경로 등은 개별국가의 경제성장 단계에 따라 변한다고 볼 수 있다. 또한 국가의 사회 문화에 의해 광고 및 기업활동에 관한 규제 등을 정비하고 있다. 따라서 국가의 마케팅 환경을 잘 파악하는 것이 기업활동에 새로운 기회를 부여하게 될 것이다.

사례 4-3

13억 中시장 입맛잡기 경쟁

"13억명의 입맛을 사로잡아라!"

국내 식품업체들이 중국에서 앞다퉈 세력을 확장하고 있다. 경제적으로 지갑이 두툼해진 중국 소비자들을 겨냥해 국내에서 매출 한계에 직면한 대형 식품업체들이 중국을 '제2의 내수시장'으로 만들기 위해 총력전을 펴고 있는 것.

CJ제일제당은 최근 '중국에 제2의 CJ를 건설하겠다'는 청사진을 내놓았다. 1995년 중국에 진출한 CJ제일제당은 현재 베이징, 상하이 등 19개 지역에 26개 법인과 22개 사무소를 운영 중이며 직원 수도 5,500명에 이른다. 올해 식품, 소재, 바이오 부문의 예상매출은 6,000억원. 박근태 CJ중국본사 대표는 "현지화를 통한 공격적 시장 공략으로 2013년까지 식품, 소재, 바이오 부문에서 매출 2조원 시대를 열겠다"고 밝혔다.

CJ보다 2년 앞선 1993년 중국에 진출한 오리온은 1997년 중국 베이징에 생산기지를 구축하면서 중국 공략을 본격화했다. 이후 2002년 상하이, 2006년에는 베이징 스낵 공장을 완공했다. 특히 초콜릿 코팅 파이류 시장에서는 오리온이 85%의 시장 점유율을 차지하고 있다. '오리엔코'(Orienko) '초코루비'(ChocoRuby) 등 초코파이를 모방한 수십여 종의 짝퉁 제품들이 나올 정도다.

롯데제과는 자일리톨껌 돌풍을 일으키고 있다. 롯데제과가 2003년 자일리톨 코팅껌 설비를 베이징공장에 갖추고 지난해 말까지 6년간 중국에서 판매한 수량은 3억병이다. 13억 중국 인구가 9알씩 씹은 셈이다. 지난해 초에는 중국 산둥성에 있는 아이스크림 회사인 평청식품유한공사를 전격 인수하기도 했다. 이외에도 칭다오에 비스킷 공장, 상하이에 초콜릿 공장을 가동하는 등 종합제과회사체제를 구축했다. 롯데제과 관계자는 "올해는 이들

제품을 가지고 공격적인 마케팅 활동을 전개해 매출이 가파르게 신장할 것"이라고 말했다.

신라면 돌풍의 주역인 농심은 2015년 매출 목표 4조원 중 1조원을 해외사업으로 창출한다는 목표를 갖고 있다. 특히 중국은 라면시장규모가 4조5,000억원으로 전 세계 라면 소비량의 절반을 차지하고 있다. 박준 농심 국제사업총괄은 "올해 상반기 매출은 290억원으로 전년 동기 대비 10%이상 성장했다"며 "광저우 등 새로운 지역으로 판로를 확대하고 중국시장만을 위한 제품 연구개발 및 마케팅도 공격적으로 진행 중"이라고 말했다.

중국의 한 해 출생인구가 2,000만명으로 세계 최대인 만큼 분유 업체들의 진출도 활발하다. 남양유업은 2005년 9월 산둥성 칭다오시에 '청도CNC국제무역공사'를 설립한 후 현재 연 130억원의 매출을 올리며 매년 20%씩 성장하고 있다. 최근 진출한 홍콩에서는 지난 8월에 열린 '제17회 국제 출산육아박람회'에서 3일 동안 2,000캔을 판매하고 1만 6,000명의 회원을 확보하기도 했다.

남양유업은 한국분유에 대한 친근감을 높이기 위해 임신육아교실과 고객상담교실 등을 운영하고 있으며 우량아 선발대회도 개최할 예정이다. 이 회사의 김기훈 해외팀장은 "지금까지 비교적 생활수준이 높은 상하이, 베이징 등 대도시 위주로 판로를 구축했다"며 "이를 기반으로 중국 전역으로 확대해 나갈 것"이라고 말했다.

매일유업도 지난해 멜라민 파동으로 인해 수출물량이 전년 대비 두 배 이상 늘어났다. 박경배 홍보팀장은 "수출량이 지난해 주당 3,000캔에서 올해 7,000캔으로 두 배 이상 늘었다"며 "분유제품 특성상 다른 제품으로 교체하기 어려운 만큼 수출량은 지속적으로 늘어날 것"이라고 말했다.

자료 : 한국경제, 2009.10.14

연 습 문 제

1. 글로벌 마케터 입장에서 글로벌 경제환경의 중요성에 대하여 설명하라.

2. WTO의 설립배경과 기본원칙에 대하여 설명하라.

3. 지역경제블럭을 추구하려는 목적에 대하여 논하시오.

4. 왜 국가마다 경제블럭을 추구하려 하는가?

5. FTA을 추구하려는 목적에 대하여 설명하라.

6. 경제블럭이 무역 활성화와 국가 경제성장에 역할을 하는지 논하시오.

제 5 장

문화적 환경

제 1 절 문화적 환경의 중요성

최근 한국기업의 해외 성공사례를 신문, 잡지 및 매스컴 등을 통해서 많이 접하고 있다. 이들 기업의 사연을 보면 기업 활동 초기에는 많은 어려움을 겪었지만 지금은 성공의 길로 가고 있다고 한다. 이들 기업의 성공 비결 열쇠는 '철저한 현지화'를 하였기 때문이라고 한다. 여기서 현지화란 현지 국가에 맞는 인사, 재무 및 생산 뿐만 아니라 소비자가 원하는 제품, 가격, 유통, 광고 등을 현지에 맞게 하였다는 것이다. 이와 같이 국가마다 문화적 환경 차이로 인해 먹는 것, 입는 것, 자는 것이 다르다. 기업활동은 결과적으로 인간을 위한 활동인 만큼 인간의 행동을 이해하는 것이 가장 기본적이라고 할 수 있다.

그러므로 국제기업 활동에서 다른 문화의 이해는 기업의 새로운 기회를 얻을 수 있을 뿐만 아니라 위험을 최소화할 수 있다. 즉 한 국가의 문화 이해가 기업의 흥망의 열쇠라고 해도 과언이 아니다.

지금까지 인간과 인간을 가로막아온 사회적 · 문화적 · 국가적 · 민족적 · 인종적 · 경제적인 장벽, 그리고 여행상의 제한과 전달 수단의 한계도 모두 서서히 없어져 가고 있다. 이젠 지도자로서도 사람이 다르기 때문에 교류하기 어렵다느니 하는 등의 말은 할 수 없게 되어 가고 있다. 이와는 달리 개인이나 집단속의 다양성에 대해서도 대처할 수 있도록 이를 위한 기법을 부단히 닦아 나가야 한다.

경영자의 입장에 있어 이문화간 교육, 이문화간 훈련이 필수적인 것임은 바로 이와 같은 이유 때문이다. 복잡하기 짝이 없는 '세계'라는 시장에서 일하려면 이런 교육은 불가결한 것이라 하겠다. 이런 점을 가장 잘 반영해 주고 있는 것이 다국적 기업이다. 해외에서 자회사를 만들어 대표를 파견, 복수 국민이 있는 환경 속에서 변혁을 가능케 하려 하고 있기 때문이다. 작은 조직이나 한 나라의 문화를 연구함에 있어서는 특정집단이 어떤 요인에서 정신적인 지주와 특이성을 갖게 되는가를 분석하려 하지만은, 그 과정에서 그 집단 외의 사람과 의사전달을 하려할 때 외부인이 알고 있어야 하는 점, 이해하고 있어야 하는 점은 무엇인가를 동시에 배워야 한다. 이는 컨설터로서 조직의 문화를 깊이 통찰할 필요가 있는 사람이라든가, 세일즈맨으로서 어느 한 나라를 한 지역에서 지역으로 그 지역의 하위문화를 옮겨 일하는 사람, 또는 기술자로서 해외에 파견된 자들에게는 특히 유용할 것이다. 어떤 경우이든 문화적 차이에 대한 기법이 필요해지기 때문이다. 전문직을 가지고 있는 자, 또한 경영층 상부에 있는 자로서 2개국 이상에 걸쳐 일해야 하는 사람에게도 다원적 인식과 이문화에 대한 지식이 더욱 중요성을 띠게 된다(김수주).

사례 5-1

이문화 이해도 국가경쟁력이다

세계의 이문화경영 사례

-이윤선 / 성결대학교 경영행정학부 교수-

한 국가의 사회와 문화는 우리가 다른 사람을 인지하는 렌즈 역할을 한다. 또한 문화는 우리가 세상을 보는 방법과 세상이 우리를 보는 방법을 왜곡시키기도 한다. 문화의 차이를 인지하는 일이 비즈니스에 대한 새로운 기회와 위험을 예측하는 데 가장 필연적인 첫 단계일 것이다.

우리들에게 다른 문화들은 낯설고 이해하기 힘들며 심지어 충격적이기도 하다. 따라서 그러한 문화를 대할 때 실수를 하거나 혼란을 느끼는 것은 불가피한 일이다. 유럽의 한 컨설팅회사가 실시한 연구 보고서에 따르면 문화적 차이는 비즈니스 수행상 가장 힘든 영역이란 점을 밝힌 적이 있다. 또한 유럽의 많은 기업가들도 문화의 차이가 비즈니스에서 가장 힘든 문제라고 지적하고 있다. 한편 '한민족 글로벌벤처네트워크2000'에 참가한 동포 벤처기업인들이 국내 벤처기업의 해외진출 실패의 원인으로 현지의 문화와 언어에 대한 이해부족 등을 공통으로 지적하고 있다.

◇문화적 특수성 고려가 우선

세계 각 국은 각 나라마다 고유한 가치관, 생활양식, 관습 및 취미를 갖고 있다. 문화적 특수성을 고려하지 않고 일본에 냉장고 수출에 실패한 미국 냉장고회사의 사례도 미국 주택문화와 일본 주택문화의 차이를 고려하지 않아 실패한 경우이다. 두꺼운 나무로 돼있는 미국식 문은 냉장고의 소음을 막아주지만 일본의 창호지 한 장으로 돼있는 문은 냉장고의 소음을 안방까지 막아줄 수 없어 냉장고 수출이 실패한 경우이다.

영국 레스터에 있는 구두점은 이슬람교도들이 밀집해 있는 지역에서 아랍어로 "일라신만이 유일한 신이다"라는 문구가 담긴 구두광고를 했다. 그런데 광고를 시작한지 며칠이 지나서 구두점 인근 이슬람교도들이 구두점을 자동차로 들이박고 불까지 지르는 사건이 발생했다. 이 구두점은 광고를 통해 이슬람교도들의 관심을 갖게 하는데는 성공했지만 그들의 문화를 이해하지 못해 알라신을 땅을 딛는 구두와 연관시키는 오류를 하게 된 것이다.

또 다른 경우를 살펴보면 문화적 차이에서 오는 갈등의 심각성을 잘 알게 될 것이다. 영국의 한 섬유기계제조회사를 인수한 미국기업의 실패 사례이다. 영국 근로자들은 커피타임에 500cc짜리 큰 잔에 차를 우려내 마시며 보통 반시간의 휴식을 취하고 있다. 이 회사를 인수한 미국 관리자는 생산에 차질을 주는 가장 중요한 문제는 영국 근로자들이 차 마시는 시간이라고 판단했다. 그래서 이에 뺏기는 시간을 아끼려고 차 마시는 시간을 10분으로 제한해 노동조합 측과 합의해 시행해봤으나 잘 지켜지지 않았다. 또한, 차 자동판매기도 설치하고 여러 노력을 기울여 보았지만 근로자들의 차 마시는 관습을 해결할 수는 없었고 회사관리자와 근로자의 문화적 갈등에서 오는 이해의 부족으로 결국 이 회사는 문을 닫고 말았다.

우리나라에서 커피회사로 널리 알려진 스위스의 네슬레社는 세계 각국의 다양한 문화를 철저하게 조사해 커피를 각 국의 취향에 따라 만들고 있다.

유럽인들은 보편적으로 커피를 진하게 타고 양은 적게 마신다. 또 국가에 따라 커피를 열매상태로 혹은 갈아놓은 상태로 사용하기도 하고, 까맣게 볶는 것을 즐기기도 한다. 각 나라마다 커피의 용도도 다양한데, 프랑스에서는 커피를 전통적인 음료수로 마시고 있고, 영국에서는 젊은이들이 부모가 차를 마시는데 대한 저항의식으로 커피를 마시며, 일본에서는 커피를 선물용으로 구매를 한다. 네슬레社는 이와 같이 다양한 요인들을 고려해 1년에 5천만달러를 지출하면서 각 나라의 특성에 맞도록 커피를 다양하게 상품화해 200여 종류의 인스턴트 커피를 만들어 세계 각국에 수출하고 있다.

◇각 나라마다 차별화된 포지셔닝으로 공략해야

자동차의 경우를 한번 살펴보자. 세계 여러 나라마다 자동차의 선택기준이 다른데 그 예를 살펴보면, 프랑스에서는 고속도로나 시내에서 신나게 잘 달리는 소형 슈퍼카, 독일에서는 신 공법으로 설계된 안전하고 내부가 편안한 차, 핀란드에서는 차체가 튼튼하고 신뢰성이 있는 차, 이탈리아에서는 순발력이 뛰어난 차가 인기 있다.

이처럼 나라마다 자동차 선호 이유항목이 다르다보니 실제로 스웨덴의 볼보社는 미국소비자들에게 자동차의 경제성·내구성 및 안정성을, 프랑스의 소비자들에게는 경제성과 함께 품위와 여유를, 스위스에서는 안전성을 강조하는 등 국가마다 각기 상이한 제품으로 포지셔닝해 각 국의 소비자들을 공략하고 있다.

위에서 열거한 것과 같은 국가별 사례도 있지만 동서양의 문화적 특징에 따라서 상품의 종류가 나눠지기도 한다. 기능적 상품과 감각적 상품이 그것이다. 미국에서 일본 자동차의 경우를 보면 도요타 렉서스와 혼다의 어코드 모델은 1980년대 중반 이후 10년간 단일모델로서 연간 매출량이 가장 많은 베스트 셀링카의 위치를 지켜왔고, 미국산 캐딜락 보다 고가에 판매되고 있다. 그런데 연예인들과 명사들이 즐겨 찾는 최고급 쇼핑가인 로데오 드라이브에서는 일본산 제품은 눈을 비비고 찾아보아도 찾을 수 없다. 로데오 드라이브에서 판매되고 있는 의류와 넥타이, 핸드백 등 생활용품들은 영국, 이탈리아, 프랑스, 독일 등 유럽선진국 상품들이 확고히 시장을 점령하고 있다.

미국시장에서 일본산 상품이 강한 경쟁력을 가지고 있는 분야는 인종과 국경에 상관없이 무국적 국제상품이 될 수 있는 기능과 성능(전기, 전자, 기계)을 기본으로 하는 상품들이며-그 일례로 미국사람들은, 일본하면 떠오르는 소니조차 그 기업이 일본계기업이라는 사실을 모르고 있는 것으로 나타났다- 미국을 비롯해 유럽기업들이 강력한 경쟁력을 가지고 있는 분야는 상품의 특징이 주관적인 것으로 소비자들의 관능에 호소하는 감각적 상품들이다.

문화적 배경이 다르기 때문에 벌어지는 현상의 원인은 가치관이나 신념이 문화마다 다르다는 점뿐만 아니라 그 문화권에서 타문화의 중요성이 과소평가되는데 있다고 할 수 있다. 한 문화권에서 중요하게 여기는 것이 타 문화권에서는 전혀 달리 생각될 수 있다. 중요한 문제는 우리에게 중요한 것이 타국문화권에서 얼마나 소중한 것인지는 알기가 무척 어렵다는 것이다. 다시 말해서 물고기는 물 밖으로 나와야만 비로소 물의 필요성을 알게 될 것이다. 우리들에게 있어서 문화는 물고기에 대한 물과 같은 것이다. 문화는 우리의 존재를 둘러싸고 있으며, 우리의 문화 속에서 살고 숨쉬고 있다. 어떤 문화에서는 필수적으로 여기는 요소가 다른 문화의 경우에는 그렇게 중요하지 않을 수도 있을 것이다. 이는 미국에서 잘 팔리는 물건이 프랑스에서, 일본에서, 독일에서, 또 다른 선진국가에서 반드시 잘 팔릴 것이라고 말할 수 없는 것을 보여주고 있다.

한 국가의 사회와 문화는 우리가 다른 사람을 인지하는 렌즈 역할을 한다. 또한 문화는 우리가 세상을 보는 방법과 세상이 우리를 보는 방법을 왜곡시키기도 한다. 문화의 차이를 인지하는 일이 비즈니스에 대한 새로운 기회와 위험을 예측하는 데 가장 필연적인 첫 단계일 것이다.

자료 : SK MANAGEMENT, 2001년 1월호

제 2 절 문화의 유형과 시스템

1. 문화의 유형

1) 선형적 행동문화

선형적 행동문화는 업무를 추진함에 있어서 매우 계획적이라고 할 수 있다. 이런 문화를 가진 집단들은 일을 수행하는데 있어서 매우 계획적이고 치밀하게 일을 처리하는 것이 특징이다. 즉 한 번에 한 가지 일을 처리하여 그 일에 집중하고 계획대로 업무를 수행한다. 대표적인 국가로 독일, 스위스, 미국 등을 들 수 있다.

2) 복수행동 문화

이 문화는 어떠한 일을 하든지 인간을 우선시하는 집단, 즉 사람 지향적 집단을 가리킨다. 인간을 우선시하는 집단이라 매우 융통성 있는 생활 패턴을 가지고 있다. 이 문화권에 있는 사람들은 자기들의 방식대로 일을 처리해야 더 많은 일을 해낼 수 있다고 생각한다. 이들은 선형적 행동문화권 사람들과는 달리 계획표와 시간관념에는 별 관심이 없다. 이들은 사람이 만든 계획이나 약속보다도 현실을 더 중요하게 여기는 문화이다. 이들 문화권에는 남미, 아랍, 아프리카, 인도, 파키스탄, 스페인, 남이탈리아, 폴리네시안 및 러시아 등이 이 문화권에 속한다.

3) 반작용 문화

반작용 문화권 사람들은 내향적(introvert)이고 많은 말보다는 독백과 비언어적 커뮤니케이션의 이용에 능숙하다. 이 문화권 사람들은 침묵을 잘 견딜 뿐만 아니라 침묵을 매우 의미있는 대화의 한 부분으로 여긴다. 일본인들은 반작용적 문화 또는 청취문화에 속하여 대화 중에도 먼저 말을 꺼내기보다는 상대방의 말을 들은 다음 그에 반응을 보이거나 자신의 입장을 정한다.

이러한 문화는 일본인에게만 국한된 문화가 아니고 중국, 대만, 싱가포르, 한국, 터키 및 핀란드도 이에 속한다. 유럽의 경우에는 핀란드인만 강한 반작용적 문화권에 속하지만 영국인, 터키인 및 스웨덴인들도 상황에 따라 '청취' 문화로 분류된다(최윤희).

4) 데이터지향적 문화

데이터지향 문화는 많은 정보를 수집한 후 그 정보를 바탕으로 업무를 처리하는 문화를 가리킨다. 사람들의 상호작용은 커뮤니케이션뿐만 아니라 정보의 수집과정에도 문화가 영향을 미친다. 이들 문화는 정보를 수집하고 그 정보를 바탕으로 업무를 처리한다. 스웨덴, 독일, 미국, 스위스, 북유럽 국가들이 데이터지향 문화를 가지고 있다고 볼 수 있다.

5) 대화지향적 문화

대화지향적 문화는 친구, 동료, 비즈니스맨, 친지와 같은 개인적 정보 네트워크를 통하여 미리 많은 정보를 가진 다음 비즈니스 협상 테이블에 앉는다. 대화지향적 문화와 복수행동 지향 문화권 사람들의 행동 패턴은 매우 상관관계가 높다. 남미, 이탈리아, 스페인, 포르투갈, 프랑스, 아랍, 아프리카, 인도, 파키스탄 등이 대화지향적 문화에 속한다.

2. 문화 시스템

1) 언어시스템

언어는 인간과 동물을 분류하는 가장 큰 특징 중의 하나이며 또한 각각의 문화들 간의 가장 명백한 구분기준이 될 수 있으나 언어가 워낙 복잡한 문화적 현상이므로 명쾌한 정의를 내리기는 어렵다(김경원 외).

언어는 정보의 전달이라는 본래의 기능 이외에도 너무나도 많은 역할을 담당하고 있다. 다시 말해 언어는 인간의 사회화를 가능하게 하는 중요한 수단이 된다. 언어는 문화의 특성과 내용을 반영하는 거울이라고 할 수 있다. 언어는 그 문화와는 별개로 존재할 수 없으며 문화의 한 형태인 것이다. 따라서 언어는 환경을 이해하고 인식하는 사람들의 태도에 영향을 미치며 반대로 환경에 따라 언어는 독특한 특성을 지니게 된다.

언어라는 것은 집단을 분류하거나 뭉치게 하는 가장 강력한 요인으로 볼 수 있다. 그러나 동일한 국가라고 하더라도 반드시 같은 언어를 사용하는 것은 아니고 서로 다른 국가라고 하더라도 동일한 언어를 사용하는 경우도 많이 있다. 전세계에서 23개 국가는 2개 혹은 그 이상의 공용어를 사용하고 있고 스위스나 싱가포르는 4개의 공용어를 사용하는 경우도 있다.

이와 같은 언어 및 문화의 다양성은 기업활동을 제한하는 영향력을 행사하는 것이다. 대개 국제마케팅은 국가 간의 의사소통, 즉 커뮤니케이션에 의존하고 언어는 이러한 의사소통을 가능하게 하는 기본적인 수단인 것이다.

국제기업에 있어서 의사소통의 문제는 대단히 복잡하다. 해외에 파견된 경영자는 현지의 경영자와 본사는 종업원, 원료공급자, 유통업자, 소비자, 그리고 현지의 정부관료 등과 커뮤니케이션을 해야 하며, 또한 자회사는 본사와 수시로 커뮤니케이션을 하여야 한다. 즉 언어적 차이로 인해 발생하는 여러 가지 의사소통상의 문제는 국제기업 활동에 많은 혼란과 장애요인으로 작용하는 것이다(황중서). 예로 GM자동차가 80년대 중반에 시장에 내놓았던 신차인 "NOVA"라는 차는 스페인어로 "No Go"라는 의미를 갖고 있어 GM사는 중남미 지역판매에 큰 어려움을 겪었다. 한국기업도 2000년도 이후 이러한 요인을 고려하여 SK, KT&G, LG 등이 기업회사명을 정비하였다.

〈표 5-1〉 지구촌의 주요 언어사용 인구

사용언어	비율(%)
중국어	12~15
영어	4.8
스페인어	4.4
러시아어	3.9
아랍어	2.8
벵갈어	2.3
포르투갈어	1.8
프랑스어	1.6

자료: 반병길 · 이인세 · 이헌수, 『국제마케팅』, 박영사, 2001.

사례 5-2

문화를 바탕으로 한 언어의 이해가 관건

세계의 이문화경영 사례

-이윤선 / 성결대학교 경영행정학부 교수-

원활한 이문화 경영을 위해서는 먼저 문화를 바탕한 그 나라 언어를 이해해야 할 것이다. 아무리 영어를 잘 이해한다해도 그 단어의 기조에 깔려있는 문화적 배경 및 의미를 이해하지 못한다면 훌륭한 비즈니스를 영위하기가 어렵다는 점을 강조하고 싶다. 또한 성급하게 자국의 관습 및 문화와 상대국의 그것을 평면적으로 비교하다 보면 오류에 빠질 확률이 많으며, 상대방을 자신의 잣대로 비평하기에 앞서 그 것을 이해하며 그 장점을 활용하는 방안을 모색해야 할 것이다.

해외에 진출하는 한국 기업들이 현지에서 어려움을 겪는 가장 큰 이유는 아마도 첫번째가 그 나라 언어 및 문화의 이해 부족이 아닌가 싶다. 나름대로 그 나라의 경제적 환경 등 제도적 측면을 미리 이해하고 또 공용어인 영어를 능숙하게 구사하면 큰 문제가 없을 것이라고 생각하는 경우가 많으나, 그 바탕에 깔려 있는 문화적 차이로 인한 언어의 뉘앙스 차이로 이해가 크게 엇갈린다는 사실을 실제 경험해 보지 못해 낭패를 보는 경우가 적지않게 발생하는 것이 현실이다.

◇**문화를 먼저 알자**

예를 들어 처음에 마닐라에 도착하면 제일 먼저 놀라는 것이 아마도 총으로 무장한 GUARD들이 엄청나게 많아 치안이 무척 불안한 것으로 느끼는 것이라 하겠다. 조그만 식당, 사무실 등 어디에서나 볼 수 있는 이 모습은 처음 방문하는 사람에게는 마치 전쟁터에 들어온 듯한 느낌을 갖기에 충분하다. 물론 근본 원인은 치안이 불안해 시작된 것이라 하겠으나 지금은 GUARD들이 청원경찰 기능뿐만 아니라 소위 수위, 숙직 등 다양한 기능을 함께 하는 것이라 생각하면 그렇게 위험하게 느끼지 않아도 되는 것이다. 우리 나라도 88올림픽 전후에 휴가 나온 장병들이 군복을 입고 시내에 다니는 모습을 보고 외국인들이 불안하게 느낀다고 해 사복을 입고 외출토록 한 것이 좋은 예라 할 것이다.

보통 우리들은 공과 사를 구분한다고 해 회사에서는 업무적으로 상사가 큰 소리를 치는 것이 큰 문제가 되지 않으나 필리핀에서는 그런 모습을 찾아보기가 거의 쉽지않다. 왜냐하면 상대방을 배려하지 않고 대중앞에서 꾸짖는다는 것은 당사자에게 커다란 실례가 될 뿐 아니라, 어떤 면에서는 개인의 신뢰감을 박탈하는 것이 되어 회사생활을 지속하기가 어려운 것으로 이해된다.

전직하는 경우에 그대로 이유를 이야기하는 경우가 매우 드물다. 보통 고향에 돌아가 부모님을 모시거나 잠시 쉬겠다고 이야기하는 경우가 많은데, 그 이유는 보는 앞에서 다른 사람의 마음을 상하게 하는 것을 삼가는 민족성에 기인한 것으로 보인다. 이런 이유로 때로는 필리핀 사람은 거짓말을 너무 잘한다고 비평받기도 하는 것 같다.

또 다른 예는 생일에 초대받는 경우, 대부분이 기꺼이 참석하겠다고 대답하나, 막상 당일에 오지 않는 경우가 많은데 이유를 직접 물어보면 역시 여러가지 긴급한 개인 사정 때문에 참석하지 못했다고 하나, 실제적으로는 생일에 초대한 사람의 성의를 면전에서 직접 거절하지 못하는 이유에 기인한 것으로 설명된다.

◇필리핀의 진짜 O.K.는…

이런 것이 비즈니스에서도 자주 나타나는데, 보통 현지 주재원들이 본사로부터 질책받는 이유도 위의 이유에 기인하는 경우가 많다. 예를 들어 본사의 경영진이 현지출장을 통해 상담한 경우, 대부분 상담이 성공한 것으로 간주하고 본사로 돌아온 후 진척상황을 확인해보면 전혀 진행이 되지 않는 경우가 많다. 이런 경우 본사에서는 현재 주재원이 제대로 팔로우업을 하지 못한 것으로 오해하는 경우가 많다. 사실을 확인해 보면 상담시에 현지인은 상대방의 제의에 대해 소위 'O.K.'라는 표현을 쓴 경우가 많은데, 이것은 상대방의 의사를 이해했다는 의미이지 결코 이것이 의견에 동의했다는 의미는 아니라는 것이다. 따라서 최소한 상대방이 "PROMISE" 또는 "CONFIRM" 등의 표현을 쓰지 않는 한 상담이 성사된 것으로 생각하는 것은 무리라 할 것이다.

어떤 지시를 받은 경우에 '우리가 보통 최선을 다하겠습니다' 하는 의미는 조금 어렵지만 기필코 이루겠다는 의미로 이해되며, 실제로 이뤄지는 것이 대부분이며, 정말 불가능한 경우에는 이러한 내용을 사전에 보고하는 것이 보통이나, 필리핀에서는 최선을 다한다는 의미는 결국 불가능하다는 의미를 나타내는 것으로 해석된다. 이를 혼동해 이뤄질 것으로 잘못 기대해 업무에 차질을 받는 경우가 많이 나타난다. 이와 더불어 "TOMORROW" 또는 "I'LL TRY LATER" 등의 답변은 위 경우와 마찬가지로 일이 진행되지 않는 것으로 생각하는 것이 좋을 듯 싶다.

또한 우리의 경우 업무지시를 하고 이의 진행상황을 자주 확인하는데 반해 필리핀의 경우 마칠 때까지 확인하는 경우는 거의 없으며, 이를 확인하는 것을 탐탁치 않게 생각한다. "마꼴릿"이라 해 자주 반복해 확인하는 것을 좋지 않은 것으로 생각한다. 주기적으로 기한내 마칠 수 있는지 여부를 확인하고 여의치 않은 경우 대안을 찾는 개념으로 생각하는 우리와는 달리 확인하는 것을 불신으로 생각하는 필리핀 문화의 차이를 자주 발견하게 된다.

◇문화의 차이는 곧 언어의 차이

전 세계에서 사용하는 언어는 3,000개 정도가 된다. 벨기에는 1국에서 2개의 언어가 사용되고 있으며 2개의 문화가 존재하고 있다. 스위스의 경우 4개의 언어와 4개의 문화가 존재하고 있다. 캐나다의 영어 사용지역과 불어 사용지역간의 차이도 언어와 문화간 관계의 예이다. 인도는 200개 이상의 방언과 30%의 높은 문맹률로 인한 상호간의 커뮤니케이션에 어려움이 많기 때문에, 광고와 같은 상업적 커뮤니케이션은 문자가 아닌 심볼을 사용해야 하는 경우가 있다. 실제사례를 보면 미국업체가 인도에서 적극적인 마케팅을 위해 영어 및 힌디어로 상표를 부착해 전국적으로 미디어를 통한 광고를 했지만 문맹률이 높아 문자와 상표를 알아볼 수 없어서 소비자들이 제한됐다는 사실을 인식했다.

그래서 이 업체는 문자로된 브랜드네임과 함께 코끼리를 심벌로 삼은 등록상표까지 제품에 붙여서 시장에 내놓았다. 그런데도 판매실적이 증가하지않아 분석해본 결과, 심볼로 삼은 코끼리가 인도산이 아니고 스리랑카 산이어서 인도인 소비자들이 저항감을 가졌기 때문이다. 결국에는 인도산 코끼리를 삼은 후 판매실적이 증가했다고 한다.

언어뿐만 아니라 비구술언어(non-verbal languages)와 몸짓언어(body language) 때문에 일어났던 실제 사례를 보면, 어느 한국무역회사의 간부가 사우디아라비아에서 수출계약이 성공적으로 체결된데 대한 고마움의 표시로 사우디경영자에게 90도 이상으로 숙여 절을 했다고 한다. 그런데 놀랍게도 사우디 경영자는 벌컥 화를 내면서 "나보고 개종을 하라고 부탁하는 것입니까"라고 했다고 한다. 회교도들은 알라신에게만, 그리고 사람에게는 개종을 부탁할 때만, 90도 이상으로 절을 하는 것을 회사 간부는 몰랐던 것이다. 악수를 했으면 전연 문제가 없었을 것이다.

종합적으로 보건데, 원활한 이문화 경영을 위해서는 먼저 문화를 바탕한 그 나라 언어를 이해해야 할 것이다. 초두에도 언급한 바와 같이 아무리 영어를 잘 이해한다 해도 그 단어의 기조에 깔려있는 문화적 배경 및 의미를 이해하지 못한다면 훌륭한 비즈니스를 영위하기가 어렵다는 점을 강조하고 싶다. 또한 성급하게 자국의 관습 및 문화와 상대국의 그것을 평면적으로 비교하다 보면 오류에 빠질 확률이 많으며, 상대방을 자신의 잣대로 비평하기에 앞서 그 것을 이해하며 그 장점을 활용하는 방안을 모색해야 할 것이다. 필리핀 사람들을 거짓말을 한다고 비난하기에 앞서 그들의 겸손하고 남을 배려하는 점을 먼저 인식하는 것이 그 좋은 예라 하겠다.

자료 : SK MANAGEMENT, 2001년 4월호

2) 종교시스템

인간들이 무엇을 우선적으로 생각하고 행동하는가를 이해하기 위해서는 그 사회의 종교를 이해하여야 한다. 흔히들 인간의 행동을 이해하기 위해서는 그 문화속의 종교를 이해하여야 한다. 벨라(R. Bellah)는 종교의 주요기능은 문화의 방향타로서의 역할을 하는 것이라고 하였다.

종교는 사회구성원의 인생관이나 생활관에 큰 영향을 미치며 이는 종국적으로 인간의 소비생활에 있어서도 중요한 요인으로 작용한다. 일반적으로 종교는 물질생활, 즉 재화와 서비스를 소유하는 태도에 영향을 미친다. 예로 회교에서는 물질적인 부를 부정하는 반면에 기독교에서는 근로의 신성함을 강조하고 있다.

종교는 특정한 재화와 서비스에 대해 사용을 금하기도 한다. 힌두교에서는 쇠고기, 회교에서는 돼지고기, 그리고 불교에서는 육식 자체를 금하고 있다. 따라서 기업 판매활동에 제약요인으로 작용하고 있다(황중서). 예로 LG는 이슬람 국가의 종교적인 특성을 고려하여 나침반 시계를 개발하여 성공하였다. 이들은 매일 5번씩 메카를 향해 종교의식을 행한다는 것을 착안하여 제품을 생산판매하게 되었다고 한다. 이처럼 종교는 국제마케팅에 많은 영향을 미침으로 현지국가의 종교를 고려하여 마케팅 활동을 하여야 한다.

〈표 5-2〉 종교가 마케팅 활동에 미치는 영향

미치는 요소	중요 요인
해외출장/현지마케팅	종교적 휴일: 이슬람-금요일, 라마단, 한국, 중국, 대만-신년공휴일
소비자 행동/소비패턴	종교적 금기: 힌두교-쇠고기, 이슬람, 유태인-돼지고기, 술
여성의 역할/구매력	이슬람: 경제적 역할 및 구매력 거의 없음
인력채용	인도 카스트제도, 친척 등용주의: 베트남, 이라크, 동남아시아, 남미, 서아시아
조직/단체	종교 단체: 제품, 기술 등

3) 교육시스템

교육은 자연 상태의 인간행동을 이상적인 형태로 계획적으로 변화시키고자 하는 의도적인 활동이다(홍순강 외). 일국의 경제성장은 생산의 기본요소인 천연자원, 자본, 노동의 증가와 기술진보에 의해서도 이루어질 수 있으나 교육을 통한 인간능력의 개발에 의해서도 달성될 수 있는 것이다. 즉 전문적인 기술과 직업적인 창의력, 그리고 직업윤리의식의 신장을 통하여 경제적 효율성과 생산성이 향상될 수 있는데 이는 결국 교육에 의해 이루어지는 것이다.

또한 교육은 인간행동을 그냥 단순히 변화시키는 것이 아니라 계획적으로 변화시킨다. 즉 어떤 행동을 어떻게 변화시키겠다는 계획이 있는 것에 한해서 교육이라고 규정할 수 있다.

기업이 행하는 생산자교육이나 소비자교육도 결국은 인간의 행동을 계획적으로 변화시키겠다는 대 전제하에서 시행되어야 한다. 예를 들어, 기업이 광고를 하는 것은 자사제품의 우월성을 소비자에게 인지시키고 실제 구매하도록 교육하는 것이다. 또한 생산공장에서의 교육은 단순한 생산기술에 극한될 수 있으나, 제품생산을 통한 성취감 또는 자긍심을 심어주는 등 종업원의 사고방식과 정신적 변화를 유도함으로써 생산성을 증대시키는 교육과정이 있을 수 있다(황중서).

4) 기술시스템

기술이란 인간과 자연환경 사이에서 발생하는 문화체계를 의미한다. 따라서 사회가 주변환경에 잘 적응한다는 것은 기술이 인간이 필요한 것을 생산해 낸다는 것이다.

특정문화가 지니는 기술은 천연자원이 무엇인가를 인간에게 알려줄 뿐만 아니라 이러한 천연자원을 인간이 필요한 제품으로 만드는 방법까지도 제공한다.

기술의 국제간 교류를 행하기 위해서는 기술을 주고받는 당사자 간의 기술적 격차를 반드시 이해하여야 한다. 매기(S. Magee)는 국제경영을 행함에 있어서 가장 먼저 고려해야 할 요인은 해외투자를 행하면서 사용하는 기술을 통해 과연 어느 정도의 이익을 얻어낼 것인가라고 말하고 있다.

한 국가의 기술 수준에 따라 제품의 품질과 서비스에 대한 요구가 달라질 것이다. 기술수준이 높은 국가는 높은 수준의 제품과 서비스를 요구하는 반면에 개발도상국가에는 선진국에서 요구하는 것과는 반대일 수도 있다. 따라서 국가의 기술 수준에 따라서 마케팅 믹스 결정에 영향을 미친다. 예로 미국 및 유럽선진국들은 인터넷과 홈쇼핑 채널이 발달되어서 마케팅 방법이 그렇지 않은 국가와 다를 것이다.

제3절 이문화 관리와 환경적응

1. 이문화 관리

1) 문화적인 안정성의 차이

이는 현지의 마이크로 문화가 안정권에 있는가를 판단하는 것이다. 마이크로 문화가 불안정한 것일수록 미래 예측이 불가능하게 된다. 이와 같이 예측이 불가능함에 따라 어떠한 상황이 발생하면 이에 따라 신속히 대체하여야 한다. 따라서 현지에 전문가를 두는 체제가 필요해진다.

2) 문화의 복잡성

이는 그 문화가 로-콘택트(low context culture) 문화이냐, 아니면 하이콘택트 문화(high context culture)이냐를 구별하는 문제이다. 하이-콘택트 문화 속에서 업무를 전개함에 있어서는 본사의 상층부는 이른바 문화에는 숨겨진 의미가 있음을 인식하고 대처하도록 해야 한다.

홀(E. T. Hall)은 각국의 문화를 고배경문화와 저배경문화로 분류하여 문화적 차이를 설명하였다. 고배경문화(high context culture)에서는 책임문제가 발생하는 경우 최고위층에게 주어지며, 이에는 중국, 프랑스, 일본이 이에 속한다. 반면에 저배경문화(low context culture)에서는 책임문제가 발생하는 경우 책임이 최하위 층에게 전가되며, 이에는 독일, 스위스, 스칸디나비아, 미국 등이 이에 속한다.

〈표 5-3〉 고배경문화와 저배경문화

	고배경문화 (High-context culture)	저배경문화 (Low-context culture)
법률가	별로 중요하지 않음	매우 중요함
개인의 말	개인의 말이 보증의 역할을 함	서면으로 보증함
조직의 실패에 대한책임	조직의 최고층	조직의 하위층
공간	서로 어울리는 공간 중시함	개인의 공간 중시함
시간	시간의 구분이 명확하지 않음	시간은 돈 이라는 개념
협상	오래 지속됨	매우 빠름
경쟁입찰	빈번하지 않음	보통임
국가 및 지역의 예	일본, 중동	미국, 북유럽

자료 : Warren J. keengan and Mark C. Green, *Global Marketing*, prentice Hall, 2005.

3) 문화적 적대감

현지의 상태가 자사의 목표와 규범 가치관 등에 어느 정도로 위협이 되고 있는가에 관한 문제이다. 자사가 현지에서 어떻게 보이고 있는가에 따라 현지 사회에 수용되기도 하고 반대로 거부되기도 한다. 현지에서의 협력관계, 정치적 환경, 물적·인적 자원의 확보, 그리고 자본 또는 호의적으로 나오고 있느냐에 관해서도 같은 말을 할 수 있다. 이에 대해 자사 측에서도 현지문화와의 통합·협력을 어느 정도 유지하느냐에 따라 최종적으로 철수 문제까지 나오게 된다.

4) 문화적 이질성

이는 자국문화와 새로운 문화가 얼마나 다른가를 보여주고 있다. 본래의 문화와 유사한 문화권에서 업무를 하는 편이 비교적 수월하다. 예로 영국 국적의 기업인 경우에 영영방제국내에서 기업 활동하는 것이 수월할 것이다. 반대로 새로 들어가려는 문화가 본질적으로 이질적인 문화의 경우 본사로서는 자회사나 자회사 종업원을 조정하기란 어려운 문제이다. 경영 자체를 보다 다각적인 경영으로 변환시켜야 될 경우도 있을 것이다. 본사에서 파견된 관리자는 더욱 문화적 충격을 받을 것이다.

5) 문화적 상호의존성

어떤 문화가 다른 문화에 얼마나 다른가를 보여주는 부분이다. 그 나라는 자원이나 원료공급, 또는 시설 면에서 어느 정도는 타국에 의존하고 있으녀, 새로운 기술이나 작업방법을 어느 정도로 채용하고 있으면서 그에 순응하고 있는가, 그리고 외국에서 들어온 기업의 활동을 어느 정도로 엄격하게 지켜보고 있는가 등 광범위한 문제점을 말할 수 있다. 이와 같은 요인들이 다국적기업의 기업문화에 영향을 위한 노력 등에 어떤 계기를 마련해 준다.

또한 효과적으로 업무를 수행하기 위해서는 진출국과 본국, 그리고 국제환경 등의 조화가 필요하다. 이를 위해서는 본사의 문화를 현지 언어로 커뮤니케이션, 법률과 정치, 가치관과 신념, 교육과 훈련, 시술과 자원, 또는 사회제도 등에 적응시키도록 노력해야 한다.

사례 5-3

나와 다른 가치관을 먼저 인정하라

세계의 이문화경영 사례

-이윤선 / 성결대학교 경영행정학부 교수-

서구식 태도가치관 등이 반영된 WTO규범 OECD규칙 등이 점점 더 글로벌 무역활동을 지배하는 환경하에서 한국기업들의 국제경영자들은, 국제비즈니스에서 피해를 보지 않기 위해서도, 당연히 'Business is business,' 'A con-tract is a con-tract' 등으로 표현되는 글로벌화 시대에 맞춰 가치체계를 주로서 받아들이고 인관관계나 의리는 종으로 취급하면서 글로벌 비즈니스 활동을 수행해야 할 것이다.

글로벌시장에서 인간의 행동은 태도와 가치관(attitude and values)에서 비롯되고, 가치관은 종교적 바탕위에서 대부분 형성되고 있으며, 애덤 스미스와 칼 마르크스 시대부터는 경제 정치적 사상에 의해서도 가치관이 형성되는 경향이 있었다. 이러한 가치관은 상황・상태・체제・제품・서비스 등에 대해 용납・인정・거부하는 등 도덕적 판단을 할 때와 인간의 선악을 판단할 때에도 준거의 틀(frame of reference)로 사용된다. 기업활동, 비즈니스 행위, 판매행위 등과 관련된 태도와 가치관에는 구매행동 소비행위 윤리 노사 작업성취 직업계약 및 경영활동과 관련된 어떠한 의사결정도 태도와 가치관에 의해서 이뤄진다.

그러나 태도와 가치관은 지구촌 국가별로 이질적인 경향이 뚜렷하기 때문에 국가별 현지 마케팅 활동에도 상이한 영향을 미칠 수 있다. 이러한 태도와 가치관은 물질적인 자원이나 심지어는 기술보다도 생산성을 높이는 중요한 요인이 된다. 그러므로 국제경영자 뿐만 아니라 마케터들은 해외진출과 진입에 앞서 시장별로 국제기업활동과 관련된 모든 태도와 가치관과 관련된 요인들을 면밀히 파악한 후 분석하는 것이 필요하고 이러한 차이를 이해하고 극복할 수 있어야 한다.

◇시간 · 부 · 변화 · 직무에 대한 태도

기업의 국제경영활동에 영향을 미치는 가치관으로는 시간의 수용성에 관한 태도, 부에 대한 태도, 변화에 대한 태도, 직무에 대한 태도 등을 들 수 있다. 예를 들어보면 우선 문화권에 따라서 시간관념이 다르다. 구미인들은 대부분 시간관념이 철저한 반면에 과거 스페인한테 식민지배를 받은 국가와 중동국가들은 시간관념이 철저하지 않다. 이러한 국가에는 아시아에 필리핀과 중남미 국가 등이 있으며 대부분의 종교도 같은 종교를 갖고 있다.

아랍인의 시간관념은 다른 문화권보다 길다. 아랍문화에서는 현재가 과거의 연장이며, 미래는 신의 뜻(인샬라)에 따라 생각하고 있고, 시계로 재는 시간은 미국이나 유립에서 만큼 높이 평가하지 않는다. 반면에 일본인들은 시간을 하나의 전략으로 교묘히 이용하고 있다. 그 예로 일본 기업인들은 외국바이어들과의 협상에서 외국인이 출국전 몇 시간까지 고의적으로 협상을 하지 않는데, 그 이유로는 바이어들이 출국시간에 쫓겨 특별한 양보를 얻기 위한 전략을 위해서이다.

미국과 같은 사회는 성취욕구가 강하고, 물질적으로 풍요롭기 때문에 부가 사회적 가치척도의 기준이 되고 있다. 이와 반대로 이슬람, 불교 및 힌두교 사회에서의 일부 국가들은 무념(wantlessness)을 하나의 이상으로 삼고 있기 때문에 생산활동 뿐만 아니라 소비활동에도 상당한 영향을 미치고 있다.

변화에 대한 태도 역시 경영활동 성과에 영향을 미치는 중요한 변수이다. 그 이유로는 새로운 상품이나 새로운 기법을 수용한다는 것은 변화를 의미하는 것이며, 이와 같은 변화는 사람의 태도에 우선순위가 뒤바뀌었다는 것을 가리킨다. 예를 들어보면 미국을 비롯한 선진국들의 소비자들은 변화를 잘 받아들일 뿐만 아니라 새로운 것을 항상 기대한다. 그래서 '새로운(new)'이라는 말을 긍정적으로 받아들이기 때문에 제품과 기술의 혁신에 변화를 가속시키고 있다. 이러한 국가들의 소비자들에게 새로운 제품에 대한 호기심을 불러 일으켜서 기업활동이 촉진되는 경향이 높다. 이와 반대로 변화를 싫어하는 보수적인 국가들도 많다. 변화에 대한 보수성이 많은 국가일수록 태도가 전통지향적인 경우가 많다.

이런 국가들은 최근에 와서 근대화 물결로 인해 소비 등에 변화가 일고 있지만 현재로서는 잠재적 시장이라고는 말할 수 없다.

최근 대부분의 경영학자들은 직무에 관련된 태도가 생산성에 미치는 어떠한 변수보다도 중요하다고 인정하고 있다. 개발도상국일수록 작업의 유형에 따라 위신도가 다른 문화권이 많은 것은 과시효과가 크게 나타나고 있기 때문이다. 일부 개발도상국에서는 임금이 높더라도 공장에서 일할 노동자를 채용하기가 힘든 경우가 많다.

◇한국인을 위한 비즈니스법?

독일 비즈니스맨들이 한국에서 기업활동을 할 때 한국기업인의 태도와 가치관을 감안해 '한국인을 위한 비즈니스법'을 제시했다. '기업활동으로 인해 한국에 방문할 때는 최고급호텔에 투숙하라. 의복은 가급적 어두운 색의 정장을 입어라. 한국인들은 계급의식을 상당히 따지므로 명함직급을 높이 적어라. 한국기업을 처음 접할 때에는 자신이 직접 소개하는 것보다는 한국내 고위급인사나 로비전문업체를 통하라. 한국인들은 외모나 직위를 중요시하니 그에 상응하는 대우를 하고, 또한 그들은 룸살롱을 비즈니스 장소로 선호하니 그러한 곳에서 접대하고, 향후 비즈니스를 확실히 보장받으려면 그들에게 정기적으로 촌지를 주라'라고.

특히 한국인들은, 기분으로 상담이나 협상을 결정하는 경향이 있으며, 계약서 작성과정에서도 법적으로 완벽한 것보다는 '약, 대략, 비슷하게' 등 애매하고 추후 변경소지가 큰 용어들을 선호한다는 점을 주의해야 한다고 지적했다. 하지만 위 사항들은 우리의 독특한 가치관이라고 일축하기엔 반성할 부분들이 너무 많은 부끄러운 모습이지 않은가.

◇계산이 먼저 인간관계는 다음

서양에서는 계산이 주이고 인간관계는 다음이다. 그런데 동양에서는 전통적으로 인간관계, 즉 의리가 먼저이고 계산, 즉 합리성(능률성, 효과성, 경제성)이 나중이다. 그래서인지 서구경영자들은 비즈니스거래에서 우선 논리성과 합리성을 추구하고 끈끈한 인간관계는 그 다음이다.

서구식 태도가치관 등이 반영된 WTO규범 OECD규칙 등이 점점 더 글로벌 무역활동을 지배하는 환경하에서 한국기업들의 국제경영자들은, 국제비즈니스에서 피해를 보지 않기 위해서도, 당연히 'Business is business,' 'A contract is a contract' 등으로 표현되는 글로벌화 시대에 맞춰 가치체계를 주로서 받아들이고 인관관계나 의리는 종으로 취급하면서 글로벌 비즈니스 활동을 수행해야 할 것이다.

노벨경제학상 수상자인 Myrdal은 특정한 가치관은 경제성장에 해가 된다고 했고, 아시아에서의 종교적 가치관은 경제계획을 수행하는데 장애요인이 된다고 했다. 또한 뮈르달은 아시아에 진출하려는 기업들은 '능률, 근면성, 규율의 준수, 시간엄수, 절약정신, 정직성, 의사결정의 합리성, 변화의 수용성, 기회의 대비성, 진취적인 기상, 성실함, 협동심, 장기적 비전의 수용성' 등과 같은 요인들을 면밀히 분석해야만 한다고 했다.

국제기업활동을 수행하려는 비즈니스맨은 타국인의 가치관태도를 변화시킬 수 있는 방법을 먼저 찾기보다는 먼저 자신이 그러한 태도와 가치관을 수용할 수 있는가를 파악해야 한다. 그러므로 가치관과 태도의 차이에 대해서 정확하게 인식할 때만이 성공적인 글로벌 경영활동을 수행할 수 있을 것이다.

자료 : SK MANAGEMENT, 2001년 5월호

2. 이문화 환경적응

1) 이문화 적응

(1) 제품정책의 적응

미국의 재봉틀회사의 판매경험은 이질적인 문화 환경에 대한 제품정책의 적응을 보여주는 좋은 예라고 볼 수 있다. 미국의 싱어사(Singer Machine Company)는 회교국가에서는 부인의 지위가 한정되어 있고 외부인과 격리되어 있다는 점을 고려하여 재봉틀을 부인에게 직접 판매하지 않고, 남편들에게 재봉틀을 이용하는 경우 얼마나 작업을 손쉽게 할 수 있는가를 교육시킴으로써 판매에 성공하였다.

(2) 개인적인 적응

국제 기업활동을 하는 경우 해외에 파견된 관리자 자신뿐만 아니라 배우자나 그 가족도 현지에 잘 적응할 수 있어야 한다. 특히 해외 현지에 파견된 관리자는 현지의 언어를 습득해야 하고 대인관계나 시간개념과 같은 현지인의 행동패턴에도 개인적으로 적응해야 한다.

(3) 제도적인 적응

현지 문화에 적응하기 위해서는 조직구조나 조직 정책도 현지에 맞게 적응하는 것이 필요하다. 미국 다국적기업들은 현지인을 채용함에 있어서 그들이 출신지역이나 관계 당파에 관계없이 서로 협동적으로 일할 수 있을 것이라는 가정하에서 채용하고 있다. 그러나 레바논에서 국제 마케팅활동을 전개하고자 하는 경우 팔레스타인 회교도 난민과 본토 기독교 레바논인을 동시에 고용한다면 과연 그들이 협동적으로 일을 할 수 있을 것인가를 생각해 보아야 한다(강태구).

〈표 5-4〉 지구촌 사람들은 어떤 색채를 좋아하나

색구별	좋아하는 나라	싫어하는 나라
흰색	한국, 일본, 대만 및 아시아인	미국, 독일, 덴마크 및 서구, 인도네시아
핑크색	아시아 여러 나라	유럽, 미국
파란색	미국, 독일	
노란색	남아프리카 공화국	
초록색	중국	
녹색		남아프리카 공화국
갈색	서구인	

자료: 반병길 · 이인세 · 이헌수, 『국제마케팅』, 박영사, 2001.

2) 커뮤니케이션에서의 문화요인

문화의 배경이 다른 두 사람이 다음과 같은 상황이라고 가정하자. 자신이 이런 상황에 처하게 된 것으로 생각하고 질문에 대답해 보도록 한다.

"당신은 어느 일본의 기업과 교섭계약을 하고 있다. 그런데 때때로 일본 측은 침묵해 버리는 것이다. 게다가 미국인의 입장에서 볼 때 교섭 속도가 너무나도 느리다. 사소한 일을 결정하는데도 시간이 너무 걸린다. 그래서 재촉을 하다보면 "좀더 시간이 걸릴 것 같습니다"라고 대답하는 바람에 조바심만 더 난다. 당신이라면 이럴 때 어떻게 하겠는가, 교섭과정은 어떻게 되어 있는가". 일본인의 교섭스타일은 어떤 것인가?

두 번째 예로 "당신은 사우디아라비아에서 어느 계약관계를 최종적으로 마무리 지우려 하고 있다. 상대방은 이 나라의 실업가들이다. 상대방이 까다로운 교섭상대라는 것은 알고 있지만 얘기할 때는 좀처럼 서로의 시선이 맞지 않은 것이다. 뿐만 아니라 상대방이 당신 곁에 징그러울 정도로 너무 가까이 다가오기 때문에 귀찮아지기까지 한다. 악수를 해도 상대방은 힘차게 손을 잡으려 하지도 않는다. 만찬에 초대되었을 때 당신은 왼손잡이라서 음식을 왼손으로 먹는다. 결국 교섭은 실패로 끝났다. 이유는 무엇인가? 원인을 알고만 있었다면 커뮤니케이션은 더욱 잘 이루어졌을 것으로 생각되는 문화적 요인은 없었던 것일까(김수주).

3) 시간의 이용

문화권마다 시간에 관한 관점이 다르다. 동양문화권과 서양문화권, 심지어 동양문화권 내(서양문화권도 마찬가지로)에서도 국가마다 시간은 달리 해석된다. 서구 지역인 미국과 멕시코는 시간을 정반대의 개념으로 인식한다. 서유럽의 경우 스위스인들의 시간에 대한 태도는 이탈리아인들과는 큰 차이를 보인다. 그리고 태국인들은 시간의 흐름을 일본인들과는 아주 다르게 평가한다. 앵글로색슨인, 독일인 및 스칸디나비아인들은 시간을 선형적으로 이용하여 한 번에 한가지 일을 처리하는 단일시간 지향적이다. 스페인, 이탈리아 같은 서유럽인과 아랍인들은 복수행동지향이어서 일정표나 시간을 엄수하는 일에 별로 관심을 두지 않는다. 이들은 인간관계를 맺는 일에 더 많은 관심을 둔다. 그렇지만 몇몇 동양문화권에서 시간은 선형적인 것도 아니고 사건·사람과 관련된 것도 아닌 순환적인 것으로 인식된다. 순환적 시간은 쓰임의 대상인 물품이 아니다. 시간은 무한정으로 공급되는 대상이다. 많은 아시아인들이 시간을 이처럼 해석하지만 그 중에서도 태국 문화권이 이에 해당된다(최윤희).

제 4 절 문화와 마케팅 믹스

각국의 환경 및 지역에 따라서 먹는 것, 입는 것, 자는 것 등의 차이가 있다. 그래서 선진국, 개발도상국, 개도국, 후진국 등 여러 나라들의 경제 환경도 서로 다르다. 이러한 여건에 따라 문화적인 환경의 특색을 가지고 있다고 볼 수 있다. 그러므로 나라마다 원하는 것과 사용하는 제품이 서로 다르고 경제적인 여건도 나라마다 다양한 차이가 있기 때문에 구매할 수 있는 능력이 서로 차이가 있다고 볼 수 있다. 따라서 먼저 각국의 여러 환경을 자세하게 분석한 후 마케팅 믹스 전략을 수립하여야 한다.

1. 제품

먼저 자사가 생산하고 있는 제품이 특정 국가에서 수용성 및 시장성이 있는가를 확인하는 것이 중요하다. 예를 들어 동남아시아(인도네시아, 필리핀, 태국), 이슬람국가, 남미 등에 비데와 화장지를 수출하려고 한다. 어느 제품이 수용가능성과 시장성이 있는가?라는 질문에 "비데"라고 답할 수 있다. 위의 일부 국가들은 화장실에서 대변을 본 후 전통적으로 휴지대신 물로 왼손을 사용하여 세척을 해오고 있다. 따라서, 대부분의 화장실에는 휴지 대신 물바가지가 놓여 있다. 이에 따라 왼손은 불결하기 때문에 왼손으로 밥 먹는 것과 아이들을 쓰다듬는 것을 금지시하고 있다고 한다. 그래서 화장지보다는 비데가 수용성 및 시장성이 크다고 할 수 있다. 열대지방과 이슬람 국가 등은 화장지를 사용하지 않기 때문에 비데에 대한 시장성이 크다고 볼 수 있다. 이와 반대로 화장지는 위에서 열거하지 않은 지역으로 수출 및 현지생산이 가능하다고 할 수 있다.

2. 가격

위의 예에서 열거한 국가들은 대부분 경제적으로 어려운 개발도상국가이다. 이슬람 국가 중 OPEC회원국을 제외하고는 개도국이다. 문제는 '비데' 가격인데 한국에서 제조한 생산원가로 이들 국가에 수출하였을 때 소비자가 구매할 수 있는 능력이 있는가를 파악하는 것이다. 한국에서도 아직 비데의 가격이 보편적으로 구매할 수 있는 가격은 아니다. 이는 국민소득에 비해 비데 가격이 비싸기 때문에 구매 욕구가 낮다고 볼 수 있다. 이 국가들은 한국에 비해 국민소득이 매우 낮은 국가들이다. 때문에 한국에서 제조한 생산원가대로 판매한다고 하면 구매력은 매우 낮다. 이들 국가에 판매할 가능성은 소득수준에 적절한 가격을 측정해서 제공하는 것이다. 물론 한국보다 생산요소비용이 저렴한 이들 국가에 직접투자 형태로 진출해서 제품을 생산하여 이들 국가에 판매를 한다면 판매가 가능할 수 있다. 따라서 제품가격은 소비자가 구매할 수 있는 소득수준에 맞춰 가격책정을 하는 것이 매우 중요하다.

3. 유통

최근 인터넷, 통신, 운송기술 등의 발달로 인해 유통에도 많은 변화를 가져오고 있다. 또한 많이 영향을 받는 요소 중 하나는 도시화라고 볼 수 있다. 한국의 유통 변화를 보면 90년대 초까지는 지역시장(현 재래시장) 중심으로 이루어졌고, 2000년도에는 시장개방에 의한 외국 할인마트와 국내 할인마트 중심으로 전환되었다. 최근에는 외국마트 대부분이 국내환경을 외면하면서 운영을 하다가 많은 손실을 보고 철수하였다. 2000년 후반 이후에는 인터넷 홈쇼핑 유통이 폭발적으로 증가하고 있다. 이와 같이 한국의 예로도 볼 수 있듯이 태국 등도 시장의 개방화에 따라 외국기업의 진입과 도시화가 급속히 진행되고 있는 국가다. 한국과 다르게 동남아시아 국가들은 기후로 인하여 홈쇼핑 및 인터넷 판매에 대한 주문 배송은 신속하지 못하다. 왜냐하면 우기 철에는 많은 강수량뿐만 아니라 하루에도 여러 차례 불규칙하게 비가 오고 있기 때문이다. 따라서 특정국가에 진입하기 전에 반드시 한 국가의 도시화 정도, 개방화, 통신, 운송 및 인터넷 등의 분석이 중요하다.

4. 촉진

홈쇼핑을 선호하는가 아니면 실물을 보고 구매하는 것을 선호하는 문화인가? 문맹자가 어느 정도 있는가? 광고모델 선택시 사람 혹은 동물을 선호하는가? 등 다양한 문화적인 요인을 고려하여야 한다. 예로 한 일본기업이 인도에 밥솥을 수출하였다. 밥솥 상표와 같이 인도 사람이 좋아하는 동물인 코끼리를 모델로 해서 밥솥을 판매하였으나 소비자의 반응은 아주 냉정하였다고 한다. 그 이유를 알아본 결과 코끼리가 인도산이 아니라 스리랑카산이라 소비자가 외면하였다고 한다. 그 후 회사는 인도산 코끼리 모델로 교체한 후 성공적인 판매를 하였다고 한다. 문맹자가 많은 국가에서는 신문이나 잡지에 광고보다는 푸시(push) 전략이나 그림 광고 등이 효과적이라고 볼 수 있다. 개도국에 가면 도어 투 도어(door to door) 형태의 판매가 많은 것도 문맹의 한 원인이라고 볼 수 있다. 1990년대 중국이 개방화를 선언한 후 많은 다국적 기업이 중국에 진출하였다. 그런데 초기에는 매스컴 뿐만 아니라 가판대 광고를 많이 하였지만 광고 효과를 크게 얻지 못하였다고 한다. 왜냐하면 중국인들은 외국기업이 광고를 하는 것은 물건이 팔리지 않기 때문에 또는 제품의 질에 문제가 있기 때문에 제품을 판매하기 위하여 광고를 한다는 것이라는 속설을 가지고 있기 때문이다.

과거에는 한 국가의 문화는 잘 변하지 않는다고 하였다. 그러나 지금은 문화가 급속히 변하고 있다. 그 이유는 과거 폐쇄경제 및 보호무역을 취하던 시대에는 외국제품 및 문화가 해외에 진출하기란 매우 어려웠다. 그렇기 때문에 자국의 전통과 문화를 보호하고 유지할 수 있었을 뿐만 아니라 자국 상품을 우선시하였다. 그러나 2000년도에 와서는 각국의 문호개방과 자유경제체제를 우선시하고 있기 때문에 쉽게 어느 국가든지 진출할 수 있고 또 진출을 하고 있다. 한국 기업도 2000년도 이후 많은 기업들이 해외에 진출 하였다. 물론 진출한 기업 중 성공한 기업도 있는 반면에 실패한 기업도 있다. 성공한 기업들의 중요한 공통점은 '현지화 철저히'라고 한다. 이는 현지 문화 환경을 고려한 기업전략을 수행한 결과라고 볼 수 있다.

제 5 절 이문화 연구

1. 이문화

문화에 대한 지식이 일반적인 지식이든 개별문화에 대한 지식이든 여러 집단의 학습된 행동을 통찰함에 기업 활동에 도움이 된다. 어떤 국민, 민족이 그 나라의 국민, 민족으로 형성된 이유는 무엇인가, 즉 풍속·습관, 가치관·신앙, 태도·사고방식, 계층과 역할, 시간적·공간적 관계, 언어적·비언어적 의사소통 과정 등을 이해하면 기업 활동에 도움이 된다. 이와 같은 연구를 함에 기초가 되는 자료는 인류학, 심리학, 이문화간 커뮤니케이션, 언어학 등 여러 가지 행동과학에서 이용하고 있다. 이와 같은 학문을 통한 정보를 배움으로써 더욱 바람직한 코스코폴리탄이 되고, 국외에서 더욱 효과적으로 일을 처리하게 되고, 나아가 국제적 사업에서 긴장을 완화, 분쟁도 해결할 수 있게 된다. 이런 능력을 익힌다는 것은 경영 및 관리능력 증대, 그리고 전문직 능력개발을 위한 일환으로 필수 불가결한 것이다.

이문화간 문제의 연구는 경쟁에 유리할 뿐만 아니라 종업원을 해외에 파견시킬 때의 비용절감에도 크게 도움이 된다. 70년대 후반에 이란에 진출했던 미국의 2개 큰 다국적기업이 나라에 파견한 인원 중 각 50~80%의 종업원들이 임기 이전에 귀국해 버리는 것으로 보고되고 있다. 뿐만 아니라 이들 종업원 및 이들 부양가족을 미국에 보내는 비용이 가족당 5만5천달러 내지 15만 달러나 들었다. 이에 비한다면 해외 파견 종업원에게 이문화 속에서 효과적으로 일하려면 어떻게 해야 되는가를 교육시키는 것 따위는 비용면에서 비교가 되지 않는다. 따지고 보면 만일 외국인이 이란 국민의 마음을 잘 읽고 있었다면 해외기업이나 대사관 등의 존재에 그토록 심한 반발은 안했을 것이다.

1979년 1월 8일자 타임지에 실린 다음과 같은 보도는 생각할 만하다. 최근 들어 이와 같은 소원한 상태를 극복해 보려는 목적으로 어느 미국회사가 신규 파견 사원을 대상으로 하는 오리엔테이션 코스(30~50시간 정도의)를 마련, 미국・유럽・일본 등 약 1백여 기업에 호응을 요청한 일이 있었다. 페르시아 입문, 이란 약사, 문화적・사회학적 소개 등이 내용으로 된 코스였다. 그러나 단 한 개 기업도 이와 같은 비용을 부담하고 참여하려는 기업은 나타나지 않았다. 이란의 경제・정치 상황이 불안정하기 때문이라는 이유에서였다. 그 결과가 어떠했으리라는 것은 더 말할 나위도 없다. 어느 미국인 경제학자는 이렇게 술회하고 있다. "미국인이 이란에 왜 뿌리내리려 하지 않았는가를 이란인들은 모르는 것입니다. 상호간의 신뢰가 결여되어 있는 것이죠."

인적자원 개발을 위한 투자액과 환멸을 느끼고 임기를 다 채우지 못하고 귀국하는 사원이 어느 정도의 낭비를 가져오게 되고 또한 이들을 받아들인 나라에 대해 어느 정도의 피해를 주는가는 서로 비교 검토해 볼 만한 문제라 하겠다.

1) 사회 · 문화적 환경 연구요소

해외에 진출하고자 하는 기업은 다음과 같은 환경요인들을 분석하여야 한다.

① 언어
② 문맹률과 교육수준
③ 경제 비즈니스, 마케팅, 기술 등 전문분야 고등교육기관의 가용성과 수준
④ 종교의 종류와 특징 ; 종교가 해외출장 및 마케팅활동에 미치는 영향, 소비자 행동, 소비패턴, 여성의 경제적 역할, 구매력, 마케팅 인력, 조직, 단체 등
⑤ 가족제도와 사회기구의 특성
⑥ 경제 · 사회계층의 구조 및 이동성
⑦ 도시와의 정도와 도시 · 농촌간의 인구이동
⑧ 인종, 민족적 혈통, 부족적 혈통의 특성
⑨ 민족주의/국가주의(nationalism), 부족주의(tribalism), 출신지역 · 학교 · 계급 · 씨족 등에 근거한 파벌주의, 감정의 강도
⑩ 사회적 변동률
⑪ 인종, 민족주의, 부족주의, 파벌주의가 정치 · 경제 · 비지니스 · 사회문화, 기타 분야의 제도적 변화에 미치는 영향
⑫ 전반적 부정부패 정도와 사회윤리수준이 현지비지니스-마케팅 활동에 미치는 영향(반병길 외).

2) 이문화 학습에 대한 이점

이문화 문제에 대한 학습은 다음과 같은 이점을 제공해 준다.

첫째, 해외 또는 국내의 특정 민족과 쉽사리 교류할 수 있어 생산성 향상을 가져오게 된다.

둘째, 영업실적, 이윤향상 외에 국제친선과 고객과의 관계개선을 도모하게 된다.

셋째, 외국인, 소수민족, 여러 인종에 대한 인간관계 개선능력 향상.

넷째, 국내 · 해외시장에 대한 이해는 물론, 이에 관한 보고서를 이해하는데 용이해진다.

다섯째, 조직문화와 종업원의 행동에 대한 통찰력이 높아진다.

여섯째, 외국인이 본사에 파견할 경우 그들의 필요성이 무엇인가를 민감하게 감지할 수 있다.

일곱째, 귀국 후에 자국문화와 조직에의 재참여가 용이해진다.

여덟째, 자신에게 관련된 문화적 유산을 더욱 이해하게 되는 동시에 이를 이문화에 의해 효과적으로 반영시킬 수 있다.

마지막으로, 경영관리층, 영업사원, 기술계 직원 등이 세계시장내에 있는 문화적 차이를 인식하게 되면 해외관계는 전반적으로 향상된다.

문화는 우리가 다른 사람을 인지하는 렌즈 역할을 한다. 또한 문화는 우리가 세상을 보는 방식과 세상이 우리를 보는 방식을 왜곡시킨다. 더욱이 우리에게는 우리자신의 문화를 다른 이를 평가하기 위한 준거점으로 사용하는 경향이 있다. 문화의 차이를 인지하는 일이 비즈니스에 대한 위협과 기회를 예측하는 데 필요한 첫 단계이다. 그러나 인지의 수준을 넘어 유익한 상호작용을 만들기 위해서 우리는 이러한 차이를 논의의 대상으로 삼아야 한다(최윤희).

사례 5-4

"아랍어 할 줄 아세요? 잘 모시죠" 특수 외국어 몸값 상한가
헝가리 · 불가리아 · 체코어 등 수요 많아 … 졸업도 하기 전 대기업에서 예약

최근 인터넷 취업포털사이트와 대학 홈페이지 게시판에 아랍어, 베트남어, 중앙아시아어(카자흐어 · 우크라이나어 등), 슬로바키아어 등 특수 외국어를 할 줄 아는 사람을 찾는 구인광고가 급증하고 있다. 이뿐만 아니라 대학 게시판에는 특수 외국어 학과로 전과를 문의하는 글도 종종 눈에 띈다.

취업 포털 잡코리아에서 '해외취업'으로 검색하면 베트남 현지 한국 업체의 구인광고가 불과 2주 동안 54건이나 올라와 있다. 같은 기간 인도네시아 14건, 슬로바키아 7건 등 특수 외국어 가능자 구인광고는 끝없이 이어진다.

'글로벌 통신업체에서 남미시장 개척과 공략을 위한 남자직원 1명을 구합니다. 스페인어 구사 가능자' '㈜태진해운 카타르 파견 직원 모집. 아랍어 가능자 우대'.

해외진출 기업현황		
언어	국가	진출 기업 수
말레이어	말레이시아	62
베트남어	베트남	1,115
인도네시아어	인도네시아	737
미안마어	미안마	75
스페인어	멕시코	152
포르투갈어	브라질	37
슬로바키아어	슬로바키아	43
체코어	체코	21
폴란드어	폴란드	53
아랍어	사우디나라비아	34
아랍어	아랍에미리트	109
아랍어	이집트	15
카자흐어	카자흐스탄	37
우크라이나어	우크라이나	8

자료 : 대한무역투자진흥공사(kotra)

체코어과에서 취업 전쟁은 옛날 얘기

이런 현상은 글로벌화를 앞세우며 내수시장을 박차고 나간 우리나라 기업들이 건설·산업·자원 개발 붐이 한창인 브릭스(BRICs: 브라질·러시아·인도·중국), CIS(옛 소련 독립국가연합), 중동, 동남아 지역으로 활동영역을 넓히면서 더욱 확산되고 있다. 그동안 국내에서 영어·일어·중국어에 밀려 비인기 언어로 설움 받던 특수 외국어의 주가가 덩달아 치솟고 있는 것이다.

김태형 대한무역투자진흥공사(코트라·KOTRA) 대리에 따르면 최근 2~3년 사이 특수 외국어 인력 수요가 과거에 비해 눈에 띄게 늘었다고 한다.

"채용시장에서 특히 많이 요구하는 언어는 아랍어, 러시아어, 스페인어입니다. 미얀마와 베트남 쪽 인력모집 광고도 많고요. 이런 지역 언어 구사가 가능한 사람들 몸값이 많이 높아졌습니다."

4년 전 해외무역관 인턴사원으로 체코·슬로바키아에 근무한 한 연구원은 "당시 삼성전자, 현대기아차, LG필립스가 그곳에 나가 있었는데 한국인을 데려오고 싶어도 현지어 구사가 가능한 사람이 없다며 하소연했다"고 말했다.

그에 따르면 현재 국내 건설업체 진출이 가장 활발한 곳은 두바이 등 중동 지역이다. 이 외에 카자흐스탄과 베트남, 일부는 아프리카까지 진출했다. 그는 "한국인 직원 수요를 채우려고 현지에서 어학연수 중인 학생들을 채용하는데 서울대·연세대·고려대보다 외대 졸업생들이 더 각광받는다"고 덧붙였다.

기업들도 특수 외국어 인력 확보에 비상이 걸렸다. 수출이 전체 매출의 90%를 차지하고 있는 STX는 영어 외에 외국어가 능통한 지원자를 대상으로 해당 언어에 대한 원어민 인터뷰를 별도로 치를 예정이다. 현대기아차는 사내 이-러닝(e-learning) 교육과정을 대폭 강화해 연말까지 177개의 사이버 어학강좌를 개설할 계획이다. 이미 영어, 중국어 외에 러시아어, 스페인어 등 다양한 외국어 강좌가 개설돼 있다.

취업 포털 커리어는 올 상반기 채용시장에서 '외국어 능통자'를 트렌드로 꼽았다. 최근 커리어가 대학생 1,092명을 대상으로 설문조사한 결과, 이들이 하루 평균 취업준비에 투자하는 시간은 학업에 쓰는 시간보다 무려 3배 이상 많은 것으로 나타났다. "구체적으로 어떤 준비를 하고 있는가"를 묻는 질문에 영어 외에 '제2 외국어'를 공부한다는 학생이 15.7%를 차지했다.

특수 외국어의 인력 수요가 늘어나자 한국외대와 부산외대의 몇몇 인기학과는 사활을 건 취업전쟁에서 한발 비켜나 '행복한 고민'을 하고 있다. 한국외대 홍보를 담당하는 이소영씨는 "3~4년 전부터 현대·기아차 등 대기업들이 동유럽에 해외공장을 세우면서 체코어과 학생들을 여럿 추천해 달라고 했다. 졸업도 하기 전에 미리 예약해 두는 상황이 벌어졌다"고 말했다.

부산외대는 졸업생들이 말레이시아 한국대사관, 삼성물산 등에 진출해 있으며 인도네시아 현지 기업에서 100여 명이 활동하고 있다. 박지혜 말레이·인도네시아어과 조교는 "기업들이 올 8월 코스모스 졸업생들을 보내 달라고 하는데 학생이 모자라 못 보낼 상황"이라고 했다.

반면 수요에 비해 기업 채용이 더딘 곳이 아프리카어다. 장용규 한국외대 용인캠퍼스 아프리카학부 학과장은 "아프리카어 인력이 많이 필요하다는 말은 하면서 실제로 직원을 뽑는 경우는 매우 드물다. 하지만 최근 현지 공관에 취업하거나 비정부기구(NGO)에 취업하는 졸업생 사례가 조금씩 늘고 있다"고 말했다.

한국외대는 지난해 외교통상부, 코트라와 잇따라 해외인턴십 협정을 체결했다. 현재 3기 33명이 외교통상부 32개국 재외공관에 파견돼 있다. 1기에 비해 파견국가와 인원이 두 배 이상 늘었다.

코트라 인턴십 1기는 14개국 해외무역관에서 16명의 학생이 일하고 있다. 두 기관의 인턴사원들이 파견된 곳은 이집트, 말레이시아, 우크라이나, 카자흐스탄, 멕시코, 루마니아, 터키, 러시아, 슬로바키아, 요르단 등이다.

엄원재 외교통상부 혁신인사기획실 서기관은 "특수어 공관 중심으로 현지어를 구사하는 인력이 필요해 인턴십 약정을 체결했다"며 "헝가리어, 불가리아어, 루마니아어, 포르투갈어의 수요가 많다"고 밝혔다.

한국외대 아랍어과 신은택(29)씨는 지난해 주사우디아라비아 한국대사관에서 인턴사원으로 일했다. 그가 한 일은 매일 현지 신문기사를 번역해 리포트 쓰고, 현지 인력 채용시 이력서를 받고 명단을 작성하는 작업이다.

"여기 오기 전 요르단에서 2년 동안 연수를 거쳤습니다. 최근 대기업뿐 아니라 중소기업에서도 아랍어과 학생을 많이 찾습니다. 저도 오는 8월 졸업하면 해외로 나갈 생각입니다."

해외 진출 늘수록 제2외국어 인기

특수 외국어 바람은 대학 입시에도 영향을 미쳤다. 한국외대의 지난해 정시모집 합격자 수능평균 점수가 대폭 높아졌다. 특히 터키어과, 말레이·인도네시아어과, 이탈리아어과 등 특수 외국어과의 점수 상승폭이 영어와 일어, 중국어 학과 상승폭보다 높게 나타났다. 전체 학과 평균 경쟁률은 5.68 대 1을 기록했다.

그중 아랍어과는 이번 학기에 타 과와 타 대학(학점교류인증대학) 학생들이 몰려 강의 수를 늘리기도 했다. 오명진 학과장은 "지난 학기보다 수강 인원이 2~3배 증가해 시간표를 조정하느라 애를 먹었다. 교수들도 최근 3~4년 사이 아랍어 수요가 급증하자 놀랄 정도"라고 말했다.

오 교수에 따르면 이집트 카이로 대학 등 한국외대와 학점 교류를 맺은 나라는 물론이고 그 외 우리나라와 수교도 하지 않은 시리아, 모로코, 튀니지 등으로 자체 해외연수를 떠나는 학생들이 최근 늘고 있다.

오 교수는 "얼마 전 사우디아라비아 석유회사 아람코의 초청을 받아 학생 20명과 다녀왔다. 예전에 서울대에서 강의한 적이 있는데 그때 가르쳤던 아람코 직원 제사 3명을 이번에 만났다. 이 회사는 전 세계에 직원들을 내보내 재교육시키는데 우리나라 기업들이 벤치마킹 할 만하다"고 충고했다.

부산외대 스페인어과 졸업생들은 주로 멕시코, 과테말라 등 중남미 현지의 전자, 섬유, 신발, 자동차, 수산업, 중공업 분야에서 활동하고 있다. 포르투갈(브라질)어과 졸업생들은 남미와 아프리카 등 포르투갈어를 쓰는 국가와 무역을 하는 기업에서 주로 근무한다.

대외경제정책연구원의 미얀마·베트남·인도네시아 담당 정재완 전문연구원에 따르면 베트남에서 노사분규가 발생하는 가장 큰 이유는 의사전달 미숙 때문이다. 현지어를 할 줄 아는 한국인 중간관리자가 있으면 큰 도움이 되는데 수급이 원활하지 않다는 것이다.

그는 "베트남에 진출한 금융기관과 대기업들이 최근 직원들을 대상으로 현지 문화 적응을 위해 '기업전문가과정'을 개설하고 있다"고 말했다.

지난해 재정경제부(현 기획재정부)는 '기업의 대외진출 촉진과 해외투자 확대방안'이라는 보고서에서 자원 및 에너지 개발사업, 해외 인프라사업, 금융사업 등을 대외진출 전략분야로 삼아 적극적으로 우리 기업의 해외진출 확대방안을 강구하고 있다고 밝혔다.

자료 : 이코노미스트, 2008.3.25

연습문제

1. 글로벌마케팅에서 타문화 이해의 중요성에 대하여 설명하라.

2. 문화의 유형이 마케팅활동에 어떠한 영향을 미칠 수 있는지에 대하여 논하시오.

3. 글로벌마케팅에서 이문화관리 중요성에 대하여 논하시오.

4. 이문화와 마케팅믹스에 관하여 예를 들어 논하시오.

5. 글로벌마케터 입장에서 이문화 연구가 왜 필요한지를 설명하라.

6. 현지화, 적응화, 표준화에 대하여 설명하라.

제 6 장

정치적 · 법적환경

제 1 절 정치적 환경

해외에 진입하고자 하는 기업들은 진입하고자 하는 국가의 정치적 환경에 대하여 철저히 분석하여야 한다. 사람도 건강을 잃으면 모두 잃는 것처럼, 기업도 정치적 위험에 빠지면 모든 것을 잃게 된다. 일본기업이 해외 진출할 때 가장 중요하게 여기는 요인은 정치적 위험이다. 최근의 태국 정치상황을 보면 정치적 위험은 꼭 개발도상국에만 존재하는 것이 아니라 경제적으로도 안정된 국가에서도 예고 없이 일어나고 있다는 것을 알 수 있다. 따라서 특정국가에서 기업 활동을 하고자 하는 현지 국가의 과거 정치상황 뿐만 아니라 현재의 정치상황과 미래에 발생할 상황에 대하여서도 예측하여야 한다.

또한 국가마다 기업 활동과 관련된 법률은 상이하다. 그러나 최근 들어 외국인 투자를 유치하기 위하여 경쟁적으로 장해요인 즉 기업 활동에 어려움이 있는 법률은 국제표준 또는 외국기업에 유리하도록 법을 제정하고 있다. 그러나 선진국과 개발도상국 사이에는 아직도 같은 문제에 관한 법률이 상이하다.

1. 정치구조와 정치이념

1) 정치구조

정치구조는 시민, 정당 및 이해집단의 역할에 의하여 결정된다. 민주국가에서는 이러한 모든 집단이 의사결정에 있어서 비교적 높은 참여를 가지고 있지만, 공산주의 국가에서는 정당이 의사결정의 중심이며, 시민과 그 밖의 집단들은 크게 중요하지 않다. 그리고 정치구조와 정책에 관한 의사결정에 참여하는 사람을 아는 것이 중요하다(김기동 외). 즉 기업과 정치는 뗄 수 없는 관계이기 때문에 정치를 이해하고 참여하는 것은 기업인으로서는 아주 자연스럽다고 볼 수 있다.

2) 정치이념과 기업정책

보수주의 정부는 사기업의 활동에 거의 제약을 가하지 않으며 사기업 역할을 할 수 있도록 제도적으로 보조를 하고 있다. 이와 반면에 좌익정부는 기업의 공적 소유를 촉진하며 기업활동에 광범위하게 제약적인 규제를 한다. 그리하여 일국의 야당 및 중요 정치세력의 이념과 함께 정부의 이념을 파악하는 것이 중요하다(*Ibid.*).

외국인 직접투자가 국민경제에 미치는 영향은 어느 국가에든 지대하다고 볼 수 있다. 따라서 많은 국가에서는 자국의 경제성장을 지속적으로 유지 혹은 높이려는 수단으로 외국인투자를 유치하려고 한다. 그러나 자국의 정치이념은 지속적으로 유지되는 것이 아니기 때문에 정치적 위험이 시간이 흘러감에 따라 나타나기도 한다. 정치 지도자 또는 대통령이 바뀔 때마다 정치이념이 다르기 때문에 기업에 대한 정책도 다르게 제시할 것이다.

3) 정부정책의 연속성

기업은 현지정부정책의 안전성이 기업정책의 영속성에 직접적인 영향을 미치기 때문에 현지정부정책의 계속성 여부를 연구해야 한다. 급격한 정책변화는 불안정으로 정의될 수 있으며, 정치적 위험의 주요 원천이다. 불안전성은 보통 정부형태의 변화나 집권당의 교체로 인하여 발생한다. 비록 정부정책이 몇몇 시장의 가능성을 변경시킬 수 있을지라도, 외국인투자자는 장기적인 예측능력과 안전성이 있는 한 어떤 정부형태하에서도 유리할 수 있다. 그리고 모든 정부변경이 반드시 외국기업에 대한 많은 통제를 의미하는 것은 아니다(*Ibid.*).

4) 민족주의

민족주의는 국제 기업 활동에 영향을 주는 가장 중요한 정치적 요인이다. 자본, 숙련, 기술 및 제 목표인 국제적인 이동에 내재된 갈등과 압력을 이해하기 위해서는 민족주의 본질적인 성격과 현지국가에서 표현되는 것에 대한 이해에 관한 파악이 필요하다. 그리고 어떠한 국가도 현지시장 및 경제에 대한 외국기업의 무제한적인 진출을 허용하지 않는다는 것을 이해할 필요가 있다.

현지정부의 정책적인 기능과 다국적기업의 이해가 대립될 때에는 대결이 불가피한 경우도 있다. 그러므로 국제적인 판매자는 일국에서 민족주의 감정을 증가시킬 유발점을 알아야 할 것이다(*Ibid.*).

사례 6-1

이란, 외국기업의 가스전 개발권 박탈 경고

이란은 8일 대규모 가스전 지대인 사우스 파르스 지역의 개발이 지연되고 있다며, 외국업체들의 개발권을 박탈해 국내 업체들로 넘길 계획이라고 경고했다. 마수드 미르카제미 석유장관은 이날 "수년간 일부 단계의 개발을 지연하는 외국 회사들에 더 이상 협상하지 않겠으며 대신 자국 회사들에 이들 프로젝트를 넘기겠다고 최근 통보했다."고 말했다고 이란 메흐르 통신이 전했다.

미르카제미 장관은 그러나 특정 외국 업체의 이름을 거론하지는 않았다.

이번 발언은 이란 혁명수비대가 최근 토탈과 셸 같은 서방 회사들의 사우스 파르스 프로젝트들을 자신들이 담당할 수 있을 것이라고 밝힌 뒤 나와 관심을 모으고 있다.

핵개발 의혹을 불러일으킨 이란에 대해 최근 국제사회가 제재를 논의하면서 일부 외국 회사들은 이란 에너지 부문의 신규 투자를 중지한 상태다.

미르카제미 장관은 이날 이란은 다양한 프로젝트를 진행하는 데 자금이 부족한 실정이라고 말했다.

자 료 : 매일경제, 2010.5.9

제 2 절 정치적 위험의 유형

정치적 위험은 정치적 변화로부터 발생하는 위험을 가리킨다. 외국기업 전체에 영향을 미치느냐, 아니면 특정산업이나 기업 또는 프로젝트에만 미치느냐에 따라서 거시적 위험과 미시적 위험으로 나눌 수 있다.

1. 거시적 위험

거시적 정치위험이란 외국기업 전체에 영향을 미치는 정치적 변화를 가리킨다. 거시적 위험의 영향은 매우 강력하며 직접적이고 전면적이나 그렇게 자주 발생하는 것은 아니다. 또한 거시적 위험은 돌발적이고 단발적이며 개별적인 외국기업으로서는 거의 통제할 수 없는 성격의 위험이다.

가장 직접적이면서도 전면적인 거시적 위험의 예는 1959~1960년도에 쿠바의 카스트로가 모든 사유재산을 국유화한데서 찾아볼 수 있다. 이처럼 정치적 이념의 전환으로 인해서 외국인 투자자산을 몰수한 예는 그 밖에도 알제리아, 미얀마, 칠레, 이집트, 가나, 인도네시아, 우간다, 리비아 등에서도 있었다.

정치적 위험은 또한 외교적인 관계의 결과로서도 발생할 수 있다. 예를 들면, 1970년 중공의 주은래가 일본에 대해서 소의 '주사원칙'을 발표하면서 한국과 대만에 투자하였거나 신용을 공여한 기업과는 거래를 하지 않겠다고 발표한 경우이다. 이 경우에 우리나라에 투자한 일본기업의 경우에도 중공과 거래를 하기 위해서는 제3국인 우리나라로부터 철수하지 않으면 안 되는 미묘한 위치에 빠지게 되었다. 이와 비슷한 경우는 중동의 아랍 국가들이 이스라엘에 지사를 가진 외국기업과는 거래를 하지 않겠다고 선언한 데에서도 찾아볼 수 있다. 거시적 위험은 제2차 세계대전 직후 동구와 중공 등의 사회주의 국가에서 동서냉전의 심화에 따라 발생하였으나 1970년대 이후에는 자원민족주의 대두와 함께 중동지역이나 아프리카, 중남미 국가에서 종종 일어나고 있다.

거시적 위험을 위험요인의 발생원천에 따라 사회적요인과 정부요인으로 분류할 수 있다.

1) 사회적 요인

사회적 요인에 의해 초래된 정치적 위험을 가리키며, 이는 국가내부 사회적 요인과 국가외부 사회적 요인으로 분류할 수 있다.

(1) 국가내부 사회적 요인: 혁명, 쿠데타, 내전, 인종갈등, 인종·종교요소, 폭동·테러, 파업, 보이콧, 노조의 전면파업.

(2) 국가외부 사회적 요인: 국가간 게릴라전, 국제테러, 세계적 대중의견, 철수 압력.

2) 정부관련요인

정치, 법률 및 정부에 관련된 위험을 말한다. 또한 국가내·외부 정부관련요인으로 분류할 수 있다.

(1) **국가내부 정부관련요인** : 국유화, 몰수, 송금제한, 집권자에 대한 저항, 급진적 정권이양, 고물과, 고금리, 관료주의.

(2) **국가외부 정부관련요인** : 핵전쟁, 일반전쟁, 국경분쟁, 동맹의 파기, 수출금지조치, 높은 외채상환율, 국제경제불안

2. 미시적 정치적 위험

미시적 정치위험은 거시적 위험보다는 덜 극적이지만 어느 면에서는 오히려 더 널리 그리고 자주 국제기업에 영향을 미친다. 위에서 언급한 바와 같이 거시적 정치위험은 모든 기업에게 영향을 미치는데 반하여 미시적 위험은 소수의 특정기업에게만 영향을 미친다. 미시적 위험은 외국정부가 정치적인 이유로 특정산업이나 기업 또는 프로젝트에 제한적인 정책을 취할 때 발생하게 되며, 특정기업이나 특정산업만이 받게 되는 정치위험이며, 기업의 성격 또는 전략에 따라서 어느 정도 통제 조절할 수 있는 성질의 위험이다. 또한 미시적 위험 발생원천에 따라 사회적요인과 정부요인으로 분류할 수 있다.

1) 사회적 요인

(1) **국가내부 사회적 요인** : 선택적인 테러, 선택적인 파업, 선택적인 저항, 기업에 대한 국가적인 보이콧.

(2) **국가외부 사회적인 요인** : 국제적 행동집단, 외국MNE간 경쟁, 선택적 국제테러, 기업에 대한 국제적 보이콧.

2) 정부관련 요인

(1) **국가내부 정부관련 요인** : 선택적 국유화, 선택적 국유화, 합작투자압력, 차별적 조세정책, 현지부품사용법, 계약의 일방파기, 자국기업 지원, 가격통제.

(2) **국가외부 정부관련 요인** : 본국과 현지국의 외교적 긴장, 쌍무적 무역협정, 다자간 무역협정, 수출입규제조치, 외국정부의 관섭.

법률이나 정부로부터 발생하는 위험은 지속적인 정치적 과정의 직접적인 산물로서 선거에 의해서 새로운 정부를 구성한다거나 정상적인 국회활동을 통해서 무역, 노동, 합작투자, 기술, 통화량, 기타 개발정책에 관한 입법행위를 위미한다. 예를 들어, 이란에서 굿리치(B. F. Goodrich)타이어사는 극동과 유럽에서 최대 규모의 타이어 공장을 설립하기로 계약을 하고 건설에 착수 하였다. 그러나 중도에 현지정부에서 24시간 3교대 작업을 하지 못하게 하고 오로지 8시간 근무제를 도입하는 입법조치를 행하여 굿리치 타이어사는 생산계획에 차질이 생겨 큰 어려움에 직면한 경우도 있다.

이상의 예에서 알 수 있는 바와 같이 정치적 위험을 완벽하게 평가하기 위해서는 앞서 설명한 모든 가능성을 고려해야만 한다. 그러나 정치적 위험을 분석함에 있어서는 우선 먼저 법률이나 정부 이외의 요인, 즉 사회적 요인에 의한 정치위험에 의한 정치위험이 혁명이나 쿠데타 같은 것이라면 이러한 혁명이나 쿠데타의 결과로 외국기업에 대한 법률이나 규정이 변화될 것은 약관화한 일이기 때문이다(*Ibid.*).

제 3 절 정치적 위험의 원천과 영향

특정 국가 내에서 어느 기업 혹은 어떤 산업분야가 정치적 위험의 표적이 되느냐는 현지국가의 정치적 · 경제적 · 사회문화적 상황에 따라서 다양한 위험의 원천이 되고 있다. 일반적으로 경제적인 측면을 보면 다음과 같다.

첫째, 진출기업이나 산업이 사용하는 기술수준이 낮은 경우.

둘째, 현지 기업과의 경합이 있는 경우.

셋째, 석유나 광물과 같이 현지국이 부존자원에 대한 의존도가 높은 경우

넷째, 현지국에서의 국제수지개선효과가 적은 경우

다섯째, 현지국에서 필수품이 아닌 사채성 재화를 생산하는 경우

여섯째, 국제기업이 현지에서 선량한 기업시민(good corporative

citizen)의 역할을 수행하지 못하는 경우

일곱째, 투자 본국정부의 지원이 약할 경우에 정치적 위험의 표적이 될 가능성이 높다.

위에서 보는바와 같이 현지국가 경제 성장에 장해가 될 경우에 정치적 위험에 직면할 수 있다.

산업별로 보면 자원채취산업과 금융, 통신, 수송, 방위산업 등의 기간산업이 일반제조업보다 미시적 위험이 큰 것으로 알려지고 있다. 브래들리(D. Bradley)의 연구에 따르면 1961년부터 1973년 사이에 해외진출 미국 기업 중 재산상의 피해를 당한 경우는 모두 170건으로 그 중 69건이 발취산업(extractive industry)이었으며, 그 다음으로는 수송, 통신 등 공공사업부분이 51건, 금융업이 32건을 기록하였으며 제조업 및 유통업은 18건에 불과하다고 기술하고 있다(*Ibid.*).

샤피로(A. Shapiro)의 연구에 의하면 단독투자가 합작투자보다 위험이 더 높은 것으로 나타났다. 합작투자도 민간기업과의 합작투자가 정부기업과의 합작 투자보다도 위험이 낮은 것으로 조사되었다. 단독투자는 피투자 국가에서 얻고자 하는 기술이전 등이 불가능하기 때문에 위험이 합작투자보다 더 높다고 볼 수 있다. 또한 현지국가의 민간기업과 합작투자는 현지국가로 인정이 되기 때문에 정치적 위험이 적다고 볼 수 있다.

로벅(S. H. Robock), 시몬즈(K. Simmonds) 그리고 즈윅(J. Zwick)은 정치적 위험의 원천을 나섯 가지로 분류하고 있다.

첫째, 현지국가가 지니는 상반된 정치이념을 들고 있다. 여기서 상반된 정치이념이라는 것은 민족주의(nationalism), 사회주의(Socialism), 공산주의(communism) 등을 의미하고 있다.

둘째, 사회적 불안과 무질서를 들고 있다. 사회불안과 무질서는 정치적 불안정을 초래하기도 하지만 근로자들의 근로 의욕을 저하시키고 사회전반에 걸쳐 보신주의를 만연하게 한다.

셋째, 현지기업인과 외국기업인들이 특정 사업 분야에 깊은 이해관계가 있을 경우 뇌물이나 기타의 스캔들을 폭로시킴으로써 정치적 공세를 펼 수도 있다. 예를 보면 1980년 초반 이후 미국에서는 컬러 텔레비전의 국내생산이 전면 중단되었음에도 불구하고 1980년대 중반 한국산 컬러 텔레비전에 대한 덤핑제조가 계속되었던 것은 일본계 및 대만계 전자 제품수출업체들의 로비에 의한 것으로 알려져 있다.

넷째, 정치적 독립국 주권선언이다. 오늘날에는 식민지 국가로 남아있는 나라는 극히 적지만 대개 식민지 국가가 정치적으로 독립을 하는 경우에는 국민적 반감과 피해의식 때문에 종주국에 대한 적대적 행위를 취하는 경우가 많다.

다섯째, 전쟁이나, 내란, 테러의 발생으로 인한 정치적 위험이다.

여섯째, 새로운 외교관계 형성이 정치적 위험의 원천으로 작용할 수 있다. 예로 남미의 5개국(볼리비아, 콜럼비아, 에콰도르, 페루, 칠레)은 1971년 공동시장을 결성하면서 동맹국들의 합의 사항으로서 모든 외국인투자기업은 소유지분을 15년 이내에 49% 이하로 낮추도록 결정한 바 있다.

〈표 6-1〉 정치적 위험의 원천과 영향

정치적 위험의 원천	원천이 되는 집단	국제경영에 미치는 영향
*상반되는 정치이념 *사회적 불안과 무질서 *현지기업인 또는 외국기업인의 이해관계 *정치적 독립과 주권선언 *전쟁 또는 내란 *새로운 외교관계형성	*집권정부와 행정부서 *의회 내의 세력집단 *의회 밖의 세력집단 *일반대중집단(학생, 노동자, 소수민족 등) *외국정부 또는 국가간의 연합기관, 단체 *전쟁상대국이나 내란지원하는 외국정부	*재산몰수 *재산수용 *운용상의규제(고용정책, 소유정책, 시장점유율, 제품 특성 등) *이전자유의 제한(배당금, 이자, 상품, 인력 등) *계약의 일방적 파기 *차별정책(조세, 하청 등) *재산 또는 인명피해

자료 : S. H. Robock, K. Simmonds and J. Zwick, Int'l Business and Multinational Enterprise, Homewood, III: Richard D. Irwin, 1977.

〈표 6-1〉에서 보여주는 바와 같이 정치적 위험의 원천이 되는 집단은 다음과 같다.

첫째, 집권 정부와 행정부서
둘째, 의회 내의 세력집단
셋째, 의회 밖의 세력집단
넷째, 일반대중집단; 학생, 노동자, 소수민족
다섯째, 외국정부 또는 국가 간의 연합기관 · 단체
마지막으로, 전쟁 상대국이나 내란 지원하는 외국정부 등이 원천이 되는 집단이다.

또한 정치적 위험으로 인하여 국제기업이 현지의 경영활동에 다음과 같이 영향을 받게 된다.

첫째, 재산의 몰수이다. 몰수는 어떠한 보상 없이(confiscation without compensation) 이루어지는 것을 말한다. 예로 1977년 한국은행의 해외투자허가를 받은 삼풍은 엘살바도르의 '산살바도르 수출자유지역에 현지법인 Sampoong Salva를 설립하였다. 현지법인 Sampoong Salva의 사업전망은 밝았다. 그러나 1979년 후반부터 좌익분자들의 반정데모와 게릴라전이 확대되면서 엘살바도르의 정정은 극도로 불안해지기 시작했다. 1977년에 Carlos Pumberto Romero 장군이 대통령에 취임하였으나 1979년 10월의 좌익쿠데타로 실각하였다. Romero 정권이 붕괴된 후에도 엘살바도로는 좌익분자들의 저항으로 내전상태가 계속되었다.

이러한 상황에서 노동조합의 좌익과격분자들이 현지법인의 공장을 점거한 후 한국인 28명을 인질로 잡고 임금 및 보너스 100%인상, 퇴직금 인상, 기존 이직자에 대한 임금 및 퇴직금 인상분 지급 등을 요구하고 나섰다. 외국기업들과 함께 엘살바도르 정부에 보호를 요청하였으나 소용이 없었다. 결국 생산시설과 제품 및 원자재 등을 현지에 남겨둔 채 직원들만 야간에 탈출하였다. 투자자금, 원 · 부자재 등 총 100만 달러 상당의 자산을 몰수당한 채 엘살바도르에 대미 수출전진기지를 구축하겠다는 삼풍의 계획은 무산되고 말았다(김병순 외).

둘째, 자산의 수용이다. 이는 일정한 금액을 보상(expropriation with

compensation)해주고 국가가 자산의 소유권을 강제로 징수하여 처분하는 행위를 말한다. 수용에 대하여는 국제법규에서는 '적시의 적절한 보상'을 하여야 한다고 규정하고 있으나 여기에 대해서 재산을 수용하는 정부와 수용당하는 기업이 각기 평가하는 자산의 가치에 대하여 의견의 일치를 보기는 어렵다.

셋째, 운영상의 규제조치(operational restrictions)를 들 수 있다. 운영상의 규제조치에는 외국인 기업에 대한 시장점유율, 소유권비율, 제품의 특성, 고용정책 등에 관하여 규칙을 정해 놓고 이를 준수하도록 요구하는 것이다.

넷째, 이전자유에 대한 제한(restriction of transfer freedom)이다. 국제기업은 본질적으로 자본, 인력, 기술, 원료 등 중간투입물과 함께 완성재인 상품을 내부적으로 이전하는 기업 내부거래(intra-firm trade)를 수행하고 있는데 이는 기업이 내부거래를 통해서 추가적인 이윤을 추구할 수 있기 때문이다. 결국 현지국에서는 이러한 추가적인 이윤을 봉쇄하는 수단으로서 이를 제한할 수도 있다.

다섯째, 계약의 일방적 파기나 변경(breaches or unilateral revisions in contracts)을 들 수 있다. 계약의 일방적 파기 또는 변경이란 정부가 민간기업들 간에 사적으로 맺어진 계약에 개입하여 이를 규제하는 조치를 말한다. 대개 정무의 정책목적을 위해 집중육성산업의 보호 또는 불요불급한 사업의 억제 등을 위해 시행되기도 하지만, 합작투자의 경우 현지국파트너 기업의 협상력을 강화시켜 주는 수단으로 작용할 수도 있다.

여섯째, 현지국의 차별정책(discrimination)으로서 현지정부가 조세상의 차별과세를 한다거나, 대형프로젝트에 하청업체로서만 참여시킨다거나 혹은 강제적으로 정부공사를 수주하도록 강요하는 것을 의미한다.

마지막으로는 재산 또는 인명상의 피해(damage to property or personnel)로서 주로 폭등이나 내란, 전쟁으로 인한 피해를 말한다. 예를 들어 1992년 미국 LA에서 발생한 흑인폭동의 주요 희생자는 우리

나라 사람과 기업들로서 다른 국가나 일반 미국인에 비하여 엄청난 피해를 입은 바 있다(*Ibid.*).

제 4 절 정치적 위험의 예측 및 대응전략

1. 정치적 위험의 예측

국제화 · 세계화가 급속하게 진척됨에 따라 국제기업활동에 참여하는 기업은 엄청나게 증가하고 있다. 오히려 국제기업활동에 참여하지 않는 기업을 찾아보기 힘들 정도가 되었다. 그러나 많은 기업들이 해외시장에 관한 정보 없이 참여했다가 낭패를 보는 기업들이 늘어나고 있다. 물론 대기업이나 다국적기업들은 충분한 인적자원을 갖추고 있기 때문에 해외시장 정보 및 네트워크를 가지고 있을 뿐만 아니라 항상 정보수집활동을 하고 있다. 그러나 중소기업은 인적자원이나 네트워크가 없기 때문에 원하는 정보의 수집이 제한적이라고 할 수 있다.

미래의 기업은 정보전쟁이라 할 만큼 치열하다. 따라서 해외에 진출하고자 하는 기업은 경제 및 사회문화 환경의 분석도 중요하지만 정치적 환경의 분석도 대단히 중요하다. 또한 해외 시장 진출에 앞서 특정 국가의 미래에 발생할 정치상황에 대한 예측을 하여야 한다. 정치적인 예측을 행하기 위해서는 다음의 4가지 기초적인 과정을 거치게 된다.

첫째, 현재 권력을 장악하고 있는 정부의 형태를 이해하는 것이 필요하다. 특히 집권당의 정치행동양상이나 정치도덕성들을 파악함으로써 정치적 위험의 발생가능성을 예견해 볼 수도 있을 것이다. 정치적 위험의 예측가능성과 가장 주의 깊게 분석해야 하는 정치적인 요인은 바로 기업의 경영환경에 급속한 변화를 초래하는 것들이다. 즉 정부의 교체, 정치지도자의 교체나 정당의 이합집산 등 정치적 변화와 함께 정부나 정당의 세력 관계와 정치철학 등을 파악하여야 한다.

둘째, 국제기업이 특정지역에서 제공하는 제품이나 영업활동 면에서 겪게 될지도 모르는 정치적 위험을 측정해 본다. 이때 정치적 위험은 앞서 언급한 거시적·미시적 정치위험에 입각하여 각각 추정해야 한다. 특정 국가 내에서 기업활동에 정치적 위험의 표적이 되느냐는 상황에 따라 다르지만 다음과 같은 경우에는 정치적 위험이 커지게 된다. ① 기업이 신기술을 계속 공급해 줄 필요가 없을 때다. 이는 사용하는 기술수준이 낮은 경우 현지국에서 이를 습득하게 되고 후속기술도 그다지 중요하지 않다면 몰수나 수용의 대상이 될 가능성이 높을 것이다. ② 현지기업과의 경합이 있는 경우에는 초기진출자체가 힘들 것이며, 현재나 미래에 경합이 된다면 대개는 자국민을 위한 정책을 시행하기 마련이다. ③ 석유나 광물과 같은 현지국의 부조자원에 대한 의존도가 높은 경우에는 국유화조치를 통해서 자국의 부존자원의 항구주권을 주장하게 된다. ④ 투자기업이 현지국에서의 국제수지개선효과가 적은 경우에는 기업의 교섭력은 작아지고 따라서 정치적 위험이 커진다. ⑤ 현지국에서 필수품이 아닌 사치성 재화를 생산하는 경우에도 정치적 위험이 커진다. 정치적 위험을 줄이기 위해서는 적어도 존재이유를 인정받을 수 있는 제품이어야 한다. ⑥ 국제기업이 현지에서 선량한 기업시민(good corporate citizen)의 역할을 수행하지 못하는 경우이다. ⑦ 투자기업의 본국정부 지원이 미약할 경우에는 정치적 위험의 표적이 될 가능성이 높다.

셋째, 잠재적으로 정치적 위험을 초래할 것으로 생각되는 정치적 위험의 원천을 결정하여야 한다. 만약 이러한 정치적 위험이 재산몰수나 재산수용의 경우 이것이 현지국이 공산화되었기 때문인가, 아니면 내셔널리즘이 대두되었기 때문인가? 만약 운영상의 규제라면 그 원인이 현지국의 경제적 사정 때문인가, 아니면 정치적 사건 때문인가? 등에 대하여 명확히 원천을 파악하여야 한다.

넷째, 앞의 세 가지 과정에서 분석된 결과를 바탕으로, 향후의 정치적 위험의 발생가능성을 추정하는 것이다. 물론 여기서 위험의 발생가능성을 추정하는 것은 상당한 오차와 불확실성을 내포하기 마련이다. 그러나 시간이 경과하면서 예측기법이 개선되고 이에 따라 오차와 불확실성의 정도도 적어지게 되는 것이다(황중서).

2. 정치적 위험의 대응전략

기업은 미래에 발생할 정치적 위험에 대하여 대응하여야 한다. 물론 현지 국가에 진입하기 전에 정치적 위험 발생가능성이 있다면 위험을 줄일 수 있는 방안을 모색하여야 하고 어느 정도 기업에 영향을 미치는지를 분석하여야 한다. 물론 진입시 정치적인 안전성이 보장되어 있었을지라도 시간이 흐르고 정권이 바뀌었을 때에는 정치적인 위험이 높아질 수도 있다. 이와 같이 기업이 해외에서 기업 활동을 하면서 정치적 위험이 발생했을 때, 기업은 위험을 최소화할 수 있는 다음과 같은 위험대응책을 가지고 있어야 한다.

1) 투자 전의 대응전략

정치적 위험을 관리하는 가장 바람직한 전략은 해외에 진출하기 전에 진출대상국의 정치적 상황을 정확하게 분석하는 것이 위험을 줄이는 최선의 방법이다. 물론 진출하고자 하는 기업이 분석능력이 없으면 컨설팅을 통한 정보를 획득할 수 있다. 컨설팅을 통한 정보는 많은 비용이 들지만 막상 기업이 현지국에 진출할 때는 많은 자금을 투자하여야 함으로 일시적인 비용이 들지라도 위험에 관한 정보는 필수적으로 분석하여야 한다. 기업이 해외 진출하기 전에 대응전략은 내부적 대응전략과 외부적 대응전략으로 분류한다.

(1) 기업의 내부적 대응전략

〈표 6-1〉에서 언급한바와 같이 정치적 위험이 크다고 나타날 때는 진출을 포기하여야 한다. 물론 정치적인 위험과 수익분석을 통하여 결

정할 수 있지만, 정치적 위험의 출현은 측정할 수 없는 변수이기 때문에 어떠한 다른 위험보다도 예측하기가 어렵다. 그러나 위험수준이 통제가능한 수준이고 기대수익률이 높게 나타난다면 위험을 최소화할 수 있는 방법으로 진출하여야 한다. 예로 현지 소유지분을 최소화하는 방안을 들 수 있다. 현지지분을 최소화하는 목적은 국유화조치 및 몰수와 같은 위험이 발생할 때 최소의 위험을 안고 가는 전략이다.

현지지분을 최소하기 위한 전략은 다음과 같다.

첫째, 기업활동에 필요한 자금을 현지에서 차입하는 전략이다. 이는 현지 이해관계자의 관계로 인하여 몰수 및 수용 등의 정치위험을 회피할 수 있다.

〈표 6-2〉 정치적 위험의 대응전략

구분	대응전략
투자 전의 대응전략	내부적 대응전략
	*진출포기 *현지소유지분의 최소화 현지차입확대 현지지분참여(합작투자)유도 경영관리계약, 기술지원계약 등 비지분참여 *국제간 통합
	외부적 대응전략
	*정부 및 민간보험가입 *현지정부의 투자보증 *정부간 협정
투자 후의 대응전략	내부적 대응전략
	*선량한 기업시민 이미지의 부각 *현지기술발전에 공헌 *현지관련산업의 육성
	외부적 대응전략
	*정부 및 민간보험 가입 *현지정부의 투자보증 *정부간 협정

자료 : 황중서, 『국제화시대의 기업』, 형설, 1998.

둘째, 현지 국민의 자본참여를 유도하거나 합작투자 형태로 진입하는 전략이다. 현지국민의 자본 참여는 현지사회와의 연관성을 높여줄 뿐만 아니라 합자투자는 현지 기업이라는 인식을 가지고 있기 때문에 단독 투자보다는 정치적 위험이 적다.

셋째, 경영관리계약이나 기술지원계약 등으로 진출한다. 이는 유형의 경영자원 이전이 아니라 인적자원을 제외한 무형자산(특허, 라이센스 등)의 이전을 통한 기업활동을 말한다.

넷째, 경쟁기업이나 현지국의 기업과 상호 보안적 입장에서 협력계약을 취하는 전략을 말한다.

(2) 기업의 외부적 대응전략

기업이 해외에 진출할 때 세 가지 대응 전략을 가지고 진출하면 위험을 최소화할 수 있다. 첫째, 정부나 민간보험에 가입함으로 해외투자 자산을 최소화할 수 있다.

둘째, 현지 정부의 투자에 대한 보증을 들 수 있다. 최근 들어 많은 국가들이 다국적 기업을 유지하기 위하여 많은 인센티브를 제공하고 있다. 이 같은 인센티브 중에는 세금 혜택부터 토지 무상제공까지 포함하고 있다.

셋째, 정부간 협정을 맺는 것이다. 이는 투자국과 피투자국간의 협정 체결을 요청함으로 정치적 위험을 회피할 수 있다. 물론 중소기업 진출 시에는 이와 같은 협정을 제시하기 어렵지만은 다국적기업이나 글로벌 기업은 보다 쉽게 협정체결을 요청할 수 있다.

2) 투자후의 대응전략

투자 후의 대응전략은 현지 시장상황에 따라 위험이 나타난다. 예로 투자 초기에는 경쟁기업이 없다가 시간이 흘러감에 따라 현지 국가의 경쟁기업이 나타날 수 있다. 또한 외국기업의 기업활동이 현지 경제에 긍정적으로 미치는 영향이 적을 때 위험이 나타날 수 있다. 물론 외국 기업이 사회문화에 미치는 것이 부정적일 때도 위험이 나타난다고 볼 수 있다.

(1) 내부적 대응전략

내부적 전략은 세 가지 대응전략을 가질 수 있다.

첫째, 기업이 현지국에서 선량한 기업시민(good corporate citizen)이라는 이미지를 심어주는 것이다. 선량한 이미지를 심어주기 위해서는 정부정책에 대한 적극적 호응, 국가목표에 공헌, 국민복지에 공헌, 기업이미지 제고 등을 들 수 있다.

둘째, 외국기업이 현지국가의 기술발전과 향상에 공헌하는 것이다. 개발 도상국가들은 외국인투자를 유치하려는 목적은 경제성장에 있지만 기술이전이 주목적일 수도 있다.

셋째, 현지국에서 투자관련산업을 육성하는 것이다. 예로 현대자동차가 인도에 진출함으로 자동차를 현지에서 조립 및 생산을 하고 있지만, 이에 필요한 부품산업을 같이 육성함으로 현지국가의 자동차 산업을 육성시킴으로 위험을 최소화할 수 있다.

(2) 외부적 대응전략

외부적 대응전략으로는 투자이전의 대응전략과 마찬가지로 정부나 민간보험에 보험을 들거나, 현지국가 정부로부터의 투자보증을 요구할 수도 있고, 본국정부와 현지국 정부간의 협정을 체결 등을 들 수 있다.

사례 6-2

대웅제약, 다국적사 횡포에 당했다

와이어스 계약파기로 연구비 60억원 날릴판

대웅제약과 한국 정부가 다국적 제약사 측 계약 불이행으로 연구개발(R&D) 투자비 60억원을 날릴 판이다. 대웅제약은 스코틀랜드 항체 전문 벤처기업 헵토젠과 체결한 항체치료제 공동연구가 헵토젠을 인수한 다국적 제약기업 와이어스 측이 일방적으로 협력을 거부하면서 중단됐다고 지난달 30일 밝혔다.

대웅과 헵토젠은 2005년 7월 인간항체를 이용한 녹농균과 항생제 내성 황색포도상구균 치료제 개발을 위한 공동연구에 착수했다.

2단계 연구 개시 시점인 2007년 9월 헵토젠은 대웅제약에 와이어스와 합병한다는 사실을 알려왔다. 대웅제약은 "합병 이후에도 공동연구는 지속돼야 한다"는 방침을 밝혔으나 헵토젠 경영진은 연락을 끊었고 이후 와이어스는 일방적으로 연구 중단을 통보했다. 이에 와이어스 측에 합의 이행과 기금 반환을 요청했으나 와이어스는 "대웅 단독으로 연구를 지속해 성공했을 때 막대한 로열티를 지불해야 할 것"이라며 사실상 협박하는 태도를 보였다고 대웅 측은 주장했다.

대웅제약은 향후 유사한 사태가 재발하지 않도록 와이어스에 대해 국제 중재심판 등 취할 수 있는 모든 법적 조치를 할 방침이라고 설명했다.

자료 : 매일경제, 2009.11.30

제 5 절 법률적 환경

사람을 위하든, 기업을 위하든, 문화를 위하든 세계 어느 나라든 법이 존재하고 있다. 그러나 이 같은 법이 국가마다 다르지만, 시간이 흐르고 환경이 변함에 따라 법도 변화한다는 것이다. 또한 법률의 체계와 해석의 방법도 국가마다 다르다는 것은 것을 명심하여야 한다. 해외에 진출하고자 하는 경영자는 인간이 살아가는 장소는 다르지만 법률환경은 비슷하겠지 하는 마음은 버려야 한다. 그러므로 국제기업은 진출 하고자 하는 법률적 환경을 면밀히 분석하여야 한다.

1. 세계의 주요 법률체계

세계의 법률체계는 시민법 또는 성문법(civil or code law system), 보통법(common law system), 종교 및 관습법(religious and customary system) 등으로 분류한다.

성문법은 로마법에 입각하고 있으며 대부분 비영어사용 선진국에서 발견되고 있다. 보통법은 앵글로 · 색슨영어사용국에서 발달하였으며, 영국에서 미국 및 영연방국가로 퍼져 갔다. 종교 및 관습법은 이슬람 국가 및 개발도상국에서 존재하고 있다.

종교법 즉 이슬람법을 약 27개국에시 사용하고 있다. 이슬람법, 즉 사리아법(Shari'a law)은 이슬람국가의 모든 생활양상을 지배하고 있다. 이는 사리아의 역사적 원천에 의해서 명확히 되지 않은 규칙은 정부규제 및 이슬람 재판관에 의한 결정으로 전해진다. 그러나 기업에 관한한 다른 법률체계와 크게 다르지 않다.

성문법은 엄격한 법률해석에 따른다. 예로 보통법은 등록상표의 소유권은 '사용'의 우선권에 의하여 결정되지만, 성문법은 소유권 '등록'의 우선권을 부여하고 있다.

2. 현지국의 법적환경

특정 국가에서 기업 활동을 하고자 하는 기업은 현지국가의 법률 환경에 대하여 면밀히 분석하여야 한다. 문제는 국가마다 기업 활동에 대한 법률이 상이하기 때문에 마케터들은 어려움을 격고 있다.

각 국은 제품, 가격, 유통, 촉진 및 라벨 등에 마케팅활동을 규제하는 상이한 법률을 가진다.

〈표 6-3〉 EU 내의 광고 금지법률

국 가	금지내용
이탈리아	모든 형태의 담배광고
그리스	장난감에 대한 모든 광고
핀란드	속도를 부각시키는 자동차 광고
스웨덴	12세 미만의 어린이를 표적으로 하는 TV광고
네덜란드	자동차 연료 소모에 대한 주장

자료: 이수영, 『글로벌 마케팅』, 대명, 2007

〈표 6-3〉에서 EU국가의 광고금지에 대해 상이한 법률체계를 보여

주고 있다. 이와 같이 기업은 마케팅활동함에 있어서 광범위하게 다른 국가의 법률체계에 대처하여야만 한다. 또한 진출하고자 하는 국가의 법률체계를 깊이 연구하여야만 한다. 왜냐하면 국제마케팅 담당자가 국제 마케팅활동과 직접적인 관련이 있는 국가의 법률사항을 이해하고 적절히 활용하지 못하면, 국제마케터로서의 임무를 달성할 수 없기 때문이다. 즉 그 나라의 법률에 대한 이해는 국제마케팅 담당자가 국제마케팅활동을 성공적으로 수행하는데 필요한 일종의 도구이다. 이처럼 국제기업활동은 관리할 수 있는 통일된 일원적인 국제상법(uniform international commercial law)체제가 존재하지 않기 때문에 각국의 법률적 환경을 이해하고 이에 적절히 대응할 수 있는 전략을 수립하는 것은 국제마케팅 담당자에게 있어서 매우 중요하다.

각국의 법률체계는 매우 다양하고 복잡하기 때문에 이를 모두 이해하고 파악하는 것은 사실상 불가능하다. 그러나 국제 마케팅 활동을 수반하는 법률적인 체계들은 어느 정도의 공통성이 있으므로 국제 마케팅 담당자는 일반적으로 발생하는 아래의 법률문제에 대하여는 특별한 관심을 가질 필요가 있다(김중배).

① 기업 간의 결탁 내지 규합, 구매자에 대한 차별화, 촉진방법, 차등가격, 독점적인 시장분할협정 등을 규제하는 경쟁의 규칙

② 소매가격에 관련된 법률적 규정

③ 유통계약이나 도매계약의 해약에 관한 법률적 규정

④ 제품의 품질법과 통제에 관한 법률적 규정

⑤ 제품의 보증과 판매 후의 서비스에 관한 법률적 규정

⑥ 가격통제, 이익마진의 제한에 관한 법률적 규정

⑦ 법률에 관한 법률적 규정

⑧ 특허, 상표 그리고 저작권 등에 관한 법률적 규정

3. 지적재산보호

지적재산권은 최근 몇 년 동안 많은 관심과 논의의 대상이 되고 있다. 지적재산이란 유형상품으로 변형될 수 있는 아이디어를 말하며, 일정기간동안 국가로부터 보호를 받을 수 있다. 지적재산원에는 특허, 등록상표, 저작권 등을 포함하고 있다.

이러한 지적재산권은 보호기간이나 보호되는 상품 등이 국가에 따라 상이하다. 따라서 글로벌마케터는 진출하고자 하는 국가의 법률을 연구하여 그 법률을 준수해야 한다.

예를 들어 특허의 경우를 보면, 미국에서는 먼저 사용한(prior use) 사람에게 특허가 주어지지만, 일본의 겨우, 먼저 등록한(registration)사람에게 특허가 주어진다. 특허에 대한 이러한 차이는 기업에게 시사하는 점은 상당히 중요하다. 미국에서 활동하는 외국기업은 미국에서 이미 발명된 기술을 도입하는데 대단한 주의를 하여야 한다. '먼저 등록'의 생각으로 급히 특허 출원을 하면, 이미 먼저 그 기술을 발명하여 사용했다고 주장하는 경쟁자의 소송에 의해 상당한 재정적인 부담을 입을 수도 있다.

한편, 오늘날 국경을 넘는 재화의 이동이 증가하므로, 선진국들은 자국의 지적재산권을 보호하기 위해 쌍무적, 혹은 다자간 수준에서 여러가지 조치를 취하고 있다. 국제적으로 이러한 지적재산권을 보호하기 위해 WTO하의 TRIPs(Trade-related aspects of intellectual property rights)에 관한 협정이 있다. TRIPs는 지금까지 지적재산권에 관한 가장 포괄적인 다자간 협정이며, 현재 국제협정에 포함되어 있는 지적재산권을 최대한 보호하기 위해 기준을 마련하였다(이수영).

4. 국제분쟁의 해결

기업의 국제화에 따라 기업들의 해외진출은 빠르게 증가하고 있다. 즉 수출, 수입, 라이센싱, 프랜차이징, 턴키베이스 및 해외직접 등도 폭발적으로 해외 진출·입이 늘어나고 있다. 이와 더불어 분쟁도 증가하는 추세다. 그 이유는 상대국가의 상거래에 관한 지식부족이 가장 크다고 볼 수 있다. 그러나 분쟁이 일어났을 때에는 적극적인 행동을 취해야 한다. 기업에서 취할 수 있는 행동은 조정, 중재, 소송의 형태가 있다. 기업측 입장에서는 소송 등은 국제변호사 등을 대리인으로 하면 막대한 비용이 들어가기 때문에 중재나 조정의 형태로 끝나는 것이 좋다고 볼 수 있다.

1) 중재

중재는 분쟁의 당사자들이 합의에 의하여 법원 이외의 제3자(중재인)에게 그 해결을 위임하고, 그 판정에 복종함으로써 분쟁을 최종적으로 해결하려는 방법이다. 통상적인 재판과 중재의 차이는 통상적인 재판과 '법에 의한 판단'을 하는 것임에 반해, 중재는 '양 당사자간의 인격과 합리적 해결에 의한 판단'을 중시한다는 점이다. 통상적인 재판의 경우 법관은 헌법과 법률에 의하여 그 양심에 따라 재판하여야 한다. 한편, 법관과 달리 중재인은 아주 자연스러운 입장에서 자기 자신의 양심과 인격에 따라 판정을 한다.

각국에서는 상사중재협회가 설립되어 상사분쟁을 해결하기 위하여 상세한 중재규칙을 만들어 중재를 위촉하였을 경우에 대비하고 있다. 우리나라의 경우 대한상사중재위원회(Korean Commercial Arbitration Board)가 상사분쟁을 하고 있다.

또한 국제상사중재기관에는 국제상업회의소(International Chamber of commerce), ICSID, 유엔국제무역법위원회가 있다.

2) 소송

국제상거래 분쟁이 발생했을 때 이를 해결하는 데 활용할 수 있는 가장 공식적이고 법적 구속력이 있는 수단은 소송이다. 그러나 소송은 가능한 한 피하는 것이 좋다. 왜냐하면 우선 소송에 의하여 문제를 해결하자면 오랜 시일이 걸리며 소송비용, 변호사의 보수, 증인의 비용 등 많은 경비를 지불하게 된다. 뿐만 아니라 양 당사자의 국적 및 법의 영역이 다른 경우에는 소송의 기술적인 면에서 여러 가지 곤란한 문제가 발생하기도 한다. 그리고 소비자 및 현지국 내에서의 이미지를 실추시킬 가능성이 있으며, 소송이 진행되는 동안에 국제기업이 현지국 내에서 지나치게 노출된다는 약점이 있다.

따라서 소송으로 가기 전에 비용이 적게 들며 시간적으로 빨리 해결할 수 있는 실제적인 해결수단으로서 화해, 타협 또는 상사중재제도(commercial arbitration system)를 활용하는 것이 좋은 방법이라고 할 수 있다.

3) 타협과 화해

국제기업이 국제 마케팅 활동을 수행함에 있어서 처음부터 분쟁이 발생하지 않도록 노력을 해야 하는 것은 당연한 일이지만, 만일 불행하게도 분쟁이 일어나게 되면 양 당사자 간에 직접 교섭, 즉 타협과 화해에 의하여 해결을 하는 것이 우선 요망된다. 이처럼 분쟁의 가장 기본적인 중요한 방법이 타협과 화해이며, 분쟁을 자발적 · 평화적으로 해결할 수 있는 가장 바람직한 방법이다.

분쟁 발생 시 타협과 화해가 실패한 경우에는 좀더 강력한 방법인 중재나 소송을 택할 수밖에 없는데, 많은 국제기업의 관리자들은 상대방을 소송하기보다는 중재를 통하여 해결하기를 더 선호한다(*Ibid.*).

사례 6-3

급행료 필요할 때 있지만…롱런하려면 법규정 지키는 게 최선

콩고민주공화국 킨샤사의 비닐봉지 제조업체 킴인터내셔널에서 직원들이 상의를 벗은 채 작업하고 있다. 이 회사 김상혁 대표는 "아프리카는 분명 기회의 땅이지만 경쟁도 점점 치열해지고 있다"고 말했다. 킨샤사(DR콩고)=장진모 기자 jang@hankyung.com

가나의 테마 시에서 정유저장 시설을 운영하는 임도재 글로텍 사장은 교민사회에서 신화적인 인물로 통한다. 맨주먹으로 시작해 12년 만에 연간 400억원 이상의 매출을 올리는 기업을 일궜기 때문이다. 그의 성공 스토리는 철저한 현지 시장 파악에서 시작한다. 1993년부터 5년간 SK건설 가나 지사장으로 일하면서 현지 문화와 사업에 필수적인 대관(對官) 업무 등을 몸으로 배웠다.

자신감이 붙은 그는 1998년 SK건설에서 독립했다. 하지만 아프리카는 그에게 녹록지 않았다. 최종 사인을 앞두고 계약이 수포로 돌아가는 일이 한두 번이 아니었다. 다행히 2002년께부터 200만달러 규모 정유저장 사업을 수주하는 데 성공했다. 그 후에는 탄력이 붙었다. 임 사장은 "SK건설에서 일하며 현지 사정을 충분히 파악하지 않았다면 이 정도 성과를 낼 수 없었을 것"이라고 말했다.

◆2~3년 현지 적응 기간을 가져라

사하라 이남 아프리카가 한동안 미개척 시장으로 남은 이유는 낮은 소득 수준과 정치 불안 등 열악한 사업 환경 때문이다. 최근 들어 상황이 나아지고 있지만 투자 리스크가 상대적으로 높아 그만큼 철저한 준비가 필수적이다.

콩고민주공화국 수도 킨샤사에서 비닐봉지 제조업체 킴인터내셔널을 운영하는 김상혁 대표가 대표적 사례다. 그는 1988년 무역업을 하는 부친을 따라 이곳에 정착했다. 1998년 제조업을 시작한 그는 지금 직원 250여명을 거느리고 안정적으로 사업을 운영하고 있다. 김 대표는 "아프리카는 인구가 증가하고 성장 잠재력이 풍부한 땅이지만, 중국 인도 레바논 상인 등 기존 세력과 경쟁하려면 발로 뛰는 시장조사가 필수"라고 강조했다. 그는 "한국에서 가진 정보만으로 판단하면 곤란하고, 특히 현지 사업가의 말만 믿고 투자하면 혹독한 수업료를 낼 확률이 높다"고 설명했다.

◆노동생산성 잘 따져봐야

제조업체들은 아프리카의 저임금이 매력으로 다가온다. 하지만 노동생산성은 중국 베트남 등보다 훨씬 낮은 수준이다. 교육과 훈련이 돼 있지 않은 데다 느긋한 문화 탓이다. 앙골라 루안다에서 만난 곽은구 남광토건 상무는 "한국에서 한 사람이 할 일을 이곳에서는 서너 명이 달라붙는다"며 "생산성을 따져보면 임금이 무조건 저렴하다고 할 수 없다"고 했다. 노동생산성을 고려해 임금 경쟁력을 따져봐야 한다는 지적이다.

반면 유럽 국가들의 식민지를 경험한 탓에 복리후생에 대한 요구 수준은 높다. 가나 쿠마 시에서 도로공사를 하고 있는 중흥건설의 최주섭 현장소장은 "평일 야근은 25%, 토요 근무는 50%, 일요 근무는 100% 임금을 더 줘야 하고 일요일은 오후 2시까지밖에 근무하지 못하도록 돼 있는 등 노동 규제가 까다롭다"고 전했다. 그는 "노조 활동이 강해 2004년에는 잡부 1인당 평균 월급이 25세디(2만1,400원)였는데 지금은 70~80세디(6만4,200원)로 뛰었다"고 전했다.

◆수시로 바뀌는 법 규정 꼼꼼히 살펴야

법규와 규정이 수시로 바뀌는 경우가 많아 낭패를 보는 일도 잦다. 앙골라에서 수산·무역업으로 연간 2,000만달러의 매출을 올리는 인터불고의 안영권 사장은 "정부가 어느 날 갑자기 7~9월 조업을 금지하는 바람에 타격을 입기도 했다"고 말했다.

짐바브웨에 진출한 한 기업은 관세 규정을 꼼꼼히 파악하지 못해 낭패를 봤다. 짐바브웨는 화장품 완제품에는 무관세, 화장품 원재료에는 고율 관세를 부과한다. 일반적인 경우와 정반대였다. 업체 관계자는 "이 규정을 모르고 화장품 제조공장을 인수했는데 관세 없이 들어오는 중국산 화장품과의 가격 경쟁력에 밀려 지금은 공장을 놀리고 있다"고 말했다.

요즘에는 자국 경쟁력 향상을 위해 각국 정부가 합작사 지분을 늘려 달라거나 현지인 고용 또는 기술 이전을 요구하는 사례가 많다는 점도 염두에 둬야 한다.

한영남 현대중공업 앙골라 지사장은 "그동안 유조선을 한국에서 대부분 만들어 앙골라로 가져왔는데 최근 부분 제작해서 현지에서 조립해 달라는 요청이 들어왔다"며 "불가능한 것은 아니지만 인력을 따로 훈련해야 하는 만큼 비용이 더 들고 완성도에 영향을 줄 수 있어 고민"이라고 말했다. 아프리카 현지 정부와 합작해 건설사를 운영하는 한 기업은 현지 정부가 사업 수주를 대가로 지분율 증가를 지속적으로 요구, 대주주 권한을 빼앗길 위기에 처한 것으로 알려졌다.

◆'아프리칸 타임'에 익숙해져라

'빨리 빨리'에 익숙한 한국 사람들도 아프리카에서는 인내심을 길러야 한다. 거의 모든 게 정해진 스케줄대로 이뤄지지 않는다. 느린 '아프리칸 타임'에 익숙해져야 하는 것이다. 약속시간을 지키는 정부 관료를 찾아보기 어려우며 차량 등록이나 전화기 설치, 인·허가 등 행정 처리에 오랜 시간이 걸린다. 때론 '급행료'가 필요하다. 현지에서 잔뼈가 굵은 한인업체들은 "부패한 관료들이 '뒷돈'을 요구하지만 현지 법과 문화를 존중하며 기다리는 게 최선일 수도 있다"고 전했다.

진출 초기에는 충분한 자기자본이 있어야 한다. 가령 공장 설립 비용이 30만달러면 60만달러를 확보해 놓아야 한다는 것이다. 관급공사는 정부가 대금을 제때 지불하지 않는 경우도 잦다. 원·부자재 재고도 2~3개월치를 갖고 있어야 생산 차질을 피할 수 있다. 앙골라의 국가정보처리센터 구축사업을 끝낸 김명경 삼화통신 현장소장은 "앙골라 정부가 통관비를 내지 않아 자재를 실은 컨테이너 20개가 부둣가에 여러 달 묶여 있었던 적이 있었다"고 전했다.

자료 : 한국경제, 2010.5.28

연 습 문 제

1. 글로벌마케터가 글로벌 정치환경의 이해의 중요성에 대하여 설명하라.

2. 거시적 위험과 미시적 위험에 대하여 논하시오.

3. 정치적 위험의 원천에 대하여 논하시오.

4. 정치적 위험의 예측 필요성에 대하여 설명하라.

5. 정치적 위험의 대응전략에 대하여 논하시오.

6. 타 국가의 법률환경 중요성에 대하여 설명하라.

7. 국제분쟁 해결방법에 대하여 논하시오.

제 3 부

글로벌마케팅 전략

제 7 장

해외시장 진출전략

제 1 절 해외시장진출

국제시장 진입방식에는 수출, 라이센싱(licensing), 프랜차이징(franchising), 수혜국기업과의 합작 투자, 그리고 수혜국에서 전적으로 소유권을 갖고 있는 자회사를 설립하는 것을 포함한다. 진입방법은 진입방식과 관련된 장·단점과 관련되어서 결정된다. 즉, 수송비용, 무역장벽, 정치적 위험·경제적 위험 및 기업전략과 같은 다양한 요인에 의하여 결정된다. 최선의 진입 방식은 이러한 여러 요인에 의존하는 상황에 따라 다양하다. 그리하여 어떤 기업은 수출에 의해 기존시장에 이바지하는 반면에 다른 기업들은 다른 진입방식이나 자회사를 설립함으로써 시장에 이바지한다.

이 장에서는 최상의 진입방식을 결정하는 포괄적인 요인들을 제시하고, 광범위한 방식뿐만 아니라 혼합적 진입방식을 고려한다.

〈표 7-1〉 기업의 해외시장 진출방식

방 식	형 태	목 적	주요 업종
수출방식	수출	시장확대, 투자수익증대	대부분의 업종
계약방식	라이센싱	시장확대,R&D지출의 수익증대	제조 산업
	프랜차이징	시장확대, 수익확대	서비스 산업
	턴키프로젝트	투자수익 증대	석유제련산업
	전략적 제휴	시장확대, R&D개발	대부분업종
직접투자방식	해외단독투자	시장접근확대, 생산의 현지화	제조업, 중공업
	국제합작투자	시장접근확대, 자원공유	제조업, 전분야
	국제 M&A	규모의 경제, 생산의 현지화	전자, 금융서비스

자료: 강태구, 『글로벌 기업』, 무역경영사, 2008, 일부 변경.

1. 진입방식

기업이 해외시장 진출을 고려할 때, 최고의 기업성과를 성취할 수단에 관한 문제에 직면할 수 있다. 해외시장 진입방식에는 6가지의 다른 방식이 있다. 수출, 라이센싱(licensing), 프랜차이징(franchising), 턴키프로젝트(turnkey project), 합작투자(joint venture company) 및 자회사 설립 등이 있다. 이들 진입방식에는 각각의 장·단점을 갖는다. 국제시장 마케터들은 어떤 진입방식을 사용할지를 결정할 때 이 점을 주의 깊게 고려할 필요가 있다(Hill).

1) 수출

수출은 기업이 해외시장에 가장 쉽게 진출할 수 있는 방법이다. 기업이 초기에는 제품을 국내생산 해서 국내에 판매하는 기업활동을 하지만, 국내시장의 규모나 기업성장이 제한적이기 때문에 해외에 진출을 시도하기도 한다. 그러나 기업은 해외시장의 정보와 경험부족으로 인하여 수출로 인한 해외시장 진출도 쉽지는 않을 것이다. 해외시장 진출 초기단계에 이러한 진출의 어려움을 극복하기 위한 방법으로 해외시장 경험이 있는 대리인이나 중개인(제3자)을 통한 수출을 시도한다. 이러한 방식의 수출을 간접수출이라 한다. 이때 수출하는 기업은 제3자인 중개인이나 대리인에게 매출액에 대한 일정한 수수료(commission)를 제공한다. 그럼에도 불구하고, 이러한 간접수출을 통하여 자사의 제품에 대한 해외고객의 반응도 살펴볼 수 있다. 또한 간접수출을 통한 기업의 수출 증가에 따른 기업성장과 더불어 새로운 인력을 충원하게 될 것이다. 이렇게 새롭게 충원된 인력이 새로운 해외시장을 개척하고 대리인이나 중개인 없이 직접 자사의 이름으로 해외에 수출하는 것을 직접수출이라 한다.

대부분의 제조 기업들은 수출기업으로서 전 세계적인 확장을 시작하고, 이에 따라 해외시장에 서비스할 또 다른 방식을 접속한다.

(1) 장점

① 피 투자국에 실제적인 제조운영을 설립하는 비용을 피할 수 있다.

② 기업이 경험곡선(experience curve)과 지역경제(location economies)를 성취할 수 있도록 수출이 도움을 준다는 것이다. 중심화된 지역에서 생산물을 제조하고 그것을 다른 국가시장으로 수출함으로써 기업은 진 세계적인 판매량으로부터 실제적인 규모의 경제(scale of economies)를 깨달을 수 있다.

(2) 단점

① 제품을 제조하는 데 생산요소비용이 적게 드는 지역이 있다면, 본국으로부터의 수출은 부적합할 것이다. 그래서 세계적이거나 초국가적 전략을 추구하는 기업들은 가치창조의 관점에서 가장 유리한 지역에서 제조하고 그 지역으로부터 전 세계로 수출하고 있다. 많은 미국의 전자 기업들은 그들의 제조지역을 값싸고 기술이 뛰어난 노동력을 이용할 수 있기 때문에 극동지역으로 옮겨왔고 그곳에서 미국을 포함한 전 세계로 수출한다.

② 특히 대량생산의 경우 비싼 수송비용이 수출을 비경제적으로 만들 수 있다. 이러한 문제를 극복하는 한 가지 방법은 현지에서 대량생

산하는 것이다. 이러한 전략으로 인해 기업은 대규모 생산으로부터 생산비를 절감할 수 있고 동시에 수송비용을 절약하게 된다.

③ 관세로 인해서 비경제적으로 된다는 것이다. 이는 수혜국 정부에 의한 관세 위협 때문에 수출은 매우 어렵게 될 수 있을 것이다. 실제로 많은 일본 자동차 기업들이 미국의 제조공장을 설립하도록 결정을 내리게 한 일본 자동차 수입에 관세를 부과시킨 것은 미국 의회의 암시적인 위협이었다. 1990년까지 미국에서 팔린 일본자동차의 거의 50%가 현지에서 제조되었다.

2) 간접수출

간접수출은 대리인, 중간상 또는 종합무역상사를 통해 수출하는 것을 말한다. 수출업자는 중개업자에게 수출 금액에 따른 수수료(commission)를 제공한다. 기업이 이같은 선택을 하는 것은 해외시장에 대한 경험, 정보부족, 해외시장을 스스로 개척할 수 있는 인력부족 등을 들 수 있다. 또한 중개상은 이미 세계시장에 대한 경험과 정보를 소유하고 있기 때문에 쉽게 제품을 팔 수 있다는 장점이 있다. 즉, 많은 시간과 비용 없이 쉽게 해외시장에 진출할 수 있다.

(1) 장점

① 수출에 능통한 중간상(제3자)을 이용함으로써 쉽게 해외시장 진출할 수 있다.

② 수출부서 및 해외지사를 운영하지 않음에 따른 비용을 절감할 수 있다.

③ 중개상, 대리인 및 종합상사를 통한 해외시장에 관한 정보를 획득할 수 있다.

④ 해외시장 조사와 개척에 소요되는 비용을 절감할 수 있다.

(2) 단점

① 지속적인 수입업자와 현지 고객관리가 어렵다.

② 수출 대행업체의 소극적 마케팅을 들 수 있다.

③ 수출 대행업체의 단기이익 치중으로 이미지 관리가 소홀하다.

④ 제3자의 대행으로 인하여 적극적인 바이어(buyer) 발굴이 어렵다.

3) 직접수출

간접수출을 통하여 얻은 경험과 기업성장으로 인하여 새로운 인력 충원과 수출을 담당할 부서를 만들 것이다. 이때부터는 제3자에 위탁 판매하는 것이 아니라, 직접 자기회사의 이름으로 해외시장을 개척하고 수출하는 것을 말한다. 즉 수출업체가 수출관련 업무 등을 직접 수행하는 것을 말한다.

(1) 장점

① 해외마케팅 활동에 대한 통제가 가능하고 해외시장에 관한 정보를 보다 신속하게 획득할 수 있다.

② 비이어(buyer)가 다양함에 따라 광고, 서비스 및 이미지 제고 등을 통해 적극적으로 해외시장을 확장해 나갈 수 있다.

③ 마케팅 믹스(marketing mix)등을 다양하게 수행함으로써 경쟁력 강화와 시장개척을 확대해 나갈 수 있다.

(2) 단점

① 현지의 수출마케팅을 위해 초기에는 많은 비용과 마케팅 전문 인력의 확보에 어려움이 있다.

② 수출 크레임에 따른 분쟁가능성이 항상 존재한다.

③ 수출부서 운영에 따른 비용이 증가한다.

사례 7-1

한국콤파스··‘중소기업 수출 길 활짝 열어드립니다’

“고기술·저비용의 좋은 제품을 생산할 능력을 갖추고도 기업 브랜드의 가치가 낮아 해외바이어로부터 외면당하는 중소 수출기업이 참 많습니다. 우리는 이 기업들의 현실적 어려움을 해결하기 위해 해외 거래선 발굴을 적극 지원하는 역할을 하고 있지요.” 기업 및 상품정보 서비스업체 ㈜한국콤파스(대표 박승호 kompass.co.kr)의 이동열 부사장은 자체적으로 갖춘 국가 및 시장별 바이어·셀러 정보가 국내 중소기업의 수출 길을 터줄 ‘길잡이’ 역할을 하고 있다고 설명했다. 프랑스에 본사를 둔 66년 전통의 모기업 콤파스그룹이 전 세계 70여 국가에 로컬 센터를 두고 국가별 최신 기업·상품 정보를 데이터베이스로 구축해 놓고 있는 것. 1998년부터는 전자무역시대에 발맞춰 글로벌 B2B 검색엔진인 ‘콤파스닷컴(www.kompass.com)’을 통해 신규 거래선 발굴, 전자 카탈로그 등록, 거래제의서 발송, 국제입찰정보 및 신용정보 제공 등을 서비스하면서 국가 간 무역거래 활성화에 기여하고 있다. 특히, 콤파스 국가별 현지 로컬 센터와의 기술협력으로 구축한 26개 언어별 수출홍보관 구축 및 구글 등을 활용한 해외 유명 검색엔진 연계 마케팅, 해외 70여 국가의 253만 유력 바이어 정보를 제공하는 등 세계 최대 수준을 자랑한다.

이에 따라 ㈜한국콤파스는 올해까지 5년째 중소기업청 수출기업화 사업에 수행기관으로 참여하고 있으며 한국무역협회, KOTRA 등과도 서비스 제휴를 맺고 있다. 수출기업화 사업을 통해서는 해외바이어 알선, 콤파스 해외 현지 네트워크를 통한 글로벌 마케팅, 전시회 사전·사후 마케팅, 부가서비스(바이어신용등급조회서비스) 등의 임무를 수행하고 있다. 특히, 콤파스 글로벌 검색엔진에 참가기업의 수출주력상품을 타깃 키워드로 등록해 세계 최상위 업체로 고정 노출하는 홍보방식이 눈에 띈다.

이 부사장은 향후 계획에 대해 “지난해 아랍에미리트연합(UAE), 이집트, 일본, 터키의 로컬 센터와 오프라인 업무협조를 맺은 것을 계기로 앞으로도 오프라인 마케팅을 지속적으로 강화할 방침”이라며 “더불어 오는 3월 새로운 ‘콤파스 Marketing 검색엔진(KIM)’을 개시해 신규 거래선 발굴에도 전력을 다하겠다”고 덧붙였다.

자료 : 한국경제, 2009.1.29

제 2 절 계약방식

1. 라이센싱

국제적 라이센싱(International licensing)은 외국의 라이센싱을 받는 사람이 협상요금과 판매단위의 수에 따른 로열티(royalty)를 지불하는 대신에 기업의 생산품을 제조할 권리를 사는 협정을 말한다. 즉, 기업이 소유하고 있는 특허, 노하우, 기술, 상표 등과 같은 무형의 지적재산권(intangible intellectural assets)을 일정기간동안 다른 기업에게 사용하도록 허용하고 대가로 일정한 로열티를 받는 것을 말한다.

1) 라이센싱의 동기

라이센싱은 무형자산을 제공하는 것으로서 라이센서(licensor) 동기는 다음과 같다(문병준 외).

① 수출이나 직접투자에 필요한 자본, 경영자원 혹은 해외시장에 대한 정보가 부족할 때 최소의 노력으로 부가적인 이익을 얻을 수 있다.

② 향후 직접수출의 대상이 될 시장을 시험하고 개발할 수 있다.

③ 기술보호에 대한 인식이 낮은 시장에서 기술보호를 받을 수 있다. 라이센싱을 체결하면 기술을 제공받는 라이센서(licensor)가 자신의 권리침해를 방지하기 위하여 기술보호에 노력하게 되므로 라이센서가 직접적으로 대응하지 않더라도 기술유출을 방지할 수 있는 효과가 발생한다.

④ 라이센스 계약에 의거하여 라이센시(licensee)가 만들어내는 새로운 상품이나 기술, 정보 등에 대한 접근이 가능하므로 기술의 피드백을 기대할 수 있다.

한편, 라이센시(licensee)의 관점에서 라이센싱의 동기를 살펴본다면 크게 세 가지로 볼 수 있다.

① 값싸고 빠르게 이전될 수 있는 기존의 기술과 상품을 보유할 수 있다.

② 내부 R&D보다 제3자인 라이센서(licensor)로부터 받는 기술이전이 오히려 위험성이 적다는 이점이 있다.

③ 라이센시(licensee)가 소유하고 있는 생산 및 마케팅을 보충하여 상품의 다양화를 기할 수 있다.

2) 라이센싱의 장점과 단점

(1) 장점

라이센싱의 장점은 기업이 외국시장에 진출하는 것과 관련된 개발비용과 위험을 부담할 필요가 없다는 것이다. 라이센싱은 해외운영을 개발하는데 자본이 부족한 기업에게 매력적인 옵션이다. 게다가 라이센싱은 기업이 친숙하지 못하거나 정치적으로 불안정한 외국시장에 실제적인 재정지원을 맡기고 싶지 않을 때 매력적일 수 있다. 즉, 다음과 같은 경우에 라이센싱을 선호한다(장세진).

① 진출예정국에 수출이나 직접투자에 대한 무역장벽이 존재할 경우 라이센싱은 유일한 진출방법이 된다.

② 수송비가 비싸거나 국가간에 상품을 이동하는데 많은 비용이 소요되는 경우 라이센싱은 효율적인 국제사업 운영방법이 된다.

③ 기술과 서비스와 같이 이전방법이 복잡하거나 이전비용이 많이 소요되는 무형자산의 경우 라이센싱은 효과적인 해외사업 운영방법이 될 수 있다.

④ 투자국의 정치적 위험이 클 경우, 기업들은 위험부담을 줄이기 위해 직접투자보다 라이센싱을 선호하게 된다.

(2) 단점

① 경험곡선(experience curve)과 지역경제를 자각하는데 요구되는

제조 및 마케팅과 전략에 대한 철저한 통제-세계적이고 초국가적 기업들이 흔히 행하고 있는 전략에 대한 통제를 기업에게 마련해 주지 못한다. 라이센싱은 전형적으로 제조운영을 설립하는 각각의 라이센싱을 받는 사람과 관련이 있다. 이점은 중심화된 지역에서 생산품을 제조함으로써 경험곡선과 지역경제를 깨닫는 기업의 능력을 심각하게 제한한다.

② 라이센싱은 경쟁자를 만들 위험이 있다. 라이센싱은 기술이나 무형자산을 일정기간 공여하는 것을 말한다. 그러나 그러한 기술은 라이센스 공여기간이 끝나더라도 계속해서 사용될 수 있다. 또한 라이센스를 받은 기업이 공여된 기술을 자기 것으로 만들어 장기적으로 자신의 경쟁자로 등장할 수 있다.

③ 자사의 브랜드나 기술에 대한 보호와 통제가 힘들다. 기술적인 노하우는 많은 다국적기업들의 경쟁적 장점을 토대를 구성한다. 대부분의 기업들은 노하우의 사용방법을 통제하고 싶어한다. 그리고 기업은 그것을 라이센싱해 줌으로써 기술에 대한 통제력을 상실할 수 있다(이윤선).

④ 일정기간동안 라이센싱 업체에 대해 독점적인 권리를 인정해 준다. 따라서 라이센스를 공여하게 되면 계약기간이 종료될 때까지 그 나라에서 다른 활동을 하거나 라이센싱 업자를 교체할 수 없게 된다. 이와 같이 유연성이 없는 것이 특징이다.

라이센싱으로 인해 자신의 지적재산권이 침해받는 것을 막기 위해서 기업들은 자신의 지적재산권에 대한 보호책을 강구하여야 한다. 이러한 보호 방법에는 특허권, 상표권, 비밀유지의 방법이 있다. 먼저 특허(patents)란 정부가 인정하는 일정기간 독점적인 제조, 판매의 권리다. 특허는 각국마다 서로 다른 체제를 갖고 있으며 각국마다 개별적으로 신청하여야 한다. 현재 International convention for the protection of industrial property(일명 파리조약)는 세계 90여개 국가가 가입한 조약으로 한 국가에서 특허권이 인정되면 다른 조약 가입국에도 1년 동안 우선적으로 특허권을 신청할 수 있는 권한을 부여하였다. 특허는 정해진 기간(5년에서 20년 사이)동안 독점적 권리를 보장해 주는 대신 특허신청기간에는 특허의 신청을 위해 자신의 기술 내역을 공개하여야 한다. 따라서 기업은 특허를 얻는 대신 기술을 공개할 것인가, 또는 특허를 신청하지 않고 기업비밀형태로 유지할 것인가를 고려해야 한다.

상표(trademark)는 다른 제품과 구별하기 위하여 생산자 또는 판매자가 사용하는 상징, 고안물, 이름을 의미한다. 특허와 마찬가지로 상표도 각국에 등록하며 보호기간은 7년에서 25년 사이이다. 상표는 각국마다 먼저 등록한 기업이 소유자가 됨으로 자신이 의도하는 상표를 미리 각국에 신청하여야 한다. 파리조약에서는 한 구가에 상표권을 등록하면 6개월 동안 다른 국가에서도 우선적으로 등록할 수 있는 권한을 부여한다(장세진).

2. 프랜차이즈

자유기업적인 프랜차이징은 1900년경 미국에서 유래하였다. 예컨대, Singer Sewing Machine사는 1863년에, GM사는 1898년에, Rexall사는 1902년에 프랜차이징을 활용하였다. 국내시장의 경쟁이 치열해짐에 따라, 미국의 프랜차이저들은 타국에서 시장기회를 관찰하기 시작하였으며, 현재 미국에서는 프랜차이즈 시스템의 국제화가 성행하고 있다(B. J. Walker and M. J. Etzel, 김동기 외).

1970년 이전에는 국제적인 프랜차이징은 주요한 활동이 아니었다. 국제프랜차이징협회(International Franchising Association)의 조사는 회원기업의 14%만이 미국 밖에서 프랜차이를 가지고 있으며, 그것의 대부분은 캐나다에 있다고 발표했다. 1980년경에는 15,000 이상의 미국의 프랜차이즈가 전 세계의 국가에 위치하고 있으며, 이들은 청량음료, 모텔(motels), 소매, 즉석식품(fast foods), 자동차 임대, 자동차서비스 및 위락시설(recreational services)과 같은 분야에 있다(P. C. Cateora, 김동기 외).

프랜차이징(franchising)이란 제품, 가격, 유통, 촉진 등의 마케팅 믹스를 제공하기로 하고 이에 대한 대가로 로열티를 받는 것을 말한다. 이는 소유나 경영자원의 이전은 없고 단지 마케팅 노하우(marketing know-how)가 거래대상이 된다. 주로 서비스산업(service industry)에서 이루어지고 있다.

많은 점에서 프랜차이징은 라이센싱과 유사하다. 다만 프랜차이징이 라이센싱보다 장기간이라는 점과 라이센싱이 제조기업에 의해 주로 추구되는 반면, 프랜차이징은 주로 서비스기업에 의해 사용된다는 점에 차이가 있다. 예를 들어, 피자를 전 세계적으로 판매하는 Pizza Hut 사는 프랜차이징에 의해 국제적으로 팽창해 왔다. 세계 어느 나라에 가든 Pizza Hut 레스토랑을 볼 수 있다. 뿐만 아니라 쉐라톤 호텔(Sheraton Hotel)도 전 세계에서 호텔영업을 하고 있다. 이와 같이 주로 서비스 분야에 프랜차이징 형태 레스토랑이나 호텔 등을 쉽게 주변에서 찾아볼 수 있다. Pizza Hut과 Sheration hotel은 세계 어느 곳에 가거나 똑같은 방식으로 영업을 할 뿐만 아니라 소비자한테 제공하는 서비스도 같다. Pizza Hut사의 레스토랑 인테리어도 세계 어느 곳에 가든 동일한 방식을 꾸며놓고 영업을 하고 있다.

〈표 7-2〉 Worldwide Franchise Activity

기업	해외점포수	국가
7-Eleven	23,625	18
McDonald's	22,571	110
Yum Brands	14,057	100
Doctor's Associates(Subway)	5,962	85
Domino's Pizza	3,038	55
Jani-King International	2,210	20

자료 : Warren J. Keegan and Mark C. Green, *Global Marketing*, fifth edition, Prentice Hall, 2008.

(1) 장점

진입방식으로서의 프랜차이징의 장점은 라이센싱의 장점과 유사하다.

① 기업은 자체적으로 외국시장에 진입하는데 비용과 위험을 제거할 수 있다는 큰 장점이 있다. 그 대신에 영업권을 받는 사람이 전형적으로 그러한 비용과 위험을 감수한다.

② 서비스 기업은 프랜차이징 전략(Franchsing strategy)을 사용하면서 값싼 비용으로 신속하게 전 세계적인 시장을 진입 및 확장할 수 있다.

③ 표준화된 마케팅 기법을 이용하여 기업의 이미지를 형성할 수 있다.

④ 프랜차이지(Franshisee)에게 동기부여를 할 수 있다.

(2) 단점

기술이나 브랜드에 대한 통제를 유지하기 힘들다는 것과 잠재적인 경쟁자를 키울 수 있다는 단점은 현존하기는 하지만 라이센싱 경우보다 뚜렷하지 못하다(장세진). 프랜차이징은 서비스 기업에 의해 사용되기 때문에 경험곡선과 지역경제를 달성하기 위해 제조를 조정할 필요성을 고려할 이유가 없다.

프랜차이징의 중요한 단점은 질적인 통제이다. 프랜차이징의 합의의 기반은 기업의 브랜드가 생산품의 품질에 관하여 소비자에게 메시지를 전해 주는 것이다. 그래서 한국의 쉐라톤 호텔에 투숙한 여행 중인 경영자는 뉴욕에서 제공받았던 객실, 음식 등, 동일한 서비스를 기대한다. 쉐라톤의 이름은 지속적인 생산품 특질을 보장하기로 되어 있다. 이것은 외국의 프랜차이징을 받은 자들의 질에 관하여 염려하지 않을지도 모른다는 점에서 문제를 던져 준다. 형편없는 질적인 서비스의 결과는 외국시장에서의 판매를 상실하는 차원을 넘어서 기업의 세계적인 명성을 떨어뜨리는 상황까지 확장될 수 있다. 예를 들어, 여행 중인 경영자가 한국의 쉐라톤에서 나쁜 경험을 겪게 되면 그는 또 다른 쉐라톤 호텔에 가지 않고 동료들도 그곳에 가지 않도록 충동질할 것이다. 이처럼 외국의 영업권을 받은 자들로부터 기업이 지형적으로 멀리 떨어져 있다는 것은 프랜차이징을 주는 사람이 그러한 형편없는 특질을 발견하는데 어렵게 해준다. 게다가 엄청난 수의 영업권을 받은 사람들(Pizza Hut의 경우 수만 명)은 절대적인 통제를 어렵게 해줄 수 있다. 이러한 요인 때문에 질적인 문제는 지속적일 수 없다.

이러한 단점을 극복하는 한 가지 방법은 기업이 성장하는 지역이나 국가에 자회사를 설립하는 것이다. 자회사는 전적으로 기업이나 외국회사와의 합작기업에 의해 소유된다. 둘 중 한 가지 경우에 있어서 자회사는 특별한 국가나 지역을 통해 프랜차이징을 확립할 권리와 의무를 취한다. 따라서 프랜차이징은 질적 통제를 줄여 줄 수 있다. 게다가 자회사는 최소한 기업에 의해서 소유된 것이기 때문에 기업은 자회사의 자체 경영자들을 두어 그 국가나 지역에 있어서 프랜차이징을 잘 조정할 수 있도록 도와줄 수 있다. 이러한 조직적 협약은 실제적으로 매우 만족스럽게 되었고 피자헛, 캔터기프라이드 치킨, 힐튼 인터내셔널, 그리고 해외영업을 확장하고자 하는 기업들에 의해 사용되고 있다(이윤선). 강태구는 다음과 같이 단점을 제시하였다.

① 프랜차이저(Franchisor)의 이익이 극히 제한적이다

② 프랜차이저(Franchisor)가 프랜차이지(Franchisee)의 운영을 완전히 통제할 수 없다.

③ 프랜차이지(Franchisee)가 장차 경쟁기업이 될 수 있다.

④ 현지정부가 프랜차이징 계약에 대해 제약을 가할 수 있다.

사례 7-2

프랜차이즈 역사와 미래: 맥도날드 첫 프랜차이즈

현대적 프랜차이즈를 처음으로 일군 기업은 맥도날드다. 1937년 캘리포니아의 작은 도시에서 조그마한 햄버거 가게를 운영하던 맥도날드 형제가 52세의 밀크셰이크 외판원인 레이크록을 만나면서 프랜차이즈화가 시작됐다.

55년 시카고 1호점을 시작으로 4년 후 드디어 1백개점을 돌파했다. 그로부터 30년 뒤

89년에 1만3천9백개점으로 증가했다.

맥도날드의 뒤를 이어 던킨도너츠 버거킹 쉐라톤워커힐 등을 비롯한 많은 기업들이 프랜차이즈사업에 잇따라 뛰어들었다.

50년 역사의 미국 프랜차이즈 산업은 이제 1조달러의 시장 규모를 이루어 미국 경제성장의 원동력이 됐다. 대외적으로는 많은 프랜차이즈 기업들의 해외진출 및 성공으로 국가이미지를 드높이는 역할을 톡톡히 하고 있다. 맥도날드나 던킨도너츠는 코카콜라와 함께 미국을 대표하는 상징이 됐다.

우리나라 프랜차이즈 산업은 짧은 기간에도 불구, 눈부시게 성장했다. 프랜차이즈 본부 1천5백여개, 매출액 45조원, 가맹점 12만개, 종사자 60만명 규모로 몸집이 부쩍 커졌다. 관련 법률 제정이나 정부의 적극적인 지원과 함께 프랜차이즈 기업들의 자구노력 덕분에 프랜차이즈 사업환경도 훨씬 좋아진 게 사실이다.

현재 우리나라는 프랜차이즈 사업의 신뢰 형성과 공정한 거래를 위해 '가맹사업거래공정화에 관한 법률'을 지난해 제정, 시행하고 있다. 정부도 전문인력 양성과 프랜차이즈 산업 활성화를 위해 많은 예산을 투자하고 있다. 이처럼 우리나라 프랜차이즈 산업은 외형적으로 눈부신 성장을 하고 있다. 하지만 아직도 해결해야 할 문제가 쌓여 있는 게 사실이다.

프랜차이즈에 대한 이해부족과 잘못된 인식으로 프랜차이즈 본부와 가맹점의 경쟁력이 떨어진다는 지적을 받고 있다.

프랜차이징(Franchising)은 시장에서 수익성과 사업타당성이 검증된 사업아이템을 시스템화, 일정한 대가를 지불하고 그 시스템을 이용하도록 하는 사업확장방법의 하나다.

따라서 본부를 설립하고자 하는 사람들은 가맹사업을 하기 전에 예비창업자에게 판매할 프랜차이즈 시스템 구축을 위해 최선의 노력을 기울여야 한다. 이를 위해 자신이 팔고자 하는 상품과 서비스의 전국화를 위해 프랜차이즈 시스템의 수익성과 상품성 검증을 반드시 거쳐야 한다.

가맹점을 운영하려는 예비창업자 또한 자신의 적성과 능력에 맞는 업종과 아이템을 고른 뒤 철저한 조사 분석을 통해 경쟁력 있는 본사를 선택해야 한다. 가맹점 문을 연 후에는 본사가 전수해준 프랜차이즈 시스템을 철저히 이행하려는 마음가짐을 가져야 한다.

본사와 가맹점이 서로를 불신하고 자기 이익만 챙기려할 때 프랜차이즈 시스템은 공멸로 연결된다. 프랜차이즈 산업만큼 윈-윈의 사업자세가 절실히 요구되는 곳도 없다는 뜻이다.

프랜차이즈는 '미래의 물결'이라고도 한다. 싫건 좋건 한국산업의 미래 대안은 프랜차이즈로 귀결된다. 업계 학계 정부, 즉 산·학·관이 이를 위해 머리를 맞대야 할 시점이다.

자료 : 장재남 (주)한국E&F 대표 2003.11.19

3. 턴키프로젝트

턴키프로젝트는 일명 플랜트 수출이라고도 한다. 완성인도방식 즉 생산설비를 설계로부터 생산공장 건설과 공장이 가동되어 생산이 완전히 개시될 수 있는 시점에서 소유권을 넘겨주는 계약형태이다. 턴키프로젝트는 계약자에게 상세한 프로젝트에 대한 정보를 제공해 주고 공장을 운영할 수 있도록 종업원의 훈련도 함께 이루어진다. 그리고 계약이 완성하는 순간 계약자는 충분한 운영준비가 되어 있는 공장의 열쇠를 넘겨 받는다고 해서 이것을 턴키(turnkey)방식이란 용어를 사용한다. 이것은 실제적으로 다른 나라로 기술을 수출하는 수단인 뿐만 아니라 전문화된 종류의 수출이다. 턴키방식은 화학적 조재식의 석유제조와 금속제조산업에서 가장 흔하다. 또한 이 방식은 복잡하고 비싼 생산과정 기술을 사용한다.

(1) 장점

석유나 제철 · 제련을 기술적으로 복잡한 과정으로 이끄는데 요구되는 노하우(know-how)는 가치 있는 자산이다. 턴키프로젝트의 큰 장점은 자산으로부터 큰 경제적 보상을 벌어들이는 방식이라는 점이다. 이러한 전략은 외국인직접투자가 수혜국 규정에 의해 제한된 경우에 특히 유용하다. 예를 들어 오일을 생산하는 국가들의 정부가 석유제련산업을 시작하였고, 목표를 향한 단계로서 그들은 제련분야에서 외국인직접투자에 대하여 제약을 두었다. 그러나 많은 국가들이 석유제련기술이 부족했기 때문에 그들은 기술을 가진 외국기업들과의 턴키방식의 프로젝트를 시작함으로써 석유제련기술을 얻을 수 있다.

이러한 거래는 판매하는 기업에게는 아주 매력적이다. 왜냐하면, 이러한 거래가 없다면 판매자는 가치 있는 노하우의 보상을 받을 방법이 없어지기 때문이다.

일종의 외국인직접투자와 반대되는 것으로서 턴키전략을 추구하는 두 번째 장점은 정치적·경제적 환경이 장기간 투자로 인해 기업으로 하여금 받아들일 수 없는 정치적·경제적 위험에 노출되었을 때 시행한다. 이러한 국가에서 턴키방식 프로젝트는 아주 좋은 방법이라 할 수 있다. 장점을 요약하면 다음과 같다.

① 자산으로부터 큰 경제적 보상을 벌어들이는 방식이라는 점이다.

② 정치적·경제적 환경이 장기간 투자로 인해 기업으로 하여금 받아들일 수 없는 정치적·경제적 위험에 노출이 있을 때 유용하다.

(2) 단점

턴키프로젝트의 단점은 턴키방식 전략과 관련이 있다. 첫째, 외국시장에서 이권을 장기간 갖지 못할 것이다. 만약 턴키방식을 계약한 나라가 주요 수출국이라면 더 이상 수출시장 국가가 되지 않을 것이다. 이러한 점을 극복하기 위해서는 턴키방식 프로젝트에 의한 운영에 있어서 소수 지분 이권(minority equity interest)을 취하는 것이다.

둘째, 외국기업과 함께 턴키방식 프로젝트를 시작하는 기업은 경쟁자를 만들 수 있다. 예를 들어 사우디아라비아, 쿠웨이트 그리고 다른 걸프지역에 있는 기업들에게 제련기술을 팔았던 많은 유럽기업들은 범세계 석유시장에 있는 이러한 기업들과 머리를 맞대고 경쟁하고 있다.

셋째, 두 번째 단점과 관련된 것으로 기업의 공정기술이 경쟁적 장점의 근원이라면 턴키방식을 통해 이러한 기술을 판다는 것은 잠재적이거나 실제적인 경쟁자에게 경쟁적 장점을 파는 것이다.

턴키프로젝트의 단점을 요약하면 다음과 같다.

① 외국시장에서 이권을 장기간 갖지 못한다.

② 경쟁자를 만들 수 있다.

③ 경쟁자에게 경쟁적 장점인 기업의 공정기술을 파는 것이다.

사례 7-3

플랜트 수출 상반기 334억달러 대박

국내 플랜트 업계가 올 상반기 해외 수주전에서 '대박'을 터뜨렸다.

지식경제부와 한국플랜트산업협회는 올 상반기 해외 플랜트 수주액이 334억7,700만달러를 기록, 전년 동기(69억2,500만달러)보다 383% 증가했다고 5일 밝혔다. 지난 1월 186억달러 규모의 아랍에미리트(UAE) 원전 수주와 작년 상반기 실적 저조로 인한 기저효과에 힘입은 것이다.

현대중공업의 사우디아라비아 리야드 민자 발전 프로젝트(15억8,000만달러), 삼성중공업의 로열더치셸 '부유식 액화천연가스 생산저장하역설비'(LNG-FPSO · 11억7,000만달러) 등 원전 수주를 제외한 수주액도 작년 같은 기간보다 116% 증가한 149억달러에 달했다.

지역별로는 주력 시장인 중동에서 대형 발전 · 석유화학 프로젝트를 잇따라 따내 전체 수주의 약 72%에 해당하는 241억달러 수주 실적을 기록했다. 아시아 지역은 38억2,000만달러, 유럽은 32억7,000만달러, 미주는 13억5,000만달러였다.

분야별 수주액은 UAE 원전을 포함한 발전 · 담수부문이 전체의 69%인 231억달러였다. 금융위기 여파로 수주가 저조했던 해양 플랜트와 석유화학 플랜트는 각각 47억달러와 24억달러를 기록했다.

자료 : 한국경제, 2010.7.5

4. 전략적 제휴

전략적 제휴란 잠재적 또는 실제적 경쟁사들 사이에 서로 협력하겠다는 협동적 협의를 말한다. 즉 동종업종간에 협력관계를 맺는 것을 말한다. 전략적 제휴는 둘 또는 그 이상의 기업들이 공평한 이해관계를 갖는 공식적 합의에서부터 두 기업이 특별한 임무에 협력하기로 동의한 기간의 계약에까지 이르는 영역을 포함한다. 협력관계를 갖는 국제사업방식으로는 기술개발, 생산, 마케팅, 디자인, 유통, 판매, 해외전시, 해외진출, 관민협력 연구 등의 분야에서 동종업종간 전략적 제휴가 일어나고 있다.

〈표 7-3〉 첨단기술 공동 개발과 연관된 주요 전략적 제휴 사항

제 휴 기 업	제 휴 내 용
애플 - 모토롤라 - AT&T 소니 - 마쓰시다 - 필립스	개인용 통신기 개발
TI - 히다찌	256M DRAM 개발
마쓰시다 - 소니 - 필립스	차세대 AV 개발
IBM - 캐논	소형 컴퓨터부분 포괄적 개발·생산제휴
마이크로소프트-댄디 캐논 - 코닥	컴퓨터와 가전을 통합한 정보 가전기기 공동개발 및 판매 차세대 복사기 공동개발
후이쯔 - 애널로그	차세대 직접회로 개발 포괄적 제휴
도시바 - 애를 - IBM	차세대 반도체 공동개발, 멀티미디어 관련 기기 공동 개발
일렉트로닉스 - 샤프	냉장고, 세탁기 등 가전제품 공동개발
산요 - 마쓰시다 - 일렉트로닉스	전자레인지 및 핵심부품 공동개발
도시바 - 시너지세미컨덕터 모토롤라 - 미쓰비시	고성능 WS용 초고속 IC공동개발 판매 반도체분야 업무제휴
세가 - GE	게임용 소프트웨어 공동개발
IBM - 시어즈	국제정보시스템 구축, 서비스사업
롤스로이스 - P&W 가와사끼 중공업 - MTU	항공엔진 공동개발
P&W - 러시아 일류선	항공엔진 공동개발

자료 : 한국산업기술진흥협회, 글로벌 기술경영을 위한 전략과 정책과제, 1996.

사례 7-4

동부제철·호주업체, 전략적 제휴 체결

동부제철이 호주 블루 스코프 스틸(BlueScope Steel)과 최근 호주 시드니에서 양사간 협력 체제 구축을 위한 양해각서(MOU)를 체결했다.

이날 양해각서 교환을 통해 동부제철은 호주 블루 스코프 스틸과 구매, 기술 및 마케팅 부문에 이르기까지 광범위한 협력 체제를 구축하기로 했다.

또 표면처리 강판에 대한 기술 협력을 강화하고 블루 스코프 미국 현지 계열사인 'North Star BlueScope Steel'과 전기로 제철기술 협력에도 합의했다.

양사는 연 2회 경영진 및 기술진 교류회도 개최하기로 해 동부제철의 경쟁력이 한층 강

화될 전망이다.

이에 앞서 동부제철은 일본 JFE스틸, 중국 바오산강철과 전략적 제휴를 체결한 바 있다.

호주의 블루 스코프와도 MOU를 체결하면서 글로벌 네트워크를 더욱 강화해 나갈 수 있게 됐다.

자료 : 매일경제, 2010.5.3

1) 전략적 제휴의 형태

(1) 기술제휴

기술제휴는 신기술을 개발하기 위해 기업 간 협력관계를 맺는 것을 말한다. 기술 개발은 자금, 시간, 비용, 위험 등이 요구된다. 따라서 새로운 기술제휴를 함으로써 기술개발시간, 자금, 비용, 위험 등을 분담함으로 경쟁력을 높여갈 수 있다.

(2) 생산제휴

생산제휴는 제휴업체간 공동으로 제품을 생산함으로써 규모의 경제를 달성할 목적으로 제휴를 맺는다. 또한 자사의 생산시설이 부족할 경우, 기술이 부족할 경우에 필요한 기술과 생산시설이 충분한 기업과 제휴를 맺는 것을 말한다.

(3) 제조 · 판매동맹

제조업체와 판매업체간의 제휴를 가리킨다. 이 제휴는 상품의 연구개발부터 판매에 이르기까지의 모든 과정에 관한 제휴를 말한다.

(4) 마케팅 제휴

동종 업종 간 해외시장 개척 및 판매 등을 위해 제휴를 갖는다. 예로 한국의 S스포츠용품 업체가 단독으로 미국에 전시를 통해 미국시장을 진출하려고 한다. 이때 미국 전시장에 바이어가 얼마나 참가하겠는가를 짐작할 수 있다. 따라서 하나의 업체가 아닌 여러 업체가 제휴를 통해 전시장을 한다면 보다 많은 바이어들이 참여할 것이다. 이와 같은 형태의 마케팅 제휴를 하기도 한다.

(5) 영업업무 제휴

서비스 분야에서 많이 이루어지고 있다. 예로, 카드(card)사와 항공(airline)등의 영업업무 제휴를 볼 수 있다. 특정한 카드를 사용함으로써 항공 마일리지를 얻을 수 있다. 이와 같은 제휴로 항공사와 카드사 모두 원하는 것을 달성할 수 있다.

① 전략적 제휴의 장점

기업은 여러 전략적 목적을 위해서 실재적이거나 잠재적인 경쟁사들과 동맹을 맺는다. 전략적 제휴의 첫 번째 장점은 외국시장으로의 등장을 용이하게 해준다. 예를 들어 모토롤라는 일본의 셀 방식 전화시장에 접근하기가 매우 어렵다는 것을 알았다. 1980년대 중반에 그 기업은 공식적, 비공식적인 일본의 무역장벽에 대해서 비난했다. 모토롤라의 전환점은 1987년에 나타났는데, 그해에 모토롤라는 마이크로프로세서를 제조하기 위해 도시바와 제휴를 맺고, 계약대로 도시바는 모토롤라에게 뛰어난 경영자를 포함하는 마케팅 원조를 마련해 주었다. 이것은 궁극적으로 모토롤라에게 정치적인 도움을 주어 일본시장에 진입할 수 있는 정부승인을 받고 통신시스템에 할당된 라디오 주파수를 얻을 수 있게 하였다. 모토롤라는 더 이상 일본의 무역장벽에 대하여 비난하지 않았다. 비록 사적으로 그러한 장애물이 존재하는 것을 인정하기도 하지만, 도시바의 도움으로 모토롤라는 그 장애물을 극복하는 기술을 얻게 되었다.

둘째로 기업들이 전략적 제휴하는 이유는 새로운 상품을 개발하는데 소요되는 고정비를 분담할 수 있다는 것이다. 모토롤라가 도시바와 동맹을 맺은 또한 이유는 마이크로프로세스를 제조하기 위해 소요되는 높은 고정비용을 분담하려는 욕망 때문이다. 마이크로프로세서 경영은 자본이 너무 많이 들기 때문에-모토롤라와 도시바는 각각 10억 달러 가까이 비용을 기여했다 - 어떠한 기업이든지 간에 독자적으로 비용과 위험을 제공하기는 어렵다. 유사한 예로 보잉767 비행기를 만들기 위해 보잉사와 일본 기업들 사이의 제휴는 80억 달러를 분담하려는 보잉사의 욕망에 의해 이루어졌다.

셋째로 제휴는 기업이 단독으로 쉽게 개발할 수 없는 기술과 자산을 결합하기 위한 방법이다. 이것은 Ford-Mazada의 제휴에서 나타난 요인이다. 여기서 Ford는 마케팅과 디자인의 노하우를 기여했고 Mazada는 엔지니어링과 제조의 노하우를 기여했다. 다른 예는 프랑스의 Thompson과 일본의 JVC 사이에 제휴로서 비디오, 카세트 및 레코드를 제공하는 경우이다. JVC와 Thompson은 핵심능력을 교역하고 있었다. Thompson은 생산 기술된 제조기술을 필요로 하는 반면에 JVC는 유럽시장에서 성공하는 법을 배울 필요성이 있다. 양 진영은 이득에 대한 공평한 기회가 있다고 생각한다. 비슷하게도 1990년에 AT&T는 기술적이 숙련을 교역하기 위하여 일본의 NEC 기업과 거래를 시작했다. AT&T는 NEC에게 컴퓨터에 도움이 되는 디자인 기술을 줄 것이며 NEC는 AT&T에게 논리 컴퓨터칩에 기초가 되는 기술을 줄 것이다. 이러한 핵심능력(core competencies)의 교역은 많은 전략적 제휴들의 성공적 기초가 되는 것처럼 보인다.

넷째로 기업이 이익이 되는 산업에 기술적 표준(technological standard)을 세우도록 도와줄 제휴를 형성하는 것이다. 1992년에 Philips NV는 자신이 개발시켰던 디지털 컴팩트 카세트(DCC)시스템을 제조하고 판매하기 위하여 세계적 경쟁사인 Matsushita와 제휴했다. Philips의 동기는 Matsushita와 결탁이 레코딩 전자산업과 소비자에 새로운 기술적 표준으로 DCC 시스템을 확립하도록 도움을 준다는 것이다. 이러한 문제는 중요하다. 왜냐하면 Sony가 새로운 기술적 표준으로서 확립되기를 바라는 경쟁적인 미니콤팩트 디스크를 개발해 왔기 때문이다. 두 가지의 기술은 매우 유사하기 때문에 단지 하나의 새로운 표준만이 자리를 잡을 수 있다. 패배자는 수십 억 달러의 투자를 한 순간에 날리게 될 것이다. Philips는 Matsushita와의 제휴를 그 경기에서 승리하기 위한 전술을 보고 있다. 장점을 요약하면 다음과 같다(이윤선).

최근에 특히 국제합작투자와 전략적 제휴가 중요하게 된 또 한 가지 이유는 현지국 시장진출과 위험감소 뿐만 아니라 기존의 자신의 사양 산업에서 탈퇴하는 데에도 유용하기 때문이다(장세진).

㉮ 외국시장의 진입을 용이하게 해준다.

㉯ 새로운 상품을 개발하는데 소요되는 고정비를 분담할 수 있다.

㉰ 기업이 단독으로 쉽게 개발할 수 없는 기술과 자산을 결합하기 위한 방법이다.

㉱ 기술적 표준화를 형성하기 위하여서다.

㉲ 기업이 유연성을 확보할 수 있다.

② 전략적 제휴의 단점

위에서 언급한 장점은 제휴를 추진하고자 하는 기업은 매우 중요하다. 그럼에도 불구하고 경영자들은 경쟁자들에게 새로운 기술과 시장에 다다를 수 있는 저렴한 통로를 제공해 준다는 점에서 전략적 제휴를 비난하고 있다. 예를 들면 Robert Reich와 Eric Mankin이 주장하는 바에 따르면, 미국과 일본 기업 사이에 전략적 제휴들은 많은 미국기업들의 경쟁적 성공에 기초가 되는 프로젝트 엔지니어링과 생산처리기술을 얻고 높은 소득과 가치를 유지하려는 일본 전략의 일부분이라고 본다. 그리고, 그들이 주장하는 바에 따르면 미국의 경쟁자들은 일본에게 새로운 발명품을 전해 줄 뿐만 아니라 완성품에 대한 미국으로의 판매와 유통망을 마련해 주는 전략적 제휴를 통해서 일본이 목표를 달성하는 데에 원조적인 역할을 하고 있다고 보고 있다. 이와 같이 전략적 제휴는 단기간의 이익을 불러일으키지만 궁극적으로 그 결과는 미국기업들을 실속 없게 만들어 전 세계시장에서 경쟁적 장점을 상실하게 만든다고 래치와 맨킨은 주장한다.

래치와 맨킨의 논의는 시사하는 바가 있다. 그리고 제휴들은 위험성을 가지고 있다. 만약에 기업이 주의를 기울이지 않는다면 기업은 받는 것보다 더 많은 것을 잃어버리게 될 수 있다. 다른 한편 기업 사이에 성공적인 제휴를 이끈 많은 예들이 있다. 몰론 거기에는 미국과 일본기업들 사이에 제휴를 포함한다. 그래서 그들의 자리는 다소 극단적인 차원 그 이상인 것처럼 보인다. Motorola-Toshiba 제휴, Ford-Mazada 제휴, 25년이 된 Fuji와 Xerox의 제휴가 어떻게 아시아에서 사진복사기를 세우고 판매하는지를 안다는 것은 매우 어렵다. 이러한 모든 경우에 양 진영은 제휴로부터 이익을 보았던 것처럼 보인다. Reich와 Mankin의 예가 시사하는 바가 있기 때문에 의문점은 바로 어떤 제휴 하에서는 양 진영기업이 왜 이익을 보고 반면에 다른 제휴들 하에서는 왜 한 기업에 이익을 주고 나머지 다른 기업에게 해를 입히는가 하는 것이다(이윤선). 위에 제시된 단점을 요약하면 다음과 같다.

㉮ 경쟁자들에게 새로운 기술과 쉽게 시장에 진입할 수 있는 기회를 제공한다.

㉯ 한 쪽의 부주의는 위험성을 갖고 있다. 즉 전략적 제휴는 Win-Win 게임이기 때문이다.

사례 7-5

현대차, 美 전자지도 제작업체와 제휴

현대차는 국내 기업 최초로 미국의 전자지도 제작사인 나브텍(NAVTEQ)과 제휴해 마케팅을 벌이기로 협약했다고 22일 밝혔다.

이 협약에 따라 현대차는 나브텍의 지도에 현대차 로고와 영업 거점 등을 등재할 수 있다.

또 나브텍 지도는 현대차 제품에 들어가는 내장형 내비게이션에 적용된다.

현대차 관계자는 "세계 최대의 전자지도 제작사인 나브텍과 제휴할 수 있었던 것은 현대차가 5년 연속으로 글로벌 100대 브랜드로 선정되는 등 글로벌 기업으로 인정받았기 때문"이라고 말했다.

현대차는 나브텍이 제공하는 모든 전자지도에 자사의 딜러점과 AS 센터 등을 등재할 수 있어 기존 고객들의 편의가 증진되고 브랜드 노출로 잠재 고객이 늘어날 것으로 기대하고 있다.

현대차는 해외 시장에서 판매되는 투싼 아이엑스와, 쏘나타 등에 나브텍 전자지도를 쓰는 내장형 내비게이션을 장착하기로 했다.

이 내비게이션에는 최단거리가 아닌 연비효율이 가장 높은 도로를 안내해 주는 그린 루팅(Green Routing) 시스템이 새롭게 적용된다.
현대차는 나브텍과 다양한 공동마케팅을 펼쳐 고객만족도를 높일 계획이다.
양측은 이 사업의 하나로 현대차 홈페이지를 통해 유럽과 미국 등의 실시간 교통 및 여행 정보 등을 제공하고, 다양한 언어로 안내되는 콜센터도 운영할 예정이다.
전 세계 주요 76개국의 지도 데이터를 보유한 나브텍은 내비게이션과 위치 추적 서비스, 인터넷 지도 및 정부용 전자지도 등을 제공하고 있다.
나브텍의 전자지도는 전 세계 4억여 명이 이용하고 있으며 노키아, 소니, 야후, 구글, 맵퀘스트, 마이크로소프트 등 세계 유력 브랜드들이 이 회사와 제휴를 맺고 있다.
자료 : 한국경제, 2009.12.22

제 3 절 직접투자방식

1. 단독투자

해외직접투자는 투자기업이 생산요소인 기술, 자본, 경영자원 등을 해외에 포괄적으로 이전하여 현지국가의 생산요소와 결합하여 제품을 생산, 판매, 마케팅 등을 하는 기업 활동으로서 투자기업이 의사결정과 통제 등을 통하여 현지 경영에 직접 참여하는 해외사업방식을 가리킨다. 즉 완전소유방식의 투자활동을 이야기한다.

해외단독투자는 기업이 100%의 지분을 가지고 진출하는 것을 가리킨다. 이는 기업이 경영활동에 필요한 경영자원을 100% 투자하는 것을 말한다. 이는 예전에 존재하지 않던 기업을 새롭게 설립하여 진출하는 신설방식(greenfield)이나 기존에 현지에서 가동되고 있는 기업을 인수 하거나 그 기업과 합병하여 진출하는 인수·합병(merger & acquisition; 방식을 이용할 수 있다. 예로 한국에 진출한 씨티은행을 들 수 있다.

(1) 장점

단독투자방식은 다음과 같은 장점을 가지고 있다

① 기술 노출 위험이 없다.

단독투자의 장점은 합작투자와 달리 기술에 대한 know-how를 지킬 수 있다. 즉 기업의 경쟁적 장점이 기술적 능력에 근거할 때 단독투자는 기술적 능력에 대한 통제력을 잃어버릴 수 있는 기회를 축소해 주기 때문에 선호 받는 진입방식이 될 것이다.

② 해외자회사의 통제가 가능하다.

자회사 형태로 진출한 직접 투자이기 때문에 본사에서 보다 쉽게 통제하고 신속한 의사결정을 할 수 있다. 즉, 본사직원이 해외자회사 경영자로 파견 나가기 때문에 보다 신속한 의사결정과 통제가 가능하다.

③ 경영이념, 방침 및 경영관리 노-하우 등의 이전이 가능하다.

모회사의 경영이념, 방침, 마케팅 및 생산관리 등의 노-하우를 자회사에 철저하게 이전시키는 것이 가능하다(이수영).

④ 자사의 기밀이 외부로 노출되지 않는다.

(2) 단점

① 많은 경영자원과 비용이 든다.

해외단독투자를 시행하는 것은 본국기업이 자본, 기술, 인적자원, 상품, 서비스 등을 조달하고 관리하여야 함으로 많은 비용이 필요하다. 또한 투자에 필요한 모든 비용을 단독으로 부담하여야 한다.

② 단독으로의 위험이 크다.

이는 모든 자산을 환경이 전혀 다른 국가에 이전해서 기업 활동을 하여야 하기 때문이다. 새로운 문화와 환경에 직면하여야 한다. 또한 합작투자는 현지기업으로 인식하지만 단독투자는 외국인 기업이기 때문에 어떠한 내셔널리즘(nationalism)이 발생했을 때는 몰수 및 수용을 당할 수도 있다.

2. 합작투자

국제합작투자란 해외투자의 한 방식으로 이루어지는 투자활동을 가리키는데, 상이한 국적을 가신 둘 이상의 기업들에 의해 소유된 기업을 운영하는 것을 말한다. 대부분의 다국적기업들은 단독투자 형태로 진출을 선호하고 있는 반면, 많은 개도국들은 단독투자 형식에 의한 진입을 억제하는 대신 자국기업과의 합작투자를 통한 진입을 장려하고 있다. 선진 다국적기업이 해외투자를 고려할 때 완전지배형태에서 현지기업과의 합작투자로 해외 투자 전략을 변경하게 된 이유는, 개발도상국 정부들이 경제개발에 눈을 뜨기 시작하면서 외국기업에 의한 완전소유, 완전통제보다 자국인과의 합작투자가 자국기업의 이익 및 경제발전에 기여도가 크다는 것을 인식하고 외국기업에 의한 단독투자를 제한하기 시작했기 때문이다. 이러한 합작투자는 사업성과가 양호할 때 계속기업으로 남아 있을 것이다. 한편, 최근에는 합작사업의 시한이 정해져 있는 프로젝트의 합작투자도 성행하고 있다. 프로젝트의 합작투자는 협력투자라고도 하며, 민간 항공기의 제작과 같이 합작사업의 목적이 달성되면 합작 관계는 종료되는 사업이다(이윤선).

1) 합작투자의 장점

합작투자의 장점을 경제적, 정치적, 사회적 장점 등으로 구분한다(조동성).

(1) 경제적 장점

합작투자는 둘 이상의 파트너가 투입한 자원의 합보다 더 큰 수익을 얻는 데 그 목적을 두고 있다. 따라서 각 파트너는 개별적 기업 활동을 할 때보다 더 적은 자본지출을 할 뿐만 아니라 더 많은 분야에서 수익을 추구할 수 있는 것이다. 합작투자로 인한 경제적 장점은 다음과 같다.

① 수용국이 특정산업이나 자산에 대해 외국인 매입을 금지할 때 외국

기업의 입장에서는 합작투자의 형식을 취하여 목표물을 취득할 수 있다.

② 상당한 금전적 부담, 시간, 노력 및 인간관계를 계기로 새로이 개척함이 없이 수용국의 기업과 합작투자를 함으로써 판매 및 공급망의 획득이 가능하다.

③ 고도의 기술과 경험을 지닌 노동력 등 신설기업체가 필요로 하는 인적 자원을 획득하는데 현지 파트너의 힘을 빌릴 수 있다.

④ 현지판매 또는 소비서비스를 필요로 하는 제품을 판매하는 경우 현지 파트너의 판매원에 의하여 이러한 활동이 효과적으로 이루어지는 경우가 많다.

⑤ 대부분의 개발도상국은 경제발전에 필요한 외국자본의 유치정책으로서 특히 외국기업체가 국내기업과 합작투자로 설립한 기업체에 대하여 자본조달의 알선 편의, 차관의 보증, 세금, 이익상환 등의 면에서 각종 혜택을 부여하고 있다.

⑥ 투자자금의 절약뿐만 아니라 경영활동상의 위험을 분산시킬 수 있다.

⑦ 현지 기업인은 현지시장 및 제품에 대한 가치있는 정보를 제공하고 정부정책 및 노동조합의 활동에 관한 정보원천이 된다.

⑧ 합작기업은 국제기업이 축적해 놓은 국제마케팅 경험을 활용할 수 있다.

⑨ 보다 적은 자본과 경영자원이 요구되기 때문에 규모가 적은 국제기업도 해외직접투자에 적극적으로 참여가 가능하다.

⑩ 현시 파트너와 이해관계를 같이 하기 때문에 강제수용의 위험이 감소된다.

(2) 정치적 장점

어떤 국가든 외국업체에 대한 정부의 차별행위는 세계적으로 보편적인 현상이다. 이러한 상황에서 합작투자 기업이 얻는 장점에는 투자대상국 정부의 기업체에 대한 차별적 장벽을 현지기업과의 합작투자에 의하여 돌파할 수 있다는 것이다. 그러나 이러한 정치적 장점은 외국기업에 대한 현지 국민의 태도와 관계되기 때문에 합작투자가 현지국의 경제체계와 실질적으로 통합되지 않고, 또한 현지국민의 복지향상에도 중점을 두지 않는다고 하면, 외국기업체는 제품에 대한 불매운동, 노동자의 작업 거부 등의 사태에 직면하게 될 것이다.

(3) 사회적 장점

합작투자의 사회적 측면과 정치적 측면을 구분하는 것이 용이하지 않으나 대체로 다음과 같은 점을 열거할 수 있다.

① 현지파트너와 합작투자를 함으로써 기업의 사회적 이미지를 개선시키고 종업원의 사기를 높이는 등 전반적인 공동관계를 향상시킬 수 있다.

② 노사협의에 있어서 완전소유와는 달리 외국기업에 대한 반감을 감소시킬 수 있다.

③ 합작투자는 현지기업으로 간주되기 때문에 본국과 현지에서 지불하는 임금, 취업혜택 등에 대한 비교자료를 제출하도록 압력을 받지 않는다.

④ 합작투자기업의 현지채용 종업원의 사기는 단독투자 종업원의 사기보다 높은 것이 일반적이다.

〈표 7-4〉 진입방식의 장점과 단점

진입 방식	장 점	단 점
수출	규모의 경제 실현가능	높은 수송비, 관세장벽, 현지 마케팅 대리인과의 문제
라이센싱	낮은 개발비와 위험	범세계적인 전략적 조정이 어렵다. 기술에 대한 통제부족
프랜차이징	낮은 개발비와 위험	범세계적인 전략적 조정이 어렵다. 품질관리의 문제점
전략적 제휴	외국시장진입 용이	경쟁자를 만든다 위험이 존재한다
합작투자	현지동업자의 지식이용 개발비와 위험의 분담	범세계적인 전략적 조정이 어렵다. 기술에 대한 통제부족
단독투자	기술의 보호, 범세계적인 전략적 조정을 위해 필요한 엄격한 통제가능	모든 개발비와 위험의 자체부담

자료 : Hill and Jones, *International Business: Competing in the Global Marketplace*, Irwin, 1995. 자료 일부 수정.

(4) 합작투자의 단점

외국인 파트너와 합작투자를 함으로써 갖는 단점은 다음과 같다.

① 100% 완전소유에 의한 진출은 이익을 독점할 수 있으나 합작투자는 현지투자가와 이익을 공유하여야만 한다.

② 합작투자는 주로 선진국보다 개도국파트너를 대상으로 이루어지기 때문에 자본조달 능력이 떨어진다.

③ 현지 투자기업과의 목표 및 욕구가 상이하여 갈등이 야기된다.

3. 인수 · 합병(M&A)

M&A에서 합병(Merger)이란 한 기업이 다른 기업을 흡수하여 한 개의 기업이 되는 것을 의미하며, 인수(Acquisition)란 인수되는 기존의 기업을 그대로 존속시키면서 경영권을 확보하는 것을 말한다. 합병과 인수는 이처럼 구분되지만, 기존의 기업을 대상으로 한다는 점에서 동일하며, M&A로 통칭되고 있다.

오늘날 M&A에 의한 해외시장진출이 증가되고 있는데 그 이유는 다음과 같다. 첫째, 신규회사설립과 비교할 때에, M&A는 현지시장을 접근하는데 있어서 하나의 빠른 수단이 된다. 최근 글로벌 환경 변화 속도가 빨라서, 기업은 해외시장진출에 걸리는 시간을 단축하고 글로벌 환경의 변화에 신속하게 대응하지 않으면 안 된다.

다음으로 한 산업의 후발주자에게, 인수는 잘 구축된 상표를 얻는데 유용한 수단이며, 또한 즉각적인 유통경로 접근이 가능하다. 외국기업을 인수 · 합병하면 해외에서 신규로 종업원을 모집하거나 판매망을 구축할 필요가 없다. 사실은 그러한 시간을 절약해 주는 것이 M&A이다. 이리하여 최근 많은 기업은 글로벌 경쟁시대를 맞이하여 돈으로 시간을 사는 M&A를 적극적으로 이용하게 되었다.

한국기업 LG전자가 Zenith를 인수한 경우와 삼성이 컴퓨터 메이커인 AST를 인수한 것이나 일본 Sony의 컬럼비아영화사의 인수, Matsushita전기의 MCA의 인수 등은 M&A를 통한 해외진출의 대표적인 사례이다.

그러나 인수합병을 통한 확장에도 상당한 위험이 따른다. 첫째, 양 기업의 문화 차이가 종종 극복하기 힘들 정도로 상당히 크다는 것이다. 예를 들면, 1995년 제약회사인 미국의 Upjohn과 스웨덴의 Pharmacia AB가 합병을 통해 Pharmacia & Upjohn을 설립하였으나, 스웨덴 경영자들은 미국경영자들의 지나친 노력과 업무지향적인 자세에 놀랐으며, 반면 미국경영자들은 유럽인들의 휴가관습에 충격을 받았다고 한다. 동기유발이 되지 않은 노동자 등은 인수기업이 겪는 어려운 점들이다. 또한 장래성이 있는 기업은 보통 팔지 않으려고 하기 때문에 인수를 통한 해외진출은 엄청난 비용이 드는 수단이 될 수 있다.

한편, M&A에 의한 해외진출은 상대국의 내셔널리즘이 매우 자극하기 때문에 그러한 방식을 취하는 기업에 대해 비난이나 비판이 있는 경우가 있다. 따라서 외국기업에의 매수에는 충분한 배려가 필요하며, 또한 적극적으로 우호적인 매수에 노력할 필요가 있다. 그렇지 않으면 어떤 기업에 있어서도 M&A는 해외 진출 전략의 유력한 수단으로 될 수 있다(이수영).

사례 7-6

"글로벌 경쟁 해외 M&A로 뚫자"

중국 · 일본 비해 뒤져 … 조건 좋을 때 적극 나서야

"아시아의 시대가 온다고 한다. 그러나 중국이 떠오른다고 해서 한국이 덩달아 부상하는 건 아니다."

윤영각 삼정KPMG 회장은 "한국이 현재 경제위기를 기회로 잘 활용해야 한다"며 "특히 가격이 낮아진 해외 알짜기업을 적극적으로 인수할 것"을 제안했다.

윤 회장은 "지난해 중국은 해외 기업 인수 건수와 규모를 대폭 늘렸고 일본은 규모는 줄었지만 인수한 기업 수는 약 50% 더 증가했다"고 비교했다.

회계·컨설팅 회사 삼정KPMG가 지난 21일 서울 한남동 하얏트호텔에서 연 신년경제포럼에서 윤 회장은 "경기가 회복되다가 다시 주저앉는 더블 딥은 가능성이 낮고 오더라도 그 규모가 작을 것이므로 더블 딥을 투자 기회로 삼아야 한다"고 말했다. 다음은 윤 회장이 '기대를 넘어 대도약으로'라는 제목으로 강연한 내용.

지금보다 더 큰 도약을 위해서는 기대를 뛰어넘는 성장이 필요하다. 이를 위해서는 국경을 넘어 기업 인수합병(M&A)에 나서야 한다. 지난해 국경 간 M&A 건수는 약 1만 2,000건으로 전년 대비 8% 늘었다. 거래 규모는 약 1조1,110억 달러로 17% 증가했다.

중국의 해외 기업 M&A가 두드러졌다. 지난해 중국은 해외 기업을 575개 사들였다. 2008년 511개보다 12% 더 많이 M&A했다. 거래액으로는 557억 달러로 전년의 296달러보다 88%나 늘렸다. 일본은 거래 규모는 367억 달러로 전년의 459억 달러보다 20% 줄었지만 거래 건수는 285건으로 전년의 191건보다 49% 많아졌다.

일본 기업들 기술력 보완 위해 M&A

같은 기간 한국은 M&A 건수가 48건으로 전년의 51건보다 소폭 감소했고 규모는 71억 달러로 전년의 96억 달러보다 25% 줄었다.

중국 국부펀드는 금융위기 이후 해외 투자를 확대해 값이 떨어진 매력적인 자산을 사들였다. 중국 은행들은 금융위기 전부터 지속적으로 해외 진출을 모색했다.

이전까지 홍콩 금융계로 주로 진출하던 중국 은행들은 2006년 이후부터 글로벌 투자은행(IB) 업계로 진출을 본격화하고 있다. 중국과 미국의 금융당국은 미국 내 투자규정을 완화해 중국 금융회사들이 미국의 부실 중소 은행을 더 많이 매입할 수 있도록 하는 양해각서를 체결하는 방안을 검토 중이다. 지난해 미국 내에선 140개 은행이 파산했다.

중국 자본은 미국 내 아시아계 은행을 우선 인수 대상으로 삼을 것으로 보인다. 이를 통해 네트워크를 형성하고 인지도를 높이면서 미국 시장점유율을 확대하는 전략을 추진할 것으로 전망된다. 중국 자동차업체들은 해외의 유수 자동차회사들을 인수함으로써 선진 기술을 획득하고 해외 진출의 교두보를 마련하고자 한다.

지리차가 포드의 볼보 브랜드 인수를 타진 중이고 베이징자동차는 GM사브를 인수하기 위해 협상 중이다. 또 자원과 에너지 확보에 가장 적극적인 나라가 중국이다. 중국은 2009년 들어 약 32건의 에너지 부문 인수를 완료 또는 진행 중이며 주로 석유·가스, 신재생에너지, 채탄업에 투자하고 있다.

일본 금융회사들은 적극적인 해외투자를 통해 선진 금융기법과 해외 영업망 확보에 나서고 있다. 세계 44개국을 기반으로 활동하는 다이와증권은 영국계 종합 금융자문회사인 클로스 브러더스를 인수함으로써 유럽 지역 영업력을 강화했다. 클로스 브러더스는 1853년에 설립된 오랜 전통의 금융회사로 유럽 전역에 폭넓은 영업망을 갖추고 있다.

국내 기업 중 LS전선 등 주목

일본의 전자·통신회사들은 자사가 취약한 분야의 기술을 해외기업 인수를 통해 획득하고 있다. 예를 들어 캐논은 대형 복사기 기술이 뛰어난 네덜란드의 OCE 인수 협상을 진행 중이다.

제약회사 다이닛폰스미토모는 불면증 치료제와 중추신경계 관련 의약품에 경쟁력을 지닌 미국의 세프라코를 사들였다. 다이닛폰스미토모의 기존 주력 제품은 고혈압·협심증 치료제였다.

자원과 에너지 분야에서도 일본은 활발한 움직임을 보이고 있다. 일본은 지난해 약 23건의 에너지 부문 인수를 완료 또는 추진했다. 우리나라 역시 해외 자원·에너지 기업 인수를 위해 노력하고 있지만 중국과 일본에 비해 거래 건수 및 금액 측면에서 상대적으로 뒤처져 있다. 한국도 2,700억 달러의 외환보유액이 있다.

최근 원화 가치가 올라가 외국 자산이 상대적으로 싸졌다. 게다가 아직 해외 자산이 저렴한 상태다. 위기 속에 더 큰 기회가 있다. 이번 경제위기를 맞아 면밀하게 준비하고 투자한 펀드들은 높은 성과를 냈다. 이는 과거 경험에서도 확인된다. 미국 저축대부조합 위기 이후 투자한 펀드는 60% 넘는 수익률을 기록했다.

걸프전 이후 투자한 펀드의 수익률은 70%를 넘었다. 인터넷 버블 붕괴 이후 들어간 펀드는 30%를 차익으로 챙겼다. 미국 다우존스 지수 등을 볼 때 현재 시점에서 투자해도 늦은 게 아니다. 더블 딥이 오더라도 움츠리기보다는 오히려 투자 기회로 삼아야 한다. 기업 차원에서도 국경 간 M&A에 능한 기업이 글로벌 경쟁에서 이긴다.

대표적인 기업이 시스코다. 네트워크 장비 업체인 시스코는 2000년대 들어 89개 회사를 사들였다. 시스코는 이번 경제위기 속에서도 12개 업체를 인수했다. 인도의 철강업체 아르셀로 미탈과 풍력발전 업체 수즐론 역시 국경 간 M&A로 비약적인 성장을 이뤘다. 국내 기업 중에선 LS전선과 STX중공업이 돋보인다.

LS전선은 미국 기업을 인수한 뒤 이를 발판으로 중국 기업을 추가로 사들임으로써 중국 시장 공략에 유리한 입지를 확보했다. LS전선은 2008년 주식 공개매수로 미국 슈페리어에섹스 지분의 94%를 9억 달러에 매입했다. 이를 통해 세계 전선업계 순위를 7위에서 3위로 단숨에 끌어올렸다.

LS전선은 이어 지난해엔 중국 홍치전기 지분을 75% 인수했다. 홍치전기를 인수하는 데에는 슈페리어에섹스의 영업망을 활용해 얻은 정보가 도움이 됐다. 홍치전기 인수는 진입장벽이 높은 중국 전력 케이블 시장을 뚫는 기반을 마련한 측면에서 의미가 크다.

홍치전기는 중국 정부가 1968년 국가 기간산업 육성 차원에서 설립한 중견 전선업체. 중국 내에서 브랜드 인지도가 높다. LS전선이 자체 기술력과 중국 판매법인인 LSIC의 판매망, 그리고 홍치전기의 고객 네트워크를 잘 활용해 시너지 효과를 내면 중국 1위 전선업체 자리를 차지할 수 있을 것으로 보인다.

STX중공업은 지난해 네덜란드 풍력발전 업체 하라코잔을 인수했다. 네덜란드는 풍력발전 용량이 우리나라의 10배에 이르는 이 분야에서 앞선 국가다. STX그룹은 하라코잔 인수를 통해 STX엔진·STX엔파코·STX에너지 등 관련 계열사들에 신규 사업을 파생하는 효과를 거둘 수 있을 것으로 예상된다.

세계 경제는 무역 규모가 증가세로 돌아서는 등 회복되는 모습을 보이고 있다. "우리가 두려워할 것은 바로 두려움"이라는 프랭클린 루스벨트 전 미국 대통령의 말을 되새겼으면 한다.

자료 : 중앙일보

연 습 문 제

1. 직접수출과 간접수출의 장점과 단점에 대하여 설명하라.

2. 라이센싱의 장점에 대하여 설명하라.

3. 프랜차이징의 개념과 장점에 대하여 설명하라.

4. 전략적 제휴의 중요성에 대하여 설명하라.

5. 턴키프로젝트에 대하여 설명하라.

6. 해외직접투자의 의의와 합작투자의 장점에 대하여 설명하라.

7. M&A의 장점에 대하여 설명하라.

제 8 장

글로벌시장 분석

제 1 절 국별투자환경의 분석

기업이 해외시상에 진출하기로 의사결정을 하였다면 첫 번째 생각하여야 할 것이 어느 국가에 진출할 것인가?란 질문에 답할 수 있어야 한다. 이와 같은 질문에 답하기 위해서는 다음과 같은 국가 기업환경을 분석한 후 의사결정을 내릴 수 있다. 한 국가의 투자환경을 분석하기 위해서는 국가의 경제정책, 해외경제정책, 노동 및 노무관리, 사회간접자본 등을 살펴보아야 한다.

1. 국가경제정책

대부분의 모든 국가에서 주요 경제목표를 고도의 경제성장, 완전고용, 국제수지 흑자, 최하의 인플레이션 등을 달성하고자 다양한 경제계획과 개발정책에 혼신의 노력을 기울이고 있다.

또한 어떤 정부들은 국가의 부를 분배하는 평등성과 지역 간의 경제발전패턴을 토대로 해외투자가들에게 매력을 부여해 주고, 복잡한 정치구조와 어울릴 수 있는 다른 목표, 즉 추가적인 목적을 두고 있다. 그러나 4가지의 주요 목표와 관련된 기본적인 문제는 첫 번째, 두 가지의 목표-100% 고용과 고도의 경제성장을 성취하도록 하는 경제정책이 나머지 두 가지 목표에 치명적인 손상을 주게 된다는 점이다. 대중 소비에 있어서 낮은 금리, 세금삭감, 인플레이션 대책은 경제를 자극하고 고용기회를 늘려주지만 또한 기업들로 하여금 그 값을 올리게 하고 노동자들로 하여금 높은 임금을 요구하게 만든다. 또한 소비자의 소비가 증가함에 따라 수입이 증가하게 되고 무역수지가 악화되는 현상을 초래하게 된다.

그러므로 정책수립에서의 문제는 4가지 목표를 성취하기 위하여 요구되는 정책의 영향력 간 균형을 얼마나 잘 이룰 수 있는가 하는 데 있다. 물론 그 어려움은 각각의 목표를 분리시켜 다룰 수 있는 독립적 정책을 세울 수 있다면 극복될 수 있다. 예를 들어 보면 금리는 인플레이션을 조절하기 위하여 변화될 수 있다. 공공소비와 세율은 경제성장을 보장하기 위하여 변화될 수 있다. 관세, 수입할당제 및 기타 수입규제는 국제수지를 개선시킬 수 있다. 그러나 실제 세계에서 민주정치는 잔인한 법률적 통제를 가할 수 없다. 그리고 국제적 합의는 외국무역흐름의 간섭을 금지한다.

2. 해외경제정책

한 국가의 해외경제정책은 국가의 국제무역, 투자의 구성, 규모, 방향 및 본질에 관한 정부의 모든 정책과 의사결정을 구성한다. 특히, 관세정책, 환율정책 또한 해외투자들에게 제공된 보조금과, 국제수지에 영향을 미치는 거시적인 통화정책을 포함한다.

1) 무역정책

국가마다 무역정책은 거의 비슷하다. 그러나 선진국과 개발도상국간의 무역정책은 정부의 형태에 따라 차이를 보이고 있다. 대부분 국가의 무역정책은 다음과 같다.

첫째, 모든 국가의 무역정책은 국제수지에 있어서 균형을 창출하는 것이다. 즉 수출액과 수입액이 같아야 한다는 것이다. 수출과 수입액이 같지 않을 때, 즉 국제수지의 적자는 통화가치의 하락으로 이어지고 보다 높은 수입가격으로 이어진다. 국제수지 문제에 의해 야기된 국내경제의 불안정을 막기 위하여 정부는 어려움이 닥치는 즉시 경제에 간섭하여 국제수지 적자를 제거하도록 무역제제를 가한다.

둘째, 국가가 국제무역에 의존하는 정도를 축소시키는 것이다. 이와 같은 정책을 펴는 이유로는 ① 광범위한 외국무역은 국가의 경제복지가 외국시장과 공급에 의존하게 된다. ② 광범위한 외국무역은 생산보다는 외국수입에 의해 대치되기 때문에 국내 산업에 치명적이다. ③ 광범위한 외국무역은 국가적인 자족을 해하고 전시에 국가를 약하게 만든다. ④ 광범위한 외국무역은 경제적 불안정을 초래하고 국가적 경제계획을 방해한다.

셋째, 직접적인 해외투자를 장려하고 외국무역을 확장시키는 것이다. 이는 국내소비자들에게 이용할 수 있는 상품의 선택을 증대시키다. 또한 국제적인 전문성 이익을 극대화하는 것이고, 국내외 기업들로 하여금 상당한 경제력을 얻도록 하기 위한 것이다.

넷째, 국내고용을 유지시키는 것이다. 정부는 다음과 같은 방법으로 국내거주자들에게 일자리를 제공할 수 있다. 외국기업으로 하여금 국내에서 기업 활동을 할 수 있도록 유인책을 사용한다. 즉 인센티브를 제공함으로 기업을 유치하는 방안을 발한다. 또한 노동지향적 산업에 있어서 국제생산품과 경쟁이 되는 수입품을 규제한다(이윤선).

2) 외환과 환율정책

외환은 일국 화폐와 타국 화폐의 교환을 말한다. 국제거래가 발생할 때 외환은 일국에서 타국으로 자금을 이전하는 화폐수단이다. 환율에 영향을 미치는 요소는 무엇이고 환율은 어떻게 결정되는지 알아보자 (문준연).

(1) 환율

환율의 가장 기본적 결정요인으로 구매력평가(Purchasing power parity:PPP)가 제시되고 있다. 구매력평가는 양국간 환율은 양국 화폐의 자국에서의 구매력을 동등하게 하도록 결정된다고 한다. 일국 통화의 가치는 그것으로 구매할 수 있는 금액이라는 것이다.

다음 식은 인플레이션과 환율간의 관계를 나타낸다.

$$R_t = R_o \times \frac{(1 + Inf_{Korea})}{(1 + Inf_{US})}$$

R : 원화와 미국 달러간 환율
Inf : 인플레율
t : 시간

예컨대, 한국의 인플레이션이 연간 5%이고 미국의 인플레이션이 연간 2.5%라면 달러화의 가치는 인플레율 차이인 2.5%만큼 상승할 것이고, 이때 양국에서 재화의 실재가격은 상당히 유사할 것으로 기대된다. 현재 원화의 대미 환율(R_o)이 1,000원이라면 1년 후 환율은 위 식에 의하여 다음과 같이 계산된다.

$$R_t = 1000 \times \frac{(1 + .05)}{(1 + .025)} = 1,024\text{원}/\$$$

즉, 미 달러화의 가치는 1년 내로 1,000원에서 1,024원으로 상승할 것으로 기대된다.

환율은 국제시장에서 제품의 수요에 영향을 준다. 일국의 통화 가치가 타국 통화가치에 비하여 낮게 평가되면, 즉 통화가 약세이면 세계시장에서 당해국 수출품의 가격은 하락하고 수입품의 가격은 상승한다.

즉 낮은 가격은 당해국 수출품의 가치를 증대시키므로 세계시장에서 시장점유율을 증대 시킬 기회를 가지게 된다. 특히 통화가치가 낮은 국가에서 생산함으로써 생산원가를 인하하면서 통화 가치가 높은 국가에 판매한다면 수익성을 높일 수 있다.

일국 정부가 자국 통화의 가치를 낮추는 것을 평가절하(devaluation)라 하고 반대 경우를 평가절상(revaluation)이라고 한다. 평가절하는 세계시장에서 자국 통화의 가치가 감소하게 함으로 수출품의 가격을 낮추고 수입품의 가격을 상승하게 한다. 따라서 특정국 정부가 자국 수출기업들의 경쟁 우위를 높이기 위하여 또는 수출 증진을 통한 무역수지 개선을 위하여 평가 절하를 사용할 수 있다. 그러나 평가절하는 자국 소비자의 구매력을 감소시키고 자국 기업들의 생산원가 절감 노력을 둔화시킨다는 문제점이 있다. 이러한 문제점은 결국 인플레 상승으로 연결될 수 있다.

(2) 빅맥(Big Mac)지수

환율은 일정 금액의 타국 화폐를 받기 위하여 자국 화폐를 어느 정도 지불해야 하는지 보여준다. 그러나 환율은 한 재화가 특정국에서 실제 어느 정도 더 비싼지 싼지를 보여주지 않는다. 우리가 외국 여행시 우리나라 화폐가 국내에서 보다 더 가치가 있는지 없는지 알게 된다. 환율이 특정국 화폐의 구매력을 보장해 주거나 안정적으로 유지해 주지 못하는 것이다. 우리나라 화폐의 구매력이 어떤 나라에서는 증가하고 어떤 나라에서는 감소할 수 있는 것이다.

경제주간지인 Economist는 세계 전역에서 판매되고 있는 McDonald's의 빅맥 햄버거 가격에 기초하여 매년 구매력평가(Purchasing Power Parity:PPP)조사를 발표하고 있다. 이 조사 결과는 빅맥지수라고 알려졌고, 특정국 화폐가 과대평가되어 있는지 또는 과소 평가되어 있는지 말해 준다.

〈표 8-1〉 빅맥지수

국가	빅맥가격 해당국통화	미달러	미달러 기준 PPP	실제환율 1 US$	미달러대비 과대평가(+)/과소평가(-),%
미 국	$3.0	3.00		1.00	
호 주	A$3.20	2.39	1.07	1.34	-20.04
브 라 질	Rcal 5.45	2.33	1.82	2.34	-22.24
캐 나 다	C$3.20	2.63	1.07	1.22	-12.05
한 국	Won2,500	2.40	833.00	1040.60	-19.95
스 위 스	SFr6.23	4.84	2.08	1.29	61.49
영 국	₤1.99	3.50	0.66	1.76	15.95
스 웨 덴	Skr30.0	3.82	10.00	7.85	27.32
뉴질랜드	NZ$4.50	3.06	1.50	1.47	1.83

*과대평가율 또는 과소평가율 $= \frac{(\text{실제환율} - \text{PPP})}{\text{실제환율}} \times 100$

자료: 문준연, 『글로벌 마케팅』, 명경사, 2006, 일부 정리.

앞서 설명한 PPP 이론에 따르면 양국간 환율은 양국 화폐의 자국에서의 구매력을 동등하게 하도록 결정된다고 한다. 빅맥PPP는 외국에서 빅맥 햄버거를 하나 사는데 드는 화폐금액이 미국의 화폐금액과 동일하게 되도록 하는 환율이다. 실제 환율과 빅맥PPP를 비교하여 특정국 화폐가 과대 또는 과소 평가되어 있는지를 판단한다. 특정국에서 미 달러로 환산한 빅맥 가격이 미국보다 비싸다면 그 나라 화폐는 과대평가되어 있는 것이다. 반대로 특정국 빅맥 가격이 미국보다 싸다면 그 나라 화폐는 과소평가되어 있는 것이다(문준연).

앞서 설명한 PPP 이론에 따르면 양국 간 환율은 양국 화폐의 자국에서의 구매력을 동등하게 하도록 결정된다고 한다. 빅맥 PPP는 외국에서 빅맥 햄버거를 하나 사는데 드는 화폐 금액이 미국화폐 금액과 동일하게 하도록 하는 환율이다.

〈표 8-1〉은 2004년도에 발표한 빅맥지수이다. 빅맥지수의 계산은 다음과 같다. 한국 빅맥가격은 2,500원이다. 이 금액을 미국의 가격인 $3.00달러로 나누면 달러화 가준 PPP는 833이다. 이 수치는 미 달러화 대비 한국 원화의 이론적 환율이라고 할 수 있다. 이제 이수치를 실

제 환율인 1,040.6으로 나누고 1에서 차감함으로써 원하는 약 20% 과소평가되어 있다는 것을 알 수 있다.

이론적으로 볼 때 환율은 장기적으로 PPP 지수에 수렴하는 경향이 있다. 만약 미 달러화가 타국 통화에 비하여 과대평가되어 있다면 미 달러화를 사용하는 소비자는 미국에서 재화를 구입하는 것이 타국보다 비싸다는 사실을 알게 될 것이다. 미국 소비자가 화폐가치가 저평가된 타국에서 재화를 수입하는 것이 더 싸다는 사실을 알게 되고, 따라서 수입을 늘리게 된다(*Ibid*).

3) 관세제도

WTO의 설립목적 중 하나는 무역자유화이다. 즉 시장을 개방함으로써 무역을 촉진시키고자 하는 것이다. 따라서 무역을 자유화함으로써 교역이 증대되고 국가경제가 성장을 가져온다는 것이다. 이에 따라 많은 국가에서는 무역을 촉진하고 있다. 따라서 외국인 투자를 유치하고 수출 드라이브 정책을 펴고 있다. 또한 개별 국가 간 무역을 촉진하기 위해서 지역협정(ASEAN, EU, NAFTA) FTA 및 관세동맹 등의 협정을 체결하고 있다. 대부분 국가의 최근의 관세정책은 대외 개방 폭의 확대와 더불어 관세수준을 경쟁국가의 수준에 맞추려고 노력하고 있다. 그러나 아직도 몇몇 국가에서는 자국 산업의 보호라는 명목으로 높은 관세율을 유지하고 있다.

한 국가의 관세제도의 정비는 외국기업의 진출입에 있어서 생산에 필요한 원자재의 수출과 수입을 촉진시킴으로써 외국기업의 진입 및 진출 등을 유인하는 요인으로 작용하고 있다.

3. 노동환경 및 노무관리

미국의 NIKE사가 동아시아 진입하기 위해 일본의 컨설팅 회사에 자문을 하였다. 자문결과 컨설팅 회사는 한국을 추천하였다. 한국이 노동

환경이 타 국가에 비하여 좋다고 하였다. 즉 노동의 질, 질 좋은 노동자들이 많다는 것이다. 교육을 잘 받은 노동자들이 풍부하다고 하였다. 이와 같이 노동은 생산성과 경쟁력에 밀접한 관계가 있기 때문에 노동의 질을 파악하는 것은 기업활동에 매우 중요한 요인이다. 즉 임금의 수준을 고려한 질 좋은 노동자가 어느 정도 확보 가능성이 있는가가 중요하다. 예로 네팔, 미얀마, 파키스탄, 방글라데시 등은 여타 동남아 국가에 비하여 임금이 아주 저렴하다. 그런데도 불구하고 외국기업들이 진입을 하지 않고 있다. 그 이유 중의 하나는 문맹자, 즉 교육을 받은 고학력 노동자의 부족 때문이다. 따라서 기업이 특정 국가에 진입하기 전에 필연적으로 한 국가의 노동환경을 파악하는 것이 중요하다.

노무관리에는 종업원 채용과 배치, 교육, 복지, 해고 등과 관련이 있다. 국가에 따라서 종업에 관련된 노동법 등이 상이하기 때문에 노무관리와 관련된 법령 등을 파악하는 것이 중요하다. 예를 들어 주당 근무시간, 연간 휴무일 및 연휴제도 등도 살펴보아야 한다. 또한 노동쟁의 발생빈도 등이 한 국가에 진입해서 생산 활동 등에 중대한 영향을 미치고 있다. 노동쟁의 발생빈도가 국가에 따라서 발생빈도가 많은 국가가 있는 반면에 적은 국가도 상당이 있다. 이는 국민성과 가치관과 밀접한 관련이 있다고 볼 수 있다.

4. 사회간접자본

해외시장의 마케팅기회를 평가하기 위해서는 해외간접시설의 이용가능성과 질적 수준을 살펴보아야 한다. 해외시장에 진출 시 국제마케팅 관리자는 현지에서 제공되는 운송, 통신 및 전력 등을 분석하여야 한다. 또한 마케팅과 관련된 유통, 물류 및 광고회사와 같은 마케팅 기구들의 이용가능성도 중요하게 살펴보아야 한다. 1인당 철강 소비량, 전기 생산량 및 시멘트 생산량과 같은 지표들이 해외시장의 전체적 산업화의 정도를 나타내며 산업재 공급업자들에 의해 효과적으로 이용된다. 예를 들어 1인당 에너지 소비량은 전력시장의 시장잠재력을 나타내는 지표로 이용된다.

아시아와 중남미 국가에서 기본적 사회간접시설의 확충은 농수산물 생산의 증대에 크게 기여하였다. 또한 도로, 철도, 항만 및 항공 수송망들은 물적 유통을 위해서 필수적이다. 킬로미터당 철도 화물 수송량을 살펴보면 그 나라의 화물 수송능력을 알 수 있다. 마찬가지로 버스, 트럭 및 승용차 대수는 도로 수송망의 상태를 나타내는 좋은 지표이다.

통신도 수송과 함께 중요한 사회간접시설이다. 예를 들어 전화, 방송, 및 출판 매체의 양적 지표들이 통신설비 및 통신망의 상태를 나타내는 지표로 이용된다. 따라서 통신시설이 낙후한 후진국의 전화망을 현대화하는 것이 해외 투자가를 끌어들이고 세계시장에서 효과적으로 경쟁하는 데 필요한 일이라는 것을 알아야 한다. 그러나 이들 양적 지표가 통신서비스의 질적 수준을 모두 나타내지는 않는다.

아시아의 20억 인구들이 전기를 이용하지 못하고 있으며 1,000명당 16명만이 전화를 사용할 수 있다. 때문에 아시아 시장은 전기, 발전, 통신, 수송산업에서 시장 잠재력이 매우 높다(이철 외). 이와 반대로 대부분의 아시아 국가에는 전력이 현저하게 부족하기 때문에 더운 여름에는 전력수요가 급증하기 때문에 시간대별로 지역에 따라 단전을 실시하고 있다. 기업은 24시간 계절 없이 전력이 필요하다. 따라서 마케터들은 국가의 전력사정을 파악하는 것이 아주 중요한 요소이다.

위의 내용을 요약하여 보면, 통신은 과거에 비해 인터넷 등이 발달하여 국가별 차이 없이 문제가 개선되었다. 그러나 전력, 항만 및 운송 등은 경제성장과 더불어 개선될 부분이어서 국가 간 현저한 차이가 있다는 것을 알아야 한다.

사례 8-1

21세기 최대시장, 중국을 해부하라

세계의 이문화경영 사례

-이윤선 / 성결대학교 경영행정학부 교수-

중국인들은 '친구와 함께라면 천잔 술이라도 마신다'는 것처럼 '관계'를 대단히 중요시하는 문화를 갖고 있다. 이러한 중국의 '관계중시문화'를 이해하고 있다면 평소에 여러 채널을 통해 특별한 관계를 맺어두는 것도 현명하다고 볼 수 있다. 지난해 중국의 마늘분쟁에서 보았듯이 보복대상품목을 선정할 때 일부품목의 경우 평소 밀접한 민간협력이 있었기에 제외될 수 있었다는 점을 상기해 볼 필요가 있다.

전 세계인구의 5분의 1이 모여 사는 나라, 남한의 100배에 이르는 거대한 영토를 가진 나라, 1만 6천리 길이의 만리장성을 쌓고 무수한 인류문명의 기록을 간직한 만만년 역사의 나라, 이와 같이 중국은 거인과도 같은 나라이다. 하지만 그 거인은 우리에게 고작 게으른 여유를 부리는 '만만디'의 나라나 공자의 유교 전통을 지닌 나라, 마오쩌둥, 덩샤오핑 등으로 상징되는 사회주의로 나라로 비쳐질 수 있다. 우리나라와 중국이 수교한지가 10년째이며 산업과 문화의 한중 교류가 가속화되고 있지만 오늘의 중국을 있는 그대로 들여다보기란 여전히 어려운 일인 것 같다.

북쪽의 헤이룽장 사람과 남쪽의 광둥 사람이 천지차이고, 동쪽의 산둥과 서쪽의 시장이 여러 측면으로 상이하게 다르다. 독일 철학자 헤겔은 개성과 변화가 없는 중국을 두고 '중국은 공간만 있고 시간이 없는 나라다'라고 혹평했고 프랑스의 사상가 루소는 '중국인은 웃기를 좋아하고 향락, 탐욕, 체면, 인내가 있다'고 했지만, 이와 같이 중국은 한마디로 말하기에는 너무 복잡하고 거대하다.

중국은 지난 20년간 9.8%라는 세계 최고의 연평균 경제성장을 가져왔고 세계 7위의 경제대국으로 부상했다. 교역규모 면에서는 세계 9위, 외환보유고 및 외자유치 면에서는 세계 2위의 위치를 차지하고 있다. 이러한 경제성장을 기반으로 2030년경에는 사회주의에 기반을 둔 경제강국을 목표로 하고 있는 21세기 청사진을 보면 야심만만하다.

세계은행의 중국경제전망 보고서인 '차이나 2020'에 의하면 2020년에는 중국의 GDP의 규모가 미국을 능가할 것으로 예상함으로써 이러한 중국의 목표가 허황한 것이 아님을 보여주고 있다. 현재 중국은 이미 제2의 개방의 준비가 완료됐고, 이미 미국으로부터 항구적 정상무역관계(PNTR)를 획득해 대미교역의 최대 걸림돌이었던 것을 제거했을 뿐만 아니라 WTO가입을 목전에 두고 있다. 2001년부터 시작되는 10차 경제 5개년 계획이 시작됐고, 경제계획의 중점사업인 서부 대개발은 중동특수에 견줄 만한 호재로 평가되고 있다.

◇관계를 중시하는 중국 문화

이와 같은 호재는 우리 기업의 거대한 중국시장진출에 아주 좋은 기회가 될 것이다. 그러나 최근의 마늘분쟁과 냉동 꽃게, 보따리무역 제한 등에서 보았듯이 우리는 이와 같은 기회를 제대로 활용하지 못하고 있다. 일련의 불협화음은 앞으로 전개될 한중간 무역관계에서 전혀 이로울 것이 없을 것이다. 경쟁국들이 앞다퉈 중국시장에 진출하는 시점에 이러한 사소한 마찰로 인해 우리만 눈에 보이지 않는 제약을 받는다면 아주 커다란 손실이 아닐 수 없다.

중국인들은 '친구와 함께라면 천잔 술이라도 마신다'는 것처럼 '관계'를 대단히 중요시하는 문화를 갖고 있다. 이러한 중국의 '관계중시문화'를 이해하고 있다면 평소에 여러 채널을 통해 특별한 관계를 맺어두는 것도 현명하다고 볼 수 있다. 지난해 중국의 마늘분쟁에서 보았듯이 보복대상품목을 선정할 때 일부품목의 경우 평소 밀접한 민간협력이 있었기에 제외될 수 있었다는 점을 상기해 볼 필요가 있다.

중국에 진출해 성공적으로 기업활동을 하고 있는 공통점은 철저한 현지문화에 맞게 경영활동을 전개했다는 점이다. 중국인들은 정신적으로 무장시키고 있는 중화사상의 요체는 '자부심'이라 할 수 있다. 말단 종업원이라도 자신이 외국인으로부터 무시당하고 있다고 생각하면 회사에 애착심을 가지지 않는다.

따라서 중국과 비즈니스에서 성공적으로 수행하려면 먼저 중국현시 근로자와의 눈높이를 맞추고 그들의 문화 속으로 파고들어가 회사라는 울타리에서 한가족이라는 인식을 심어주는 것이 필요하다. 한 예로 일본의 기업가들은 중국현지에 오자마자 현지문화를 먼저 습득해 종업원들과 문화의 격차를 줄이려고 부단히 노력하고 있다.

중국기업에 돈을 떼이지 않으려면 수출계약서의 스탬프 색깔까지도 신경을 써야 한다. 영국 파이낸셜 타임지에 따르면 중국수입업체와 은행들이 신용장에 의한 수입거래대금 지급을 거부하는 사례가 잦아 각국 기업들이 어려움을 겪고 있다며 이같이 충고했다. 이같이 국제금융 관행을 무시한 수입대금 지급거부 사례는 1996년 중반에 중국전체 신용장거래의 절반에 달했다고 한다.

◇계약서 상의 오타도 꼼꼼히 챙겨야

중국업체들이 주로 사용하는 방법은 계약서나 신용장 등의 오타나 잘못된 부분을 문제삼거나, 심지어는 서류에 사용한 스탬프의 색깔까지도 시비를 걸고 있다고 한다. 예를 들어 A상사의 중국팀 관계자는 선적서류상 메이커의 영문표기가 <...Industres>로 <i>자가 빠졌다는 이유만으로 지급거절을 당했고, B상사는 원산지 증명 발급기관인 대한상의의 영문표기 <Korea Chamber of Commerce & Industry>에서 <& Indusrty>를 빼어

먹었다가 대금을 제때 못받는 바람에 곤욕을 치렀다. 이외에도 선박스케줄 변경으로 선적이 늦어진 경우에도 판매기회상실 등을 내세워 대금을 후려치거나 물품 인수후 품질상 트집을 잡아 대금인하를 요구하는 경우가 잦다.

그렇다고 해서 중국기업과 법정싸움을 벌이기는 매우 어렵다. 중국 사법당국은 자국기업을 보호하려는 성향이 강하고 소송기간이 길기 때문에 엄청난 어려움을 겪을 수가 있다. 파이낸셜지는 '중국 수입업계의 억지에도 여전히 세계 각국의 수출업체들이 중국과 거래하는 이유는 중국이라는 거대한 시장을 포기할 수 없기 때문'이라며 결국 각 기업들이 중국 거래에 현지 기업환경을 철저히 이해해야 위험을 최소화시킬 수 있다고 했다.

중국의 인터넷시장이 급성장하면서 많은 한국벤처기업이 진출했으나 대부분이 정보없이 진출했다가 현재에는 업종전환을 모색하고 있다. 그 이유는 한국에서 대대적으로 히트한 신생 인터넷광고 서비스이었는데 중국 네티즌에게 인터넷 광고는 전혀 먹히지 않았기 때문이다. 베이징 컨설팅 업체인 K&C 사장에 의하면 '벤처기업들이 중국에 들어와 가장 먼저 부딪치는 문제는 이론과 현실이 너무도 틀리고, 인터넷 증가속도, 컴퓨터 보급율, 정보수요 등 지표로 볼 때 중국은 황금시장이지만 복잡한 시장구조, 중국파트너의 성향 등 실제사업으로 들어가면 쉽게 돈 벌 수 있는 곳이 아니라고 했다. 이와 같은 어려움은 중국인 특유의 비즈니스 마인드 때문에 그러하다고 한다.

특히 P&G, 코카콜라, 코닥, 노키아, 존슨 앤 존슨 등과 같은 다국적기업들은 도로, 통신 등 열악한 사회자본의 제한을 뛰어넘어 전국적인 기업으로 성장하고 있는 가장 기본적인 이유로는 철저한 현지와 정책과 더불어 문화적 차이의 이용을 들고 있다. 따라서 경영자들이 문화의 차이를 무시하는 것은 바로 '비즈니스는 비즈니스'라는 관점으로 접근하는 경우이고 다국적 경영자는 이와 같은 문화적 차이를 적절히 이용함으로써 기업의 생존과 번영을 기약할 수 있을 것이다.

자료 : SK MANAGEMENT, 2001년 3월호

제 2 절 상품기회시장의 평가

자사가 생산하는 제품이 특정국가에 시장성이 있는가? 어느 국가에 진입해야 경쟁력이 있는가?에 대한 해답은 진입하고자 하는 국가의 시장기회를 평가함으로써 답을 얻을 수 있다.

본 절에서는 상품기회를 평가하기 위하여 진출할 국가의 산업현황분석 등을 살펴보기로 한다.

1. 산업현황분석

기업이 진입 국가의 동일산업의 생산 및 판매하고자 하는 산업을 평가하는 것이 가장 기본적인 것이다. 예를 들어 베트남의 자동차 부품산업의 수요, 생산 및 수입 현황 등을 살펴보기로 한다.

1) 수요동향

베트남 자동차 부품기업은 2009년 현재 70여개에 불과하다. 이들 부품기업들이 50여개 자동차 조립공장을 운영하고 있다. 이는 자동차당 부품이 2만~3만개 정도 필요한 점을 감안할 때 아주 영세한 수준이며, 현지 자동차 조립업체도 현지 부품조달 비율 때문에 매우 낮다.

베트남에서 제작된 자동차가 베트남산으로 인정받기 위해서는 국내 부품조달 비율이 30% 수준이 돼야 하나 현재 약 6%에 불가한 것으로 나타났다.

베트남의 자동차 수요가 증가함에 따라 자동차 부품 수입수요는 최소 2020년까지 증가할 것으로 전망된다.

또한 베트남 정부가 발표한 부품소재산업 육성계획(Planning on the development of Vietnam's Suporting Industry to 2010 with vision 2020)을 보면 2020년까지 주요 부품의 국내조달 비율을 최대 95%까지 증가하겠다고 하였다.

〈표 8-2〉 베트남 투자 자동차 제조업의 현지 부품 조달비율 현황(2008현재)

자동차 제조업체	현지부품 조달비율	투자허가서 명시 현지부품 조달 목표
Ford Vietnam	2	N.A
Vietnam Suzuki	3	38.4(2006년 한)
Vietnam Daewoo	4	N.A
Vietnam Star Venture Companies	4	N.A
Toyota Vietnam	7	최소 30(투자후 10년 내)
Honda Vietnam	10	N.A

자료 : Kotra

〈표 8-3〉 자동차 부품 현지 조달 목표

부품	비중	
	국내부품	수입부품
트럭 상부	70~95	5~30
트럭 프레임	90~95	5~10
승용차 프레임	80~90	10~20
엔진	50~60	40~50
기어박스	60~75	25~40
동력 축	60~65	35~40
타이어	70~80	20~30

자료 : Kotra

〈표 8-4〉 베트남 자동차 부품 수입추이(2006~2009) (단위: 천달러)

연 도	수입금액
2006	505,460
2007	921,321
2008	1,399,453
2009	1,802,239

자료 : Kotra

〈표 8-5〉 베트남 자동차 부품 수입국의 시장점유 현황(2009)

국가	점유율(%)
태국	22.50
일본	21.90
중국	17.40
한국	15.90
인도네시아	4.70
기타	17.60

자료 : Kotra

〈표 8-6〉 베트남 자동차 부품 수입 현황 (단위: 만 달러)

국가	2006	2007	2008	2009
태국	82,393	152,432	240,764	405,945
일본	128,977	214,848	337,531	394,754
중국	84,627	187,941	194,643	314,346
한국	43,435	143,639	188,155	287,462
인도네시아	93,371	9,3925	140,286	85,646

자료 : Kotra

2) 시장전망

〈표 8-2〉에서 보여주는 바와 같이 베트남의 자동차 부품 수입은 2006~09년 동안 평균 50% 이상의 수입 증가를 나타내고 있다. 2020년까지 주요 부품의 국내조달 비율을 최대 95%까지 증가하겠다고 밝힘에 따라 매년 외국인 투자 및 기술이전이 증가할 것으로 예상된다.

2009년 현재 자동차 소유 비율은 인구 1,000명당 10.5대로 2007년의 중국 24대, 태국 152대에 크게 못 미치는 수준이다. 경제성장과 더불어 최근 들어 베트남의 대도시를 중심으로 중산층이 확대되면서, 이들의 자동차 구입수요도 지속적으로 증가할 것으로 예상된다. 베트남의 경기변동에 따라 판매 증감은 보일 것이나, 장기적으로 베트남의 자동차 생산과 판매 시장의 확대가 예상된다(Kotra).

3) 제품수명주기

인간이 유년기, 성장기, 성숙기, 장년기, 노년기 등을 거쳐서 생을 마감 하듯이 제품도 인간처럼 일정한 수명을 갖고 있다. 다시 말해서 제품수명주기(Product Life Cycle)란 하나의 제품이 신제품으로 개발되어 시장에 처음 도입되어 도입기, 성장기, 성숙기, 쇠퇴기의 단계를 갖는다.

예로 한국의 TV시장은 빠르게 변화고 있다. 몇 년 전만 해도 한국의 TV시장은 PDP TV가 시장을 장악하고 있었다. 그러나 최근의 TV시장은 LCD, LED 제품을 넘어 3D TV시장으로 빠르게 발전 하고 있다. 물론 한국의 IT산업이 세계최고의 자리라고 하지만 제품의 사이클이 과거에 비하여 아주 짧다는 것을 알 수 있을 것이다. 이와 반대로 베트남의 TV시장의 현황은 우리와는 전혀 다를 것이다. 그 이유는 경제성장 뿐만 아니라 IT산업이 우리와 판이하게 다르기 때문에 이와 관련된 제품의 사이클은 우리와 다른 위치에 있을 것이다. 기업은 이와 같이 국가마다 제품의 사이클이 존재한다는 것을 알고 해당 국가에 진출한다고 볼 수 있다.

따라서 마케터는 자국에서 생산하는 제품이 진입하고자 하는 국가에 제품 사이클이 어느 정도의 위치에 있는가를 분석하는 것이 중요하다.

사례 8-2

자동차 · 부품 : 톡톡 마케팅 · 현지 맞춤형 모델로

현대자동차의 중국 합작법인인 베이징현대는 지난 달 한류스타 이효리를 모델로 내세운 해치백 i30를 중국 시장에 출시했다.

경기 침체로 글로벌 자동차 업계가 위기를 겪고 있지만 국내 자동차 업체와 부품업체에는 기회로 작용하고 있다. 원·달러 환율이 우호적으로 움직이고 있는 데다 마케팅 측면에서도 경쟁사 대비 우위를 점하고 있어서다.

현대자동차 미국법인(HMA)은 지난 9월 총 3만,511대를 판매, 작년 같은 달보다 27.2% 판매량을 늘렸다. 기아차 미국법인(KMA)도 같은 달 총 2만,623대로 1년 만에 판매량을 24.4% 확대했다. 현대·기아차는 중국에서도 매달 사상 최고 판매기록을 경신하고 있다. 현대·기아차가 글로벌 시장에서 차지하는 점유율은 7.5%로 작년보다 0.4%포인트 높아졌다.

현대·기아차가 세계 시장에서 승승장구하는 이유는 우선 독특한 마케팅 덕분이란 분석이다. 현대차는 미국에서 자사 차량을 구매하는 소비자를 대상으로 향후 1년간 기름값을 1.49달러로 제공하는 행사를 진행 중이다.

올 초에는 워크어웨이란 보험회사와 손잡고 차량 구매 후 12개월 내 실직한 사람에게 차를 반납할 수 있도록 했다. 반납 때 잔여 할부금과 잔존가치(중고차값)의 차액이 7,500달러를 넘지 않는 범위까지 보험사가 전액 부담하는 방식이다. 업계에서는 현대차가 자사 부담을 최소화하면서 소비자 시선을 끌 수 있는 현명한 마케팅이란 찬사를 보냈다.

현대·기아차는 세계 각지의 시장에 맞는 특화 모델을 전격 투입했다. 2007년 10월 인도시장에 출시한 i10은 현대차 인도법인의 판매를 견인하는 주요 모델이다. 인도 내 소형차로는 처음 조수석 에어백을 적용해 안전성을 강화했다. 현대차는 작년 4월부터 중국에서 준중형급 웨둥을 출시, 작년 한 해 동안 8만5,974대를 판매하는 기염을 토했다.

현대·기아차는 제네시스 쏘렌토R 등 신차를 해외 시장에 다수 투입하는 한편 신형 쏘나타와 에쿠스 등도 선보일 계획이다. 인터브랜드에 따르면 도요타 메르세데스벤츠 등의 올해 브랜드 가치가 크게 떨어진 반면, 현대차는 작년 72위에서 올해 69위로 3계단 상승했다.

현대모비스 역시 마찬가지다. 올 상반기에만 매출 4조5,853억원, 영업이익 7,165억원을 달성하는 등 성장을 계속하고 있다. 지난 4월에는 미국 오토모티브뉴스가 발표한 '세계 100대 자동차 부품업체' 중 처음으로 19위(작년 27위)에 이름을 올렸다.

현대모비스의 저력은 기술력에서 나온다는 평가다. 단순 조립형 모듈을 공급하는 업체에서 기술력 위주의 기능 통합형 모듈 생산업체로 방향을 튼 데 따른 결과다. 자동차의 핵심 부품인 에어백과 제동장치, 변속기, 조향장치, 전조등 등을 직접 개발하고 있다. 이에 따라 지난달 크라이슬러그룹에 국내 부품업계 사상 최대 규모인 20억달러어치의 섀시모듈 공급계약을 맺기도 했다.

현대모비스는 차세대 친환경차인 하이브리드카의 핵심 부품 사업에도 진출했다. 리튬이온 배터리를 생산하는 LG화학과 합작회사를 설립하기로 했다. 현대모비스는 오는 2020년까지 '글로벌 빅5'에 진입한다는 전략이다.

자료 : 한국경제, 2009.10.13

제 3 절 산업의 경쟁구조

기업의 경쟁구조는 그 기업이 속한 산업의 경쟁구조에 의해서 결정되기 때문에 국가수준 또는 세계수준에서 경쟁구조를 파악하는 것이 매우 중요하다.

포터(M. Porter)교수는 산업의 경쟁강도와 수익성을 결정짓는 경쟁요소는 ① 새로운 진출에 따른 위협 ② 기존 경쟁기업들 간의 경쟁강도 ③ 대체상품의 압력 ④ 구매자의 교섭력 ⑤ 공급자의 교섭력 등이다.

1. 새로운 진출에 따른 위협

시장의 개방화에 따라 기업은 아무런 장벽 없이 원하는 국가에 진입하여 기업활동을 할 수 있게 되었다. 기업이 의사와는 관계없이 외국기업과 또는 자국기업 간 경쟁이 불가피하게 되었다. 물론 외국기업이 해외시장에 진출할 때는 본래부터 외국환경에 열위에 있다. 이러한 열위에도 불구하고 해외시장에 진출할 때에는 기업이 가지고 있는 우위요소가 있기 때문에 기존기업 및 현지기업에게 엄청난 위협을 가할 것이다. 따라서 기존의 기업들은 새로이 진입하고자 하는 신규기업에 대비하여 여러 가지 진입장벽을 세우게 된다. 진입장벽은 기업이 가지고 있는 경영자원을 가지고 세울 것이다. 따라서 진입장벽이 높으면 진출기업의 위협은 적을 것이고, 반대로 진입장벽이 낮으면 진출기업의 위협이 크게 될 것이다.

기업이 가지고 있는 진입장벽으로는 규모의 경제성, 필요투자액, 매몰비용, 제품차별화, 유통경로의 확보, 법적 및 행정적 규제 등이다.

① 규모의 경제성

규모의 경제성은 제품의 생산량이 늘어날수록 단위당 생산비가 감소하는 것을 말한다. 기본적으로 규모의 경제는 단순히 생산 단가가 가장 저렴해지는 상황을 의미하는 것이 아닌 기업내부의 생산성과 효율을 의미한다. 즉, 입력된 비용 대비 출력된(생산된) 결과물의 비율이라고 생각할 수 있다. 따라서 신규 진입하는 기업은 초기부터 규모의 경제를 실현하기가 매우 어렵기 때문에 경쟁력 확보가 더욱 어렵게 된다. 즉 이 같은 규모의 경제실현을 하지 못하는 것이 커다란 진입장벽이 된다.

② 필요 투자액

신규산업 진입에 거대한 자금 투자액이 필요한 산업에는 신규진입이 어렵다. 자금의 이전을 통해서 기업 활동을 한다는 것은 자금조달과 투자에 따른 커다란 위험이 따르기 때문이다. 또한 자국에서 기업 활동과 달리 해외시장에서의 기업 활동은 여러 가지 위험에 직면하게 된다. 특히 정치적 위험에 직면 했을 경우에는 몰수 및 수용 등의 경우도 감수하여야 한다.

③ 제품차별화

제품차별화는 기업이 소유한 독점적 우위요소라고 할 수 있다. 이는 기업이 풍부한 경영자원을 소유하고 있을 때 여러 분야에서 차별화를 가질 수 있다. 즉 ① 제품, 가격의 차별화 능력(제품차별화, 특별한 마케팅 기술, 소매가격유지, 관리가격) ② 요소시장의 차별화 능력(특허기술, 비공개 기술, 자본조달에서의 차별화, 경영자 능력) 등이다. 예로 한국중소 기업이 코카콜라에 대응하기 위해서 8.15콜라를 출시하였다. 그러나 기존의 코카콜라의 차별화에 따라 시장에서 사라졌다. 따라서 기업이 가지고 있는 차별화 능력은 신규진입기업에 커다란 진입장벽이 되고 있다.

④ 유통경로 확보

유통경로(distribution channel)란 제품이나 서비스를 생산자로부터 최종소비자에게 이동시키는 과정에서 참여하는 모든 조직들의 집합체를 말한다. 기업이 제품이나 서비스를 그들의 표적시장에 효율적으로 도달시키는 방법을 말한다. 즉 제품을 표적시장에 누가 어떻게 유통시킬 것인가에 대한 유통경로(중간상) 확보에 대한 것이다. 이와 같이 외국기업이 현지국가에서 유통경로 확보가 커다란 장벽이 되고 있다.

⑤ 법적 및 행정적 규제

국가마다 소비자 및 자국 산업의 보호를 위해 법을 제정하거나 행정적 규제를 가하고 있다. 최근에 환경을 보호 및 소비자를 보호하기 위해 면허제나 인가제를 시행하기도 한다. 이와 같은 제도가 외국기업 진입에 커다란 장벽이 되고 있다.

2. 기존기업들 간의 경쟁

기존기업들 간의 경쟁은 경쟁기업의 수, 산업성장률, 원가구조, 제품차별화 정도, 철수장벽 등에 의하여 결정된다.

① 경쟁기업의 수

특정한 산업 내에 경쟁기업이 많으면 많을수록 경쟁이 심해진다. 따라서 경쟁기업의 수와 비슷한 규모의 기업의 수를 파악하는 것이 중요하다. 이와 더불어 경쟁기업간의 시장점유율을 파악하여야 한다. 이는 기존 기업들 간의 경쟁의 강도를 파악하기 위해서는 필연적이라고 할 수 있다.

② 산업성장률

특정 기업이 속한 산업에 성장률이 없다는 것은 개별기업의 성장이 없다는 것을 말한다. 산업의 성장에 따라 경쟁의 정도는 낮아지고 높아지고 있다. 예로 산업의 성장이 적을 때는 기존의 기업이 가지고 있는 시장점유율을 빼앗으려고 경쟁이 치열해질 것이다. 그러나 산업성장률이 높을 때는 산업성장 뿐만 아니라 소득이 증가로 시장이 커질 것이다.

③ 원가구조

원가 구조는 고정비와 변동비로 구분할 수 있다. 제품의 특성에 따라 고정비가 차지하는 비율이 큰 산업이 있는 반면에 반대로 변동비가 차지하는 비율이 큰 산업이 있다. 예로 항공, 운송, 화학산업 등은 고정비가 차지하는 비율이 크다. 따라서 설비를 더 가동함으로 가격을 낮추려할 것이다. 이 같은 원가구조로 인하여 경쟁자들 간에 치열한 가격경쟁이 벌어진다.

④ 제품차별화 정도

대체로 기능성 제품 일수록 제품차별화가 크다고 볼 수 있고 소비재 제품과 산업재 제품일수록 제품차별화 정도가 낮다고 볼 수 있다. 예로 시멘트, 밀가루, 기름 등은 제품 차별화가 적은 반면에 TV, 핸드폰, 가전제품 등은 제품 차별화가 크다고 볼 수 있다. 제품차별화가 적은 제품은 가격이 중요한 구매결정요인으로 작용하기 때문에 가격경쟁이 치열하다고 볼 수 있다.

⑤ 철수장벽

철수장벽이 높은 경우에는 경쟁이 심해진다. 철수장벽이란 기업의 수익이 저조하거나 손실이 발생되었을 때 쉽게 기업을 철수하지 못하는 장벽을 말한다. 예로 최근 우리 주변에 주유소가 사업성이 좋다고 하여 엄청나게 늘어났다. 그러다 보니 과거에 비해 수익성이 감소하였고 그렇다고 다른 업종으로 전환하기가 불가능한 사업이다. 따라서 주유소를 유지하기 위해서 또는 수익성을 높이기 위해서 기존 기업들 간 경쟁이 치열해진다.

기존 기업들 간의 경쟁이 치열하다는 것은 가격경쟁이 심하다는 것을 말하는 것이다. 즉 기업성장이 적을 것이고 이와 반대로 경쟁력이 적은 분야는 미래의 가능성과 기회를 잡을 수 있을 것이다.

3. 대체품의 위협

대체품이라 함은 대신하여 바꾸거나 사용할 수 있는 물품을 말한다. 예로 쌀의 수요·공급은 단순히 쌀의 가격만이 아니라 그 대체품인 빵이나 면류의 가격이라든가, 나아가서는 식료품 일반의 가격에 의해서도 영향을 받는다. 이와 같이 많은 종류의 대체품이 존재하는 산업에는 수요가 불확실하고 수익성이 낮아진다. 그러므로 대체품이 많은 산업일수록 매력도가 낮아진다고 볼 수 있다.

4. 구매자의 교섭력

제품 구매자들은 가격인하, 품질향상 및 서비스 등을 요구하기 때문에 기업의 수익성을 감소시킬 것이다. 때로는 경쟁 기업들 간에 구매의 조건으로 대립시키기도 한다. 따라서 구매자의 교섭력은 주요한 경쟁요인이 되고 있다. 예로 구매자가 집중적으로 구매를 하거나 또는 매도자의 판매량 중에서 상당량을 차지한다고 할 때 교섭력은 강력하다고 볼 수 있다.

5. 공급자의 교섭력

원재료 등을 기업에게 공급하는 공급자들은 공급중단, 가격인상 또는 공급제품의 품질저하 등의 위협을 통해 교섭력을 활용할 수 있기 때문에 주요한 경쟁요인이 되고 있다. 공급자들의 교섭력이 클수록 기업의 수익성과 매력도가 떨어진다. 예로 공급자의 수가 적거나 공급자들이 조직화된 경우, 공급되는 제품이 차별화되어 있어 전환비용이 큰 경우, 생산자가 도매상 또는 도매상이 소매상을 소유하고 있을 때 공급자들의 교섭력이 강해진다.

〈표 8-7〉 글로벌 국가경쟁력 순위

2010 글로벌 국가경쟁력 순위					
순위	국가	접수	순위	국가	점수
1	싱가포르	64.39	18	아이슬랜드	49.41
2	미국	61.45	19	뉴질랜드	48.87
3	네덜란드	60.91	20	프랑스	48.03
4	캐나다	60.19	21	한국	46.23
5	덴마크	59.34	22	일본	46.07
6	홍콩	58.66	23	요르단	44.57
7	스웨덴	58.50	24	인도	44.46
8	이스라엘	57.26	25	아랍에미레이트	44.41
9	호주	57.24	26	이탈리아	44.17
10	스위스	55.55	27	스페인	44.13
11	벨기에	55.25	28	태국	43.93
12	핀란드	54.21	29	폴란드	43.67
13	영국	53.69	30	필리핀	42.52
14	오스트리아	52.07	39	인도네시아	38.28
15	중국	50.91	44	브라질	36.63
16	대만	50.15	45	러시아	36.46
17	독일	49.64	62	아르헨티나	27.94

자료 : IPS

〈표 8-8〉 부문별 글로벌 경쟁력 순위

부문별 글로벌 경쟁력 순위							
생산조건		수요조건		관련산업		경영여건	
1	미국	1	미국	1	미국	1	싱가포르
2	러시아	2	홍콩	2	스웨덴	2	네덜란드
3	캐나다	3	일본	3	캐나다	3	홍콩
4	중국	4	싱가포르	4	덴마크	4	스웨덴
4	호주	5	덴마크	5	네덜란드	5	덴마크
55	한국	6	한국	23	한국	19	한국
노동자		정치인·관료		기업가		전문가집단	
1	인도	1	싱가포르	1	싱가포르	1	싱가포르
2	중국	2	덴마크	2	이스라엘	2	네덜란드
3	싱가포르	3	네덜란드	3	네덜란드	3	이스라엘
4	멕시코	4	이스라엘	4	캐나다	4	벨기에
5	홍콩	5	호주	5	대만	5	홍콩
44	한국	43	한국	15	한국	16	한국

자료 : IPS

사례 8-3

Global View/중국시장의 다양성‥차이나마케팅

'천차만별 소비수준'에 맞춰라
2020년 부유층 1억3,000만 세대, 고급제품 생산 글로벌 기업엔 큰 기회
선양 · 우한등 내륙도시 준부유층 겨냥, 2등 기업의 차별화된 전략도 필요

유엔(UN) 개발정책분석국은 최근 발표한 2009년 세계경제 전망에서 "올해 중국의 세계경제 성장기여도가 50%에 달할 것"이라고 밝혔다. 중국이 세계 경제성장의 절반을 책임진다는 의미다. 글로벌 경기 침체의 골이 깊어지는 가운데 중국 시장에 대한 관심이 더 높아지고 있는 이유다. 2003년 이후 매년 10%를 웃돌던 중국 경제성장률도 글로벌 불황의 여파로 지난해 9%대로 하락했고 올해 8% 안팎까지 떨어질 것으로 보인다. 하지만 중국은 세계경제를 주도했던 미국이 맥없이 추락하고 있는 지금, 소비와 생산에서 세계경제를 나홀로 지탱할 경제대국이라는 데엔 이견이 없다.

일본 노무라종합연구소는 최근 '2020년까지의 중국 도시 소비자' 보고서를 통해 중국시장은 경제 발전 단계가 서로 다른 복수의 지역시장이 공존할 뿐만 아니라 지역 내 빈부격차도 확대되고 있는 만큼 시장 상황을 보다 정확히 파악해 마케팅 전략을 구사해야 한다고 지적했다. 보고서는 중국 정부 통계데이터를 이용, 약 5억6,000만명에 달하는 도시권 인구를 중심으로 지역별, 소득별 소비시장 흐름을 분석하고 있다.

◆5개 권역으로 나뉘는 중국 시장

중국 전 지역은 베이징, 상하이, 톈진, 충칭 등 4개 직할시와 약 290개의 지방 거점도시로 구성된다. 과거에도 그랬듯이 바닷가 근처의 연안 대도시를 필두로 주변 도시→내륙부 대도시→중소도시 순으로 발전하는 양상이다. 따라서 각 도시의 소득과 성장 수준 등이 다른 것은 당연하다.

1인당 GDP(국내총생산)를 주요 지표로 삼고 여기에 각 도시의 경제성장 구조를 가미할 경우 290여 도시는 5개 권역으로 나눌 수 있다. 권역 A는 환보하이(環渤海), 창장(長江)삼각주, 주장(珠江)삼각주 등 연안부 3대 경제권 내 중핵도시로 베이징 상하이 등 소득 수준이 가장 높은 지역이다. 권역 B는 다음으로 소득이 많은 우시 톈진 등 권역 A 주변도시를, 권역 C는 선양 우한 등 주로 내륙부 중핵도시다. 권역 D와 E는 경제성장이 다소 늦은 내륙도시로 분류할 수 있다.

◆2005년 권역별 수준은 천지 차이

2005년 기준으로 권역 A와 E 지역의 1인당 GDP 격차는 7배 이상에 달한다. 그렇다면 소비지출에 쓸 수 있는 돈을 뜻하는 가처분소득은 어떨까. 정부 데이터를 토대로 가처분소득과 각 성(省)의 1인당 GDP와의 상관관계를 분석한 결과, 연간 수입 5만위안 이상의 준부유층과 10만위안 이상의 부유층 비율은 권역에 따라 크게 다르게 나타났다.

조사에 따르면 연수입 10만위안 이상 부유층 세대엔 가전제품을 포함한 주요 내구성 소비재가 이미 보급됐을 뿐 아니라 외국 브랜드의 비싼 자동차를 가지고 있는 사례도 많다. 연수입 5만위안 이상의 세대에선 자가용을 구입하는 경향을 보이기 시작했다. 권역 A의 경우 전체 세대의 절반 정도가 부유층과 준부유층으로 나타났지만 권역 D와 E에선 아직 10%에도 미치지 못했다. 소비능력의 차도 그만큼 심하다는 의미다.

◆2020년 부유층 1억3,000만세대로 확대

순차적인 발전 흐름을 고려하면 부유층은 모든 지역에서 꾸준히 늘어날 것으로 예상된다. A나 B권역 사례에서 보듯 D와 E 지역에서도 경제발전이 지속되면 중상층 이상의 부유층이 급격히 늘어나게 마련이다.

중국 정부의 GDP 성장률 계획과 UN의 인구동태 예측, 그리고 각 권역의 GDP성장률과 도시화 진전에 따른 도시인구 증가를 가미해 권역별 소득계층 세대수를 추산한 결과, 전국적으로 부유층과 준부유층이 2020년까지 1억3,000만세대로 늘어날 전망이다. 2005년 대비 4배 수준이다.

권역 A와 B에서는 연수입 10만위안 이상의 부유층 세대가 지금부터 갑자기 늘어나면서 2020년까지 7,000만세대에 달할 것으로 관측됐다. 이는 해당 도시인구의 80% 이상에 달하는 수치다. 권역 C~E에서도 연간 수입 5만~10만위안의 준부유층이 계속 확대되면서 6,000만세대의 삶이 달라질 것으로 예상된다.

◆글로벌 기업의 기회와 위협

중국 내 부유층 시장의 확대는 두말할 것도 없이 하이엔드(high-end · 고급) 제품을 생산하는 글로벌 기업엔 큰 기회가 된다. 벤츠 아우디 BMW 등 글로벌 고가차 메이커들이 경쟁적으로 중국 사업을 강화하고 글로벌 휴대폰 업체들이 중국시장에 최고급 제품을 쏟아내는 이유가 여기에 있다.

그러나 권역 C 이하의 시장에서 준부유층이 확대되는 흐름은 상대적으로 저렴한 제품으로 승부를 걸던 2등 기업에 글로벌 톱 메이커와의 격차를 해소할 여지를 제공하기 마련이다.

따라서 장래 경쟁에 대비해 권역 C 이하의 준부유층 시장을 겨냥한 마케팅 전략이 필수적이다. 이 경우 기존 A와 B권역의 고소득층을 위해서는 차별화된 제품 전략과 채널을 확보해야 한다는 점도 잊지 말아야 한다.

자료 : 한국경제신문, 2009.1.20.

제 4 절 경쟁기업분석

기업이 해외시장에서 성공하기 위해서는 진출하고자 하는 국가에 경쟁기업에 대한 철저한 분석이 필요하다. 경쟁기업에 대한 분석은 첫째 경쟁의 범위를 정하여 주요 경쟁기업이 어떤 기업들인지 파악한 후 그 기업들의 특성, 전략, 성과에 대한 분석을 실행한다(문병준 외).

1. 주요 경쟁기업 파악

경쟁기업의 파악은 경쟁의 범위를 어디까지로 볼 것인가에 달려있다. 경쟁의 범위는 다음과 같이 네 가지 수준으로 구분할 수 있다. 예로 코카콜라 제품에 대한 경쟁분석의 사례를 보면 다음과 같다.

첫째, 제품형태(product form)수준의 경쟁은 같은 형태를 가진 제품들 간의 경쟁을 가리키며 가장 치열한 경쟁이 바로 이 수준에서 벌어진다 - 코카콜라, 펩시콜라.

둘째, 제품범주(product category)수준의 경쟁은 제품 형태는 다르지만 기본적으로 같은 범주에 속하는 제품들 간의 경쟁을 말한다 - 환타, 칠성사이다, 데미소다.

셋째, 본원적 편익(intrinsic benefit)수준의 경쟁이란 형태나 범주는 다르지만 소비자에게 기본적으로 동일한 편익(benefit)을 제공하는 제품들 간의 경쟁을 말한다 -비락식혜, 가야당근 농장, 진로석수, 네스티.

넷째, 예산(budget)의 경쟁은 제공하는 편익은 다르더라도 소비자의 한정된 예산을 차지하기 위하여 여러 제품들이 경쟁하는 것을 말한다. 예로 휴대폰 보급으로 10대 청소년들이 통신비 지출이 급증하면서 다른 부분(놀이공원, 영화, 게임방 등)에 대한 지출이 줄어드는 것과 같이 경제적 환경의 급속한 변화로 인한 소비자의 예산이 줄어든 경우를 말한다.

〈그림 8-1〉 경쟁의 네 가지 수준

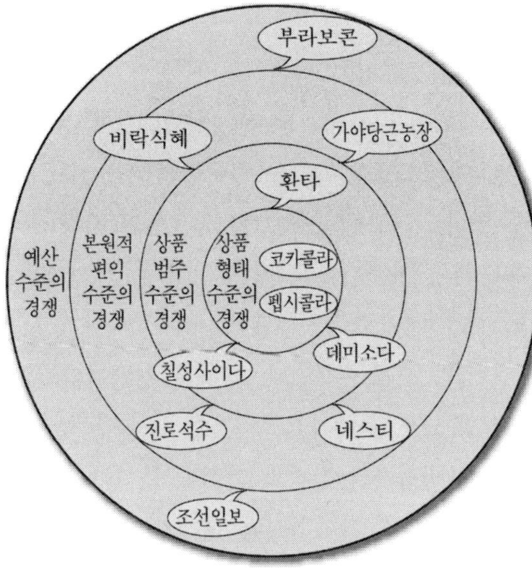

자료 : 문준연 외, 『국제마케팅』, 108쪽

2. 경쟁기업 특성

기업이 어느 국가에 진출하던 간에 경쟁기업이 존재한다고 볼 수 있다. 경쟁기업과 경쟁해서 경쟁우위를 갖기 위해서는 반드시 기업이 해외에 진출하기 전에 경쟁기업에 대하여 분석을 하여야 한다. 따라서 경쟁기업의 특성을 파악함으로 기업이 새로운 기회(new opportunity)를 잡을 것이다. 경쟁기업의 특성 분석으로는 국적, 매출, 강점과 약점, 전략, 성과 등을 들 수 있다.

첫째, 경쟁기업이 다국적기업(multinational enterprise)인지 현지 국가의 기업인지를 판단하여야 한다. 또한 외국기업과 합작기업으로 운영을 하고 있는 기업은 현지 기업으로 인식되고 있기 때문에 이에 대하여도 주위 깊게 분석을 하여야 한다. 외국기업과 합작기업은 기술과 자금이 풍부하다. 즉 경영자원이 풍부하기 때문에 경쟁의 우위를 점하고 있다. 또한 다국적기업의 경우에는 전 세계를 대상으로 하는 유통망과 충분한 경영노하우를 가지고 있기 때문에 본래부터 우위를 가지고 있다고 볼 수 있다.

따라서 경쟁기업이 다국적기업, 합작기업, 현지기업 인지를 구별하는 것이 경쟁기업을 분석하는 첫 단계라고 볼 수 있다.

둘째, 경쟁기업의 규모를 파악함으로써 경쟁기업의 경쟁력 등을 분석할 수 있다. 물론 매출액이 많다고(초기 시장 침투를 위해서 저가격 정책 등) 해서 반드시 기업의 규모가 크고 경쟁력이 높다고는 볼 수 없지만 시장지배력 또는 시장점유율이 높은 것은 제품에 대한 경쟁력을 점하고 있다고 볼 수 있다. 따라서 경쟁기업의 매출동향을 분석함으로써 기업의 규모도 파악할 수 있다.

셋째, 경쟁기업의 강점과 약점을 분석하여야 한다. 현지 국가에서 경쟁기업의 약점을 파악하기란 쉽지가 않다. 왜냐하면 경쟁기업은 오랜 기간 동안 현지에서 운영을 해왔기 때문에 경험을 통한 단점을 지속적으로 개선하였을 것이다. 그러나 경쟁자의 입장에서 보는 단점과 소비자의 입장에서 보는 단점이 차이가 있을 수 있다. 예로 제품의 질, 서비스, 판매원 등에 대한 강점과 단점을 파악할 수 있다.

3. 경쟁기업 전략

전략이란 경영목적을 달성하는 포괄적 수단이다. 따라서 경쟁기업의 전략 분석의 시작은 경영목표가 무엇인가 파악으로 시작된다. 이는 다국적기업인 경우에는 본사의 경영목표와 현지국가의 경영목표가 상이할 수 있다. 즉 진출한 국가마다 경영목표가 다를 수 있다는 것이다. 또한 기업이 활동한 기간에 따라서 경영목표가 상이할 것이다. 예로 초기에는 시장진입이 목표고 점차적으로 시장 확대 및 다각화 전략 등으로 변할 수 있을 것이다. 따라서 기업은 경쟁기업이 현지시장에서 어떠한 방식으로 기업 전략을 수행하는지 면밀히 분석하여야 한다. 예로 생산, 마케팅, 판매, 서비스전략 등을 분석하여야 한다.

4. 경쟁기업의 성과

경쟁기업의 성과를 분석함으로써 시장진입에 대한 의사결정을 할 수 있다. 성과 분석은 재무제표를 중심으로 즉 경영성과나 영업성적 등을 파악으로부터 시작하는 것이 일반 적이나 여기에서는 일반적인 거시지표인 시장점유율, 매출액 증가율, 수익성, 등으로 경쟁기업의 성과를 분석하고자 한다.

1) 시장점유율

현지 국가에는 하나의 기업만이 독과점적으로 기업 활동을 하는 것이다. 수많은 기업에 같은 제품을 생산·판매하고 있다. 따라서 시장점유율이란 각 기업마다 현지에서 어느 정도로 생산·판매하고 있는가를 나타내는 것을 말한다. 즉 시장점유율은 각 기업이 현지국 시장에서 차지하는 비율을 말한다. 또한 현지시상에서의 경쟁력을 나타내는 지표라고 할 수 있다. 이와 같은 시장점유율을 통해 시장진입가능성을 엿볼 수 있다. 외국기업과 현지기업의 시장점유율을 따로 분리해서 분석하는 것도 중요하다. 따라서 현지시장에서의 외국기업의 위치 등을 파악함으로써 새로운 시장의 진입시 시장점유율에 대한 기업의 전략을 구상할 것이다.

2) 매출 증가율

경쟁기업의 매출액 증가를 통해서 시장기회를 엿볼 수 있다. 매출액 증가는 기업의 성장을 가져다주는 지표라고 할 수 있다. 이와 같은 매출액 증가는 현지국가의 특성제품에 대한 성장성을 가리키고 있다. 물론 매출액 증가는 특정기업에게만 있을 수도 있고 모든 경쟁기업의 증가를 가져올 수도 있다. 따라서 특정기업의 매출액이 증가할 때는 그 기업의 전략 등을 살펴볼 필요가 있다. 왜냐하면 시장점유율을 높이기 위한 저가격 정책, 제품 질 개선 등을 사용하는 기업도 있을 수 있기 때문이다. 또한 모든 기업의 매출액 증가는 라이프스타일 변화, 경기회복 등에 따라 매출액 증가를 가져올 수 있다. 따라서 매출 증가에 대한 분석이 기업의 변화로부터인지 환경의 변화로부터인지 파악하여야 한다.

3) 수익성

경쟁기업의 수익성 분석은 손익계산서를 통해 알 수 있다. 현지 국가에 진출한 기업의 수익성을 분석함으로써 현지국에 진출할 것인가 아니면 다른 국가에 진출할 것인가를 결정할 것이다. 물론 세계시장을 대상으로 하는 경쟁기업의 수익성을 분석함으로써 기업의 새로운 전략을 세울 수 있을 것이다. 예로 특정 국가에 활동하는 경쟁기업의 수익성이 적다는 것은 기업 간 경쟁이 치열해서 그럴 수도 있고 경제상황에 따라 판매 부진일 수도 있다. 이와 반대로 라이프스타일 변화, 경기회복 등이 수익성을 높일 수도 있다. 또한 세계시장에서 경쟁하는 기업의 수익성은 소비자의 공통적 욕구 증가 및 라이프스타일 동조화, 세계경제 환경에 따라 변한다. 또한 각 국시장의 물가수준, 금리, 감가상각 및 대손상각 등에 관한 회계처리 방식 등이 차이가 있기 때문에 손익계산서를 통한 수익을 추정하는데 문제가 있을 수도 있다.

5. 성공요인의 분석

경쟁기업의 성공요인의 분석은 기본적으로 시장점유율, 매출액 증가율, 수익성 등을 통하여 기업의 성공에 대하여 분석할 수 있다. 또한 성공요인은 기업에 따라, 규모에 따라, 각 국의 시장에 따라 다를 수 있다. 새로운 해외시장 진출시 성공한 기업이 환경변화에 어떻게 대응을 했는가 등을 분석 후 마케팅 전략에 반영하여야 한다.

이와 같은 성공기업의 성공요인 분석을 통하여 새로이 진출하고자 하는 기업이 성공적인 전략을 수행할 것이다.

연습문제

1. 글로벌시장분석의 중요성에 대하여 설명하라.

2. 국가경제정책에 대하여 설명하라.

3. 한 국가의 해외경제정책에 대하여 논하시오.

4. 상품기회시장의 평가의 중요성에 대하여 설명하라.

5. 산업경쟁구조에 대하여 설명하라.

6. 경쟁기업 분석의 중요성에 대하여 설명하라.

7. 타 기업의 성공요인을 분석하는 이유를 설명하라.

제 9 장

글로벌 제품전략

제 1 절 글로벌 제품전략의 의의 및 개념

글로벌 마케팅 믹스전략은 가국 시장의 환경적 특성이 다양함으로 글로벌 기업이 마케팅 전략을 결정하여 실행함에 있어서 고려해야 할 사항들이 있게 된다.

국내마케팅활동과 동일한 컨셉트로 글로벌 마케팅환경에 적용할 것인지 아니면 각각의 개별적 시장국의 특성을 고려하여 현지 소비자 집단에게 차별적으로 적용할 것인지를 결정하여야 할 것이다. 즉, 개별국에서의 마케팅 개념을 표준화 전략을 할 것인지 차별화 전략을 적용할 것인가의 문제를 결정해야 한다.

이 장에서는 제품에 대한 개념과 국제제품전략에 대하여 살펴보고자 한다. 또한, 국제제품의 전략적 대안과 신제품개발절차 등 글로벌 마케팅 활동을 하는데 필요한 기본적인 믹스전략에 대하여 알아보고자 한다.

사례 9-1

세계시장서 뜨려면 브랜드 현지화해야

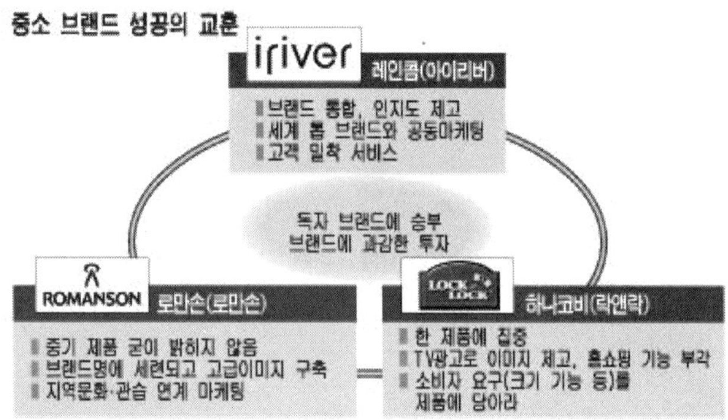

글로벌 톱 브랜드에서 배운다.

국가 간 장벽이 허물어지면서 세계시장은 빠르게 단일화하고 있다.

세계시장에서 살아남기 위해 기업들은 시장이 글로벌화하는 데 맞춰 브랜드 글로벌화에도 전력을 쏟아야 한다. 대기업이든 중소기업이든 짧은 기간에 적은 비용으로 글로벌 브랜드를 만드는 효율적인 방법은 현지화다.

먼저 브랜드를 현지화할 수 있는 지역 거점을 확보해야 한다.

많은 비용과 예산이 들어가는 글로벌 마케팅을 효율적으로 하기 위해서는 공략할 수 있는 시장을 한정하고 집중하는 것이 중요하다.

둘째, 박람회 전시회 엑스포 등 국제 행사를 적극 활용해야 한다.

공항의 캐리어나 옥외 광고도 병행하면서 문화행사를 통해 브랜드를 알리는 고도의 이미지 전략이 필요하다.

서전 안경테가 국제적으로 알려지고 인정받을 수 있었던 계기는 바로 뉴욕에서 열린 비전 엑스포 전시회였다.

전시회에서 세계 최고 제품으로 인정받으면서 브랜드 글로벌화를 위한 첫걸음을 비교적 쉽게 내디뎠다.

셋째, 기업 규모에 따라 차별된 현지화 전략이 필요하다.

대기업은 모든 시장 에서 브랜드를 단일화하되 국가별 지역별 시장별로 시리즈 브랜드 전략을 도입 해 브랜드 이미지를 강화해야 한다.

샤넬이 세계적인 향수 브랜드로 자리잡을 수 있었던 이유 중 하나는 샤넬 No.5, 샤넬 No.19, 코코샤넬 등 브랜드를 시리즈화해 국가 · 민족 · 개인마다 다른 고객 욕구를 충족시켜 주었기 때문이다.

반면 중소기업은 상호와 브랜드를 일치시켜 글로벌 시장에서 단일화한 이미지로 승부하는 것이 필요하다.

성광전자는 상호를 쿠쿠 홈시스로, 브랜드는 쿠쿠로 일치시킴으로써 일본 중국 등 글로벌 시장에 효율적으로 진입했다.

넷째, 브랜드 이미지 형성을 위한 중요한 요소는 디자인이다.

외국에서 브랜드가 약하면 약할수록 디자인 부문에 투자해야 한다.

다섯째, 브랜드를 법적으로 현지화하는 데도 유념해야 한다.

브랜드를 글로벌 화하는 데는 마케팅 측면뿐만 아니라 상표 특허출원 · 등록 등 지적재산권 보호와 관리도 중요하다.

법적으로 사용과 독점적 권리가 보장되지 않으면 장기적으로 브랜드를 키워나 갈 수 없기 때문이다.

브랜드가 한 국가에 등록됐다 하더라도 다른 나라에서 그 권리를 인정받는 것이 아니기 때문에 기업들은 브랜드를 법적으로 현지화하는 데 투자해야 한다.

마지막으로 정부는 토종 브랜드가 세계시장에서 커나갈 수 있도록 국가 이미지를 홍보 · 개선하고 기업 간 중복 투자가 발생하지 않도록 적절한 정책적 배려를 해주어야 한다.

이탈리아는 자국 기업들이 틈새시장에서 세계 수출시장을 선점하도록 제품별로 글로벌 브랜드를 육성해 효율적으로 세계시장을 공략해 왔다. 가죽제품 이산티, 니트 미소니, 카펫 바세티 등은 이탈리아 정부의 지원과 정책의 토대 아래 기업들이 키워낸 글로벌 브랜드다.

자료 : 매일경제, 2003.3.30

1. 글로벌 제품전략

제품은 기업이 마케팅활동을 수행하는데 필요한 가장 기본적인 요인으로서 기업을 성장 및 발전시키는 중요한 역할을 한다. 이러한 제품은 해외시장에 진출하여 판매되거나 현지시장에서 직접 생산되어 판매되기도 한다. 기업은 이러한 제품이 글로벌 시장에서 성공하기 위해서 어떠한 제품을 개발하고 생산할 것인지, 어떻게 생산하고 판매할 것인가를 결정해야 한다.

본장에서는 제품에 대한 개념을 알아보고 국제제품전략과 국제제품의 전략적 대안, 국제 신제품 개발 절차에 대하여 알아보고자 한다.

2. 제품의 개념

제품은 고객의 욕구를 충족시켜줄 수 있는 유·무형의 재화 및 서비스를 의미한다. 소비자의 기본적 욕구를 기초로 하여 개발된 제품은 기업의 수익과 성장에 영향을 미치는 중요한 요인이다.

기업들은 제품믹스전략을 수립하기위하여 제품의 구성요소를 세 가지 차원으로 구분하여 결정할 필요가 있다. 〈그림 9-1〉은 제품의 구성요소를 세 가지 차원을 나타낸 것이다.

〈그림 9-1〉 제품 구성요소의 세 가지 차원

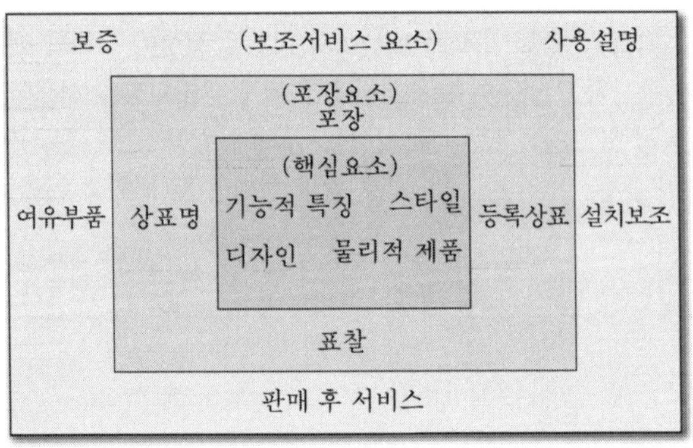

자료 : G. Albaum, Strandskov, J., Duerr, E., and L. Dowd, *International Marketing and Export Management* 3rd(Addison-Wesley Publishing Co., 1998), p.133.

1) 제품의 차원

제품의 구성요소는 국내 마케팅은 물론이고 국제 마케팅에 있어서도 동일하게 적용된다. 그리고 이러한 제품의 차원들은 기업의 제품전략수립에 기본적으로 고려해야 할 요인들이다.

(1) 제품의 핵심요소

고객들이 구매하고자 하는 제품으로부터 얻을 수 있는 핵심적인 편익 또는 혜택을 의미하는 것으로 제품의 기능적 특징, 스타일, 디자인, 물리적 제품 등이 포함된다.

(2) 제품의 포장요소

제품의 유형적인 요소를 의미하는 것으로 제품의 핵심요소의 가치나 효용성 증대에 중요한 역할을 하는 상표명, 포장, 등록상표, 표찰 등이 포함된다.

(3) 제품의 보조 서비스요소

이 요소는 제품의 확장된 개념으로서 무형적인 요소를 의미한다. 즉 기업이 제품의 핵심적 요소와 포장요소 이외에 추가적으로 제공하는 판매 후 서비스, 설치보조, 사용설명, 보증, 여유부품 등이 포함된다.

제 2 절 글로벌 제품전략

1. 국제제품전략

국제제품전략은 각국의 여러 가지 환경적 특성에 따라 달라질 수 있다. 즉 개별국가의 정치, 경제, 법률 및 문화적 환경이나 소비자들의 욕구, 경쟁기업들의 전략적 특징에 따라서 차이가 있다.

국제제품전략을 수립하기위해서는 기본적으로 국내의 기존 제품을 해외시장으로 어떻게 이전시킬 것인가에 대한 결정이 중요하다. 이는 표준화된 제품을 사용할 것인지, 현지국 소비자의 욕구를 만족시키기 위한 차별화된 제품을 사용할 것인지, 신제품을 개발할 것인지에 대한 문제를 해결해야 할 것이다.

1) 국제제품의 종류

제품은 해외시장으로 이전될 때 다양한 형태로 판매되고 있다. 이러한 국제제품의 종류는 크게 4가지로 분류할 수 있다.

(1) 표준화된 제품

기업이 국내제품을 수정하거나 개량시키지 않고 해외시장에서 그대로 판매되는 제품을 말한다. 즉, 국내시장용 제품이 해외시장에서 똑같이 판매되는 제품을 의미한다. 이러한 표준화된 제품은 비용은 절감할 수 있으나 다양한 국가의 소비자의 욕구를 충족시키거나 판매액을 증대시키는 데는 한계가 있다고 할 수 있다.

(2) 현지화된 제품

국내에서 개발되어 판매되는 기존의 제품을 해외시장의 소비자 욕구에 맞게 변경한 제품을 말한다. 이 제품은 각국의 다양한 환경적 특성을 고려하여 국내제품을 개선, 개량, 개조한 제품들이 여기에 속한다. 즉, 해외시장 소비자의 소득수준, 기호, 생활 패턴과 각국의 정치, 경제 및 법률, 문화적인 특성을 조사하여 국내의 제품을 현지국 소비자에게 맞추는 제품을 말한다. 현지화된 제품은 해외시장에 대한 철저한 시장조사의 분석과 연구개발로 경쟁적 우위를 차지할 수 있는 중요한 요인이라고 할 수 있다.

(3) 제품수명주기가 연장된 제품

국내 시장에서는 거의 수요가 없는 제품이 특정 해외시장에서만 수요가 있는 제품이 여기에 속한다. 예를 들면, 국내시장에서 롯데제과 껌 제품 가운데 판매 순위가 하위권에 머물러 있던 '스파우트 껌'이 중동 지역에서는 1977년 처음 판매한 후 현재 중동 지역 껌 시장 점유율 1위다. 이와 같이 국내시장에서 쇠퇴기에 들어간 제품이 해외시장에서 성장기와 성숙기에 위치한 제품들이라고 할 수 있다.

(4) 신제품

기업이 최초로 개발하여 생산한 제품이나 특정 기업에게는 기존 제품에 해당되지만 특정 대상 시장의 소비자들에게 처음으로 소개되는 제품을 의미한다. 신제품의 개발능력은 기업의 성장발전을 위해서 중요한 요인이다. 〈표 9-1〉은 신제품의 기준에 대한 네 가지 유형을 나타낸다. 〈표 9-2〉는 국제제품의 종류를 요약한 것이다.

〈표 9-1〉 신제품의 유형

완전한 신제품
기존제품을 차별화한 제품
기업에서는 처음 취급 - 시장에서는 기존 제품
기업에서는 기존제품 - 시장에서는 신제품

〈표 9-2〉 국제제품의 분류

표준화된 제품	
현지화된 제품	
제품수명주기가 연장된 제품	
신제품	시장 및 기업의 신제품 특정기업의 기존제품이지만 대상시장에서의 신제품

사례 9-2

국내보다 해외서 잘 나가
도시락 라면… 알로에 음료… 스파우트껌…
한국야쿠르트 도시락 라면, 러시아 라면 시장 점유율 1위
롯데 스파우트껌, 쿠웨이트 등 아랍권서 '승승장구'

국내 식품 업체의 글로벌화가 가속화되고 있는 가운데 해외에서 더 큰 인기를 구가하는 제품이 속속 나오고 있다.

국내에서는 단종되었음에도 해외에서 주가를 올리는 '인생역전'형 제품이 등장하는가 하면, 해외시장을 접수한 '골리앗' 아이템도 눈에 띈다.

그런가하면 한국야쿠르트의 알로에 음료는 꺼진 불도 다시 봐야 하는 케이스로 꼽힌다. 알로에 음료의 인기가 한 풀 꺾이며 내수 시장에서 일찌감치 종적을 감춘 이 제품은 해외시장에서 화려하게 부활했다. 국내에서 알로에음료는 지난 1990년대부터 2000년 초반까지 내수 음료시장에서 큰 축을 담당할 정도였지만, 해외에서 알로에에 대한 인식은 전혀 달랐다. 고작해야 음식이 아닌 상처에 바르는 민간처방용 의료 제품 정도로만 알려져 있었던 것. 이 점을 간파한 한국야쿠르트는 지난 2008년부터 알로에 음료를 건강 웰빙 음료로 포장해 호주 등지에 수출, 히트를 쳤다. 실제 한국야쿠르트의 지난해 음료수출액 600만 달러 가운데 500만 달러가 알로에음료일 정도로 인기를 모았다.

한국야쿠르트의 도시락 라면은 러시아 라면 시장을 주름잡고 있다.

지난해 도시락 매출액은 국내에서 60억 원이었지만, 러시아에서는 원화 환산 1,600억 원에 이른다. 자극적인 맛이 덜한 도시락이 러시아인들의 입맛에 맞았고, 지난 90년대 초반부터 일찌감치 자리를 잡아 도시락이 용기형태의 인스턴트 제품의 대표로 각인된 것이 주효했다는 게 회사측의 분석이다. 현재 도시락은 러시아 라면 시장에서 40%의 점유율로 1위를 달리고 있는 상태. 최근에는 자극성 높은 음식을 피하려는 소비경향이 강화되는 추세라 도시락에게는 또 다른 호재로 작용할 것으로 보인다.

롯데제과의 스파우트껌은 중동 지역에서 잘 나간다.

스파우트껌은 네모난 주사위 모양의 껌 속에서 터져 나오는 꿀(액당)이 독특한 느낌을 주는 껌이지만, 국내에서는 그다지 히트를 치지 못했다. 하지만 이 껌은 사우디아라비아, 쿠웨이트 등 아랍권에서 베스트 셀러 아이템으로 통한다.

국내에서는 껌 속에 잼이나 꿀이 들어가면 아이들이나 씹는 제품으로 생각하지만, 중동 지역 사람들은 그렇지 않은데다, 껌 모양 등 독창적인 디자인과 '분출한다'는 의미의 스파우트란 이름도 인지도를 넓히는 데 기여했다는 평가다. 매출은 2008년 1,000만달러, 지난해 1,300만 달러에서 올해는 1,500만 달러로 3년 연속 성장이 기대되고 있다.

자료 : 인터넷한국일보, 2010.6.22

2) 국제제품전략

글로벌 기업이 해외시장에 진출할 때 국내시장과 동일한 제품을 진출시키는 표준화 전략과 해외의 환경적 특성과 소비자의 욕구에 맞추는 현지시장 중심의 제품을 진출시키는 현지화 전략 중에서 어떠한 제품전략을 취할 것인가에 대한 결정을 해야 한다.

제품의 표준화 전략과 현지화 전략에 대한 내용은 다음과 같다.

(1) 제품의 표준화 전략

표준화 전략은 해외시장의 환경적 특성이나 소비자의 욕구나 기호 등이 동질적이라는 가정 하에서 나라나 시장에 관계없이 동일한 제품 및 서비스, 마케팅 전략 등을 실행하는 것이다. 즉, 제품을 공급함에 있어서 제품의 변경 없이 이미 개발된 제품을 그대로 사용하는 전략이다. 대표적인 예로 Coca-Cola가 이 전략을 사용하고 있다.

표준화 전략은 생산 및 마케팅 비용의 원가절감에 의해 규모의 경제를 이룰 수 있다. 즉, 원가절감에 의한 가격우위의 요소를 가진다고 할 수 있다. 그리고, 해외 여러 시장에 동일한 제품을 진출시킴으로써 경영활동의 복잡성을 최소화할 수 있고, 마케팅 전략 또한 동시에 적용함으로써 쉽게 활용할 수 있다.

표준화 전략의 특징은 다음과 같이 요약할 수 있다.

① 생산에서의 규모의 경제 실현 가능

② 연구개발에서의 규모의 경제 실현 가능

③ 마케팅 활동에서의 규모의 경제 실현 가능

④ 제품에 대한 상표 충성도 유지가능

⑤ 특정 영역 제품에 대한 제조국 이미지 유지 가능

⑥ 기술 중심의 제품에 사용되는 산업재의 표준화 가능

(2) 제품의 현지화 전략

현지화 전략은 상이한 시장상황에 따라 여러 가지 마케팅 믹스 전략을 차별화해야 하는 전략이다. 즉, 본국의 제품을 표적시장의 조건에 적합하도록 변경시키는 전략이다. 이는 각 지역의 소비자의 욕구와 기호 및 특성에 맞는 전략으로 현지 시장에서 제품의 적응력을 높일 수 있는 전략이다. 시장에서의 적응력을 높이기 위한 현지화 전략은 표준화 전략에 비하여 여러 가지 비용이 증가하게 된다. 즉, 제품 차별화에 따른 연구개발비용과 생산비용의 발생, 새로운 시장 개척에 따른 비용 등이 추가적으로 발생된다.

현지화 전략의 특징은 다음과 같이 요약할 수 있다.

① 제품 사용조건의 차이에 따른 제품 차별화 변형

② 각국의 국민소득, 소비자 취향, 다양한 현지시장 환경의 차이에 따른 제품 변형

③ 각국 정부의 과세정책, 정부규제에 따른 제품 수정

④ 현지공장 설립에 따른 생산과 제품개발로 현지 소비자 욕구충족을 위한 제품의 수정 및 적응용이

〈표 9-3〉은 고객욕구의 유사성과 사용 환경의 유사성에 따른 글로벌 제품의 표준화와 현지화를 분류해 놓은 것이다.

〈표 9-3〉 글로벌 제품의 표준화와 현지화

		고객욕구유사성	
		높음	낮음
사용환경 유사성	높음	완전 표준화	이미지 현지화
	낮음	기능적 현지화	완전 현지화

자료 : 박재기, 『글로벌마케팅』, 형설출판사, 2005, p. 288.

〈표 9-4〉는 제품의 표준화 정책과 현지화 정책의 특징을 요약한 것이다.

〈표 9-4〉 제품의 표준화 정책과 현지화 정책의 특징

	제품의 표준화 정책	제품의 현지화 정책
정책의 내용	전 세계시장으로 표준화된 제품 투입	다양한 시장에 적응하기위한 차별화된 제품 투입
특 징	1. 생산에서의 규모의 경제성 2. R&D 비용의 절약 3. 마케팅에서의 규모와 범위의 경제 4. 고객(인구, 유효수요)의 이동성 대응 5. 국제적 이미지 6. 기술적 요인(생산재) 7. 현지생산보다 수출로 시장을 확보한다고 생각하는 경우	1. 제품사용조건의 차이 (자연조건, 사용습관, 기술수준) 2. 마케팅적인 요인 시장수요의 차이=구매능력, 소비자 기호의 차이에 의한 서비스, 품질포장, 제품외관의 변경 3. 정부의 영향 (현지국의 규제와 관세정책)

자료 : V. Terpstra & Ravisarathy, *International Marketing* 5th ed., 1991, pp. 253-255.

사례 9-3

인도 초코파이에는 마시멜로가 없다

인도 초코파이, 오리온

오리온이 마시멜로 없는 초코파이로 인도 시장 문을 다시 두드린다. 국민 상당수가 채식주의자인 점을 감안한 현지화 전략이다.

오리온은 8월부터 인도에 식물성 초코파이를 출시, 인도시장에 본격 진출한다고 6일 밝혔다. 채식주의자들도 먹을 수 있도록 마시멜로 성분에 변화를 꾀했다.

원래 초코파이에는 돼지껍데기를 원료로 만든 젤라틴이 마시멜로의 한 성분으로 들어간다. 하지만 인도에 출시되는 초코파이 속에는 돈피 대신 해조류인 우뭇가사리를 원료로 한 마시멜로가 함유된다. 이를 오리온은 채식주의자를 마시멜로라는 뜻에서 '베지멜로'라 일컫는다.

오리온은 지난 2년 여 동안의 연구 끝에 베지멜로 개발에 성공했다. 오리온 연구소 관계자는 "식물성 초코파이는 일반 초코파이와 다른 점을 전혀 느낄 수 없을 정도로 맛이 똑같다"고 자신했다. 오리온은 지난 2007년 초코파이를 수출하며 인도 시장에 진출했지만, 종교적 한계로 난관에 봉착했다. 인도 국민의 82%가 소고기를 먹지 않는 힌두교인이고, 11%는 돼지고기를 먹지 않는 이슬람교인이다. 또 아직까지 카스트제도의 흔적이 남아 인도에서는 상위 계급으로 갈수록 채식주의자가 많다.

중국에 이어 세계 인구 2위인 인도 시장을 종교적 문제로 포기할 수 없는 노릇이었다. 초코파이가 중국에서 거둔 성공 사례는 인도의 시장 가능성을 암시하는 방증이기도 했다.

채식주의자도 먹을 수 있는 초코파이로 난제를 해결한 오리온이다. 제품 겉면에는 채식주의자를 위한 음식임을 나타내는 초록색 레이블을 부착했다.

자료 : '한국언론 뉴스허브' 뉴시스통신사, 2009.8.6

(3) 제품 차별화의 종류

① 외형적 차별화

제품의 색깔(color), 형태(form), 크기(size)는 나라마다 제품을 사용하는 조건, 사용습관, 도량형의 크기에 따라 차별화된다.

제품의 사용조건은 각국의 기후조건에 따라 다르게 차별화된다. 특히, 의류의 경우 이러한 영향을 많이 받아서 형태의 차별화를 가져온다. 소비자의 사용습관의 차이는 제품의 형태나, 크기 등 소비재에 영향을 많이 미친다. 도량형의 차이는 제품의 크기가 차별화된다.

② 질적 차별화

소비자는 제품 구매를 통하여 제품에 대한 만족도 내지는 가치를 부여받고자 한다. 이를 충족시켜 주기 위하여 기업에서는 제품을 생산하는데 필요한 원재료의 차별화 내지는 다양한 기능의 차별화를 시도한다.

원재료의 차별화는 사용조건, 사용관습, 법적규제에 따라서 달라질 수 있다.

기후조건이니 소득수준, 제품에 대한 소비자의 태도 등 사용조건의 차이가 제품을 생산하는데 필요한 재료의 차별화를 시도하게 된다. 소비자의 제품에 대한 선호도의 차이는 사용관습과 밀접한 관계가 있다. 이는 제품의 다양성을 촉진시키는 역할을 한다. 각국의 법적규제는 재료의 함량과 같이 제품의 질에 영향을 미친다. 각종 의약품, 식품첨가물에 대한 최고 함량에 관한 규제는 제품의 질적 차별화에 영향을 미치는 중요한 요인이라고 할 수 있다.

기능의 차별화는 제품의 기능방법, 조작방법, 기능유지방법 등을 환경의 특징에 맞추어 차별화하는 방법이다. 예를 들면 선진국에서 자유롭게 작동하고 사용되는 제품이라도 후진국 소비자들에게는 복잡하게 인식될 수 있으므로 보다 간단한 조작방법과 기능으로 단순화시켜야 할 것이다.

사례 9-4

"미 수출용 라면류 MSG 첨가"

FDA, 대체스프 규제 피하려 한국산 80%에 화학조미료 넣어

화학조미료 MSG(L-글루탐산나트륨)의 유해 여부에 대한 논란이 끊이지 않고 있는 가운데 한국산 라면들 중 한국 내 판매 제품에는 MSG가 들어있지 않으나 미국 판매용 한국산 라면들 중 대다수는 MSG가 첨가된 채 팔리고 있는 것으로 밝혀졌다.

본보가 최근 LA지역 한인 마켓들에서 판매되고 있는 한국산 라면 50여개 제품을 대상으로 조사한 결과 농심의 대표 상품인 '신라면'과 '짜파게티', 삼양의 '삼양라면'과 '짜짜로니', 그리고 팔도라면 등 시판 제품의 80% 이상이 라면 스프에 MSG가 첨가돼 있는 것으로 나타났다.

MSG는 라면 봉지 뒷면 첨가물 표기란에 L-글루탐산나트륨을 의미하는 'MonoSodium Glutamate' 혹은 'L-Glutamate'로 표기돼 있다. MSG는 FDA는 물론 한국 식약청, WHO 등이 인증한 인체 무해 성분으로 가공식품 내 첨가는 법적으로는 문제될 것은 없다.

라면 제조사들에 따르면 이처럼 한국에서는 첨가되지 않는 MSG가 미국 내 판매 제품에는 들어 있는 것은 연방 식품안전청(FDA)의 식품 첨가물 규정 때문이다. 제조사들은 한국에서는 MSG를 넣지 않는 대신 대체 조미료 성분들이 포함된 라면 스프를 사용하고 있는데 이들 대체 성분들이 FDA의 강화된 첨가물 규정에 위배돼 사용하지 못하게 됐다고 밝혔다.

신라면과 짜파게티, 너구리 등 시판제품의 절반 이상을 현지 생산하고 있는 농심의 경우 한국산 '후루룩'과 '둥지국수'를 제외한 대부분의 현지 생산 제품에 MSG가 첨가돼 있다.

또 삼양라면의 경우 지난 하반기부터 다시 MSG를 첨가한 대미 수출용을 따로 제조하고 있다는 것이다. 그러나 삼양 제품 중 '해물파티'와 '수타면'등 일부 제품에는 MSG가 첨가돼 있지 않는 것으로 나타났다.

삼양라면 미주지사 이시영 상무는 "MSG 대체 스프에 첨가 돼 있는 일부 성분들을 FDA가 지난해부터 규제하고 있어 더 이상 NO MSG 제품을 들여올 수 없게 됐다"며 "그래서 대체 스프 대신 MSG가 첨가된 제품을 한국에서 따로 제조해 들여오는 실정"이라고 밝혔다.

농심 USA의 신동엽 대표는 "현재 현지 생산 라면에 첨가 돼 있는 MSG를 대체할 스프 개발이 마무리 단계에 있다"며 "연내 신라면을 비롯 현지 생산 제품들도 NO MSG 제품으로 대체 할 예정"이라고 밝혔다.

한편 MSG는 과다 섭취 시 두통이나 메스꺼움 등의 증세가 나타날 수 있다는 연구 결과가 보고되면서 최근 가공식품 제조시 사용에 대한 논란이 끊이질 않고 있다.

자료 : 미주한국일보(koreatimes.com), 2010.7.9

③ 포장과 레이블링 차별화

포장은 제품을 보호하고 선적과 보관, 전시의 용이성, 제품의 확인을 돕는 기능이 있으며 동시에 소비자들로 하여금 제품에 대한 관심을 끌어 판매를 촉진시키는 역할을 한다. 또한 레이블링은 포장과 함께 일관성 있는 제품에 대한 정보를 제공하거나 포장에 사용되는 다양한 언어로 소비자들에게 쉽게 제품을 식별할 수 있게 한다.

포장은 해외시장 진출 시 각국의 기후조건이나 운송수단과 거리, 창고시설에 따라 차별화해야 한다. 그리고, 각국의 소득수준이나 구매단위 및 횟수 등 구매습관에 따라 포장을 차별화해야 한다. 해외시장의 문화적 특성을 고려하여 포장의 규격, 형태, 색깔 등을 사용함으로써 판매를 촉진하고 소비자의 선호도를 높일 수 있다.

레이블링의 경우 각국이 사용하는 언어, 정부의 다양한 규제와 필수조건을 따르도록 해야 한다. 즉, 생산국명, 중량, 내용물과 성분의 설명, 생산 업체명, 첨가물질에 대한 특별 정보 등을 포함시켜 해외진출기업을 보호해야 할 것이다.

④ 서비스와 보증 차별화

소비자들은 제품을 구매함과 동시에 제품으로부터 속성과 기능 및 성능, 눈에 보이지는 가치와 이미지를 구매하는 것이다. 이러한 유・무형의 기능 이외에 구매한 제품이 안전하게 작동이 될 것이라는 확신과 보장을 원한다. 따라서 품질보증, 반품보증, 무료교환, 환불 등을 각국의 시장상황에 맞게 보증정책을 차별화해야 한다.

제품판매 후 보증정책과 함께 사후 서비스도 연관성을 가지고 일관성 있는 전략으로 각국 시장 환경에 맞게 차별화해야 한다. 무료배달 및 설치, 외상판매, 할부판매 등 현지 시장 환경에 맞추어 차별화해야 하며, 운송과 관련있는 직원교육과 서비스를 제공하는 기술자들에 대한 철저한 서비스 교육으로 차별화해야 한다.

3) 상표 전략

상표는 자사의 제품을 다른 경쟁기업의 제품과 식별하기 위하여 기호, 부호, 이름 등을 결합시킨 것이다. 상표는 소비자들이 쉽게 기억할 수 있어야 하며 상표 인지도나 이미지가 지속적으로 소비자의 마음속에 심어져야 한다.

성공적으로 개발된 상표는 긍정적인 제품의 가치나 이미지를 가지게 되며 자산으로서의 가치가 결국에는 기업의 경쟁력 확보에 중요한 영향을 미치게 된다.

(1) 글로벌 브랜드

기업은 브랜드 자산의 가치가 큰 상표를 개발함으로써 소비자에게 쉽게 기억되고 기업과의 의사소통이 쉽게 이루어지며, 유통채널에 접근이 가능해지고, 판매촉진이 가능해진다. 이는 기업이 세계적인 글로벌 브랜드를 개발함으로써 얻을 수 있는 이점이라고 볼 수 있다. 그러므로 글로벌 기업은 전세계적으로 표준화할 수 있는 글로벌 브랜드 개발에 집중해야 할 것이다.

〈표 9-5〉는 영국의 Interbrand사가 2008년 세계 최고의 글로벌 브랜드의 자산 가치를 조사한 자료이다. 코카콜라의 경우 8년 연속 1위의 자리를 차지하고 있다. 이 브랜드의 자산 가치는 666.7억 달러의 가치를 가지고 있다.

〈표 9-5〉 브랜드 자산 가치

2008 글로벌 브랜드 BEST 100

단위 : 백만달러

Rank	Brand	Country of Origin	Sector	Brand Value
1	Coca Cola	United States	Beverages	66667
2	IBM	United States	Computer Services	59031
3	Microsoft	United States	Computer Software	59007
4	General electric	United States	Diversified	53086
5	Nokia	Finland	Consumer Electronics	35942
6	Toyota	Japan	Automotive	34050
7	Intel	United States	Computer Hardware	31261
8	MacDonald	United States	Restaurants	31049
9	Disney	United States	Media	29251
10	Google	United States	Internet Services	25590
(중 간 생 략)				
20	Honda	Japan	Automotive	19079
21	Samsung	Republic of Korea	Consumer Electronics	17689
22	H	Sweden	Apparel	13840
(중 간 생 략)				
70	Adidas	Germany	Sporting Goods	5072
71	Rolex	Switzerland	Luxury	4956
72	Hyundai	Republic of Korea	Automotive	4846
(중 간 생 략)				
98	Nivea	Germany	Personal Care	3401
99	FedEx	United States	Transportation	3359
100	Visa	United States	Financial Services	3338

◈ 출처 : Interbrand ⓒ datanews

자료 : Interbrand's Best Global Brands, 2008.

R. Buskirk는 글로벌 브랜드의 특징을 다음과 같이 제시하였다.

① 모든 언어권에서 발음하기 쉬워야 한다. 예 : SONY 등

② 상표는 기억하기 쉬워야 한다. 예 : Uncle Ben's 등

③ 짧아야 한다. 예 : Ziplic, Visa 등

④ 제품과 긍정적인 연상 작용이 되어야 한다. 부정적인 연상은 되도록 자제되어야 한다.

또한, 현지국어로 나쁜 의미를 가지면 안되고, 상품이 가지고 있는

주요한 속성을 명확하게 강조해야 한다. 예 : Easy-Off, Kitty Litter, Sunkist 등

⑤ 현지 시장국에서 브랜드에 대한 법적인 보호를 받을 수 있어야 한다.

⑥ 상표명은 독특한 것으로 식별이 명확해야 한다. 예 : Lexus, Exxon, Spaghettios 등

(2) 브랜드의 보호

해외시장에서 브랜드를 보호하는 것은 적절한 법적 절차를 밟는 것으로 기업이 어느 시장에서 브랜드를 보호할 것인가를 결정해야 한다. 해외시장에서는 포괄적 상표등록을 하는 것이 안전하다. 관습법의 국가에서는 브랜드 이름을 먼저 사용함으로써 브랜드 보호를 받을 수 있고, 성문법을 가지고 있는 국가에서는 브랜드 이름을 법적으로 먼저 등록함으로써 보호를 받을 수 있다.

국가마다 보호의 대상, 보호의 범위 및 보호 기간에 대하여 서로 다른 법 규정을 가지고 있으므로 해외시장 진출 시 반드시 확인해야 할 사항이다.

(3) 원산지 효과

소비자들은 특정 제품을 평가함에 있어 그 제품의 원산지에 크게 의존하는 경향이 있다.

대부분의 소비자들은 가격에서 큰 차이가 있음에도 불구하고 중국산 와인보다는 프랑스산 와인을 더 선호하여 구매한다. 이는 소비자들이 제품에 대한 평가기준으로 원산지 국가의 문화적인 스테레오 타입[1)]에 의해 영향을 많이 받는다.

다음은 원산지 효과에 대한 연구결과를 요약한 것이다.

① 소비자들이 어떤 제품의 브랜드 명이 생소하거나 잘 모르는 것일

1) 어떤 특정한 대상이나 집단에 대하여 많은 사람이 공통으로 가지는 비교적 고정된 견해와 사고, 고정관념이라고 번역된다. 대개의 경우 뚜렷한 근거가 없고 감정적인 판단에 의거하고 있다.

때 구매평가의 단서로 제품의 원산지를 이용하는 경향이 있다.

② 소비자는 애국심의 영향으로 수입품보다는 국내제품을 더 선호하는 경향이 있다.

③ 회사의 본사위치는 물론 제조공장의 위치도 매우 중요한 영향요인이다. 그러나 높은 브랜드 자산을 가지고 있는 브랜드라면 원산지 효과를 줄여줄 수 있다. 이는 소비자들이 브랜드 원산지와 생산 원산지를 분리시켜 생각하기 때문이다.

④ 원산지 효과는 국가와 제품의 범주의 결합에 의해 나타난다. 즉, 특정 국가의 제품범주를 망라하여 모두 좋다거나 혹은 나쁘다고 생각하지 않는다는 것이다.

일본은 하이테크의 기술력과 형태의 속성을 강하게 연상하는 반면, 디자인이나 스타일의 속성은 약하다고 연상한다. 반면, 프랑스나 이탈리아의 경우는 일본과 반대의 경우로서 일본의 가전제품을 선호하면서 향수와 같은 화장품은 프랑스 제품을 더 선호하게 된다.

⑤ 원산지 효과는 시간의 흐름에 따라 그 영향력이 변화한다. 즉, 원산지 국가의 이미지는 소비자들이 그 국가에 대하여 점점 더 호감을 가지게 되거나, 제품 마케팅에 의해 제품에 대한 이미지가 향상될 때, 제품의 질이 높아질 때 영향력이 변화하게 된다.

제 3 절 글로벌 제품의 전략적 대안

1. 국제제품의 전략적 대안

국제제품의 성공여부는 제품에 대한 시장의 반응에 따라 달라질 수 있다.

W. J. Keegan 교수는 국제시장에 개입하게 되는 제품전략을 제시하고 있다.

1) 동일한 제품 - 동일한 커뮤니케이션 이용한 국제제품전략

각각의 개별 시장국에 대하여 동일한 제품을 동일한 커뮤니케이션으로 개입하는 전략이다. 이는 표준화된 개입방식으로 진출하는 해외시장에 대한 조사 분석의 필요성이 없어 시간 단축의 이점과 제품 차별화 내지 변경에 따르는 비용이 발생되지 않으므로 가장 비용이 적게 드는 전략이다. 그리고 커뮤니케이션 전략에 있어서도 동일한 내용으로 동일한 광고를 한다. 즉, 광고도안이나 광고문안의 색채나 단어, 광고지면의 크기, 방송매체에 사용하는 음악까지도 표준화 전략을 사용하는 것이다. 대표적인 예로 Coca-Cola를 들 수 있다.

그러나 이러한 장점에도 불구하고 표준화 전략이 모든 제품에서 성공적일 수는 없다.

〈표 9-6〉 제품과 원산지 국가의 조화와 부조화

<table>
<tr><td colspan="2"></td><td colspan="2">원산지 국가의 이미지</td></tr>
<tr><td colspan="2"></td><td>긍정적</td><td>부정적</td></tr>
<tr><td rowspan="2">제품의 특징</td><td>중요함</td><td>I. 호의적인 조화
(favorable match)
〈예〉
일본 자동차, 독일 시계
〈전략적 의미〉
· 원산지와 연결한 브랜드네임
· 패키지와 연결시킨 원산지 정보
· 원산지 브랜드의 프로모션
· 원산지가 매력적인 곳에 생산 공장 설립</td><td>II. 비호의적인 조화
(unfavorable match)
〈예〉
헝가리 자동차, 멕시코 시계
〈전략적 의미〉
· 효용강조
· 원산지를 분리시킨 브랜딩
· 호의적인 파트너와의 결합
· 국가이미지를 높이기 위한 커뮤니케이션</td></tr>
<tr><td>중요하지 않음</td><td>III. 호의적 부조화
(favorable mismatch)
〈예〉
일본 맥주
〈전략적 의미〉
· 제품 범주 이미지의 중요성 변화
· 두 번째 효용으로 원산지 촉진</td><td>IV. 비호의적 부조화
(unfavorable mismatch)
〈예〉
헝가리 맥주
〈전략적 의미〉
· 원산지 정보 제거</td></tr>
</table>

자료 : Martin S. Roth and Jean B. Romeo, "Matching Product Category and Country Image Perceptions : A Framework for Managing Country-of-Origin Effects", *Journal of International Business Studies*, Vol. 23, No. 3, 1992, p.495.

위의 〈표 9-6〉은 제품 특징의 중요도와 원산지 국가의 이미지에 따른 조화 및 부조화 관계를 정리한 것이다.

2) 동일한 제품 – 상이한 커뮤니케이션 이용한 국제제품전략

동일한 제품이라도 각 나라들마다 제품의 사용 용도나 기능이 다를 수 있다. 이와 같이 하나의 제품이 소비자들의 제품에 대한 다양한 가치 기준과 욕구를 충족시켜 주는 정도가 다른 경우에는 마케팅 커뮤니케이션 수단을 차별화해야 한다. 이러한 경우 제품 차별화에 드는 비용은 절감되며 각각의 해외시장에서 조사된 기능을 충족시켜 주기 위한 광고, 판매촉진 등 마케팅 커뮤니케이션의 추가비용이 발생된다.

예를 들면, 자전거의 경우 선진국에서는 레크리에이션의 기능을 가지지만 중국이나 신흥 개발국에서는 운송수단으로서의 기능을 가지고 있으므로 이를 해당 현지국에 접근하기 위해서는 기능의 차별적인 측면을 강조해야 할 것이다.

3) 상이한 제품 – 동일한 커뮤니케이션 이용한 국제제품전략

이 전략은 다양한 환경적 특성을 고려하여 제품은 차별화하지만 제품의 기본적 기능이나 속성에 대한 커뮤니케이션은 동일하게 적용하는 것이다. 즉, 기본적 커뮤니케이션은 변경없이 동일하게 적용하고 제품만 현지시장의 조건에 맞게 적응시키는 것이다. 예를 들면, 의류의 경우 현지시장에서의 소비자 욕구에 맞추는 제품 차별화하거나, 세제의 경우도 해외시장의 사용조건에 맞추어 차별적으로 생산하는 것이 해당된다.

4) 상이한 제품 – 상이한 커뮤니케이션 이용한 국제제품전략

해외시장의 여러 환경적 특성이나 조건이 다양하므로 제품과 커뮤니케이션을 차별적으로 적용해야 하는 경우가 있다. 즉, 제품과 커뮤니케이션을 동시에 차별화는 전략이다.

예를 들면, Nescare사의 경우 영국시장에서 인스턴트커피를 팔기 위하여 제품과 커뮤니케이션을 현지화하였다. 스위스에서 제조되어 유럽 시장에 판매되던 인스턴트커피가 영국시장에서 판매부진의 결과가 나타났다. 판매부진에 대한 시장조사결과 영국인들의 대부분은 연하고 밝은 색깔의 커피를 마시는 습성이 있는 것으로 나타났다. 평상시 일반 차를 즐기는 영국인의 취향에 제품의 특징과 커뮤니케이션 전략을 동시에 차별화하는 전략을 선택하였다.

5) 신제품 창출에 의한 시장개입

각 나라들마다 소비자의 욕구나 제품을 사용하는 환경은 매우 다양하다. 이러한 환경에서 기존의 제품으로 소비자의 욕구를 충족시켜 주기란 쉽지 않다. 따라서, 해외시장에 진출하는 기업들은 잠재고객들에 대한 구매 욕구를 충족시킬 수 있는 제품이 필요하다. 이는 신제품 개발에 의하여 글로벌 시장에 개입하는 전략이다. 〈그림 9-2〉는 제품과 커뮤니케이션에 따른 국제제품의 전략적 대안을 정리한 것이다.

〈그림 9-2〉 제품 또는 커뮤니케이션의 국제제품 전략적 대안

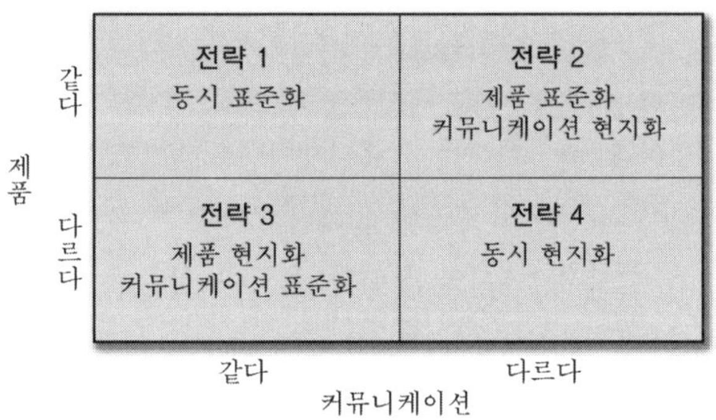

자료 : 문병준 외 5인, 『국제마케팅』, 비즈프레스, 2007, p. 198.

사례 9-5

삼성전자, 세계 최초 '풀HD 3D LED TV' 출시

유럽 · 한국 이어 미국서 런칭.... 올해 200만대 판매목표

삼성전자가 세계 최초로 풀HD 3D LED TV를 출시했다고 25일 밝혔다. 한국을 시작으로 다음 달 미국 시장에서도 출시, 올해 내 200만대 이상을 판매하겠다는 목표다.

삼성전자는 이날 오전 서울 서초동 삼성전자 서초사옥 다목적 홀에서 윤부근 영상디스플레이사업부 사장과 임직원들이 참석한 가운데 '세계 최초 풀 HD 3D LED TV 신제품 발표회'를 갖고 46인치와 55인치의 3D LED TV 7000, 8000 시리즈를 선보였다.

삼성은 지난 2007년 3D DLP TV와 2008년 3D PDP TV를 연달아 세계에서 가장 먼저 출시했으며 올해는 3D LED TV를 필두로 3D TV 삼각편대(LED TV · LCD TV · PDP TV)를 갖추고 '3D TV = 삼성 TV'라는 절대공식을 세워, 5년 연속 세계 TV 시장 1등의 위업을 달성하겠다는 각오다.

업계 최초로 3D TV 뿐만 아니라 3D 블루레이 플레이어 · 3D 홈시어터 · 3D 콘텐츠 · 3D 안경 등을 총망라한 '3D 토탈 솔루션'을 완벽하게 갖추며, 최상의 3D 엔터테인먼트 환경도 완성했다. 특히 3D 콘텐츠는 세계적 애니메이션 제작사인 드림웍스와의 3D 콘텐츠 제휴를 바탕으로 지속적으로 제공한다는 방침이다.

이번에 출시한 3D TV는 3D 전용 패널을 사용하고 독자적으로 개발한 '3D 하이퍼리얼 엔진'을 장착해 생동감 넘치고 편안한 입체화질을 구현할 수 있다. 3D 하이퍼리얼 엔진이란 컬러 · 명암 · 모션을 최적의 상태로 제어하는 삼성 TV만이 보유한 핵심 기술로 삼성 3D LED TV에서는 명석한 두뇌 역할을 하는 시스템 온 칩(SoC) 반도체이다.

또 스피드 백라이트 기술이 영상 소스에 따라 변화하는 LED 광원 밝기조절 속도를 기존보다 2배 이상 향상시켜, 깊이 있는 블랙표현과 더욱 풍부한 화질을 제공한다.

이와 함께 삼성은 3D TV에 관한 새로운 화질 기준을 제정했다. 업계에서 통용되는 단순 패널 구동속도인 헤르쯔(Hz)만으로는 획기적으로 향상된 3D TV 화질 수준을 나타내는 데 한계가 있다고 판단했기 때문이다.

동영상 선명도를 의미하는 CMR(Clear Motion Rate)은 일반 60Hz 화질을 기준으로 몇 배의 고화질 동영상이 가능한지 그 정도를 나타내는 수치로, 신모델 C8000 시리즈는 16배의 동영상 선명도를 보여 (60Hz의 16배인) 960 CMR로 명명된다.

세계 표준인 능동형 방식을 적용했기 때문에 모든 종류의 풀 HD 3D 영상을 원본 해상도 그대로 완벽하게 재현할 수 있으며 수동형 방식의 시야각 제약도 없어, 다양한 각도에서 TV 시청이 가능해 3D 입체 화질을 여러 명이 함께 장시간 편안하게 즐길 수 있다는 설명이다.

3D 안경에도 신경을 썼다. 삼성전자는 산학 협동으로 기존 제품 대비 60% 가볍고 착용감이 좋은 3D 안경을 만들었고 연령 대 등을 고려해 스타일도 다양화했다. 충전방식으로 구동되는 능동형 3D 안경은 전자적으로 제어돼 3D TV에서 나오는 입체 영상신호를 정확히 좌·우측 눈으로 받아들이게 해 수동형 3D 안경에서 발생되는 3D 효과 오류(Cross Talk) 현상을 방지한다.

주목할 특징 중 하나는 2D 영상을 3D로 전환해 시청할 수 있다는 점이다. 삼성전자 3D TV는 3D로 제작되지 않은 2D 영상이라도 리모컨 버튼하나로 쉽게 3D 효과를 느낄 수 있도록 전환하는 매우 획기적인 기능을 갖고 있다. 고객이 3D 입체감을 깊게 또는 얕게 기호대로 조절할 수 있는 기능도 있어 마치 TV 볼륨을 조정하듯 쉽게 개인별로 최적화된 입체감을 선택하도록 했다.

디자인 등 외형에도 노력했다. 슬림하고 우아한 크리스털 로즈 디자인을 계승하고 물결·나무결 등 입체적 자연미와 색의 깊이를 더했고, 더욱 얇아진 베젤(테두리)과 고급스런 실버 메탈 소재 또한 절묘하게 어우러졌다.

올해 첫 선을 보이는 실버 메탈의 쿼드(Quad) 스탠드는 입체감과 안정감을 더해 디자인 완성도를 더욱 높이며 받침대를 탈피해 새로운 인테리어 오브제로 변신했다.

메탈 소재가 어우러진 고품격 플래티넘 디자인의 8,000시리즈가 23.9mm, 자연미가 곁들여진 크리스털 디자인의 7,000시리즈는 26.5mm로 한층 얇아졌고 매끈하고 심플하게 마무리된 TV의 외관은 품격을 더했다.

한편 상반기 중으로 출시될 스페셜 프리미엄 9,000시리즈는 TV 전체 두께가 10mm도 안 되는 '레이저 슬림' 디자인으로 CES 2010에서 혁신상을 수상한 바 있는 제품이다.

다양한 편의기능도 추가됐다. 'AllShare' 기능이 있어 무선 DLNA(Digital Living Network Alliance) 인증을 받은 PC·휴대폰·카메라 등에 저장된 영화·드라마·음악 등 다양한 콘텐츠를 무선으로 불러와 TV 대형화면으로 만끽할 수 있다.

'삼성 인터넷 TV' 기능은 뉴스·날씨·증권·UCC·영화 등 유익한 인터넷 정보를 손쉽게 즐길 수 있을 뿐만 아니라 세계 최초로 멀티 디바이스 애플리케이션 스토어인 '삼성 앱스(Samsung Apps)'의 다양한 애플리케이션을 다운 받아 사용할 수 있도록 했다.

▲전 세계 5억명이 넘게 사용하는 세계 최대의 인터넷 전화인 스카이프(Skype)를 지원해 TV를 통한 무료 영상 통화가 가능하고 ▲TV와 외부 메모리 기기를 연결하여 디지털 녹화 재생을 하는 My 라이브러리 ▲ USB에 저장된 동영상 사진 음악 파일을 즐길 수 있는 USB2.0 동영상 등 다양한 부가 기능도 있다.

삼성 측은 지난 22일 세계 최대 TV 시장인 유럽지역에서 열린 삼성구주포럼에서 유럽 주요 거래선과 언론에 풀 HD 3D LED TV를 선보였으며 이번 국내 출시에 이어 다음 달엔 미국에서 대대적인 글로벌 런칭 이벤트를 시작할 예정이다. 올해 판매 목표는 200만대 이상. 출고가(스탠드형 기준)는 7000 시리즈가 46인치 420만원대 55인치가 580만원대, 8,000시리즈는 46인치가 450만원대 55인치가 610만원대로 판매될 예정이다.

윤부근 영상디스플레이사업부장 사장은 "삼성전자가 풀 HD 3D LED TV를 업계 최초로 선보이게 됨에 따라 지금까지의 TV와는 차원이 다른 새로운 경험을 소비자에게 제공할 수 있어 기쁘다"며 "2009년 LED TV 시장을 창출 한 것에 이어 올해에도 어느 누구도 모방할 수 없는 삼성만의 차별화된 풀 HD 3D 화질과 토탈 솔루션 제공을 통해 "3D = 삼성"이라는 공식을 만들어 갈 것"이라고 말했다.

자료 : 아시아경제, 2010.2.25

제 4 절 글로벌 신제품 개발 절차

1. 국제 신제품 개발 절차

신제품 개발이란 소비자들의 충족되지 않은 욕구를 채워주기 위해 하는 활동으로서 기업의 성장과 관련성이 높다고 할 수 있다. 그러나 신제품 개발은 많은 시간과 비용이 발생되고, 신제품 개발성공의 불확실성이 있으므로 기업으로서는 신제품 개발 절차의 각 단계별로 의사결정과 정보처리가 체계적으로 수행되어야 할 것이다. 해외시장으로 진출하는 기업의 경우 제품의 현지화를 위해 제품변경 및 수정, 보완하는 활동도 여기에 포함된다고 할 수 있다. 신제품의 개발절차는 다음과 같다.

1) 아이디어 창출과 선별

신제품은 아이디어의 발굴로부터 시작이 되는데 그 주요 원천은 고객으로부터 제공받을 수 있다. 그러므로 고객과 가장 밀접하게 접촉하는 판매현장에서 도출이 되므로 판매원의 역할이 중요하다. 또한 유통경로 상의 협력업체, 시장조사원, 경쟁업체 등이 훌륭한 아이디어의 원천이다.

아이디어 관리를 위해서는 고객과 마케팅 담당자들의 브레인스토밍, 전문가들의 의견을 수렴하는 델파이기법, 연구개발부서들의 지속적인 연구, 정부시책이나 고객변화에 대한 정보를 관리할 수 있는 아이디어 창출 시스템이 구축되어야 할 것이다.

창출된 아이디어의 선별은 주로 최고경영층에서 결정하므로 아이디어 선별 능력을 갖추고 훌륭한 아이디어가 사장되지 않도록 해야 할 것이다.

2) 신제품 개념 설정

해외시장에 진출하는 신제품 개념의 설정은 각국의 문화적 특성과 독특한 환경적 특성이 있으므로 매우 신중하게 처리해야 할 과정이다. 결정된 개념은 쉽게 바꿀 수가 없으므로 철저한 시장조사와 분석과정을 거쳐서 결정해야 한다.

〈그림 9-3〉은 신제품 개념 설정의 분석과정을 나타낸다.

〈그림 9-3〉 신제품 개념 설정의 분석과정

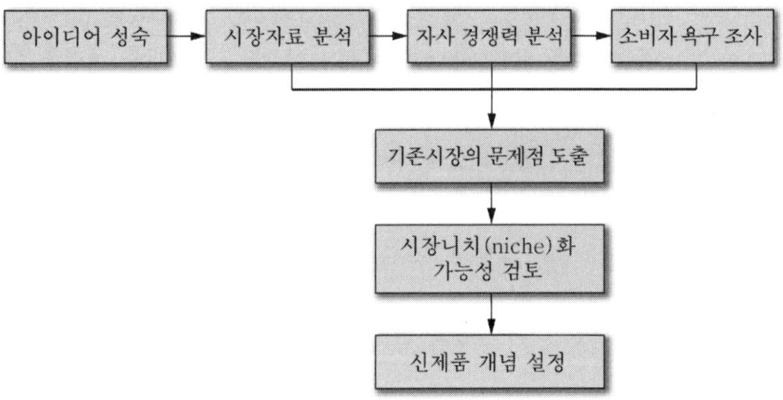

자료 : 박재기, 『글로벌 마케팅』, 형설출판사, 2005, p. 319.

3) 시장성 및 수익성 검토

신제품 개념이 설정되면 이 제품이 과연 상품화의 가능성이 있는가를 분석해야 한다.

(1) 구매 잠재력 평가

이는 전체 시장의 수요를 파악하는 것이다. 전체 시장수요는 제품의 특성, 지역적 공간과 시간적 변수들을 분석하는 것으로 인구통계학적 변수, 시계열 분석, 소비자 조사, 델파이 분석 등이 이용된다.

(2) 신제품의 시장성 분석

본격적적인 시장판매 이전에 시행하는 것으로 불확실한 여러 가지 시장성 요인들을 분석하는 것이다.

① 시장성 요인별 분석 : 예상가격에 대한 소비자 반응, 판매상의 어려움, 구매행태 및 구매 관습을 만족시킬 수 있는 유통경로, 판매기법과 판촉기법의 상대적 효용성, 서비스에 대한 소비자 만족도

② 제품개념 타당성 분석 : 제품특성에 대한 소비자의 반응(제품의 성능, 속성, 신뢰도, 디자인 등), 제품의 동기 및 용도

③ 투자가치 분석 : 투자수익 및 회수 비용/혜택 분석
가격 민감도 : 수익성, 시장 점유율, 판매량 등

(3) 신제품의 가치 분석

신제품의 가치분석은 제품의 수익성 분석을 의미한다. 이는 신제품 개발의 효율성, 유효성, 능률성을 평가하는 것이다.

① 개발의 효율성 : 연구개발의 성과, 연구개발 비용

② 유효성 : 기업목표의 달성정도, 이익의 확보가능성

③ 능률성 : 신제품의 성과, 신제품 제비용

4) 제품개발 및 시장조사 · 상품화

시제품을 제작하여 개발된 신제품이 시장에 그대로 적용시킬 수 있는가를 검토해야 한다. 즉, 설정한 신제품 개념에 의해 시제품이 정확하게 제작되었는가를 검토하는 것이다. 이는 기업 내 각부서간의 원활한 의사소통에 의한 계획과 제조가 성공적으로 이루어졌는가를 확인하는 단계이다.

성공적인 신제품 개발이 이루어지기 위해서는 전담부서를 두어 신속하고 지속적으로 개발할 수 있는 개발 프로그램을 관리하고 급변하는 시장 환경에 대한 지속적인 시장조사를 통한 정보를 획득, 정리, 검색할 수 있는 시스템 구축으로 신제품 개발에 노력해야 할 것이다.

연 습 문 제

1. 제품구성요소에 대하여 설명하라.

2. 국제제품의 종류에 대하여 설명하라.

3. 제품의 현지화 전략에 대하여 설명하라.

4. 제품차별화에 대하여 논술하라.

5. 원산지효과에 대하여 설명하라.

6. 국제신제품 개발절차에 대하여 설명하라.

7. 글로벌 제품전략의 의의를 설명하라.

제10장

글로벌 가격전략

제 1 절 글로벌 가격전략

글로벌 마케팅에서 가격결정은 소비자들의 최종적인 구매의사결정에 직접적인 영향을 주며, 시장의 환율변동은 가격에 상당한 영향을 미치므로 매우 중요하고 복잡한 의사결정 과정의 하나이다. 본 장에서는 글로벌 가격전략의 특성을 간단히 알아보고, 글로벌 가격결정 요소와 글로벌 가격결정의 전략적 대안에 대하여 알아보고자 한다.

1. 글로벌 가격전략의 특성

가격은 제품이나 서비스를 소유 또는 사용하는 대가로 지불해야 하는 금전적인 가치를 포괄하는 개념이다. 가격은 마케팅 믹스 중에서 수익을 창출하는 유일한 변수이다. 즉, 제품, 유통, 촉진과 같은 마케팅 믹스는 모두 비용을 유발하지만, 가격은 판매량에 직접적인 영향을 미쳐 기업의 수익을 결정해 주는 중요한 요인이다.

글로벌 가격의 범위는 원가를 보상하는 최저가격(minimum price)과 경쟁제품들의 가격과 고객의 지불능력에 기초한 최대가격(maximum price) 사이의 최적가격(optimum price)이 결정된다.

글로벌 가격을 결정할 때 환율과 현지국 정부의 규제 등을 고려해야 할 문제에 직면하게 된다. 즉, 가격전략목표, 제품원가구조, 환율, 인플레이션, 정부규제, 경쟁제품의 가격, 시장 수요 등을 고려해야 한다.

글로벌 가격전략의 목표는 매출액 극대화를 위한 시장침투 저가격(penetration pricing)전략을 채택하거나, 제품개발 및 도입비용의 조기 회수를 위한 초기 고가격(skimmimg pricing)전략을 채택할 수 있다.

이와 같이 글로벌 가격전략은 본질적으로 다수국가의 시장을 대상으로 하고, 해외시장에서의 진출 상황이 다르기 때문에 다음의 특성을 가진다.

첫째, 글로벌 가격전략은 생산국과 소비국이 다른 제품의 가격을 결정하는 문제를 다룬다. 즉, 수출 및 수입 제품의 가격결정문제로 제품의 이동에 따른 추가적인 비용과 위험을 고려해야 하며, 수입상품에 편견을 가지고 있는 해외고객의 특성을 알아야 한다.

둘째, 글로벌 가격전략은 해외투자 혹은 라이센싱을 통하여 해외에서 생산 및 판매되는 제품의 가격결정문제를 다룬다. 본국 혹은 제 3국의 관련회사로부터 원료 및 부품을 공급받을 경우 가격결정은 본사의 이전가격전략에 의해 영향을 받는다.

셋째, 글로벌 가격결정은 한 국가에서의 가격결정이 다른 국가의 시장에 영향을 미치므로 글로벌 관점에서 가격전략을 조정하는 문제를 다룬다. 즉, 국내가격과 수출가격의 차별화, 국가별 소비자 가격의 차이와 새징거래(arbitrage transaction)[1]의 문제, 특정 해외시장에서의 전략목표를 위한 국제가격의 조정문제 등이 해당된다.

넷째, 글로벌 가격결정은 수송비, 보험료, 관세, 수입부과금, 유통마진 등 최종소비자에게 전가되는 비용요소와 시장규모, 성장률, 수요탄력성

1) 재정거래(Arbitrage Transaction)는 어떤 상품의 가격이 시장 간에 상이할 경우 가격이 싼 시장에서 매입하여 비싼 시장에 매도함으로써 매매차익을 얻는 거래행위를 말하며, 차익거래라고도 한다.

등의 수요조건, 경쟁자, 경쟁구조, 경쟁우위와 같은 경쟁조건 등을 국가별로 다양한 환경요소를 파악하고 고려해야 하므로 국내가격결정보다 복잡하고 다양하다.

제 2 절 글로벌 가격

1. 글로벌 가격결정 요소

1) 기업목표

글로벌 시장에서 가격결정은 투자 이익률 극대화, 시장 점유율 유지, 특정 이익목표 달성 등 기업의 전략적인 목표에 의해 결정된다. 기업의 목표는 지역이나 시간의 경과에 따라 변화한다. 또한 수요나 경쟁 등의 이유로 변화하기 때문에 가격전략에 차이를 나타낸다.

2) 비용

생산비용, 마케팅 비용, 유통비용 등 지역에 따라 비용구조가 차이가 나는데, 이러한 비용들은 제품의 최저가격 결정에 매우 큰 영향을 미친다. 글로벌 시장에서는 지역에 따른 비용구조가 다르므로 가격결정에 생산 비용 뿐만 아니라 마케팅 비용이나 운송 등 유통비용까지 고려해야 한다.

글로벌 가격결정시 추가로 발생되는 비용은 다음과 같은 것이 있다.

① 제품 현지화에 따른 제품 수정을 할 경우에 드는 비용

② 수출 업무와 관련된 비용 : 인건비, 시장조사비, 선적 및 보험료, 해외 고객과의 커뮤니케이션 비용, 해외촉진비용 등

③ 현지시장 진출과 관련되는 비용 : 세금, 현지 고객의 신용도, 정치적 위험, 환위험 등

이러한 추가적 발생비용을 감안하여 가격을 책정하는 것을 코스트 플러스(cost-plus pricing)전략이라고 한다. 이 전략은 국내생산비용에 추가적 비용과 이익을 합하여 최종 수출가격을 정하는 것이다.

그러나 이 방법은 수출가격이 국내가격보다 더 상승하는 현상 즉, 가격 증가화(price escalation)가 발생되기도 한다. 급격한 가격 상승현상을 해결하기 위해 수요-역추정 가격책정(demand-backward pricing)을 사용하는데, 이는 소비자의 수요여건에 가장 적합한 가격이 얼마인지 확인한 후 그 가격에 맞는 경로와 중간상을 찾고 마진에 대해 협상하는 것이다. 중간상 마진이 더 이상 절감되지 않으면 새로운 경로를 구축할 수도 있다.

3) 수요

수요는 가격의 최고가격을 결정하는 요인이다. 구매력과 기호, 습관, 대체재 등의 요인들이 각국 시장별로 차이가 나므로 동일한 제품이라도 시장별 가격을 차별화하여 책정할 필요가 있다.

국민소득이 낮은 국가의 경우 일반적으로 소비자들이 가격에 민감하게 반응하므로 가격 프리미엄이 요구되는 제품에 대한 마케팅 활동이 어려워질 수 있다. 즉, 소득수준이 낮은 국가에서는 본국가격이 프리미엄 가격이 되어 접근하기가 어렵다. 이러한 경우 대중시장에 접근할 수 있도록 제품규격이나 포장단위 등을 줄이거나 품질을 낮추는 등 제품을 수정함으로써 판매가격을 낮출 수 있다. 그리고, 본국과 유사한 가격을 책정하면서 고소득 소비자층을 표적으로 하는 틈새(niche)전략을 사용하는 것이다.

글로벌 기업들은 진출하는 해외시장의 1인당 국민소득이 구매력과 관련이 있으므로 가격전략 결정시에 신중하게 고려해야 할 요인이다.

4) 경쟁

가격결정은 비용이나 수요뿐만 아니라 경쟁기업의 행동에 의해서도 영향을 받는다. 또한 글로벌 기업은 아니지만 현지시장에서 강력한 경쟁기업이 있는 경우에 해외시장 진출기업은 현지시장의 글로벌 기업과 강력한 현지 경쟁기업과도 경쟁해야 한다.

각 국가별로 가격의 차이가 발생하는 것은 국가별로 경쟁의 정도가 다르기 때문이다. 그 이유를 살펴보면 다음과 같다.

① 해외시장에서의 경쟁자 숫자가 차이 나므로 어떤 국가에서는 독점이나 과점상태를 유지하면서 경쟁할 수 있으나, 어떤 국가에서는 수많은 경쟁자와 경쟁해야 하는 경우가 있다. 예를 들면, 전 세계시장에서 대만기업들과 경쟁하는 메모리용 반도체의 경우 대만기업들은 세계 DRAM 시장의 약 12% 정도 차지하고 있는데 1999년 가을, 지진으로 인하여 일시적인 생산중단에 들어간 적이 있다. 이때 대만 기업들이 생산하던 16메가 및 일부 64메가 DRAM의 가격이 일시적으로 100% 이상이나 폭등한 바도 있다(마이다스동아일보, 1999.9.2).

② 경쟁의 본질자체가 국가별로 상이할 수 있다. 현지시장에 강력한 경쟁이 될 수 있는 현지기업이 있을 경우 진출기업은 현지에 진출해 있는 기존의 글로벌 기업뿐만 아니라 강력한 현지 기업과도 경쟁을 해야 한다. 또한 현지기업이 정부의 보호를 받는 경우 경쟁 자체가 더욱 힘들어질 수 있다. 예를 들면, 국내에 비교적 늦게 진출한 유니레버(Unilever)는 이미 국내시장에서 상당한 시장점유율을 가지고 있는 다국적 기업 P&G와 국내 대형 생활용품업체인 LG화학과도 경쟁해야 한다.

③ 해외진출시장에서 기업의 경쟁적 위치가 다르면 가격전략도 달라져야 한다. 즉, 현지국에 경쟁적 우위에 있는 선도 기업이 있다면, 다른 기업들은 가격에 순응하는 전략을 따라야 하는 경우도 있다. 강력한 경쟁우위를 가진 제품들은 선진국 시장에서도 가격결정자의 지위를 누린다. 예를 들면, 삼성전자이나 LG전자를 비롯한 한국의 업체들은 동유럽, 남미 시장 등에서는 가격선도자의 위치를 점하고 있다. 〈표 10-1〉과 같이 칠레의 경우 한국산 세탁기의 시장점유율이 73.1%를 차지하고

있다. 이외에도 여러 가전제품들이 시장 점유율 1위의 입장에서 가격결정자의 위치에 있으나 미국, 유럽 혹은 일본시장에서의 한국산 전자제품은 대부분의 제품범주에 있어 여전히 가격 순응자의 입장에 있다. 그러나 삼성전자는 디지털 TV가 미국시장에서 시장점유율 1위를 기록하였는데 가격 역시 다른 업체들에 비해 200~300달러 이상의 고가가 형성되고 있다(마이다스동아일보, 2000.4.7).

〈표 10-1〉 칠레 수입시장을 장악한 한국산 제품들

제품	시장점유율(%)	제품	시장점유율(%)
세탁기	73.1	자동차	26.2
냉장고	66.3	엘리베이터	30.7
에어컨	31.7	컬러TV	11.0
진공청소기	34.6	VCR	17.8
자동차배터리	55.3	캠코더	3.0
오디오테이프	43.7	팩스기기	16.6
PVC바닥재	36.1	자동차 타이어	2.6
전자레인지	61.5	스테인리스주방용구	18.7
합성직물	48.8	안경테	12.9
티셔츠	41.6	자동차부품	13.8
냉연강판	62.4	컴프레서	22.8
끈, 로프	40.8	알루미늄 프로파일	24.3
비디오테이프	37.8		

자료 : 문병준 외, 『국제마케팅』, 2007, p. 262. 표 11-1 재인용.

5) 환경적 제한

유통경로 상 업체에 대한 마진이나 경로 길이가 나라별로 차이가 있으므로 최종 소비자가격과 공장도 가격, 수출가격 등에 영향을 받는다. 또한 제조업자와 유통경로 상 업체 간의 파워도 가격결정에 영향을 미친다. 예를 들어 현지 대형유통업체들의 시장 지배력이 큰 경우 제조업체는 대량구매에 따른 할인을 해야 한다. 특히, 현지시장 경험이 부족할수록 현지 대리점에 대한 의존도가 높아지므로 공장도가격과 최종소비자가격 간에 차이가 많이 존재한다.

시장 간 큰 가격차이가 발생하면 비공식 상인들이 저가격시장에서 구매해서 고가격시장에서 판매하는 병행수입(parallel import) 또는 회색시장(gray market)이 형성된다. 회색시장(gray market)은 제품자체가 모조품이거나 밀수품 등과 같이 불법성이 있는 암시장(black market)과는 달리 제품자체에는 문제가 없는 제품이지만 제조업자가 의도하지 않은 유통 경로를 통해 유통되는 시장을 말한다. 이러한 시장은 유통경로에 피해를 주고 있다. 회색시장이 증가하는 이유로는 글로벌 제품의 증가, 외환변동, 시장 간의 가격차별, 세계시장에서의 공급과잉을 들 수 있다. 제조업체는 시장간 가격 차이를 좁히기 위해 병행수입을 피하고자 하는 동기가 가격결정에 영향을 주는 것이다.

각국 정부정책은 기업의 가격결정에 직·간접적으로 영향을 미친다. 직접적 영향요인으로는 판매세금, 관세 및 가격통제 등이 있다.

정부가 특정제품의 가격을 결정하거나 전반적인 세금을 조정함으로써 가격결정에 영향을 미친다. 부가가치세와 같은 판매세금은 대체적으로 제품범주의 전반에 걸쳐 영향을 미치지만, 특정 수입제품에 대해서만 특별소비세, 주세 등을 부과하는 경우도 있다. 이와 같이 정부가 가격통제를 통하여 시장에 직접 개입하기도 한다. 중국정부는 가격경쟁방지에 의해 중국기업을 보호하기 위하여 21개 산업에 대해 최저가격을 설정하고 있다.

또한 정부정책은 재정적자에 의한 이자율 상승과 환율변동 및 인플레이션 등을 초래하여 임금과 제품원가를 상승시키게 하는 등의 간접적 영향을 미치기도 한다.

사례 10-1

할인점에 백화점브랜드가 있네!

서울 잠실 롯데마트 2층.

매장을 둘러보던 주부 서 모씨(34)는 한쪽에 진열된 폴로 티셔츠에 눈길이 갔다. 백화점에서나 볼 수 있는 유명 브랜드 상품을 판매하고 있어 이게 웬일인가 생각한 것. 가격도 백화점보다 훨씬 저렴했다. 서씨는 본인과 남편 몫으로 한 벌씩 구입해 매장을 나섰다. 그는 "유명 브랜드를 마트에서 값싸게 판다고 하니 저절로 손길이 갔다"고 했다.

대형마트에 유명 브랜드 상품이 잇달아 등장하고 있다. 대형마트는 중가 혹은 저가 상품을 취급하는 게 일반적인데, 최근에는 백화점에서나 볼 수 있는 고급 브랜드 상품이 일시적이지만 매장 진열대를 장식하는 일이 잦아지고 있다. 폴로, WMF, 포트메리온, 리바이스진 등이 그런 브랜드다.

이들 브랜드는 대형마트가 상품 차별화를 앞세워 병행수입 등을 통해 들여온 것으로, 상대적으로 낮은 가격을 무기로 인기몰이를 하고 있다.

롯데마트는 현재 잠실 월드점, 서울역점 등 32개 점포에서 폴로랄프로렌 티셔츠를 판매 중이다. 미국 현지 딜러를 통해 병행수입해온 것으로 여성용(신상품)은 5만9,000원, 남성용(이월상품)은 5만4,000원이다. 백화점에서 폴로 티셔츠가 9만~10만원대에 판매되는 것과 비교할 때 40%가량 저렴하다.

롯데마트는 "지난 10일 선보인 이후 14일까지 5일간 1,000여 벌이 판매됐다"고 밝혔다.

신세계이마트는 17일부터 독일 유명 주방 브랜드 WMF의 프라이팬 세트를 판매한다.

백화점에서 WMF 상품 개당 판매가격은 10만원대인데, 이번에 이마트가 기획한 4종 세트(프라이팬 3종, 웍 1종)는 13만8,000원이다. 이마트는 백화점 1~2년 판매량과 맞먹는 1만5,000세트를 WMF에 한꺼번에 주문함으로써 가격을 낮췄다고 설명했다. 이마트는 이번 행사로 20억원 이상 매출을 기대하고 있다.

이에 앞서 대형마트에서 선보인 유명 브랜드 상품들은 히트상품 대열에 올랐다.

롯데마트가 지난달 2만원대에 내놓은 유명 주방용품 '포트메리온 보타닉가든 시리즈'는 준비한 물량 7,000여 점이 일주일 만에 모두 팔려나갔다.

지난달 하순부터 시중가격보다 20~40% 저렴하게 선보인 샘소나이트 여행가방(4종)도 이달 14일까지 1,200여 개 판매되며 호평을 받고 있다. 롯데마트는 지난 3월에는 리바이스, 캘빈클라인 등 청바지도 병행수입을 통해 선보인 바 있다.

이마트는 '골프채 바람'을 일으켰다. 지난 10일 미국 골프 브랜드 투어에지(Tour Edge)와 공동 기획해 파격가인 49만9,000원에 선보인 골프채는 5일 만에 800세트가 팔렸다. 이마트가 연간 판매하는 골프채 풀세트가 1,400개 정도인 점을 고려하면 폭발적 반응이다.

이마트는 이에 앞서 올해 2월 테일러메이드R5 XL 7번 아이언(남성용)을 병행수입을 통해 9,900원에 선보여 4일 만에 2만개를 팔아치웠다. 올해 4월에는 리바이스 청바지 4만장을 3만9,000~5만9,000원에 판매했다.

최춘석 롯데마트 상품본부장은 "가치 있는 차별화 상품 발굴에 집중하고 있다"며 "병행수입과 직수입 등으로 선보인 유명 브랜드 상품들도 그런 노력의 일환"이라고 말했다.

자료 : 매일경제, 2010.6.16

〈그림 10-1〉은 글로벌 가격결정 요인을 나타낸 것이다.

〈그림 10-1〉 글로벌 가격결정 요인

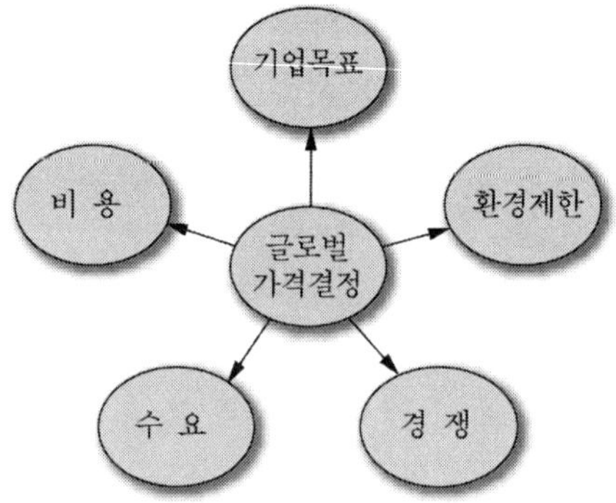

자료 : 문병준 외 5인, 『국제마케팅』, 비즈프레스, 2007, p. 257.

위에 제시된 가격결정에 영향을 미치는 요인 이외에도 환율변동이나 인플레이션, 정부규제 등이 있다. 환율변동은 글로벌 마케팅에서 어떻게 전략적으로 대응할 것인지를 결정해야 한다. 환율상승의 경우 외국통화로 표시되는 자국의 제품가격이 높아진다. 해외시장에서 강력한 경쟁력을 가진 기업의 경우 판매량이나 가격변화에 영향을 별로 받지 않는다. 그러나 경쟁력이 없는 기업의 경우에는 가격 상승에 따른 판매량과 수익률에 영향을 받게 된다. 환율이 하락하는 경우에는 제품의 수출가격 또한 떨어지므로 시장점유율을 높이거나 수출가격을 그대로 유지시켜 수익성을 높일 수 있다.

경제 환경의 변동이 심하고 금융정책이 확립되어 있지 않는 개발도상국이나 신흥 개발국 등에서는 물가변동이 심하다. 인플레이션 하에서 화폐의 가치가 하락하므로 제품의 실질적인 가치유지가 어렵다. 그러므로 인플레이션 하에서는 장기적인 가격조정정책이 필요하다. 즉, 인플레이션에 따라 원가가 상승하므로 이익률 유지를 위해서 판매가격을 인상해야 한다. 반면, 가격인상이 어려울 경우에는 제품을 단순화하여 기본적 기능만 유지하고 나머지 요소를 줄이는 방법도 대안이 될 수 있다.

정부는 여러 가지 규제를 통해 시장에서 국민생활의 안정을 위해 가격변동 폭을 제한하여 가격상한선을 설정하여 이윤 폭을 설정하는 등의 다양한 물가안정책을 사용한다. 이러한 정부의 정책은 글로벌 기업의 가격전략에 유리하게 작용하기도 하지만 때로는 무리하게 작용할 수도 있다.

사례 10-2

"위안화 5% 절상 땐 中 섬유업체 절반 도산"

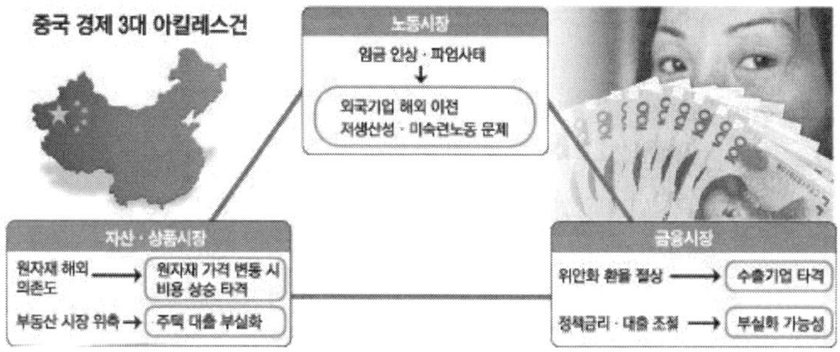

미국 · 유럽연합(EU)과 함께 3대 경제대국(3G)으로 세계 경제를 지탱해 온 중국 경제에 대해 낙관적 전망 일색이던 국내외 분위기에 변화가 감지되고 있다. 중국의 역할은 미국과 유럽이 금융위기를 맞으면서 더욱 돋보였다. 그러나 그동안 노동 · 금융 · 자산 시장에서 중국의 강점으로 간주돼 온 경쟁 요소들이 중국 경제에 오히려 위기를 초래할 변수가 될 수 있다는 지적이 잇따른다. 노동 시장에서부터 중국 경제의 취약점은 드러나고 있다. 뛰어오르는 임금을 노동숙련도와 생산성 증가가 따라가지 못하기 시작했다. 5% 정도의 위안화 값 절상만으로도 섬유 · 봉제 등 노동집약적 제조업이 국제 경쟁력이 상실될 정도다. 소폭의 금리 인상은 부동산 거품 붕괴로 이어질 가능성이 높다. 중국의 힘으로 여겨져 온 국제 원자재 시장에서의 구매력은 뒤집어 보면 오히려 중국 산업구조가 그만큼 국제 원자재 가격 변동에 취약하다는 것을 방증한다. 중국 내수 시장의 원동력이었던 부동산 경기 활황도 이제 부풀어 오른 거품의 끝을 바라보고 있다. 이 점에서 중국 경제를 위협하는 3대 아킬레스건에 대한 우리 정부와 경제계의 면밀한 동향 분석과 대응책 마련이 절실하다.

"달러 대비 위안화 가치가 5%만 절상되면 중국 섬유 · 의류업체 절반은 도산할 것이다."

가오융 중국섬유의류위원회(China National Textile and Apparel Council) 부회장은 최근 중국 섬유 · 의류업체의 취약성을 이렇게 경고하고 나섰다.

업계 로비단체의 주장이라고 일축할 수도 있지만 곱씹어 보면 중국 금융시장 변화가 실물에 미치는 타격을 명확히 지적한다는 점에서 새겨야 할 대목이 적잖다.

중국 섬유 · 의류업체 기업인들이 이 같은 우려를 나타내는 것은 이익 마진이 3~5%에 불과하기 때문이다. 지난 3월에 치러진 중국 정부의 위안화 스트레스 테스트만 보더라도 위안화가 1% 절상되면 노동집약적 산업인 섬유 부문 기업의 이익 마진은 1%포인트 줄어드는 것으로 나타났다. 달러 대비 위안화 가치가 5%만 뛰면 중국 섬유 · 의류업체 절반은 문을 닫을 것이란 경고가 단순한 엄살만은 아니란 얘기다. 중국 섬유산업에는 근로자 2,000만명 이상이 고용돼 있다. 거기에 1억4,000만명 이상이 원료인 면화 재배에 관련된 일에 종사하고 있다. 결국 위안화 가치가 5% 이상 절상되면 최소한 수천만 명에 달하는 실업자가 양산될 것이란 계산이다.

위안화 절상은 원자재 · 노동 비용 상승과 맞물려 중국 산업계를 옥죌 가능성이 높다.

중국 정부가 위안화 환율 유연성을 강화하겠다고 공언하고 나섰지만 급작스러운 절상을 용인하기 어려운 이유다.

위안화는 2005년 중국 정부가 달러연동제를 폐지하고 관리변동환율제를 도입한 뒤 2008년까지 3년 새 21% 절상됐다. 글로벌 금융위기가 터진 이후엔 다시 달러에 묶어두면서 달러당 6.8위안 안팎에서 움직이다가 최근에 다시 조금씩 강세로 가고 있다. 아직까진 괜찮지만 그 여파가 곧 본격적으로 나타날 전망이다. 물론 중국 제조업체들도 나름대로 위안화 절상에 대비는 하고 있다. 이혁구 대외경제정책연구원 연구원은 "노동집약산업이 몰려 있는 광둥성에선 연초부터 3%가량 위안화 절상을 예상하고 대비 중"이라며 "본격적인 절상 전에 주문받은 제품을 생산하거나 인상 폭을 감안해 계약하고 있다"고 전했다. 하지만 이런 전략을 쓰는 기업은 어느 정도 규모와 경쟁력을 갖춘 곳이고 상당수 영세기업들은 위안화 절상에 무방비다.

전문가들은 중국 정부가 위안화 환율을 통제하면서 제조업체들이 경쟁력을 갖출 기회를 날려버렸다고 지적하기도 한다.

조용찬 중국금융연구소 연구원은 "환율이 제때 변동하지 않으면서 구조조정이 지연됐고 과잉 생산이 늘어나고 자연스러운 산업 구조조정이 이뤄지지 않았다"고 말했다.

중국은 대표적 관치금융 국가다. 금리만 하더라도 전혀 시장과 상관없이 결정된다. 예금 · 대출 금리가 각각 별도로 제시되고 은행은 거의 차이 없이 따라갈 뿐이다. 기업 대출도 정책 영향을 고스란히 받는다. 사회 · 정치적 안정을 위해 가망 없는 기업에도 계속 대출이 나가는 사례가 비일비재하다. 대량 실업을 막기 위해 파산 자체를 제한하기도 한다.

이와 같은 관치금융은 위기를 벗어나는 데는 효과를 낼 수 있지만 시장이 정상화한 뒤에는 오히려 경직성으로 인해 경제 성장에 걸림돌이 될 가능성이 없지 않다. 중국 중앙정부가 과잉생산 업종에 대한 구조조정을 강화하는 가운데 이미 무분별하게 철강 · 시멘트 등 과잉 업종에 나간 대출은 위험이 커지고 있다.

조용찬 연구원은 "신규 대출의 80%가량이 국유기업에 집중되고 자금을 받은 곳은 연구개발(R&D) 투자가 아닌 부동산 · 해외자산 매입에 열을 올려 중국 기업의 경쟁력이 약해졌다"고 꼬집었다.

중국 금융회사의 잠재 부실도 중국 경제의 위협 요소다. 3월 국제신용평가업체인 스탠더드앤드푸어스(S&P)는 중국 은행의 부실채권 문제가 심각해져 앞으로 수년간 심각한 위협이 될 수 있다고 경고했다. 2월엔 영국 신용평가사 피치가 중신 · 자오상은행 등에 대한 신용등급을 6년 만에 D급으로 낮추기도 했다.

중국 은행권 부실채권 규모는 지난해에 1조4,000억달러로 2008년에 비해 두 배가량 늘었다.

S&P 추정으론 2012년까지 중국 은행권 실질적 부실채권 비율이 10%를 밑돌 것으로 보이지만 이 수준을 넘어서면 문제는 심각해질 것이란 염려다.

자료 : 매일경제, 2010.7.14

제 3 절 글로벌 가격결정의 전략

1. 글로벌 가격결정의 전략적 대안

1) 글로벌 환경에 따른 가격결정

글로벌 경쟁기업의 제품을 대상으로 가격을 결정하는 경우 먼저, 경쟁제품보다 차별적 우위성을 확보하고 있으며, 그 차별적 우위성이 가격에 반영되고 있는가, 경쟁제품보다 어떻게 하면 가격을 저렴하게 시장을 확보할 수 있는가, 시장을 확보할 수 있는 가격전략은 어떤 것이 있는가를 고려해야 한다.

(1) 초기고가전략(pricing skimming)

제품의 차별성이나 혁신성이 높은 신제품의 경우 초기에 높은 가격을 책정하는 전략이다. 이는 구매집단 중에서 초기 구매고객인 혁신자층, 정보 추구자, 중간이상의 소득수준을 가진 특정지역 및 국가의 특수 구매집단이 여기에 해당된다고 할 수 있다.

이 전략은 혁신성이 높은 신제품의 경우 제품 도입기에 고가 전략을 사용하다가 시간이 지나감에 따라 점차 가격을 낮추는 방법을 많이 사용하는 스키밍 가격(skimming pricing)전략이라고도 한다. 제품 수명주기 상 도입기에 위치한 제품의 경우 초기 구매자들이 제한되어 있으므로 고가전략을 책정해도 구매가 일어난다. 그러나 스키밍 가격전략은 가격이 자연스럽게 낮아지는 것이 아니라 의도적으로 가격을 높게 책정한 다음 단계적으로 가격을 낮추는 것이다. 또한 스키밍 가격(skimming pricing)전략은 소비자들 입장에서 조금만 기다리면 가격이 내려갈 것이라는 기대심리로 구매를 미룰 수 있기 때문에 성공하기 힘들다.

한편, 가격을 낮추는 것이 불가능하거나 바람직하지 않을 경우 프리미엄 브랜드(premium brand)로 포지셔닝(positioning)하는 전략적 대안을 사용하기도 한다.

'Lego"의 경우 인도시장에서 6-223달러로 판매되고 있는데 다른 장난감보다 훨씬 고가이지만 중산층 이상의 소비자층을 목표시장으로 하여 Lego의 교육적인 측면을 강조함으로써 고가전략을 정당화하고 있다.

(2) 시장침투 가격전략(penetrating pricing)

이 전략은 기업의 목표가 수익보다는 시장 확보에 있는 것으로 단기간에 높은 시장 점유율을 달성하고자 가능한 한 저가로 책정하는 방법이다. 즉, 가능한 한 가격을 낮추는 것이 제품의 경쟁력을 확보할 수 있는 방안이므로 품질기반으로 저가전략을 책정하는 것이다.

한편 기업은 시간이 흐름에 따라 저가전략에서 고가전략으로 가격을 변화시키는 방법을 사용하기도 한다. 이 전략을 사용하는 근본적인 이유는 단기적인 이익을 희생하는 대신 빠르게 시장을 확보하기 위한 것이다. 이러한 침투전략의 효과는 아래와 같다.

① 초기에 많은 수의 구매자들을 확보함으로써 이들을 통하여 강력

한 구전(word-of-mouth)효과를 창출하여 다른 구매자들의 모방 행동을 유도할 수 있다.

② 진입장벽을 구축할 수 있다. 침투가격으로 충분히 많은 수의 구매자들에게 제품을 판매하면 경쟁자가 시장에 진입하였을 때 남아 있는 수요가 부족하므로 잠재적인 진입자가 진입을 포기할 수 있다. 이러한 효과를 가진 제품은 구매주기가 긴 내구재에서 나타날 수 있다.

③ 원가우위 확보가 가능하다. 특히, 경험효과가 큰 제품의 경우 초기저가전략 책정 후 대량 판매에 의해 대량생산을 함으로써 원가하락의 주기가 발생되어 경쟁자들보다 더 낮은 원가 달성이 가능해 진다.

④ 하이테크 시장에서 자사의 기술을 산업의 표준으로 확립할 수 있다. 즉, 신기술이 산업의 표준이 되려면, 낮은 가격으로 빠르게 시장을 확보하는 것이 유리하다.

그러나 침투전략의 한계점으로 소비자들은 가격이 높을수록 품질이 좋을 것이라고 믿는 가격-품질연상(price-quality association)을 강하게 갖고 있다면 실패할 가능성이 높다.

그리고, 처음에는 저가를 제시하여 소비자들의 준거가격(reference price)이 낮아졌다면 시간이 지남에 따라 가격을 올리고자 할 때 소비자들의 저항에 부딪힐 위험이 있다.

사례 10-3

닛산 전략 소형차, 다음 달 中판매 돌입

닛산자동차는 글로벌 전략 소형차 '마치'를 다음 달 안으로 중국에서 판매할 방침이라고 요미우리신문이 24일 보도했다.

마치의 판매 가격은 90만~129만엔 수준으로 차를 보유하지 않고 있는 젊은이들이 주요 구매 대상이다. 올 봄 닛산은 중국 내 마치의 판매 계획을 발표해 이미 1만대 가까운 사전 계약을 달성한 것으로 전해지고 있다.

특히 지속적인 성장을 이어가고 있는 중국에 소형 전략 차종인 마치를 투입해 시장 점유율 확대를 노린다는 전략이다.

> 중국은 현지 차 기업이 판매하는 51만~64만엔의 저가격차가 인기를 끌고 있어 닛산도 젊은 층을 겨냥한 엔트리급으로 내세워 내달 중 판매를 개시할 예정이다.
>
> 닛산은 마치 시판을 계기로 올해 중국 내 판매목표인 86만대 수준을 앞당길 수 있을 것으로 전망하고 있다.
>
> 닛산의 올 상반기 중국 내 판매대수는 시르피, 티아나 등 승용차의 판매호조로 약 48만대를 기록했다.
>
> 자료 : 한국경제신문, 2010.7.25

(3) 시장유지가격(market holding pricing)

기존의 시장점유율을 지속적으로 유지하고자하는 기업의 전략이다. 글로벌 시장에 존재하는 불확실한 환경들은 환경변화에 신속하게 대응하지 못하는 기업들에게 시장점유율이 하락하게 한다. 새로운 경쟁기업의 시장진입, 현지 경쟁기업의 새로운 판촉 전략의 구사로 소비자 유인, 자체기업의 제품원가 변동사항 발생했을 때 기존의 시장점유율을 지키기 위해 전략적인 가격전략을 책정해야 한다. 이러한 상황에서 환율변동, 세분시장의 포트폴리오 전략을 통해 시장을 유지할 수 있는 가격을 펼쳐야 한다.

(4) 저가전략

글로벌 시장에는 다양한 제품과 가격이 존재하기 때문에 이들과 경쟁하기 위해서는 품질에 기반을 두고 가능한 한 가격을 낮추는 것이 제품의 경쟁력을 확보하는 방안이므로 저가전략을 책정하는 것이다.

글로벌 마케팅에서 모든 조건이 동일하다고 가정했을 경우, 수출은 내수와 비교하여 많은 비용이 발생되어 가격 증가화(price escalation) 시킨다. 즉, 제품의 물적 유통과 관련하여 운송비용이 발생하며, 유통경로도 국내시장과 다르므로 많은 비용이 발생하게 되므로 최종소비자가격이 국내가격보다 더 높아지는 문제가 발생된다. 그리고, 극심한 인플레이션과 환율변동은 전반적인 가격상승과 수입품의 가격상승이 일어나므로 이에 대한 대비가 필요하다.

글로벌 시장에서 무조건 가격을 낮추는 것으로 수익을 발생시킬 수 없으므로 다음은 가격을 낮추는 방법을 제시한 것이다.

① 제품의 설계 자체를 단순화시키거나 기본적인 기능에 더 충실을 기함으로써 가격을 낮출 수 있다.

② 부품이나 원재료, 포장재 등을 수정한다.

③ 유통비용을 감소시킨다. 예를 들면, 물류센터의 통합 등을 통한 직접적인 물류비용을 줄이거나 새로운 유통경로를 통한 가격을 인하할 수 있다. 전자상거래의 경우 제품의 유통단계를 축소하여 비용과 중간상 마진 등의 절감을 통해 가격인하가 가능하다. 그러나 경쟁사가 자사의 저가전략보다 더 낮은 가격을 이용한다면, 오히려 경쟁력이 낮아질 수 있다.

〈그림 10-2〉는 가격상승을 줄이기 위한 유통경로를 나타낸 것이다.

〈그림 10-2〉 가격상승을 줄이기 위한 유통경로

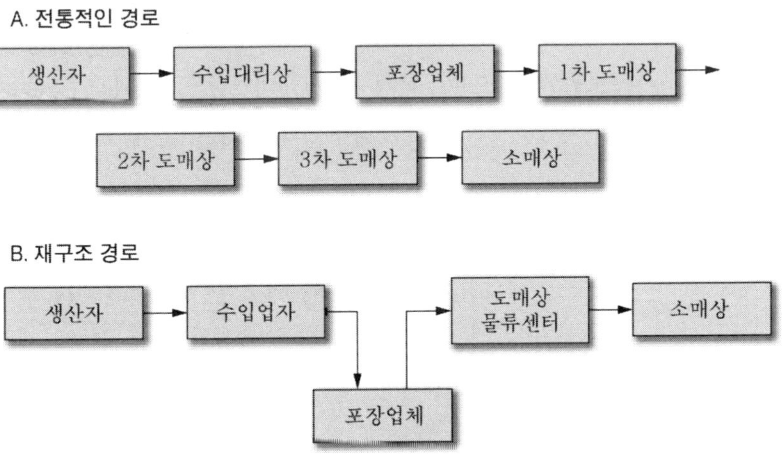

자료 : 문병준 외 5인, 『국제마케팅』, 비즈프레스, 2007, p.267.

기업은 시간의 흐름에 따라 저가전략에서 고가전략으로 가격을 변화시켜서 단기적인 수익을 희생하는 대신 빠르게 시장점유율을 확보하기도 한다.

2) 이전가격(Transfer Pricing)

이전가격은 대부분의 다국적 기업들이 전 세계적으로 서로 관련을 맺고 있는 본사와 지사 혹은 지사 간 거래에 적용되는 가격을 의미한다. 이전가격의 결정은 본사와 지사, 본국정부와 현지국 정부 등 여러 이해관계자의 이해가 같이 관련되는데 이들의 이해관계가 상충되는 경우도 발생한다.

이전가격은 아래의 목적을 위하여 결정된다.

① 세금의 감소를 위하여 결정된다. 다수의 국가에서 사업을 하는 글로벌 기업의 경우 세금이 적은 나라에서는 이익을 극대화하고, 세율이 높은 나라에서는 이익을 극소화함으로써 전 세계적인 이익을 극대화할 수 있다. 세금회피가 가능한 나라는 바하마나 버뮤다와 같은 조세천국(tax paradise)이 있다. 그리고 홍콩, 라이베리아, 파나마 등과 같은 외국으로부터 들여온 소득에 대하여 과세하지 않는 조세피난처(tax shelter)가 있으며, 룩셈부르크, 네덜란드, 스위스 등은 특정 기업이나 사업 활동에 세금상의 혜택을 부여하는 조세 리조트(tax resort)가 있다.

이외에도 국가 간 조세협정에 의하여 세제상혜택을 받을 수 있는 지역들도 존재한다. 위에 제시된 다양한 종류의 지역들을 이용하여 세금을 줄이기 위해 글로벌 기업들은 본사와 지사 간 또는 지사 간에 이전가격을 조정하게 된다.

② 현지시장의 상황과 시장의 불완전성이 이전가격의 결정요인으로 작용한다.

현지시장에서의 시장점유율이나 시장 성장성 혹은 현지의 경쟁정도에 따라서 이전가격이 결정된다. 즉, 새로운 시장에서의 점유율을 높이기 위하여 진출 초기에는 현지 자회사로서의 이전가격을 낮추면 가격경쟁력을 확보할 수 있을 것이다. 또한 가격통제나 이익 송금의 제한 등의 현지시장에서의 불완전성은 이전가격을 조정하여 이익을 확보할 수 있다.

③ 현지지사의 사기 등의 요인에 의해 결정된다. 특히, 지사에 대한 평가가 현지시장에서의 이익에 영향을 미치는 경우 지사의 사기를 올리기 위하여 이전가격을 조정하기도 한다. 이는 성과통제수단으로 사용되는 경우 지사의 사기문제 뿐만 아니라 실제로 성과가 낮은 지사에 대한 통제가 효율적으로 이루어질 수 없으므로 지사의 성과를 측정하기위한 다른 보완책이 요구된다.

이전가격을 결정하는 방법은 다음과 같이 요약할 수 있다.

① 제조원가 기준 이전가격(transfer cost)

원가중심 이전가격으로 글로벌 기업 내의 모든 자회사에게 제조원가를 기준으로 제품을 이전하도록 하는 것이다. 각 기업들은 원가를 다르게 정의하므로 어떤 기업은 변동비와 고정비만 이전가격에 반영하고 어떤 기업에서는 마케팅, R&D 등을 포함한 총원가를 기준으로 하기도 한다.

제조원가 기준 이전가격은 가장 낮은 원가를 기준으로 결정하므로 개별 자회사들은 외부공급자로부터 받을 수 있는 가격보다 훨씬 저렴하게 물품을 조달할 수 있다. 그러나 제품사업본부의 경우 수익률은 떨어지고 운영성과가 떨어지므로 자회사간의 거래보다는 외부거래를 선호하게 되므로 전사적 차원의 전략이 요구된다.

② 외부시장가격과 동일한 이전가격(transfer at arm's length)

제품사업본부가 외부거래에 적용되는 가격과 동일하게 이전가격을 책정하는 것이다. 즉, 제품사업본부가 내부거래와 외부거래를 동일한 가격으로 판매되므로 불만의 소지가 없다. 그리고 내부거래의 경우 대금결제가 정확하므로 외부의 신용거래에 의한 위험을 회피할 수 있다.

③ 원가 가산 이전가격(transfer at cost plus)

제품사업부와 영업사업부와의 이익을 분할하는 방법이다. 원가 가산 이전가격은 제품사업부와 영업사업부가 제품원가, 고정비, 적정 이익률 등 기업전체의 상황에 맞추어 특정 기준을 정해 그 기준에 따라 이전가격이 결정되는 것이다. 이 방법은 실제 기준을 상황에 따라 변화시켜야 하는 단점이 있으나 조직 간의 불협화음을 조정하는 것보다 상대적으로 관리비용이 적게 든다는 장점이 있다.

〈표 10-2〉 국가별 이전가격 규제 및 벌과금

국가	국제거래에 대한 자료제출의무	벌과금
호주	법인세 신고시 자료제출요구	일반 벌과금-10~25 또는 50% 가산세
브라질	자료가 불충분할 경우 최고과세액이 산출되는 이전가격방법을 적용할 수 있음	일반 벌과금-10~200%의 가산세
캐나다	법인세 신고시 자료제출요구	이전가격 벌과금-총가격(소득) 조정액의 10%
덴마크	관련법규는 단지 자료제출을 장려하고 있으나 실질적으로 자료제출을 준비해야 함	일반 벌과금-의도적인 불성실 신고 또는 과실의 경우 200%의 가산세
프랑스	세무조사 개시 후 과세당국의 요청시 60일 이내에 자료를 제출해야 하므로 실질적으로 자료제출이 요구되는 것으로 보아야 함	이전가격 벌과금-자료제출이 불충분하다고 판단될 경우 FF50,000
독일	자료제출이 없을 경우 광범위한 설문에 응해야 함	해당규정이 없음
일본	규정상 요구되지는 않으나 세무조사를 대비하여 준비하는 것이 유리	일반 벌과금-10~40%의 가산세와 연 14.6%의 체납세
한국	법인세 신고시 이전가격 산출방법과 그 방법의 선택이유, 국외특수 관계의 요약거래손익명세서를 제출해야 함. 세무조사시 과세당국의 요청이 있을 경우 120일 이내에 제출해야 함	자료제출 요구일로부터 최고 120일 이내에 자료가 제출되지 않을 경우 그 이후 제출된 자료는 무효화함. ₩30,000,000의 과태료부과 및 이자를 포함하여 70%이상의 벌과금
멕시코	법인세 신고시 공인회계사에 의해 자료제출 준비여부를 진술토록 요구	일반 벌과금-세금조정액의 50~100%
영국	법인세 신고시 자료제출요구	일반 벌과금-의무불이행(자료제출이 불충분할 경우)최고 100%
미국	최적방법 적용을 밝히는 의무를 납세자에게 부담	이전가격 벌과금-소득조정금액이 일정액을 초과하거나 신고 이전가격이 일정한 정상가격범위를 벗어날 경우 20% 또는 40%의 가산세

자료 : William Dodge, '성공적인 글로벌 이전가격을 위하여', http://taxnet.co.kr 재인용, 박재기, 『글로벌마케팅』, 형설출판사, 2005, p. 342.

글로벌 기업들이 가장 이상적인 이전가격 결정방법하기 위해서는 기업 전체이익을 증대시키고 사업본부간의 자발적 협력을 촉진시킬 수 있어야 하며, 회계처리 부담을 최소한으로 유지시킬 수 있어야 할 것이다. 또한 적절한 이전가격전략은 글로벌 시장에서의 경쟁력을 강화할 수 있고, 관세 및 세금을 축소하고, 현금흐름 관리, 외환위험의 최소화, 본국과 현지국 정부와의 갈등을 방지하기 위해 필요하다.

〈표 10-2〉는 국가별 이전가격 규제 및 벌과금을 나타낸 것이다.

3) 덤핑(Dumping)

덤핑은 글로벌 가격전략에서 중요한 과제이다. 1979년 GATT의 반덤핑 규정에서는 수입된 제품이 수출업자의 본국시장에서 정상적으로 책정된 가격보다도 낮은 가격으로 판매되는 것을 덤핑으로 정의하고 있다. 즉, 특정제품이 원산지 가격 또는 수출국의 시장가격보다 낮은 가격으로 해외시장에서 판매되어 해당산업에 현저한 피해가 발생되는 경우의 가격을 의미한다. 기업들은 경쟁기업보다 가격경쟁력을 가지기 위해 덤핑을 전략적으로 이용하기도 한다.

덤핑에는 약탈적 덤핑(predatory dumping)과 비의도적 덤핑(unintentional dumping)이 있다. 약탈적 덤핑(predatory dumping)은 기업이 해외시장에서 시장 점유율을 높이기 위해 손해를 보면서 의도적으로 판매하는 것으로 이는 국제 가격전쟁을 유발하게 된다. 비의도적 덤핑(unintentional dumping)은 계약, 선적과 도착간의 시간 지체의 결과로 일어나는 덤핑이다. 예를 들면, 계약시점과 제품도착시점 간에 시간이 상당히 경과하면서 환율변동에 의해 최종가격이 생산원가 이하로 떨어지거나 수출업자 본국의 일반적인 가격이하로 되는 경우이다.

이러한 덤핑으로부터 각국 정부는 자국 기업을 보호하기 위해 그들 나름대로의 정책과 절차를 가지고 있다. 덤핑은 WTO에 의해 불공정행위로서 규제되고 있으므로, 기업들은 반덤핑관세(antidumping duty)를 부과하는 지역과 국가에 대하여 저가전략을 적용하는 것을 지양해야 할 것이고, 해외시장별로 반덤핑관세(antidumping duty) 여부와 정도에 대한 전략적 대응책을 고려해야 한다. 즉, 수입국에서는 덤핑마진만큼 반덤핑관세(antidumping duty)를 부과하거나 외국정부에 의해 보조금을 받은 경우 보조금으로 인한 수입품의 경쟁력을 상쇄하기 위해 상관관계를 부과하기도 한다.

덤핑을 피하기위해서는 서비스를 제공하는 등 본국시장에서 판매되는 제품과 차별화를 증대시키는 것이다. 또한 현지 자회사나 유통업자와 비가격경쟁 부문에서 조정하는 것이다. 제품의 차별화를 통해 덤핑 판정을 받지 않도록 하는 것이 가장 효과적이지만 만약 덤핑조사가 이루어지는 경우에는 동업계가 정부와 협조하여 판정기간을 늘리면서 체계적이고 설득력 있는 대응책을 마련해야 한다.

4) 현지 정부의 통제 및 지원

글로벌 시장에서 가격결정을 하는 경우 현지국 정부의 산업정책과 가격정책을 고려해야 한다. 현지국 정부에 따라서 경쟁을 조장하기도 하고 카르텔과 같은 담합행위를 묵시적으로 허용하기도 한다. 또한, 공정거래법, 반 트러스트법 등의 가격관련 법규를 강력히 제정하여 집행하기도 한다. 대체적으로 선진국일수록 경쟁을 유도하기 위한 정책과 법률행위가 강력해 진다.

국가에 따라서는 특정산업, 특정제품 또는 특정 부품에만 한정적으로 가격통제를 하기도 한다. 현지국의 국산화를 유도하기위해 수입제품과 국산화 제품의 가격차등화를 위해 높은 세금을 책정하기도 한다.

사례 10-4

LG電, TV 수익확보 · 스마트폰 시장 안착으로 하반기 돌파

LG전자는 하반기 고수익 제품 위주로 전사적인 체질 강화에 적극 나선다. 특히 상반기 약세를 보였던 스마트폰과 유로화 급락 여파로 일부 타격을 받았던 TV사업 부문의 수익성을 강화하는데 사활을 걸 계획이다.

먼저 TV 사업부문의 경우, 하반기 유럽지역의 전체 TV 판매량 중 · 고가 LED TV 제품 비중을 약 30% 수준까지 끌어올리겠다는 계획이다. 고급화 전략을 통해 견고한 수익성을 확보하겠다는 각오다.

유럽지역에 출시하는 일반 LCD TV제품의 경우, 시장에서 실질적으로 많은 물량이 판매되는 제품 위주로 제품 라인업을 효율화해 원가 경쟁력을 극대화하겠다는 계획이다.

중남미, 중동아프리카, 아시아태평양 등 성장 시장에서는 디지털 전환, 대형 스포츠 이벤트에 힘입은 수요 증가세가 뚜렷해 이 지역에서 주도권을 다지는데 초점을 맞출 계획이다.

아울러 두께 7mm대의 세계 최박 · 72인치 세계 최대 풀 LED TV 등 프리미엄 제품을 하반기에 세계 시장에 내놓고 프리미엄 TV 이미지 구축에도 박차를 가한다는 전략이다.

스마트폰 사업은 하반기 LG전자의 최대 역점사업이다. 이를 위해 LG전자는 전세계 출시되는 스마트폰 제품명을 '옵티머스'로 통일하고 프리미엄급부터 보급형 스마트폰 및 안드로이드 태블릿PC까지 풀 라인업 구축할 계획이다. 특히 LG전자는 3분기 전세계 120여 개 이통사 통해 첫 글로벌 스마트폰 히트모델 출시하고 4분기에는 국내시장에 'OMAP3630' 프로세서를 탑재한 안드로이드 2.2 스마트폰도 출시할 예정이다. 아울러 MS 윈도우폰7 스마트폰과 안드로이드 태블릿PC도 연내 출시할 계획이다.

이밖에 냉장고, 세탁기 등 HA사업부문은 올해 수익성과 성장성 두 마리 토끼를 잡겠다는 경영전략을 세웠다.

한편, LG전자는 하반기에도 차세대 성장 동력인 태양전지사업, 차세대 LED 조명시스템, 총합 공조 등 사업에 대한 선행투자를 지속해 나갈 전략이다. 특히 홈네트워크, 빌딩관리솔루션 등 신사업 분야에 대한 성장 가속화 등 사업구조의 전문화와 고노화에 역량을 집중할 계획이다.

모니터 사업은 LED모니터, 3D 모니터, TV겸용 모니터 등 프리미엄 모니터 판매 확대를 통해 수익성을 높이는 한편, 상업용 디스플레이, 시큐리티 등 비즈니스 솔루션 제품 거래선을 지속적으로 확대해 나갈 계획이다.

자료 : 머니투데이, 2010.7.23

연 습 문 제

1. 글로벌 가격전략의 특성에 대하여 설명하라.

2. 가격결정요소에 대하여 서술하라.

3. 환경에 따른 가격결정에 대하여 서술하라.

4. 이전가격에 대하여 설명하라.

5. 초기고가전략(pricing skimming)에 대하여 서술하라.

6. 글로벌 가격전략의 중요성에 대하여 서술하라.

제 11 장

글로벌 유통전략

제 1 절 글로벌 전략의 의의

유통경로(distribution channel)는 특정 제품이나 서비스를 생산자로부터 최종소비자에게 이동시키는 과정에 참여하는 모든 조직들의 집합체이다. 제조업자의 유통경로 의사결정은 기업이 제품이나 서비스를 그들의 표적시장에 효율적으로 도달시키는 방법을 결정하는 것으로 중요한 글로벌 마케팅 활동 중의 하나이다. 특히, 해외시장에서의 유통구조와 관습은 전통과 독특성을 가지고 있기 때문에 철저한 시장조사를 통해 전략을 수립해야 한다.

본 장에서는 유통경로의 변화와 유통경로결정요인, 글로벌 중간상 선정, 글로벌 물류관리 등에 대하여 알아보고자 한다.

1. 유통경로의 변화

1) 유통경로의 구조변화

다국적 유통업체들의 급성장과 새로운 유통업태의 발달, 특히 인터넷을 통한 전자상거래의 발달은 기존 유통경로의 구조를 변화시키게 하였다.

전통적인 유통경로의 구조는 제조업체가 제품이나 서비스를 도매업체에게 판매하고 도매업체는 그것을 다시 소매업체에게 판매하고, 소매업체는 최종소비자에게 판매하는 형태를 취하고 있다. 그러나 기업의 경영활동의 범위가 글로벌화되면서 유통업은 대형화·국제화 추세로 변화하고 인터넷 쇼핑몰과 같은 전자상거래의 급격한 증가로 인해 무점포 판매가 증가하면서 전통적인 유통경로의 구조가 급속히 무너지고 있다. 이와 같이 전통적 유통경로의 형태가 파괴되면서 제조업체, 도매업체, 소매업체, 소비자 간의 관계와 각 경로의 역할에 변화를 가져오고 있다. 다음은 유통경로가 변화하는 단계별 특성을 나타낸다.

① 전통시장단계는 소규모의 제조업체와 소매업체를 서로 연결시켜주는 도매업체의 역할이 중요한 단계이다. 도매업체가 없는 경우 제조업체와 소매업체가 일일이 직접거래를 해야 하거나 제조업체가 생산한 제품이 시장에 제대로 전달되지 않을 가능성이 있다.

② 제조업체우위의 단계로서 시장점유율이 큰 제조업체들이 생겨나면서 이들이 유통경로 구조 내에서 지배권을 행사하거나 제품의 가격결정에 주도적인 역할을 한다.

③ 소매업체 성장단계는 체인형 대형 소매업체들이 대규모화되어 가는 현상을 보인다. 대형화된 소매업체들은 제조업체로부터 할인된 가격으로 대량의 제품을 구매할 수 있게 되고 소비자들에게는 보다 저렴한 가격으로 대량의 제품을 제공할 수 있다.

우리나라의 경우에는 1990년대 초반에 월마트, 까르프, COSTCO(Price Club) 등 대형 다국적 유통업체들이 국내시장에 본격적으로 진출함으로써 소매업체들이 성장하게 되었다.

④ 제조업체의 국제화단계는 제조업체들이 생산 공장을 해외 현지로 이전시킴으로써 해외 활동을 시작하면서 동시에 소매업체의 성장단계와 동시에 일어났다.

⑤ 제조업의 국제화에 따른 소매업체와의 연합으로 제조업체와의 균형과 발전이 이루어지고 그러한 과정에서 소매업체는 더욱 대형화의 추세를 나타내는 단계이다.

⑥ 소매업체의 국제화단계는 소매업체들이 시장 내에서 제조업체들보다 더욱 지배적 위치를 차지하게 되고 국제화를 이룬 제조업체들과 연합하면서 국제화를 급속히 진전시킨다.

위에서 제시한 유통경로의 변화 단계를 보면 유통업체의 영향력이 점점 증가하고 있음을 알 수 있다. 이는 유통시장개방에 따른 다국적 유통업체들이 국내 시장에 진출하여 치열한 경쟁을 벌이고 있으며, 이들 중 소비자의 구매력을 확보한 유통업체들의 영향력이 커지게 되었다. 과거에 생산업체들이 맡아온 제품기획, 생산, 홍보 판매 등의 역할이 유통업체로 넘어가게 되었다.

2) 유통업자 브랜드(PB : Private Brand)개발

유통경로의 변화로 인해 점점 유통업체들의 영향력은 커지고 있다. 유통업체의 영향력이 확대됨으로써 PB(Private Brand)제품 개발로 경쟁력을 확보하기 위해 노력하고 있다.

PB(Private Brand)는 유통업체가 독자적으로 제품의 품질, 브랜드, 마크, 로고, 포장 등을 개발한 것이다. 즉, 유통업체 스스로 제품기획·제조 및 가공을 하여 상당한 이윤을 남긴다. 그러나 소비자들은 제품의 인지도나 신뢰도 면에서 유명 제조업자의 브랜드보다 떨어진다고 할 수 있다. 또한, 재고부담을 유통업체가 100% 부담해야 하므로 철저한 준비를 하지 않으면 손실에 대한 위험부담도 크다.

현대의 소비자들은 품질 대비 가격에 대한 가치를 중요하게 생각하는 경향이 있기 때문에 PB(Private Brand) 제품의 경우 소비자의 변화된 구매태도나 구매습관을 잘 활용하여야 한다. 즉, 현대 소비자들의 특성에 일치시킴으로써 유통업체들의 성공을 기대할 수 있는 것이다.

PB(Private Brand)는 저가격 납입시스템과 저가격 판매시스템을 바탕으로 중간 마진의 폭을 제거하기 때문에 동일한 품질의 제품에 비하여 20~50% 정도의 더 높은 매출이익률을 얻을 수 있다. 이러한 특징 때문에 고객들은 저가의 비교적 좋은 품질의 제품을 제공받을 수 있어 PB(Private Brand)에 호감을 가지게 된다.

최근에 와서 PB(Private Brand)는 저가격 납입시스템과 저가격 판매시스템의 경향이 다소 변화하고 있다. 즉, 가격에만 의존하는 제품보다 품질도 좋으면서 고가 브랜드보다는 약간 낮은 가격의 제품이 생산되고 있다.

이처럼 유통업체의 PB(Private Brand) 증가는 소매업체와 제조업체 간의 교섭에 의해 유통비용을 크게 절감할 수 있게 된다. 소매업체가 직접생산자와 거래함으로써 제품구색을 비롯해서 촉진, 협상, 물류관리 등의 기능을 수행하게 되며, 마케팅활동을 통하여 고객서비스에 의한 차별적 이미지를 형성하게 된다. 그리고 유통업체들이 소비자의 욕구에 기반을 둔 제품의 출시와 소비자들이 원하는 가격대를 책정할 수 있게 됨으로써 제조업체로부터 유통업체로의 주도권이 이동하게 되는 것이다.

3) 회색시장

(1) 회색시장의 형성

회색시장(gray market) 또는 병행수입(parallel import)은 제조업체의 관점에서 볼 때 공식적인 거래관계에 있지 않은 중간상에 의하여 자사제품이 특정국에 수입 판매되는 것이다. 특정국의 수입업체나 도·소매상이 자사 제품을 비공인 경로를 통하여 구매하여 판매하는 것이다. 주로 카메라, 보석, 향수, 시계 등과 같은 고가 브랜드 소비재 중 생산이 한 나라에서만 이루어지는 상품에서 형성되기 쉽다. 즉, 비공인 수입업체가 제품을 일국에서 싼 가격에 구매하여 다른 나라에서 보다 비싼 가격으로 판매함으로써 이익을 얻게 되는 것이다.

이와 같이 회색시장은 합법적인 유통경로 구성원들 간의 매출액을 하락시키고, 기업의 유통전략과 가격전략에 혼란을 초래하게 된다. 회색시장은 다음의 이유에 의해 형성되고 발달한다.

첫째, 글로벌 기업들의 표준화된 제품이 다수의 해외시장에 동시 판매가 이루어지기 때문이다. 다수의 글로벌 기업들이 다양한 제품의 수와 종류를 꼼꼼하게 관리하거나 조정하는 것이 불가능해진다.

둘째, 관세, 수송비, 법적 규제 등 무역장벽이 낮아 병행수입업자가 해당제품을 일국에서 타국으로 들여올 동기가 있기 때문이다.

셋째, 글로벌 기업은 한번 설정된 가격을 환율이 변동할 때마다 조정하기가 어렵기 때문에 회색시장은 이러한 가격의 불균형을 이용한다. 즉, 회색시장들은 환율변동과 시장수요의 차이, 시장세분화전략, 각국의 재고수준 등을 정확하게 조사 및 검토 후 수익의 측면에서 충분히 긍정적일 때 구매한다.

넷째, 글로벌 기업이 제품의 차별화는 없고 가격차별화전략만 사용하는 경우 회색시장이 발생된다.

마지막으로 예상 밖의 초과공급 상황에 놓인 현지국의 유통업체들이 투자금액을 신속하게 회수하기위헤 정상가보다 낮은 가격에 초과 공급분을 처리하려고 할 때 회색시장이 발생한다.

〈그림 11-1〉은 회색시장의 사례를 나타낸 것이다.

〈그림 11-1〉 회색시장의 사례

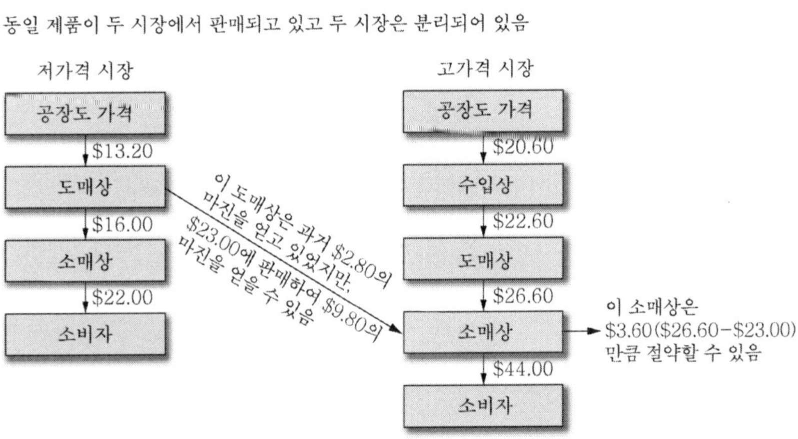

자료 : 문준연, 『글로벌마케팅』, 명경사, 2006, p. 332.

(2) 회색시장의 유형과 대응책

회색시장은 병행수입(parallel importation), 재수입(re-importation), 수평수입(lateral importation) 등 세 가지 유형으로 구분된다.

① 병행수입(parallel importation)

해당제품의 가격이 생산지인 본국에서 수출 시장인 C국가 보다 낮을 때 발생할 수 있다. C국의 중간상이 자국의 수입업체로부터 구매하지 않고 생산국에서 직접 수입하는 것이다.

② 재수입(re-importation)

해당 제품의 가격이 수출시장인 B국에서 생산지인 본국보다 낮을 때 발생할 수 있다. 재수입하는 중간상은 본국에서 구매하는 것보다 더 큰 마진을 얻을 수 있다.

③ 수평수입(lateral importation)

두 수출 시장인 B국과 C국 사이에 큰 가격차이가 나면 중간상은 보다 싼 B국에서 구매하여 C국에서 판매함으로써 마진을 얻을 수 있다.

〈그림 11-2〉는 회색시장의 유형을 나타낸 것이다.

〈그림 11-2〉 회색시장의 유형

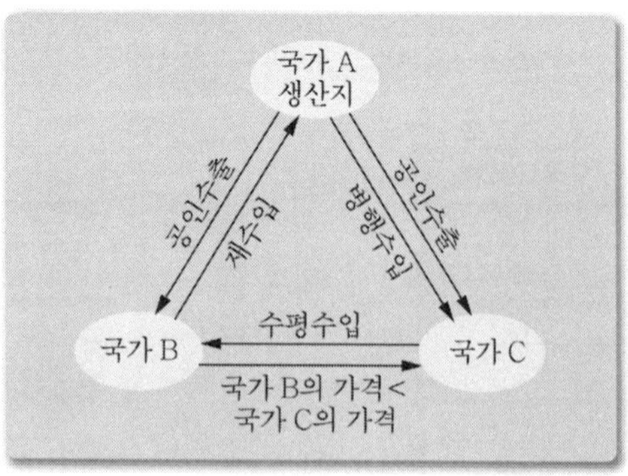

자료 : 상게서, p. 334.

다음은 회색시장에 대한 대응책을 제시한다.

첫째, 글로벌 기업이나 유통업체들은 위반자에 대한 처벌을 해야 한다.

둘째, 회색시장의 발생원인인 마케팅전략을 수정하는 것이다. 즉, 제품은 현지시장에 맞추어 적응시키는 현지화 전략을 사용하고, 가격은 시장 간의 격차를 최소화하거나 단일화한다. 유통의 개방으로 가격경쟁을 증가시킨다.

셋째, 아무런 조치를 취하지 않는 것이다. 이는 위의 두 가지 대응책은 막대한 시간과 비용이 들기 때문이다.

사례 11-1

무역위, 스타크래프트 등 병행수입 금지 결정

국내 병행수입(외국에서 유통되는 정품의 국내유통) 허용에 대한 무역위원회의 심판기준이 제시됐다.

무역위원회는 외국의 상표전용사용권을 국내에 설정해 등록하고 이를 국내에서 제조판매한 회사에 대해 세관장 신고를 전제로 다른 업체의 병행수입을 금지하기로 했다고 28일 밝혔다. 이에 따라 외국에서 상표권을 들여와 국내에서 제조판매하는 업체는 세관장에게 신고만하면 독점적인 제품 국내판매권을 인정받게 된다.

그 이외의 경우에는 무역위가 병행수입의 적절성 여부를 사례별로 개별 판단해 그 결과를 갖고 수입금지 여부를 결정하게 된다.

병행수입은 외국에서 적법하게 상표가 부착돼 유통되는 상품을 제3자 가 국내 상표권자의 허락없이 수입하는 것을 말한다. 병행수입의 허용여부에 대해서는 아직까지 전세계적으로도 통일규범이 없고 법원 판례도 명시적인 입장을 밝힌 적이 없다.

무역위는 이날 병행수입기준에 맞지 않는 병행 수입업자에 대해 수입 을 중지하도록 시정명령을 내렸다.

무역위는 미국 블리자드사와 계약 을 체결해 이 회사의 컴퓨터게임 소프트웨어인 스타크래프트와 디아블로의 국내 상표전용사용권을 갖고 있는 한빛소프트가 이 제품의 병 행수입 업체인 비엔티와 뉴잉튼 인터랙티브를 상대로 요청한 불공정 무역행위 조사에 대해 수입정지 명령을 내렸다.

무역위는 "판정결과 병행수입업체들이 한빛소프트의 지적재산권을 침해한 것으로 판단됐다"고 설명했다. 무역위는 또 "앞으로 병행수입의 지적재산권 보호와 관련된 사안은 새로운 심판기준에 맞춰 결정될 것"이라고 밝혔다.

자료 : 매일경제, 2002.6.28

제 2 절 글로벌 유통결정

1. 글로벌 유통경로 결정 요인

유통경로는 현지국마다 특유의 경로를 형성하고 있으므로 마케팅 전략을 수립할 때 체계적인 분석과 시스템의 도입이 요구된다. 다음은 글로벌 유통경로를 결정할 때 고려해야 할 요인들에 대하여 알아보고자 한다.

〈표 11-1〉은 글로벌 유통과 관련하여 고려해야 할 요인들을 나타낸 것이다.

〈표 11-1〉 글로벌 유통에서 고려할 변수

<table>
<tr><td>외부요인</td><td>고객</td><td>제품</td><td>경쟁</td><td>정부규제</td></tr>
<tr><td></td><td>↓</td><td>↓</td><td>↓</td><td>↓</td></tr>
<tr><td></td><td>의사결정요인</td><td colspan="3">고려사항</td></tr>
<tr><td rowspan="3">내부요인</td><td>유통결정요인</td><td colspan="3">유통경로의 넓이
유통경로의 길이
유통경로의 통합</td></tr>
<tr><td>유통경로관리</td><td colspan="3">중간상의 선정
유통계약
동기부여 및 통제</td></tr>
<tr><td>로지스틱스 관리</td><td colspan="3">주문, 저장, 보관, 운송, 재고, 포장, 보험, 물류시스템관리</td></tr>
</table>

자료 : 박재기, 『글로벌마케팅』, 형설출판사, 2005, p. 351.

다음은 글로벌 유통경로를 결정함에 있어서 고려해야 할 요인들 중 몇 가지 요인에 대하여 살펴보고자 한다.

1) 고객특성

고객의 특성은 유통경로 결정에 중요한 영향을 준다. 즉, 고객의 수나 지리적인 분포, 소득, 구매습관, 판매방식에 대한 반응 등 현지 시장별로 차이가 있으므로 차별화된 유통경로의 접근이 필요하다. 소비자의 수가 많을수록 중간상의 필요성이 커지고, 소비자가 지역적으로 집중되어있을수록 중간상의 필요성이 적어진다. 또한 소비자의 구매습관에서 구매량이 적을수록 여러 단계의 유통경로를 사용하게 된다. 이처럼 글글로벌 기업은 범세계적인 차원에서 고객의 특성을 고려한 유통전략을 수행해야 한다.

2) 제품특성

제품의 부피, 무게, 부패성, 가격, 표준화 정도, 기술적 복잡성, 제품의 혁신성 등 제품의 특성은 유통경로 결정에 영향을 미치는 중요한 요인 중의 하나이다.

제품의 부피가 크고 무거운 제품은 운송하는데 많은 비용이 필요하므로 짧은 유통경로가 바람직할 것이다. 또한 품위를 중시하는 제품이나 전문품과 같은 고가의 제품이 저가의 제품보다 유통경로가 짧다.

주문방식에 의한 산업용기계의 경우 직접 유통이 일반적이고, 표준화가 되어있는 편의품은 중간상의 이용단계가 더 많다. 즉, 소비재의 유통경로가 산업재의 유통경로보다 복잡하고 길다.

3) 기업요인

기업의 규모, 재정적 능력, 경영의 전문성, 기업의 목표와 전략 등 기업의 요인도 유통경로결정시에 고려해야 할 요인이다

재정적 능력이 큰 기업은 중간상에 대한 의존도를 낮출 수 있지만, 유통기능을 관리하거나 수행할 수 있는 경영능력이 없는 중소기업은 중간상에 대한 의존도가 높아진다.

4) 중간상 요인

중간상 요인으로는 이용가능성, 비용, 가능한 서비스 등이 있다.

이용가능성은 유통경로목표를 달성하기 위해 적합한 중간상이 있는

가 하는 문제이고, 비용은 중간상을 이용하는데 드는 비용을 의미한다.

충분한 자격을 갖춘 중간상이 없을 경우 기업은 직접유통망을 구축하여야 하며, 중간상 이용에 드는 비용이 비싸다면, 중간상 이용을 최소화할 수 있는 유통경로를 검토해야 한다.

5) 경쟁

글로벌 시장에서 경쟁제품이나 대체품에 대한 유통경로를 파악하여 해외시장에 진입해야 할 것이다. 소비자들은 비교구매가 용이하고 정확한 정보 수집을 하기 위하여 전문점과 같은 점포를 선호한다. 글로벌 기업이 현지시장에 진출했을 때 복잡한 유통경로가 형성되어 있다면 시장진입에 커다란 장애요인이 될 수 있다.

〈그림 11-3〉 일본의 자동차 부품 유통구조

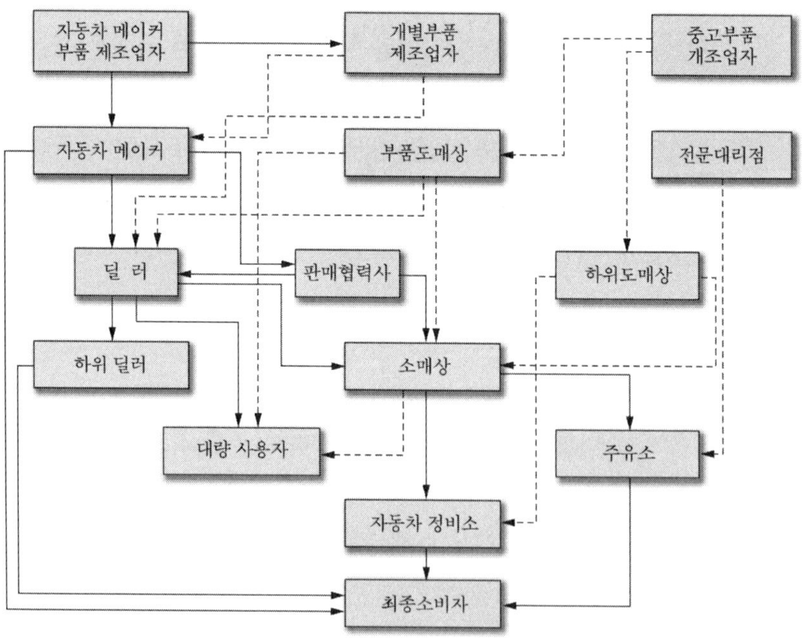

자료 : 상게서, p. 355.

〈그림 11-3〉은 일본의 자동차 부품의 복잡한 유통구조를 나타낸 것이

고, 〈그림 11-4〉는 미국의 자동차 부품의 유통구조를 나타내는 것이다.

〈그림 11-4〉 미국의 자동차 부품 유통구조

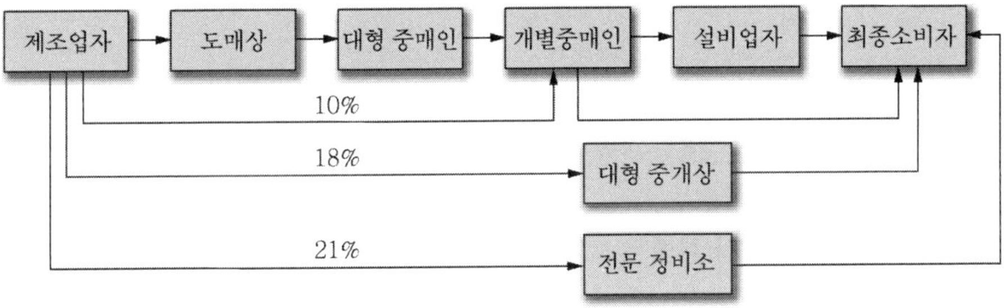

자료 : 상게서, p. 356.

6) 환경적 요인

유통경로 결정시 경제적 환경, 기술적 환경, 사회적 환경, 정치・법률적 환경이 포함된다.

예로 경제적으로 침체되어 있을 경우에 소비자들은 가격을 중시하므로 유통경로의 길이를 짧게 하여 유통비용을 절감시켜야 할 것이다.

7) 정부규제

국가에 따라서 특정 유통방법을 규제하고 있다. 예로 스웨덴, 핀란드, 미국의 일부지역에서는 주류 판매를 정부직영판매점에서만 구입할 수 있도록 하였다.

방문판매나 다단계 판매와 같이 선의의 피해자가 발생할 우려가 있는 유통경로에 대해 정부가 적극적으로 규제하는 추세이다.

제3절 글로벌 중간상

1. 글로벌 중간상 선정

1) 중간상의 유형

제조업자는 소비자에게 제품을 판매할 때, 다양한 중간상을 개입시킨다. 본국에서 제조업체는 해외시장으로 상품을 이전하는데 필요한 중간상을 관리할 수 있도록 해야 한다. 즉, 해외시장에서 유통망을 구축할 때 유통경로 구성원을 잘 선정하고 효과적으로 통제하는 것이 매우 중요하다. 해외시장에 진출하는 제조업체는 본국의 유통경로와 해외시장의 유통경로 모두를 관리해야 한다.

중간상의 유형은 다양하지만, 그 중에서 어떤 것을 선택하는가에 의해 기업의 유통경로구조가 결정된다. Kotler는 유통경로를 구성하는 중간상을 다양한 기능이나 역할에 따라 상인중간상(merchant middleman), 대리중간상(agent middleman), 보조 서비스제공업자(facilitator)로 분류하고 있다.

상인중간상(merchant middleman)은 상품의 재판매를 목적으로 상품을 대량으로 구입하여 상품소유권을 획득한다. 도·소매상이 여기에 해당된다. 상인중간상은 상품의 소유권을 획득하므로 제조업자는 통제가 어렵다. 그러나 교섭하기 쉽고 판매에 수반되는 제조업자측의 위험을 최소화할 수 있다.

대리중간상(agent middleman)은 브로커나 제조업자의 판매 대리점으로 시장조사를 하기도 하며, 의뢰자 입장에서 다른 중간업자와 교섭하기도 한다. 그러나, 상품소유권은 가지지 않고 중개료를 받고 일한다. 해외시장에서 판매준비를 담당하지만 제조업자는 판매정책과 가격정책을 설정하며 주도권을 쥐는 것이 가능하다.

보조 서비스제공업자(facilitator)는 수송업자, 창고업자, 은행 등으로 유통과정을 수행할 때 필요한 정보를 제공하지만 상품 매매의 담당자는 되지 않는다. 또한 상품소유권도 가지지 않는다.

(1) 국내 중간상

국내 중간상은 국내를 영업활동 거점으로 정하여 해외와 관련된 마케팅 서비스를 제공한다. 국내 중간상을 파트너로 선정하면 제조업자는 해외에서의 유통경로관리를 외부업자에게 맡기게 되는 것이다.

국내 중간상의 선택은 해외에서의 판매량이 적거나, 해외시장에서의 경험이 적은 경우 또는 복잡한 글로벌 마케팅에 관여하고 싶지 않은 경우나 재정적·경영 관리적으로 최소한의 개입으로 해외진출을 하고 싶은 경우에 적용된다. 그러나 유통경로과정에 대한 제조업체의 통제가 낮다는 단점이 있다.

예를 들면, Wal-Mart, Costco, Toys"R"Us와 같은 글로벌 소매업체, 수출중개상(Export Commission, House), 브로커(Broker), 수출상사(Export Management Company), 무역상사(Trading Company) 등이 있다.

① 국내 대리중간상

고객의 마케팅 부문과 협력하여 제조업자의 이름으로 활동하는 수출대리업자와 같은 것이다. 수출대리업자는 자신들의 정보망을 활용하여 시장정보를 제공하거나 해외고객과 접촉을 통해 교섭하기도 한다.

국내 대리중간상의 장점은 해외에서 판매량이 적은 경우나 글로벌 마케팅 인원이 부족한 경우에도 해외거점을 단기간에 만들 수 있다. 단점으로는 수출대리업자가 시장침투에 돈이나 시간이 들거나 단기간에 이익이 나지 않으면 유통 상품에 필요한 마케팅활동에 투자를 하지 않을 수 있다. 대표적인 예로 미국의 EMC(Export Management Company : 수출관리회사)와 같은 수출업자이다.

② 국내 상인중간상

산업재와 같은 제품을 해외시장에 판매하고자 할 때 유통과정 통제를 통한 마케팅 전략이 실행될 가능성이 적은 경우, 제조업자가 해외현지국 시장에 대한 지식과 정보가 제한된 경우 효율적으로 이용할 수 있다.

무역회사의 경우 국내외 정보망을 통해 제조업자로부터 제품을 대량 매입하여 해외로 수출한다.

국내 대리중간상의 경우 판매자인 본인을 대행하는 역할을 수행하지만 국내 상인중간상은 상품소유권을 가지고 자신의 계정으로 구매하고 판매한다. 즉, 국내 상인중간상은 제품에 대한 마케팅 활동에 대해 100% 책임을 져야 하지만, 제품 제공자에 대한 충성도는 거의 없다.

(2) 현지국 중간상

글로벌 마케팅 전략을 효율적으로 실행하기 위해서는 현지국의 유통과정을 통제할 필요가 있을 때 직접 현지국 중간상과 직접 거래하는 것이 좋다. 현지국 중간상을 이용하면 제조업체가 고객과의 거리가 가까워져서 보다 효과적인 마케팅 활동이 가능해지고, 제조업체는 보다 짧은 유통경로를 거치고 현지시장에 보다 정통한 중간상과 거래하는 이점이 있다.

그러나, 글로벌 기업은 현지국 중간상과 직접 거래관계를 맺기 위해 언어, 물류, 커뮤니케이션 등의 문제에 직면하게 되고, 현지국의 법률적, 경제적, 사회 및 문화적 환경과 소비자들의 행동에 대한 독특한 환경을 이해해야 된다. 또한 현지국 중간업자와 직접거래를 위한 제품수송, 수출수속, 현지에서 필요한 자금조달 등 자금의 부담이 증가하는 문제를 해결해야만 한다.

현지국 중간상에는 특약판매점(Distributor), 판매대리인(Agent), 현지국 브로커, 딜러, 수입상 등이 있다.

① 현지국 대리중간상

제조업자의 현지국 판매 대리인으로서 현지국에서 판매를 알선하는 대가로 수수료를 받고 제조업자의 제품에 대한 책임과 역할을 수행하는 대리중간상이다. 위험에 대한 책임이 없고, 출하나 운송도 하지 않고, 제품에 대한 소유권도 없다.

제조업체가 거래위험은 부담하지만 마케팅전략 수립과 가격 결정의 권한을 가지며, 대리인에게 판매기록과 고객정보를 요구할 수 있다.

② 현지국 상인중간상

현지국 상인중간상에는 제조업자로부터 현지국에서의 독점적 판매권을 취득해서 제조업자와 긴밀한 협력 하에 장기적이고 지속적인 관계를 바탕으로 일하는 독점적 유통업자(sole distributor)가 있다. 독점적 유통업자와의 협력관계에 의해 제조업자는 가격, 판매촉진, 재고관리, 서비스 제공, 그 외의 유통기능에 대한 통제가 가능하다.

그리고, 일정한 제조업자와 계속적인 관계에 의해 산업재나 내구소비재를 직접 고객에게 판매하는 중간업자인 딜러도 현지국 상인중간상에 해당된다. 딜러는 특정 현지국에서 독점판매권이 주어지며 거래에 대한 위험부담이 있기 때문에 제조업체의 통제가 어렵다. 또한, 딜러는 수입관련 기능과 수출도매기능도 수행한다.

현지국 상인중간상은 특정 제조업체에 대한 충성도는 낮지만 접촉이 용이하고, 신용위험이 낮으며 제조업체가 해외시장에서의 모든 유통활동을 맡길 수 있다.

2) 중간상 선정 기준

중간상 선정기준은 제품이나 산업의 종류에 따라 다양하지만 일반적으로 기업의 규모, 제품의 적합성, 업계평판, 경험, 판매성과 등이 선정기준으로 사용된다.

〈표 11-2〉는 일반적인 국제유통업체의 중간상 선정기준을 나타낸 것이다.

〈표 11-2〉 국제유통업체의 중간상 선정기준

특성	가중치	순위
목표와 전략		
기업규모		
재무상태		
평판		
판매지역		
적합성		
경험		
판매조직		
시설능력		
재고부담의지		
A/S 능력		
촉진노력		
판매성과		
대정부관계		
커뮤니케이션		
전반적 태도		

자료 : Michael R. Czinkota and Ilkka A. Ronkainen, *International Marketing*, Thomson, 2007, p. 431.

다음은 중간상 선정기준 중 판매성과, 제품의 적합성, 판매지역, 평판에 대하여 알아보고자 한다.

(1) 성과

성과는 중간상의 재무상태나 매출액 등이 해당된다.

재무상태는 중간상의 이익창출여부와 고객에게 신용연장이나 위험감수 등 마케팅 기능 수행능력을 의미한다. 매출액은 중간상들의 활동상황에 대한 결과이며 판매능력을 의미한다.

(2) 제품의 적합성

중간상이 취급하는 제품계열의 경쟁력이나 적합성, 보완성, 품질 등을 분석해야 한다. 그리고 글로벌 기업은 해외의 특정 지역에서 중간상이 이미 경쟁관계에 있는 제품을 취급하고 있는 경우에 보완적 성격을 지니고 있는 제품을 취급하는 능력을 지닌 중간상을 선정해야 한다.

(3) 판매지역

중간상이 제품을 공급할 수 있는 범위를 의미한다. 판매지역은 판매량과 시장점유율, 시장침투율 목표달성에 밀접한 관련이 있다.

판매지역에 대한 분석으로 제품공급의 시장범위와 서비스 제공능력과 같은 질적인 측면도 필요하다.

(4) 평판

중간상의 고객, 공급업자, 경쟁자, 현지 업계의 다른 구성원들을 통해 판매자와 구매자와의 관계, 윤리적 행위 등 중간상의 상행위에 대한 정보수집이 필요하다. 즉, 중간상의 신용조사, 타 공급자 및 고객으로부터 평가를 받아 가능하면 유망업체와 직접 접촉을 하거나 조사하는 것이 좋다.

제 4 절 글로벌 물류관리

1. 글로빌 물류관리

1) 글로벌 물류의 특성

글로벌 기업의 물류비용은 기업의 경쟁력 강화와 새로운 이익의 원천으로 대두되고 있다. 물류(Logistics)는 원재료나 부품의 조달단계에서 생산단계를 거쳐 최종소비자에게 물리적 재화가 전달되는 과정을 관리하는 것이다. 따라서 물류의 영역은 〈그림 11-5〉와 같이 조달, 생산, 판매과정에서의 물적흐름을 관리하는 것이다.

〈그림 11-5〉 물류의 영역

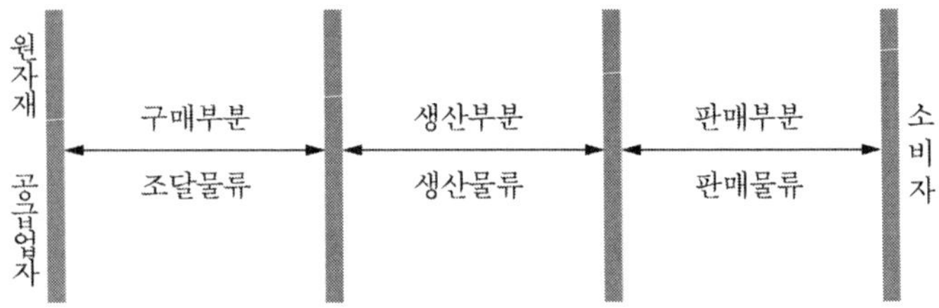

자료 : 이수영, 『글로벌마케팅』, 대명, 2007, p. 346.

글로벌 기업이 효과적인 물류관리가 이루어지기 위해서는 수송부터, 보관, 재고관리, 주문처리, 정보처리와 같은 중요한 물류기능을 수행해야 한다.

기업들의 글로벌화 추세에 따라 물류의 중요성을 점차 증가하고 있다.

그 이유로는 첫째, 글로벌 물류는 기업의 활동 영역이 2개국 이상에서 이루어지기 때문에 운송거리와 제품의 재고, 제품주문에서 인도까지의 경과시간인 리드타임(lead time)이 길기 때문이다. 둘째, 각국의 환율변동에 따른 글로벌 물류관리전략이 필요하다. 셋째, 나라별 수송수단의 차이가 있다. 철도나 트럭보다는 선박이나 비행기 이용이 증가하는데 따른 비용문제가 발생한다.

글로벌 물류활동을 위해서는 수송시스템과 중개인이 국가별로 차이가 있어 운송업자의 신뢰성, 포장과 라벨링에 대한 요구 등도 고려해야 할 사항이다

2) 글로벌 운송문제

글로벌 운송문제는 운송 인프라, 운송수단의 이용가능성, 운송수단의 선정 등으로 분류할 수 있다.

(1) 운송 인프라

해외시장의 운송 네트워크를 잘 활용함으로써 글로벌 운송문제를 해결할 수 있다. 특히, 운송 서비스의 빈도는 국가에 따라 많이 차이가

나므로 운송 인프라 사항을 고려해야 할 것이다.

(2) 운송수단의 이용가능성

운송수단에는 선박, 항공, 철도, 트럭, 파이프라인 등이 있는데 글로벌 운송에는 주로 선박운송과 항공운송이 사용된다.

선박을 이용하는 해상운송은 가격이 매우 저렴하고 대규모의 물동량을 취급할 수 있어 글로벌 화물운송의 주요 수단으로 이용되고 있다. 선박의 대형화와 각종 전용선의 등장으로 꾸준하게 성장하고 있다.

해상운송은 네 가지로 분류된다.

① **정기선(Liner)** : 특정 정기항로를 이미 정해진 일정에 의하여 규칙적으로 운행하는 선박

② **부정기선(Tramp)** : 운송수요자의 요구에 따라 어느 곳에나 언제든지 취항하는 선박

③ **개품운송** : 무역업자가 개개의 운송물품을 해운업자와 운송계약에 의해 수입지로 운송하는 것

④ **용선(charter)운송** : 선주가 선박이용자를 위하여 선박의 일부 또는 전부를 제공하는 것

해상운송에서 컨테이너를 이용한 운송은 수송, 보관, 하역 등의 효과도 있으면서 경제성, 신속성, 안정성을 가지고 있어서 물류부문의 전 과정을 합리적으로 이용할 수 있다. 글로벌 기업들은 컨테이너를 이용하여 운송수단을 사용한다.

항공운송은 신속성이 가장 높은 운송수단으로 수송시간이 짧아 제품 손상을 최소화하므로 고가상품을 운송하는데 용이하다.

(3) 운송수단의 선정

운송수단을 선정할 때 비용, 운송기간, 안전성, 거래빈도, 물품의 가치, 운송수단의 가용성을 검토해야 한다. 전문 운송업자의 대행서비스를 받게 되면, 운송업자는 수출입거래에 있어 운송에 관련된 서류준비, 저장 등의 서비스를 제공하므로 전문적이고 경험있는 운송업체를 선정

하는 것이 바람직하다.

〈표 11-3〉 운송수단의 상대적 특성

운송수단의 특성	운송수단의 방법				
	항공	파이프라인	육상운송	철도	해상운송
속도(1=가장 빠름)	1	4	2	3	5
비용(1=가장 높음)	1	4	2	3	5
손실과 피해 (1=가장 적음)	3	1	4	5	2
이용빈도(1=최고)	3	1	2	4	5
신뢰도(1=최고)	5	1	2	3	4
수용능력(1=최고)	4	5	3	2	1
이용가능성(1=최고)	3	5	1	2	4

자료 : Michael R. Czinkota and Ilkka A. Ronkainen, *International Marketing*, Thomson, 2007, p. 533.
* 이용빈도 : 주어진 시간동안 운송수단을 이용할 수 있는 횟수.
* 수용능력 : 부피가 크거나 무거운 제품을 취급할 수 있는 능력.

해상운송은 비용면에서 가장 저렴하지만 속도가 가장 느리고 이용가능 빈도도 가장 낮다. 반면, 항공운송은 비용은 비싸지만 가장 신속하게 운송되고 정해진 시간에 도착하므로 신뢰성이 가장 높다.

〈표 11-3〉은 운송수단의 상대적 특성을 나타낸다.

3) 글로벌 물류시스템

물류활동에서 시너지 효과를 달성하기 위해서는 급변하는 환경의 흐름을 파악하여 전사적 관점에서 조정해야 한다. 글로벌 기업은 가능한 한 유통경로를 통합하여 운영하고자 한다. 즉, 유통경로 구성원간의 전략적 제휴를 통한 강력한 네트워크를 구성한다. 그리고 시스템에 의한 유통경로를 통합하여 경로 구성원 간의 통합적인 의사결정이 이루어지도록 하는 것이다.

대표적인 유통경로의 통합에 의한 글로벌 물류시스템은 SCM(Supply Chain Management)이다. SCM은 고객의 가치충족을 목적으로 제품개발에서 최종판매에 이르는 공급체인의 업체들이 협력하여 정보를 공유하고 시장변화에 전략적으로 대응할 수 있는 체제를 구축하는 시스템이다. 또한 산업 내에서 강력한 네트워크가 형성되고 미래 기업 간 협력적 사업모델의 기본형이 될 가능성이 있다.

〈표 11-4〉 SCM의 발전 과정

시기	1960-70년대	1970-80년대	1990년대	향후
구축 초점	▪ 창고정리 ▪ 수송	▪ 로지스틱스 기능 (제조, 판매, 유통 포함)	▪ 공급체인 내 업체 간 판매 정보의 공유 ▪ 1차공급업체를 대상으로 한 협력체제 구축	▪ 공급체인 내 업체 간 제조·판매·구매 등 전 경영 기능에서의 협력체제 구축 정보의 공유 ▪ 가상 기업형태 구축
구축 범위	회사 내 단위기능 부서	전사	자사+ 1차 공급업체	SCM 내 모든 기업

자료 : 박재기, 전게서, p. 373.

SCM은 특정한 경영기능을 대상으로 하는 '부분 최적화'가 아닌 모든 경영기능을 대상으로 하는 '전사 최적화'이다. SCM을 구축하기 위해서는 최고경영자의 적극적인 참여하에 전사적 차원의 기능 간 조정과 통합의 노력이 요구되며, 그 과정에서 새로운 기술 및 인력개발 등이 필요하다.

〈표 11-4〉는 SCM의 발전 과정을 나타낸다. 1960-70년대는 창고 정리 및 수송을 신속하게 하여 주문처리 시간을 단축하는데 초점을 두고 있다. 1970-80년대는 정보기술을 활용하여 수송, 제조, 구매, 주문관리 기능을 포함하여 합리화하는 로지스틱 활동이 구축 초점이다. 1990년대 접어들면서 현재는 공급체인상의 업체들이 수요·구매정보 등을 상호 공유하는 단계이다. 향후에는 제품의 기획·개발·제조·마케팅 등 모든 기능을 관련 기업들이 협력적으로 수행하는 단계로 발전할 것이다. 이 단계가 되면 일종의 가상기업의 형태가 될 것이다.

〈표 11-5〉는 SCM 구축의 8단계를 나타내고 있다.

〈표 11-5〉 SCM 구축의 8단계

단계	내용
준 비	경영층을 중심으로 필요성을 인식하고 SCM 구축의 예상효과 검토
기업 비전 수립	SCM구축의 기본방향 제시, 자사의 경쟁환경, 핵심능력, 비전 등 설정 또는 재강화하는 단계
SCM 구축방향설정	기업의 비전과 전략에 따라 공급체인의 변신방향을 설정하는 단계
SCM 모델 설계	동종산업과의 비교자사 내 지원활동평가 등의 작업 수행 구축할 SCM의 미래모습설계
SCM 모델 재검토	SCM모델이 기업의 가치를 강화할 수 있는 혁신이 될 수 있도록 재검토 수정단계
SCM 모델 확정	현재의 공급체인 활동을 분석하여 미래 모델 확정
시뮬레이션	미래 모델의 시뮬레이션을 통해 이행계획 수립/시범과제 준비
실행 및 평가	실제 구축 및 성과 측정지표의 개발 · 평가

자료 : Fred A. Kuglin, Customer-Centered Supply Chain Management : A Link-by-Link Guide, 1998 참조.
박재기, 전게서, p. 375.

사례 11-2

외국 유명상품 병행수입 급증... 상표권 분쟁 빈번

지난해 11월초 시행된 외국 유명상품의 병행수입 허용이 이들 상품의 국내 소비자가격을 큰 폭으로 떨어뜨리는 등 물가안정에는 적잖은 기여를 하고 있으나 이 과정에서 해당상품의 국내 상표권자와 병행수입업자 사이에 상표권 분쟁이 벌어지는 사례도 발생, 새로운 문제점을 야기하고 있다.

관세청은 이에 따라 오는 2월부터 전국 41개 세관 및 출장소에 지적재산권 관련 물품통관전담반을 설치, 이들 간의 권리분쟁에 적극 대처키로 했다.

30일 관세청에 따르면 지난해 11월 6일 병행수입이 허용된 이후 연말까지 2개월 동안 처리된 상표권관련 통관실적은 34건에 1백51만 달러로 병행수입 허용이전의 10개월간 통관실적인 56건 94만 달러와 비교해 총수입금액이나 건별 물량이 모두 크게 늘어난 것으로 집계됐다.

품목별로는 특히 의류의 병행수입이 주종을 이뤄 이 기간 동안 84만여 달러가 수입됐고 다음으로 식품류 27만여 달러, 스포츠용품 14만여 달러 등으로 나타났다.

이같은 병행수입으로 인해 각종 물품의 국내 소비자가격도 크게 떨어져 프라이스클럽에서 시판중인 골프채 테일러메이드 드라이브의 경우 종래 16 만원에서 9만9천원으로 40% 가까이 가격이 내려갔고 농구공인 스팔딩 N B A도 1만5천5백원에서 1만3천5백원으로 내렸다.

그러나 지난해 12월초 해태상사 등 3개 업체가 수입한 햄 식품 스팸의 경우 상표권의 국내 전용사용권자인 제일제당이 최근 제소를 걸어 통관이 보류되는 등 상표권 분쟁도 발생하고 있다.

관세청은 이와 관련 제일제당이 로열티를 주고 스팸의 상표권만 사용하고 스팸햄을 직접 수입하진 않고 있기 때문에 이 경우는 병행수입이 금지되는 케이스에 속한다고 밝혔다.

병행수입을 허용하기 이전에는 별문제 없이 수입 되다가 오히려 병행수입이 허용된 이후 상표권 보호차원에서제소를 걸고나 온 첫번째 케이스라는 게 관세청의 설명이다.

관세청은 이처럼 리바이스 같은 브랜드처럼 상표권만 사용하고 제품은국 내에서 제조판매하는 의류품목에서 앞으로 이같은 상표권 분쟁이 빈발할 것으로 보고 대책을 강구 중이다.

자료 : 매일경제, 2007.8.5

사례 11-3

'新유통혁명' SCM, 누이 좋고 매부 좋고

21세기 유통산업에 정보화가 화두로 떠오르고 있다.

유통정보화는 상품의 흐름을 투명하게 파악해 쓸데없는 낭비를 줄이는 것으로 요약할 수 있다.

정보화가 이루어지면 백화점과 할인점, 슈퍼마켓, 편의점 등 각 유통업체 판매 현장에서 판매량과 판매시점, 재고 현황 등 이 실시간으로 제조업체에 전달되고 제조업체는 이에 따라 생산량과 생산시점을 조절하고 납품 시기를 맞춰 효율을 높일 수 있다.

모든 의사소통은 전자문서 등 최첨단 정보통신 기술을 기반으로 진행되기 때문에 전달속도가 빠르고 오차도 거의 없다.

SCM의 필요성, SCM(Supply Chain Management)은 유통정보화의 대명사로 몇 년 전부터 주목받기 시작했다.

SCM은 유통총공급망관리 또는 공급체인관리라는 뜻으로 유통과 물류, 제조업체 등 거래 업체들이 상호협력관계를 구축하고 정보기술을 활용해 상품과 정보, 자금의 흐름을 원활하게 해 불필요한 시간과 경비를 제거하고 소비자 만족을 극대화하는 경영 전략을 말한다.

공급체인(Supply Chain)이라는 거미줄 같은 망에는 원재료공급업체, 제조업체, 도매배송업체, 물류업체, 유통업체들이 얽혀 있다.

기업들은 자신이 가지고 있는 정보를 독점함으로써 다른 기업보다 경쟁우위를 가지고 더 많은 이윤을 창출할 것이라고 믿고 있다.

그러나 현실은 그렇지 않다. 정보를 공유하지 않기 때문에 소비자와 가장 가까이 있는 유통업체가 물류업체에 10을 주문하게 되면 물류업체는 유통업체에서 혹시 있을지도 모르는 긴급주문 또는 추가주문 등을 생각해 도매 배송업체에게 필요한 물량 이상인 12를 주문하게 된다.

이런 현상은 제조업체, 원재료 공급업체에게도 그대로 적용돼 제조업체는 원재료 공급업체에게 15라는 주문을 하게 되는 일이 발생하게 된다.

결과적으로 공급체인 전체적으로는 과다한 재고를 보유하게 되고 그에 따라 불필요한 인력을 고용해 과다한 시설투자 등 많은 자원의 낭비를 초래하게 된다.

이른바 '채찍 현상'이라는 비효율이 나타나는 것이다.

SCM의 핵심은 정보를 공유하는 것이다.

정보공유를 통해서 공급체인에 있는 업체들이 서로 유기적으로 결합해 모든 유통과정을 파악할 수 있도록 표준화한 정보공유시스템을 만들고자 하는 기업 간 전략적 제휴이다.

SCM의 범위, SCM의 출발은 87년 미국 의류산업에서 가장 먼저 시작됐다.

90년대 초 그 효과가 검증되면서 식품과 잡화, 의약품, 신선식품, 음반, 전자, 자동차 등 전 산업, 전 지역으로 확산됐다.

특히 최근에는 정보기술의 발달로 전자상거래 또는 전자시장(e-Marketplace)까지 SCM이 확산되는 추세다.

전자상거래시장은 실물시장에서의 상품의 흐름을 그대로 가상공간으로 옮겨 놓은 것으로 이전의 굴뚝산업 기업들이 SCM전략을 그대로 전자상거래에도 접목시키려 하고 있다.

국내외 SCM 성공사례, SCM을 도입하기 이전에 LG유통과 풀무원은 판촉을 위해 가격세일 일정과 상품 품목선정, 세일폭 결정에 많은 시간을 허비했다.

정산을 할 때에도 마감시간에 업무가 폭주해 마감업무가 부정확하고 수량이 일치하지 않는 일이 자주 발생했다.

이에 따라 두 기업은 발주. 주문시스템과 납품. 입고시스템 등을 공유하고 LG유통의 판매데이터를 풀무원과 공유하기로 했다. 또 납품되는 상품에 대한 무검품을 실시했다.

그 결과 두 기업은 발주능력향상과 검수시간 단축, 일일마감체제 확립, 단품관리강화 등 다방면에서 효과를 얻게 됐다.

제조-유통업체가 서로 믿고 거래를 함으로써 두 기업 모두 더 많은 이익을 볼 수 있게 됐다.

외국에서는 월마트와 P&G가 대표적인 성공 사례다.

두 회사는 자존심 때문에 상당한 갈등과 적대감을 갖고 있었다.

87년에는 이러한 갈등을 청산하고 대대적인 조직개편과 함께 협력관계를 맺는 데 합의했다.

이러한 협력관계로 변화하게 된 근본적인 이유는 제조업체 자체의 원가절감보다는 고객만족, 소비자 지향의 유통시스템을 구축함으로써 보다 많은 이익을 실현할 수 있을 것이라는 정책변환 때문이었다.

P&G와 월-마트는 SCM 구현을 위해 표준바코드와 표준 전자문서(EDI)를 채택하고 월마트 점포에서 파악되는 재고·판매데이터를 실시간으로 공유하기로 했다.

두 기업의 이러한 협업의 결과로 재고회전율이 이전보다 2배 증가하는 등 많은 성과를 거두었다.

국내 SCM 추진 현황, 우리나라에서는 SCM의 중요성을 인식하고 국내 SCM 보급·확산을 위해 산자부와 제조·유통업체 등 민·관이 중심이 돼 99년 3월 '한국 SCM 민·관합동추진위원회'를 발족했다.

추진위원회 사무국은 SCM 구현에 필수요소 기술인 바코드와 전자문서(EDI), EPC(전자카탈로그, Electronic Product Catalogue) 등 국제 표준 보급을 담당하고 있는 한국유통정보센터(EAN Korea)가 맡았다.

SCM 추진위원원회는 위원회 발족이후 2년여 동안 국내 SCM 활성화를 위해 세미나와 설명회 개최, 외국회의에 한국대표단 파견, 교육, 자료발간 등 계몽, 홍보활동을 활발히 전개하고 있다.

특히 지난해에는 시범사업 추진을 위해 SCM 추진위원회 위원 업체들이 국제표준채택 등 시범사업 추진기본원칙을 합의하고 국내 최초로 CR(Continuous Replenishment 지속적인 상품보충) 시범사업을 추진하기도 했다.

자료 : 매일경제, 2001.6.21

연 습 문 제

1. 유통전략에 대하여 서술하라.

2. 회색시장(gray market)에 대하여 설명하라.

3. 유통경로의 결정요인에 대하여 설명하라.

4. 중간상의 종류에 대하여 설명하라.

5. 글로벌 물류관리의 특성에 대하여 설명하라.

6. 글로벌 물류시스템에 대하여 설명하라.

제12장

글로벌 촉진전략

제 1 절 글로벌 촉진전략의 의의

글로벌 시장에서 기업이 자사의 제품과 서비스의 존재를 잠재고객에게 알리고 설득 및 판매하는데 성공하기위해서는 여러 가지 마케팅 커뮤니케이션이 필요하다. 글로벌 기업들은 광고(Advertising), 인적판매(Personal Selling), 홍보(Public Relations), 판매촉진(Sales Promotion), 인터넷 등 여러 가지 글로벌 촉진 수단을 병행하여 촉진전략을 실행함으로써 시너지 효과를 낼 수 있도록 노력한다.

본 장에서는 글로벌 촉진의 개념과 촉진수단 등 글로벌 촉진의 특성에 대하여 알아보고, 글로벌 촉진전략을 성공적으로 이끌어가기 위한 글로벌 광고관리의 고려요인을 살펴보고자 한다. 또한, 글로벌 광고전략에 대하여 알아보고자 한다.

사례 12-1

삼성-LG전자, 글로벌 디지털 광고전

삼성과 LG전자가 디지털 시장에서 톱 메이커로의 도약을 꿈꾸며 글로벌 광고전을 펼치고 있다.

24일 업계에 따르면 국내 전자업체들은 지금까지 각 국가와 지역의 특색에 맞춘 로컬 마케팅(Local Marketing)을 펼쳐 왔다.

소니, 필립스, GE 등 세계적인 기업들에 비해 브랜드 인지도가 떨어지는 삼성과 LG로서는 현지화된 마케팅을 펼치며 시장을 뚫고 들어갈 수밖에 없었다는 것이 이들의 설명이다. 그러나 디지털 가전만큼은 선진업체들에 비해 결코 떨어지지 않는다는 자신감을 갖게 된 이들은 지난해 하반기부터 전세계적으로 통일된 광고를 내보내며 일류 브랜드 이미지 만들기에 나섰다.

LG전자는 지난해 하반기부터 글로벌 광고를 시작, 지금은 전세계 1백여 개 국가에서 동일한 카피, 동일한 형식의 광고를 내보내고 있다.

사무실에 앉아있는 여자가 평면TV, DVD 플레이어, 인터넷폰 등 디지털 제품들을이용해 상상의 나래를 펼친다는 내용의 이 광고는 'LG, Digitally Yours'라는 카피로 끝을 맺는다.

TV, 신문, 잡지, 옥외간판, 버스광고 등 모든 광고매체를 동원해 글로벌 광고전을 펼친 LG는 프로젝트가 대성공을 거뒀다고 자평, 인쇄광고 3편, TV광고 1편의 2차 프로젝트를 준비하고 있다.

시드니 올림픽을 앞두고 전세계적으로 대대적인 광고전을 펼칠 삼성전자는 'Samsung Digitall, Everyone's Invited'라는 슬로건의 광고와 함께 각국의 관문인 공항을 마케팅의 중심으로 삼고 있다.

특히 보는 것만으로는 디지털 기술을 알리기에 부족하다고 판단, 소비자들이 직접 이용하고 느낄 수 있는 '체험 마케팅'을 전개할 계획이다.

선진국에는 삼성전자의 PC와 LCD를 이용, 인터넷을 자유롭게 항해할 수 있는 우주탐사선 모양의 'e-라운지'를 만들어 올림픽이나 월드컵 개최국 공항에 주로 설치할 계획이다.

또 중국, 베트남 등 개발도상국 공항에는 TV, MP3플레이어, 디지털 카메라 등을 이용할 수 있는 '복합TV전시대'를 만들어 삼성의 디지털 기술을 체험하게 한다는 전략이다.

삼성과 LG전자의 글로벌 광고전에는 올해 각각 2억 달러에 가까운 비용이 들어갈 것으로 알려졌다.

자료 : 연합뉴스, 2000.7.24

1. 글로벌 촉진의 특성

1) 촉진의 개념

촉진(Promotion)은 표적시장으로부터 기업이나 제품에 대한 호의적인 반응을 얻기 위해 행해지는 커뮤니케이션 활동이다. 촉진은 소비자에게 제품을 알리고 구매를 설득하는 고객과의 커뮤니케이션 과정을 통해 이루어진다.

〈그림 12-1〉은 마케팅 커뮤니케이션 과정을 나타낸 것이다.

〈그림 12-1〉 마케팅 커뮤니케이션 과정

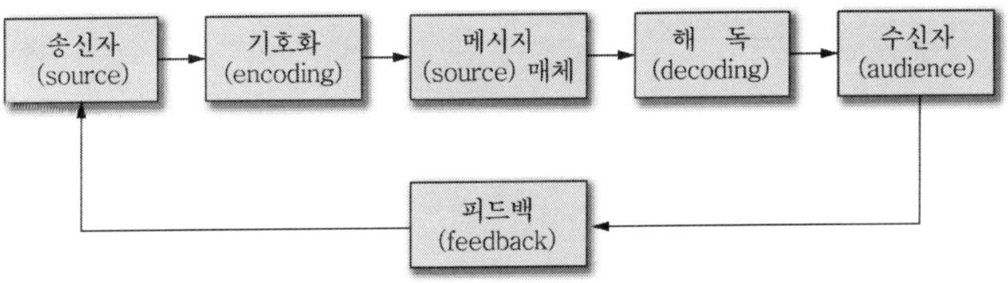

자료 : 문병준 외 5인, 『국제마케팅』, 비즈프레스, 2007, p.311.

송신자(source)는 글로벌 마케팅을 수행하는 기업이다. 고객에게 기업 이미지 제고와 관련된 메시지 혹은 제품 포지셔닝을 위한 메시지를 정보로 하여 제공한다.

기호화(encoding)는 전달할 내용을 시각, 청각, 비언어적 부호나 상징으로 표현하는 것이다. 글로벌 마케팅에서 기호화의 과정이 가장 중요하다. 제품의 강점을 포지셔닝해야 하고 글로벌 고객의 사회 문화적 특성을 반영하여 표준화할 것인지 현지화할 것인지를 결정해야 하기 때문이다.

메시지 매체는 목표시장 및 촉진의 목표에 따라 촉진수단을 결정하는 것이다. 촉진수단에는 광고, 홍보, 판촉, 인적판매, 인터넷 등의 수단이 있다.

해독(decoding)은 고객들은 촉진수단에 의해 전달된 부호나 상징을 자신의 경험이나 지식에 근거하여 인지하고 이해하여 해독하는 과정이다. 글로벌 마케팅에서는 문화와 라이프스타일의 변화에 따라 기존의 제품이미지나 기능을 변경할 수 있어야 한다.

수신자(audience)는 문화적 배경, 개성, 라이프스타일 및 개성에 따라 다르게 반응하게 된다. 고객의 반응은 메시지에 담긴 정보에 따라 제품인지 및 제품에 대한 지식을 획득하기도 하고, 제품지식에 기초한 제품에 대한 선호여부를 결정하고, 선호여부에 따라 제품구매의도를 결정하기도 한다.

마케팅 커뮤니케이션 과정에서 일어나는 오류 즉, 의도한 정보 및 메시지가 고객에게 제대로 전달되지 않아서 기업이 전달하고자 하는 개념이나 아이디어와 다르게 해석할 가능성이 있다. 이는 기업은 피드백(feedback)을 통해 의도한 메시지가 고객에게 제대로 전달되었는지 파악하여 다음 단계의 촉진활동의 방향을 설정해야 한다.

2) 글로벌 촉진 수단

(1) 광고Advertising)

광고(Advertising)는 광고주(sponsor)가 대가를 지불하고 제품, 서비스, 아이디어 등에 관련한 메시지를 신문, 잡지, 라디오, TV, 인터넷 등의 매체를 통해 목표고객에게 널리 알리고 구매행동이 유발되도록 자극하는 형태의 촉진활동이다.

광고는 커뮤니케이션 수단 중 소비자에게 가장 가시성이 높고, 매체산업이 발달되어 있는 국가의 소비재 마케팅에 있어서는 전략의 핵심수단이다.

글로벌 시장에서는 TV광고를 하는 경우 특정국가 또는 특정세분시장에 효과적으로 도달하기는 쉽지 않다. 산업재의 경우 고객의 수가 적기 때문에 적절한 매체를 통해서 고객에게 효과적으로 도달하는 것이 중요하다.

특정 제품에 대해 소비자의 선호가 세계적으로 동질화되고 있는 경우 표준화된 광고캠페인이 사용되고 있는 추세이다. 그리고 세계 각국에서 다양한 매체의 시용가능 여부와 유용성에는 상당한 차이가 있기 때문에 매체전략 수립 시 각국 시장에 대한 정확한 정보가 필요하다.

(2) 인적판매(Personal Selling)

인적판매(Personal Selling)는 판매자와 예상구매자와 직접 만나서 정보를 전달하는 것으로 산업재나 고가 품목에서 가장 많이 쓰이는 촉진수단이다. 인적판매는 다른 수단과는 달리 판매원이 고객의 필요, 표정, 반응을 현장에서 직접 확인할 수 있기 때문에 탄력적으로 커뮤니케이션할 수 있다는 점에서 융통성이 있는 촉진수단이다.

인적판매는 효과적인 판매방법이지만 비용이 많이 든다는 문제점이 있다. 글로벌 관점에서 볼 때 고임금국가보다는 저임금국가에서 많이 사용된다.

글로벌 마케팅을 전개하는 초기에는 인적판매부터 시작되는 깃이 일반적이다. 글로벌 매너와 외국어 구사능력, 글로벌 마케팅 능력을 겸비한 우수한 글로벌 인적자원을 지속적으로 배양하는 것이 기업의 큰 자산이 될 수 있다.

기업은 글로벌 시장에서 사용할 수 있는 판매원 조직구조를 세 가지로 분류할 수 있다.

〈표 12-1〉은 본국파견사원, 현지국인, 제3국인 등 국제판매원의 유형에 대한 장·단점을 나타낸다. 파견사원과 제3국인은 장기적인 판매직에는 잘 이용되지 않는다. 이들은 주로 판매자회사의 성과 향상과 공석중인 관리직의 충원, 판매방침, 절차, 기법 등의 변경을 위하여 활용된다. 대다수의 글로벌 기업들은 현지 관습에 익숙하고 관리 또한 적절하게 수행할 수 있는 현지국인을 활용하고 있다.

〈표 12-1〉 국제판매원의 유형의 장·단점

유형	장점	단점
파견사원	·제품지식 ·서비스 수준 높음 ·승진을 위한 훈련 기회 ·본사 통제용이	·높은 비용 ·높은 이직률 ·높은 교육훈련비
현지국인	·경제적 ·시장지식/문화지식 ·언어능력 ·실행시간 단축	·제품교육필요 ·판매직종이 경시될 가능성 ·언어능력의 중요성 감소 추세 ·조직 충성도문제
제3국인	·문화적 민감도 ·언어능력 ·경제적 ·판매가능지역 ·본국과 갈등관계의 시장에서 판매가능	·정체성 문제 ·승진 가능성 낮음 ·급여격차문제 ·제품 및 기업 안내 교육 필요 ·조직 충성도 문제

자료 : 문준연, 『글로벌마케팅』, 명경사, 2006, p. 357.

(3) 홍보(Public Relations)

홍보(Public Relations)는 기업이 소비자가 속해 있는 지역사회나 단체 등과 긍정적인 관계를 개발하여 자사제품을 촉진하는 것이다. 홍보 담당자는 기업 활동 때문에 일어나는 논란이나 부정적인 보고에 대응하는데 핵심적인 역할을 한다.

홍보의 기본적 수단으로는 뉴스발표, 기자회견, 공장견학, 특별행사, 인터넷 홈페이지 구축 등이 있다.

글로벌 기업이 할 수 있는 홍보로는 현지국의 지역사회활동에 참여하거나 각종 행사에 스폰서함으로써 대외 이미지를 개선해 나가는 것이다.

기업이 글로벌 마케팅에 깊이 개입하게 되고 글로벌화가 지속됨에 따라 경영자는 글로벌 PR의 가치를 인식하는 것이 중요하다.

(4) 판매촉진(Sales Promotion)

판매촉진(Sales Promotion)은 최종소비자 또는 중간상을 대상으로 특정제품이 보다 신속하게 판매되도록 하기 위하여 사용되는 단기적인 수단이다. 쿠폰 및 경품, 리베이트, 콘테스트 등 최종소비자를 대상으로 하는 소비자용 판매촉진과 중간상 보조금과 수량할인 등 중간상용 판매촉진이 있다.

글로벌 기업들이 사용하는 판매촉진 수단은 아래의 경우에 따라 차이가 있다.

① 경제발전단계가 낮은 국가의 경우, 저소득과 높은 문맹률로 인하여 문자가 포함되는 판매촉진 수단은 활용도가 낮고 무료견본과 보너스 포장은 활용도가 높다.

② 특정제품이 제품수명주기 상 도입기에 있는 국가에서는 시용구매를 유도하는 무료견본과 쿠폰 등이 적절하다. 성숙기 시장에서는 판매촉진의 주목적이 반복구매의 유도에 있으므로 보너스 포장과 포장 용기 내 쿠폰 및 중간상 촉진이 적절하다.

③ 나라에 따라 판매촉진에 대한 인식이 다르다. 일부 동남아 국가에서는 콘테스트 사용이 매우 부정적인 인식을 초래하는 반면 어떤 국가에서는 쿠폰보다 콘테스트가 호의적인 반응을 유발한다. 대부분 유럽국가에서 쿠폰사용률은 미국에 비하여 현저히 낮다.

④ 판매촉진예산을 결정할 때 소비자용 판매촉진과 중간상용 판매촉진에 어떻게 배분하는가에 따라 다르다. 중간상의 힘이 강한 국가에서는 중간상 촉진을 배제하고 상시저가전략(everyday-low-price: EDLP)을 도입하는 제조업체는 중간상의 저항을 받게 된다. 유통업체의 진열공간과 비용 또한 촉진 유형 선택에 영향을 준다.

⑤ 판매촉진 유형 선정에서 각국의 법률이 고려되어야 한다. 국가에 따라 특정 판매촉진 수단의 사용이 금지되거나 제한받는다. 예를 들면 스칸디나비아국가들은 모든 판매촉진행위가 정부의 허가를 받아야만 하고 프랑스의 경우는 선물은 판매촉진대상 제품가치의 4% 혹은 10프랑을 초과할 수 없다. 캐나다 퀘벡지방에서는 여행이나 현금, 자동차 등 광고주가 경품으로 제공한 가치에 대하여 세금을 납부하도록 규정

하고 있다.

이와 같이 판매촉진에 대한 여러 가지 규제는 진정한 글로벌 판매촉진을 시행하는데 어려움을 초래한다.

〈표 12-2〉는 다양한 판매촉진 기법들을 정리한 것이다.

〈표 12-2〉 판매촉진 기법

구분	기법	내용
소비자 판매 촉진	할인쿠폰(discount coupon)	제품구입 시 쿠폰 소지자가 표시된 증서(기간, 할인가격)에 따라 할인혜택
	리베이트(rebate)	제품을 구입했다는 증거를 제시하고 그 구입액 일부를 현금으로 돌려받음
	보너스팩(bonus pack)	같은 제품 혹은 관련된 제품 여러 개를 묶어서 싸게 판매
	보상판매(trade-in)	기존 제품을 반납하고 새 제품을 구입하는 조건으로 가격을 할인
	세일(sale)	일정 기간 동안 제품가격을 일정비율 할인
	샘플(sample)	소량의 제품을 무료로 제공
	시연(free trial)	제품을 일정기간동안 무료로 사용해보도록 함
	사은품(premium)	제품을 구입하면 다른 제품을 무료 혹은 낮은 가격에 제공
	현상경품(prize)	제품을 구입하면 일부 추첨하여 현금이나 물건을 제공
	공개현상경품(sweepstake)	제품 구입여부 상관없이 응모만 하면 추첨을 통해 현금이나 물건을 제공
	콘테스트(contest)	제품관련 퀴즈를 맞추거나 심사에 통과한 사람에게 현금이나 물건을 제공
	고정고객보상프로그램(patronage award)	특정회사제품을 구매한 양이나 액수에 비례하여 보상을 제공
유통업체 판매촉진	판촉물	제조회사의 이름이나 브랜드가 부착된 판촉물들을 무료로 제공
	푸시머니(push money)	일정기간동안 특정제품을 판매하는 판매원에게 판매수량에 비례하여 일정 액수의 현금을 지급
	협동광고(cooperative ad)	유통업자가 제조업자의 제품을 중점광고해 주는 대가로 제품대금의 일부를 공제
	판매원 파견	유통업자의 점포에 제조업자의 직원을 파견하여 판매활동을 하도록 함

자료 : 문준연, 『글로벌마케팅』, 명경사, 2006, p.343.

사례 12-2

Starbucks™
Shared Planet™

Shared PlanetTM은 커피농가, 환경, 지역 사회에 대해 책임 있는 기업 시민으로서의 역할을 다하고자 하는 스타벅스의 글로벌 사회 공헌 캠페인입니다.

스타벅스는 2008년 11월 지난 35년간 지속해 온 사회 공헌 활동을 통합한 새로운 CI인 셰어드 플래닛을 발표하며 윤리 구매, 환경 보호, 지역사회 참여의 3대 핵심 분야를 기반으로 2015년까지 달성해야 할 실행 목표를 공표했습니다. 이를 위해 전 세계 스타벅스와 고객, 지역사회의 참여 속에 진행하며, 그 추진 현황을 파악하고 결과를 측정해 매년 공유하고 있습니다. 이와 발맞춰 스타벅스 커피 코리아도 국내 지역 사회의 환경과 복지 개선을 위한 다양한 사회 공헌 활동을 전개하고 있습니다.

스타벅스는 세계 최대의 공정무역 인증 커피 구매 업체로서 Shared PlanetTM을 통해 Conservation International (국제 환경 단체) 및 TransFair USA(미 공정무역 단체), FLO(국제 공정무역 상표인증 기구)와 공동으로 친환경 재배 기술 개선과 윤리적 원두 구매 활동에 앞장서며, 전세계 약 185,000여 커피 농부들을 지원하고 있습니다.

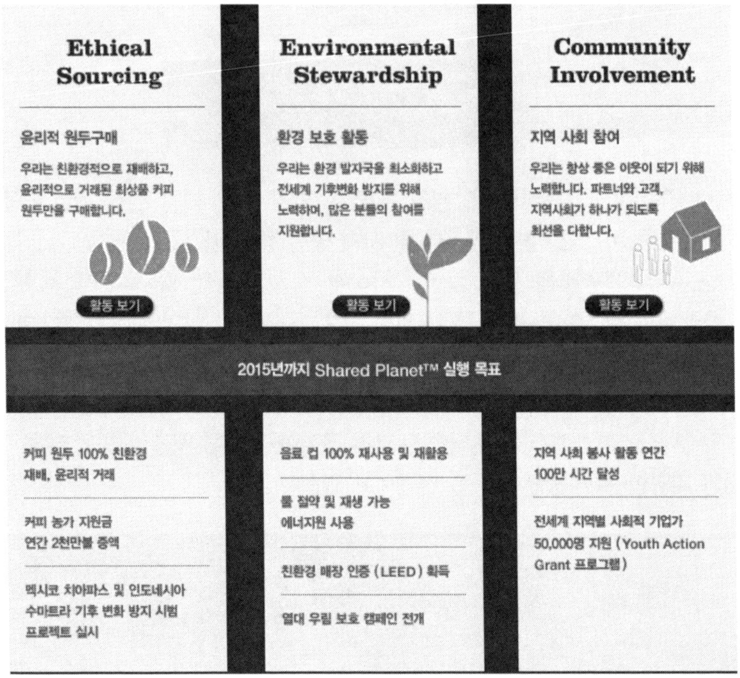

자료 : http://www.istarbucks.co.kr

(5) 기타

인터넷을 통한 배너광고, 경품행사 등을 들 수 있다. 그리고 사이트를 이용한 촉진뿐만 아니라 메일, 모바일 단말기를 이용한 촉진활동도 가능하다. 이외에도 포장(packing), 진열효과(shelf impact) 등 구매시점에 초점을 둔 초진수단도 있다.

〈표 12-3〉는 촉진수단을 마케팅 상황에 따른 효과를 상대적 비교한 것이다.

〈표 12-3〉 촉진수단의 상대적 비교

<table>
<tr><td rowspan="4">구분
%</td><td>주의</td><td>관심</td><td>확신</td><td>구매</td></tr>
<tr><td colspan="2">저관여제품
(저가)</td><td colspan="2">고관여제품
(고가)</td></tr>
<tr><td colspan="2">시장크기(大)</td><td colspan="2">시장크기(小)</td></tr>
<tr><td>도입기</td><td>성장기</td><td>성숙기</td><td>쇠퇴기</td></tr>
<tr><td>10</td><td>PS(인적판매)</td><td rowspan="3">PS</td><td rowspan="4">PS</td><td rowspan="7">PS</td></tr>
<tr><td>20</td><td rowspan="4">Ad(광고)</td></tr>
<tr><td>30</td></tr>
<tr><td>40</td><td rowspan="3">Ad</td></tr>
<tr><td>50</td><td rowspan="3">Ad</td></tr>
<tr><td>60</td><td>SP(판매촉진)</td></tr>
<tr><td>70</td><td rowspan="4">PR(홍보)</td><td rowspan="3">SP</td></tr>
<tr><td>80</td><td rowspan="2">SP</td><td>Ad</td></tr>
<tr><td>90</td><td>SP</td></tr>
<tr><td>100</td><td>PR</td><td>PR</td><td>PR</td></tr>
</table>

자료 : 박재기, 『글로벌마케팅』, 형설출판사, 2005, p. 385.

제 2 절 글로벌 광고관리

1. 글로벌 광고관리의 고려요인

1) 문화의 이해

각국의 문화적 다양성에 대한 지식, 특히 문화적 특성과 관련된 상징은 글로벌 기업의 광고관리에서 매우 중요하다. 글로벌 광고는 전략과 개발에 있어서 현지국 언어, 풍속, 사상, 관습, 기호, 정서, 생활환경, 금기사항 등 현지국의 상황을 충분히 반영해야 한다. 글로벌 광고가 성공하기 위해서는 현지국의 역사, 문화와 환경을 바로 이해해야 한다.

예를 들면 종교적 차이에 의해 광고에 제약이 되는 경우가 있다. 다수의 국가에서 호랑이는 강한 힘을 상징하는 경우가 많아 강력함을 나타낼 때 주로 사용하지만, 태국에서는 호랑이가 신성시되는 동물이기 때문에 광고에 등장을 하면 불쾌해 한다.

표현방식에 있어서 일본의 광고메시지는 간접적이지만 미국의 경우는 직접적인 표현방식을 사용한다.

언어능력의 부족으로 인한 번역 실수도 일어날 수 있다. 만년필 파커(parker)는 잉크가 외부로 새지 않는 만년필을 개발하여 "당황스러운 상황을 피하세요 - 파커펜을 사용하세요(Avoid embarrassment-use Parker Pens)"라는 광고 카피를 전세계에 공통적으로 사용하였다. 그러나 스페인에서는 이 카피의 앞 부분이 "Evite Embarazos"로 번역되어 '임신'의 뜻도 있어서 피임제 광고가 되어 버렸다.

색상 또한 국가 마다 상징하는 의미가 다르다. 서양에서는 죽음, 장례식이 검정색으로, 우리나라와 일본은 흰색, 동남아의 특정 국가에서는 보라색으로 표시한다.

2) 광고대행사 선정

일부 기업은 해외에서 사용할 광고 캠페인을 자체 개발하기도 하지만 대다수의 글로벌 기업들은 광고대행사에 의존한다.

광고대행사 선정의 대안으로는 본국의 광고대행사, 시장국의 현지 광고대행사, 대형 다국적 광고대행사를 사용할 수 있다.

본국의 광고대행사는 수출과 같은 제한적인 해외시장 진입전략에 적합하다.

시장국의 현지 광고대행사는 현지화가 많이 요구되는 글로벌 광고에 적합하다. 현지 시장의 문화와 사정을 잘 이해하고 있어서 여건에 맞는 수정 작업을 잘 할 수 있다. 그러나 시장국의 현지 광고대행사의 수준이 낮거나 광고주와 대행사 간의 커뮤니케이션 문제가 발생할 수 있다.

대형 다국적 광고대행사는 현지 광고 대행사에 비하여 시장과 문화에 대한 경험이 부족한 반면, 여러 시장에서 다양한 경험을 가지고 있고 광고주와의 커뮤니케이션이 보다 원활하게 이루어지므로 글로벌 전략수립 및 집행이 중시될 때 적합하다.

위의 대안들 중에서 다수 시장에 지점을 보유하고 있는 대형 다국적 광고대행사를 선정하는 것이 가장 유리하다. 즉, 대형 대행사로서 높은 업무능력과 함께 현지 시장에 대한 이해를 구비하고 있고, 다국적 광고주에게 세계적으로 통합된 광고캠페인을 제공할 수 있다.

글로벌 기업은 광고대행사를 선정할 때 다음의 기준들을 고려해야 한다.

(1) 시장 포괄범위

대행사가 모든 관련 시장을 담당하고 있는가?
자사가 진출해 있는 시장에 지점을 가지고 있는가?
광고대행사의 지리적 포괄범위는 어느 정도인가?

(2) 품질

광고대행사의 핵심기술은 무엇인가?
우리가 설정한 기준을 충족하는가?
광고대행사의 핵심능력과 시장요건은 합치하는가?

(3) 글로벌 광고캠페인의 전문성

광고주가 글로벌 광고 캠페인을 하고자 하는 경우 광고대행사는 관련 전문성을 가지고 있는가? 즉, 글로벌 시장 전문성과 시장간 조정능력이 있는가?

(4) 크리에이티브 평판

기존 광고주와 광고업계를 통해 광고대행사의 평판을 조사해야 한다.

(5) 지원서비스의 범위와 품질

마케팅 조사와 판촉, PR 등 커뮤니케이션 업무를 포함하는 다양한 지원 서비스를 제공할 수 있는가?

(6) 규모

일반적으로 대형 광고대행사는 소형 대행사에 비하여 교섭력이 크다. 매체 판매기관과 대행사간에 지속적 관계가 필요하므로 매체 구매에 있어서 광고 대행사의 규모는 매우 중요하다.

(7) 경쟁광고주

광고대행사가 자사의 경쟁자도 고객으로 하고 있는가? 즉, 경쟁자를 고객으로 하고 있는 경우 자사의 비밀이 누설될 수 있고, 더 뛰어난 직원이 경쟁자의 업무를 맡아서 할 위험이 있다.

〈표 12-4〉는 세계적으로 활동하고 있는 광고대행사를 나타낸다.

〈표 12-4〉 세계 상위 10위권 광고대행사

(단위 : 100만 달러)

순위	회사	국가	총수익(2004년)
1	Omnicom Group	미국	$9,747.2
2	WPP Group	영국	9,370.1
3	Interpublic Group of Cos.	미국	6,200.6
4	Publics Groups	프랑스	4,777.3
5	Dentsu	일본	2,851.0
6	Havas	프랑스	1,866.0
7	Aegis Group	영국	1,373.6
8	Hakuhodo DY Holdings	일본	1,372.4
9	Asatus-DK	일본	473.3
10	Carlson Marketing Group	미국	346.9
17	Cheil Communication	한국	185.9

자료 : 이수영, 『글로벌마케팅』, 대명, 2007, p. 322.

3) 매체선정

광고매체를 선정하기 위해서는 목표시장의 고객들이 어떤 매체를 선호하고 있는가를 조사하여 매체에 대한 이용도, 매체의 특성, 매체의 전파영역 등의 장단점을 분석하여야 한다. 글로벌 기업은 매체를 선택할 때에는 매체 이용의 효과를 감안하고 매체 간의 상호보완적인 관계를 고려하여 필요한 매체를 효율적으로 믹스해야 한다.

다음은 매체선정에 영향을 미치는 요인들 살펴보고자 한다.

(1) 매체 이용가능성

국가에 따라 사용되는 광고매체는 다양하다. 대부분의 선진국에서는 선택할 수 있는 매체가 많지만, 다른 나라에서는 이용 가능한 매체가 아주 제한적인 경우도 있다. 〈표 12-5〉는 국가에 따라 이용하는 매체별 광고비용 비율에 차이가 있음을 보여준다.

(2) 글로벌 매체

광고주는 글로벌 매체를 사용하거나 현지매체를 사용해야 한다. 글로벌 매체로는 Times, The Economist와 같은 간행물과 CNN, MTV와 같은 방송매체, 인터넷 등이 있다. 글로벌 매체가 증가하는 이유는 특정 국가에서 현지매체에 접근하기가 어려운 경우 광고주가 글로벌 매체를 사용함으로써 표적고객에게 쉽게 접근할 수 있다.

〈표 12-5〉 매체별 광고비용 비율(2002년 추정치)

	TV	신문	잡지	라디오	옥외광고	총비용 (10억 달러)
오스트레일리아	33.6%	43.2%	10.8%	7.7%	4.0%	$5.0
브라질	48.4%	35.4%	11.4%	3.1%	1.7%	6.4
캐나다	39.0%	39.0%	5.0%	13.0%	4.0%	5.5
중국	67.0%	23.0%	n/a	1.0%	9.0%	5.5
프랑스	34.5%	24.1%	23.1%	6.5%	11.1%	11.1
독일	24.3%	43.5%	23.5%	3.8%	3.9%	17.5
이탈리아	52.0%	22.0%	16.0%	5.0%	5.0%	7.4
일본	46.1%	27.3%	9.6%	4.6%	12.4%	41.6
한국	28.0%	47.0%	4.0%	2.0%	n/a	6.1
스페인(98년)	41.4%	32.5%	11.6%	9.1%	4.5%	5.4
영국	29.8%	40.3%	17.5%	4.6%	6.3%	15.3
미국	38.0%	32.9%	11.2%	14.2%	3.7%	133.6

n/a : 자료입수불가(not available)
자료 : 이수영, 『글로벌마케팅』, 대명, 2007, p. 317.

〈표 12-6〉은 광고매체별 장·단점을 요약한 것이다.

〈표 12-6〉 광고매체별 장·단점

광고매체	장점	단점
TV	· 창의성 발휘 가능 · 색상, 시기, 방법, 표적의 융통성 · 매우 광범위한 노출 · 반복광고 용이 · 제품 정보제공 용이	· 광고시간 짧음 · 광고비의 부담이 매우 큼 · 다른 광고와 경쟁 · 반복이 없으면 쉽게 잊혀짐
라디오	· 광고제작 및 집행 신속 · 표적선별 능력이 강함 · 청소년, 직장인, 운전기사 등 특정 계층에 유리 · 반복광고 용이	· 관심도 상대적으로 낮음 · 특정방송의 경우 청취자 수 적음 · 다른 광고와 경쟁 심함 · 반복이 없으면 쉽게 잊혀짐
신문	· 광범위한 노출 가능 · 크기, 색상, 시기, 표적의 융통성 · 관심 독자의 자발적 노출 · 총 광고비용이 비교적 저렴 · 장문의 광고문안 전달 가능	· 대부분의 광고가 읽히지 않고 지나감 · 특히, 젊은 계층은 무관심함 · 광고비 상승이 빠른 편임 · 표적의 선발능력이 비교적 적음
잡지	· 표적선별 능력이 강함 · 잡지의 수명이 비교적 장기간 · 품위 있는 이미지 제공가능	· CPM(cost-per-mile) 높음 · 기획에서 노출까지 장기간 소요 · 독자층 제한
직접매체	· 표적고객에게 직접 도달 · 시기 선정의 용이성 · 효과 측정용이 · 다양한 내용제공 가능	· CPM(cost-per-mile) 높음 · 잠재고객 명단의 관리 및 유지비용 · 우편광고, 전단광고, 전화광고 등의 이미지 다소 부정적
옥외광고	· 광범위한 계층에 저비용으로 노출 · 기억을 강화하는 수단 · 색, 빛 등 활용가능	· 간단한 메시지만 전달 가능 · 효과 측정 어려움 · 부정적 이미지 줄 수 있음

자료 : 박재기, 『글로벌마케팅』, 형설출판사, 2005, p. 385.

4) 광고규제

광고에 대한 규제는 세계 각국의 정치·경제·사회·문화 등의 환경 변화에 따라 광고량이나 광고매체, 제품의 종류, 가격구조, 광고내용에 대하여 여러 가지 형태의 법적 규제를 시행하고 있다. 이러한 규제를 위반하는 경우에는 경쟁사나 정부, 소비자 단체로부터 거센 반발과 소송을 당하는 경우가 있다. 글로벌 기업은 다양한 광고규제에 대응할 수 있어야 한다.

다수 국가에서 사용되고 있는 일반적 규제는 다음과 같다.

(1) 마약 및 의약품 광고규제

세계 여러 나라에서는 의약품과 마약 광고에 대하여 엄격한 규제가 실행되고 있다.

그리고 담배나 주류제품에 대한 광고규제도 점점 강화되고 있는 추세이다.

〈표 12-7〉은 서유럽 국가의 담배, 주류, 의약품에 대한 광고규제 내용을 요약한 것이다.

〈표 12-7〉 특정 제품에 대한 유럽 각국의 광고규제

국가	담배	주류	의약품
영국	· 방송광고금지 · 이벤트에 후원한 담배 회사의 이름이 나올 경우 승인 필요	· 어린이 프로그램 동안 방송광고금지 · 어린이 프로그램 이외에는 허용되지만 많은 규제가 있음	· 처방약 광고금지 · 유명인사에 의한 촉진 금지
아일랜드	· 이벤트의 후원을 포함한 모든 형태의 광고금지	· 성인대상 광고는 허용되지만 규정이 많음	· 처방약 광고금지 · 비처방약에 대해서는 엄격한 지침 적용
덴마크	· 모든 형태의 광고금지	· 알코올이 2.8%이하의 음료는 허가됨 · 엄격한 조건들 적용	· 처방약과 비처방약 모두 TV 광고금지 라디오 방송에서는 엄격한 지침 하에서 허가됨
포르투갈	· 세계적 명성을 가진 자동차 스포츠 이벤트에서만 광고허용 · 그 외에는 모든 형태의 광고금지	· 오전 7시에서 오후 10시 30분 사이의 TV와 라디오에서 광고 금지 · 미성년자들이 참여하는 이벤트 후원행사에서 광고금지	· 처방약 광고금지 · 비처방약에 대해서는 엄격한 지침 적용

자료 : 이수영, 『글로벌마케팅』, 대명, 2007, p. 318.

(2) 비교광고 규제

특정 광고주가 경쟁 브랜드를 공격하는 비교광고는 미국에서는 많이 사용되고 있지만 대다수 국가가 이것을 엄격하게 규제하거나 금지하고 있다.

중국의 경우 자사제품을 경쟁사 제품과 비교하거나, '최고'와 같은 과장된 용어 사용이 허용되지 않고 있다.

(3) 어린이 대상 광고규제

캐나다 퀘백주는 TV에서 어린이 광고를 금지하고 있다. 그리스의 경우에는 오전 7시부터 밤 10시까지 장난감의 TV광고를 금지하고 있다. 중국에서는 어린이 대상 광고의 경우 준수해야 할 사항으로 연장자에 대한 예절과 규율을 중심으로 하는 것이다.

사례 12-3

美 비교광고 "인정사정 없다"

"우리 차는 렉서스보다 핸들링이 좋고 포드의 차량보다 연비가 좋다."
"우리 제품은 켈로그 시리얼보다 영양이 많다."
"미국의 비교광고가 한국과 다른 점은 이처럼 광고 내용이 '적나라'하다는 점이다."
또 한가지 한국과 다른 점은 비교광고 내용이 상대적으로 정확하다는 것이다.

AAAA(American Association of Advertising Agencies)의 비교광고 지침에 따르면 비교광고 때는 비슷한 속성 또는 성분을 비교해야 하며 경쟁사를 깎아내려서는 안된다.

또 조사는 객관적이고 조사에 근거한 모든 주장을 뒷받침해야 하며, 개인의 의견이 다수의 생각을 대표한다는 암시를 해서도 안된다.

우리나라도 지난해 9월 공정거래위원회에서 비교광고의 근거를 제정했지만, 비교광고에 대한 일부의 여론이 아직 좋지 않은 상태다.

하지만 LG애드의 이동원 국장이 "소비자는 더 정확한 정보를 얻고 기업은 제품을 차별화할 수 있는 기회"라고 밝혔듯이 비교광고는 단점보다 장점이 많다.

자료 : 매일경제, 2002.4.18

제3절 글로벌 광고전략

1. 글로벌 광고전략

글로벌 광고전략을 실행할 경우 전세계 시장에 똑같이 적용될 수 있는 표준화 전략과 목표대상 시장에 맞도록 개별국가 시장마다 각기 다른 차별적인 광고를 전달하는 현지화 전략 중에서 하나를 선택해야 한다.

글로벌 광고전략을 결정하기 위해서는 기업의 글로벌 개입수준과 글로벌 이미지, 광고메시지의 개발비용, 광고대행사와의 관계, 활용 가능한 광고매체 등 여러 가지 요인들을 종합적으로 고려하여 신중하게 결정해야 한다(이장로, 1994; 365).

1) 광고의 표준화전략

글로벌 시장의 문화 및 규제 등의 여건이 국가 간에 동일할 경우에 가능한 전략이다. 즉, 정보통신의 발달로 세계시장의 동질화가 나타나면서 표준화 전략을 활용할 가능성이 커지고 있다.

표준화 전략은 글로벌 기업이 여러 시장에 진입하면서 비슷한 소구점과 거의 동일한 표현방법으로 글로벌 수요를 창출시키고자 하는 전략이다.

표준화 광고의 대표적 사례는 코카콜라가 오랫동안 'Coke is it' 즉 '그것 뿐' 그리고 'I Feel Coke' 즉 '난 느껴요'란 슬로건으로 전 세계적인 광고 캠페인을 실행한 것을 들 수 있다.

2) 광고의 현지화전략

현지화 전략은 글로벌 기업이 여러 시장에 진입하면서 서로 다른 소구점과 현지국의 여건이 다르면 집행하는 방법도 달라져야 한다는 전략이다.

같은 제품의 속성과 기능을 제시하더라도 나라마다 문화, 역사 등의 차이로 고객들의 구매행동이 다르게 나타난다. 또한, 라이프스타일, 소득수준, 시장구조 등의 경제적 또는 사회·문화적 여건의 차이로 소비자들이 요구하거나 인지하는 제품의 특징과 물리적 속성은 차이가 있다. 그러므로 글로벌 기업들은 해외시장에 진출하여 현지고객의 특성을 감안하여 적합한 현지화 전략을 활용해야 할 것이다.

글로벌 광고전략을 실행하는데 있어서 표준화 전략만 고집할 경우 특정 시장에서 접근성이 떨어질 수 있다. 대부분의 광고는 지역적 특성을 고려하여 현지화 전략을 적용하고 있다. 예를 들면, 미국의 버드와이저 맥주는 인도네시아에서는 프리미엄 수입맥주의 위치를 추구하고 있지만 미국 내에서는 전통적 맥주의 범주에 속하기 때문에 제품에 대한 포지셔닝 전략을 다르게 설정해야 한다.

3) 부분적 현지화A

동일한 소구점과 상이한 집행방법으로 글로벌 수요를 창출시키고자 하는 전략이다. 이는 국가 간 문화나 규제 등 환경적 여건이 다르기 때문에 주어진 상황에 맞게 광고를 하는 전략이다. 부분적 현지화 A 전략은 광고의 배경을 현지화하거나 광고모델을 현지화 하는 방법이 있다. 대표적인 예로 코카콜라는 미국에서는 80년대 초 조 그린(Joe Green)이라는 모델을 사용했으나 남미에서는 축구선수 마라도나를 사용하여 부분 현지화하였다.

4) 부분적 현지화B

상이한 소구점과 동일한 집행방법으로 광고하는 전략이다. 광고의 배경음악의 사용에서 흔히 볼 수 있다. 배경음악의 인지도가 높은 경우 그 음악 인지도 자체를 겨냥한 광고를 볼 수 있다. 예를 들면, 루이 암스트롱의 'It's a Wonderful World'가 국내에서는 OB Super Dry 광고에 사용되었고, 프랑스에서는 기차광고에 사용되었다.

〈그림 12-2〉는 글로벌 광고전략의 유형 네 가지를 나타낸 것이다.

〈그림 12-2〉 글로벌 광고전략의 유형

소구점 \ 집행방법	동일	상이
동일	표준화	부분적 현지화 A
상이	부분적 현지화 B	현지화

자료 : Michael R. Czinkota and Ilkka A. Ronkainen, *International Marketing*, South-Western College Pub., 7ed.
문병준 외 5인, 『국제마케팅』, 비즈프레스, 2007, p. 333.

사례 12-4

[광고이야기] 벤츠 '뉴 E-클래스'...벤츠와 한옥이 만났다

메르세데스 벤츠의 뉴 E_클래스가 우리나라의 전통가옥인 '한옥'과 연계한 광고를 선보이며 국내 고객들의 호감사기에 나섰다.

벤츠의 수입업체인 한성자동차는 뉴 E_클래스의 핵심적인 세 가지 제품 컨셉인 △매혹적인 디자인 △힘과 내구성 △실용성을 가장 잘 나타내는 소재로 한옥을 선택(동방커뮤니케이션즈 제작)했다.

동방은 이 컨셉을 '잘 지어진 벤츠'라는 크리에이티브로 건축 이미지와 결부시켜 우리나라 사람들이 쉽게 이해하고 호감을 가질 수 있도록 했다.

한옥이 자연미가 살아있는 곡선의 아름다움과 주춧돌에서 서까래까지 백년을 생각하고 지은 견고함 그리고 마루 등 쓰임새에서 각기 다른 실용성을 갖고 있다는 점을 세계적인 명차와 연결시킨 것이다.

또 아흔 아홉 칸의 넉넉함도 벤츠 뉴 E_클래스의 이미지와 연계시켰다.

이에 따라 벤츠 뉴 E_클래스의 광고 디자인도 우리 한옥의 단청과 기와 돌담을 소재로 하고 여기에 광고 문안을 마치 문틀을 연상케 하는 레이아웃으로 배치시켜 친근감을 높였다.

동방커뮤니케이션 유종숙 부국장은 "하루가 다르게 세계화하는 요즘, 상품이 수입되면 광고도 같이 수입되던 기존의 관행을 과감히 탈피한 광고 사례"라고 밝혔다.

또 "세계화는 우리가 세계에 눈을 뜨는 것이기도 하지만 세계가 우리나라를 이해하는 것이기도 하다"며 "이번 광고는 외국 브랜드 커뮤니케이션 전략에서 진정한 현지화가 무엇인지를 보여준 것"이라고 말했다.

자료 : 매일경제, 1999.10.19

연 습 문 제

1. 글로벌 촉진전략의 개념에 대하여 설명하라.

2. 글로벌 광고관리의 고려요인에 대하여 설명하라.

3. 매체선정의 중요성에 대하여 설명하라.

4. 광고의 표준화전략과 현지화전략에 대하여 서술하라.

5. 판매촉진 기법에 대하여 서술하라.

6. 국제판매원의 유형의 장점에 대하여 서술하라.

제 4 부

글로벌마케팅 조정 및 통제

제 13 장

글로벌마케팅 조사

제 1 절 국제마케팅 조사의 필요성

1. 국제시장조사의 필요성

거의 모든 마케팅 의사결정에 있어서 마케팅 조사는 중요한 기반이 되고 있다. 마케팅 조사는 좁게 생각하면 자료를 수집하고 분석하는 것이라고 볼 수 있지만, 더 넓게 생각해 볼 때는 자료를 만들어서 효과적인 의사결정까지 연결시키는 과정을 의미한다.

국제시장은 국내 시장에 비하여 훨씬 복잡하고 접근하기 어려운 시장이다. 다른 국가의 정치적, 경제적, 문화적 이질성을 극복하지 않으면 진입하기 힘든 시장이다. 또한 타문화권의 고객의 선호도와 기호에 대한 이해 없이는 시장에서 성공하기 어렵다. 따라서 국제마케팅 의사결정을 효과적으로 수행하기 위해서는 마케팅 조사가 반드시 수행되어야 한다.

기업이 국제시장에서 성공하기 위해서는 다른 국가의 시장을 철저하게 조사, 분석하여 이를 통하여 국제시장의 비즈니스 기회와 제약요건을 파악하고 유망 바이어와 고객을 발굴할 수 있다.

국제시장조사는 해외시장에서 자사의 제품을 판매할 가능성이 있는지 여부를 파악하는 것이다. 기업은 이러한 시장 조사를 통해 자사제품의 최대시장, 급속한 성장세를 보이는 시장, 시장 동향 및 전망, 시장여건 및 관행, 경쟁업체 및 제품 등에 대한 여러 가지 실질적인 정보를 입수할 수 있다.

국제시장조사는 기업이 해외시장의 환경과 동향을 조사하고 고객이 원하는 바를 파악하여 무역 거래의 증진을 목적으로 하는 것이다. 이러한 시장조사를 통하여 해외시장을 개척하고 확대하기 위한 전략을 도입할 때 우선적으로 고려해야 할 것이 바로 국제시장조사이다.

따라서 시장조사를 통하여 기업의 마케팅 활동과 관련한 의사결정에 많은 영향을 미칠 수 있으며 철저한 시장조사는 기업의 국제마케팅 실패위험을 크게 감소시킬 수 있고 신뢰할 수 있는 거래처를 발굴하게 하여 경영합리화를 이룰 수 있다.

2. 국제시장조사의 목적

기업은 다른 국가의 지리, 문화, 경제적 상황에 대해 자세하기 알지 못하므로 특정 시장에서 제품을 판매하는데 어려움을 겪게 된다. 따라서 목표시장 진출에 앞서 수출 가능성 및 해외시장 진입 전에 해당 국가에 대한 면밀하고 체계적인 조사가 필요하다.

무역거래를 하기 위해서는 신뢰할 수 있는 거래처를 선정하는 일이 매우 중요하다. 거래처를 선정하기 위해서는 가장 기초적인 사항에서부터 구체적인 시장상황에 이르기까지 아주 상세한 마케팅 조사가 선행되어야 한다.

국제 시장조사의 목적은 크게 3가지로 설명되는데 신시장의 개척, 기존시장의 유지 및 확대, 상실된 구시장의 회복 등이다.

첫 번째, 신시장을 개척하기 위해서는 수출가능성이 있는 여러 시장을 상호 비교 검토하여 가장 유리한 시장을 선택해야 하므로 일반적인 예비 시장조사가 필요하다.

두 번째 기존시장의 유지 및 확대를 위한 시장조사는 개괄적인 조사보다 정밀한 시장조사가 계속적이고 반복적으로 이루어져야 하며, 세 번째 상실된 구시장을 회복하기 위해서는 시장 상실의 원인과 경쟁상품과의 비교 분석에 중점을 두어 시장조사가 이루어져야 한다.

해외 시장을 조사할 때 확인할 사항은 다음과 같다.

〈표 13-1〉 해외시장조사시 주요사항

수출입 상품 조사	최종 사용자의 효용 충족 가능성 여부 시장 대상 및 판매 가능성 원가계산 및 이익 적정이윤 발생 시기 특수부품의 사용여부 특허 문제 유사제품의 유무, 유사제품이 있을 경우 가격 및 품질비교 제품 수명주기
대외조사	목표시장에서 당해 상품의 현재 및 미래 수급능력 해당 상품 수요의 계절성 여부 타국가 또는 당일 국가에서 수급정보 : 수입 및 국산비율 지금까지의 공급국 및 공급상사 당해 상품의 유통과정 수요상품의 품종, 품질 및 규격 국산품의 가격 및 수입가격 당해 국가에서의 수출입 제한 내용 등 구비요건 당해 국가의 정치 및 경제적 상황 After service, 광고 등
대내조사	국내시장에서의 수급상황 타지역과의 수출입량 및 가격 수출입 공고 등에 의한 수출제한 내용의 유무

자료 : 최장우, 『무역마케팅』, 2003, 두남, p. 134

3. 국제 시장조사 내용

1) 일반 환경조사

기업이 정한 해당 시장의 일반 환경은 정치 · 경제 · 사회 · 무역에 관한 일반 환경조사이다.

첫째, 정치적 환경은 정치체계 및 정치적 안정도는 어떠하며 정치적 위협은 없는지 조사한다.

둘째, 경제적 환경은 전반적인 경제사정, 경제적 안정도, 경제성장율, 국민소득, 주요자원, 노동 및 고용사정, 물가, 임금, 조세체계, 국제수지, 금융기관 등 일반 경제환경과 산업구조를 조사한다.

셋째, 사회적 환경으로 인구, 인구증가율, 면적, 기후, 인종, 종교, 문화, 통신, 언어, 교육수준, 법률제도에 대한 조사를 한다.

넷째, 무역에 관한 사항으로 대외무역 구조, 품목별, 지역별 수출입규모, 관세제도, 통화제도, 외환관리제도, 대금 결제조건, 환율, 특허, 항만사정, 운송수단, 상관습에 대한 조사를 한다.

2) 고객에 관한 조사

고객조사는 고객층에 관한 사항으로 소비자 또는 사용자의 지역적 분포, 소득분포, 계급별 분포, 구매능력에 관해 조사한다. 또한 고객의 기호, 취향 및 품질, 브랜드, 브랜드 이미지에 대한 조사를 실시한다.

3) 상품조사

취급상품에 대한 수요 및 공급과 가격에 관한 전반적인 조사를 의미한다.

수요에 관한 사항으로 수요품목, 품질, 규격, 현재의 수요량, 미래의 수요량, 계절적인 특별수요, 현지에서의 국산품의 수요량에 대해 조사한다.

공급에 관한 사항으로 주요 공급선, 공급선의 상호, 계절적인 특별공급 가능성, 현지에서의 국산품 공급량에 대해 조사한다.

또한 상품조사에는 경쟁상품, 대체상품 및 유사품의 현황을 조사하고 가격에 관한 수입품과 현지국 상품과의 가격도 조사한다.

4) 판매경로조사

유통구조는 어떻게 형성되어 있는가를 점검하고 주요 수입상 리스트를 체크한다. 중개상이나 전문 수입상, 도매상을 개척하든지 아니면 직접 거래관계를 맺을 것인지 구체적인 시장접근 방법을 수립해야 한다.

또한 시장 기구 및 유통과정에 관한 사항으로 수입상, 판매점, 특약점, 백화점, 도매상, 소매상 등의 기구와 유통경로는 어떠한지도 고려해야 한다.

4. 국제마케팅 조사의 욕구 확인

기업이 마케팅 조사를 위해서는 기업의 정보에 대한 욕구가 확인되어야 한다. 이러한 욕구가 정립되어야 신뢰성과 타당성이 확보된 정보를 수집할 수 있다. 다음과 같은 사항들에 대한 정보들을 요구하고 있다.

〈표 13-2〉 국제마케팅 조사를 위한 정보 요건

가. 일반적 전략적 이슈 * 해외 시장에서 어떤 목표를 추구하는가? * 기업은 해외시장 세분화를 만족시키기 위해 어떠한 노력을 하는가? * 해외시장에 있어 최상의 제품, 유통, 가격, 촉진전략은 무엇인가? * 이용 가능한 해외시장 기회를 활용하기 위한 제품-시장-기업 mix는 어떤 것이어야 하는가?
나. 해외시장 평가 및 선택 * 기업의 제품과 서비스에 있어서 해외시장에서 기회는 존재하는가? * 해외시장의 잠재적 능력은 무엇인가? * 어떤 새로운 시장이 해외에서 전망이 좋아질 것인가? * 외국에서의 주요 경제적, 정치적, 법률적, 사회적, 기술적, 그리고 다른 환경적 현상과 경향은 무엇인가? * 이러한 환경적 범주는 기업의 제품과 서비스에 있어 특정 해외시장에 어떠한 영향을 주는가? * 해외에서 기업의 현재 및 잠재고객은 누구인가?

* 고객의 필요와 욕구는 무엇인가?
* 고객의 인구 통계적 및 심리적 특성, 가처분 소득, 직업, 나이, 성별, 의견, 관심, 행동, 기호, 가치 등은 무엇인가?
* 고객의 라이프스타일은 어떠한가?
* 누가 구매의사결정을 내리는가?
* 누가 구매의사결정에 영향을 주는가?
* 어떻게 구매의사결정을 하는가?
* 제품을 구매하는 장소는 어디인가?
* 어떻게 제품을 사용하는가?
* 구매와 소비패턴과 행동은 어떠한가?
* 해외시장에서 경쟁적 본질은 무엇인가?
* 중요한 직접 및 간접 경쟁자는 누구인가?
* 경쟁자의 주된 특성은 무엇인가?
* 품질, 생산라인, 보증, 서비스, 상표, 포장, 유통, 판매력, 광고, 가격, 경험, 기술, 자본 그리고 인적 관리와 시장 점유율 같은 요소와 관련하여 기업의 경쟁적 강점과 약점은 무엇인가?
* 각각의 정부는 해외무역에 대해 어떤 태도를 가지는가?
* 해외 무역의 장려와 장벽은 있는가?
* 수입 또는 수출에 대해 편견을 가지고 있는가?
* 국제 무역을 격려 또는 좌절시키기 위해 각 정부는 구체적으로 어떤 일을 하고 있는가?
* 국제무역을 관리하기 위해 어떠한 특정 조건(수입이나 수출허가)이 충족되는가?
* 기업에 대한 정부규제는 어떻게 다른가?
* 외국의 매스컴은 얼마나 발달되어 있는가?
* 외국의 출판 및 인쇄매체가 능률적이고 효과적인가?
* 해외시장에서 적절한 운송수단과 창고 또는 재고시설이 있는가?
* 해외시장이 제품에 대한 능률적인 유통채널을 제공하는가?
* 현재 국내 및 해외 유통센터의 특징은 무엇인가?
* 얼마나 효과적으로 유통업체들이 특정 마케팅 기능을 수행하는가?
*소매상 제도의 양상이 어떠한가?

다. 마케팅 믹스의 평가와 선택

A. 제품

* 기업은 어떤 제품을 해외에 제공하여야 하는가?
* 제품이 어떤 특성(디자인, 색상, 크기, 포장, 상표, 보증 등)을 가지고 있어야 하는가?
* 해외의 소비자 욕구를 만족시킬 수 있는 제품요인은 무엇인가?
* 기업은 국내시장 제품을 수정하여 외국에 판매하여야 하는가?
* 해외시장을 위해 기업은 제품을 만들어야 하는가? 구입해야 하는가?
* 해외에서 제품이 현재 얼마나 경쟁적이며 미래에는 얼마나 경쟁할 수 있는 제품인가?
* 해외 시장으로부터 제품을 철수할 필요가 있는가?
* 해외에서 제품이 제품 수명주기의 어느 단계에 있는가?
* 어떤 명확한 서비스가 해외 판매 전후 단계에서 필요한가?
* 기업의 서비스 시설은 적합한가?
* 기업의 제품과 서비스는 어떤 이미지인가?
* 기업이 가지고 있는 특허와 상표가 이미지에 이익을 줄 수 있는가?
* 특허 및 상표 등과 관련하여 기업은 얼마나 많은 법적 규제를 가지고 있는가?

* 해외 시장에서 기업의 제품 사명 철학은 무엇인가?
* 기업의 제품은 사회적 책임을 다하는가?
* 제품이 바람직한 기업이미지를 창조하는가?

B. 가격과 유통
* 기업은 해외에서 자신의 제품을 거래하기 위해 어떤 유통 채널을 이용하는가?
* 기업은 어디서 제품을 생산하고 해외에서 어떻게 유통시켜야 하는가?
* 기업은 어떤 형태의 대리인, 브로커, 도매상, 딜러, 유통업체, 소매상 등을 이용해야 되는가?
* 이용할만한 매개 수단의 특성과 가능성은 무엇인가?
* 수출관리업체의 도움이 요구되는가?
* 기업은 어떤 유형의 운송수단을 사용하는가?
* 제품이 저장되는 장소는 어디인가?
* 채널에 의한 유통비용은 얼마인가?
* 물리적인 유통비용은 얼마인가?
* 기업은 해외유통 목표 달성을 위해 매개 수단에게 어떤 유형의 동기나 도움을 제공하는가?
* 경쟁사는 어떤 유통채널이 있는가 그리고 이 채널은 얼마나 효과적인가?

C. 광고와 판매촉진
* 기업은 해외시장에서 어떠한 자사 제품을 촉진할 수 있는가? 어떻게 광고를 하는가? 국제 무역 박람회나 전시회에 참여하는가?
* 해외시장에서의 의사소통 욕구는 무엇인가?
* 기업은 해외에서 어떤 의사소통과 촉진 목표를 추구해야 하는가?
* 총 해외 촉진 예산비용은 어떠한가?
* 해외 시장에서 어떤 광고 매체가 촉진에 적합한가? 그들의 강점과 한계는 무엇인가? 각각의 국내 및 해외 광고 매체는 얼마나 효과적인가?
* 기업은 광고 대행사를 이용해야 하는가?
* 광고대행사를 어떻게 선택해야 되는가?
* 해외 시장과 관련하여 기업의 현재 광고와 촉진 프로그램이 얼마나 효과적이고 경쟁적인가?
* 법적인 요구 조건은 무엇인가?
* 경쟁광고에 대한 해외 법규가 있는가?

D. 인적판매
* 해외에서 제품을 촉진하기 위해 인적 판매가 필요한가?
* 해외 소비자가 판매원으로부터 어떤 도움과 서비스를 요구하는가?
* 해외에서 인적 판매의 본질은 무엇인가?
* 기업은 얼마나 많은 판매원을 가지고 있어야 하는가?
* 판매원은 어떻게 훈련받고, 동기부여 되며, 보상 받으며, 또한 판매 목표와 할당 수량을 부여 받으며 그리고 해외 판매 영역을 배정받는가?
* 해외 판매 노력의 본질은 무엇이어야 하는가?
* 기업의 판매력은 경쟁자에 비하여 어떠한가?
* 기업은 판매성과를 평가받기 위하여 어떠한 범주를 사용해야 하는가?
* 기업은 매출분석을 어떻게 하는가?

출처 : Michael R. Czinkota and Ilkka A. Ronkainen(1996), *Global Marketing*, New York, N.Y. : Dryden Press

사례 13-1

글로벌기업, 첨단체험 마케팅 경쟁

기업의 첨단 마케팅 수단으로 증강현실(AR · Augmented Reality) 기술이 떠오르고 있다.

주요 글로벌 기업들이 현실세계와 가상정보를 결합한 AR 마케팅에 나서면서 새로운 트렌드를 예고하고 있다. 7일 업계에 따르면 시세이도 아디다스 레고 BMW 등 글로벌 기업을 중심으로 이 같은 AR 마케팅 시도가 잇따르고 있다.

일본 화장품 브랜드 시세이도는 최근 게임기 업체인 세가와 함께 '프로젝트 뷰티' 서비스를 개발해 선보였다. 이는 휴대용 게임기인 닌텐도DS에 달린 카메라로 찍은 고객의 얼굴 사진 위에 인터넷을 통해 다양한 메이크업 구성을 제안하는 서비스다.

고객은 게임기를 조작하는 것처럼 메이크업 구성을 직접 고를 수도 있다. 화장품에 대한 경험을 극대화할 수 있는 인터랙티브 마케팅 사례로 좋은 반응을 얻고 있다.

스포츠브랜드 아디다스는 남성용 스니커즈 신제품 구매 고객에 대해 AR 기술을 연동한 새로운 체험 기회를 제공하고 있다. 전용 소프트웨어를 설치하고서 PC 카메라로 제품 태그를 비추면 축구, 스케이트보드, 음악게임 등의 가상 체험을 경험할 수 있다는 게 회사 측의 설명이다.

증강현실이란 현실정보와 가상 정보를 실시간으로 결합해 인간의 감각을 확장하는 첨단 기술. 스마트폰을 거리에 비춰 주변 정보를 확인하는 것처럼 현실에서 파악할 수 없는 정보까지 보여줌으로써 한 차원 높은 정보 활용을 실현할 것으로 기대를 모으고 있다. 영화 터미네이터에 등장한 사이보그의 시각정보 인식 기술은 AR의 대표적인 사례다.

휴대전화 통신칩 제조업체인 퀄컴은 이 같은 AR 기술이 앞으로 모바일기기 활용의 중심적인 사용환경(UI)이 될 것이란 판단 아래 통신용 칩에 관련 기술을 통합하는 개발 프로젝트를 진행하고 있다.

퀄컴은 이에 따라 AR 개발센터를 설립한 데 이어 자사의 칩과 소프트웨어 플랫폼을 활용한 응용서비스 개발을 장려하는 경연대회를 추진하고 있다.

폴 제이콥스 퀄컴 회장은 "세상을 바라보는 인터페이스로써 AR를 주시하고 있다"라며 "스마트폰 카메라를 비추기만 해도 그 사람의 연락처를 알 수 있고, 벽에 걸린 그림이나 사진까지도 스마트폰으로 전송받을 수 있다"고 무궁무진한 가능성을 설명했다.

AR 기술을 활용한 마케팅은 신문 잡지 등의 광고와 결합해 침체된 광고시장을 활성화할 대안으로도 기대를 모으고 있다.

BMW는 '미니 카브리오' 웹사이트에서 광고 지면을 PC와 연결된 카메라로 비추면 컴퓨터 화면 상에 3차원 모형이 나타나는 방식의 마케팅을 선보였다. 한 탈취제 업체가 최근 선보인 AR 광고는 인쇄본 상에서는 가려져 있던 수영복 모델의 몸매가 휴대전화 카메라를 대면 나타나는 방식으로 화제가 됐다.

조립식 완구 업체인 레고는 매장에 설치된 키오스크에 제품상자를 비추면 완성된 이미지가 3차원 그래픽으로 나타나는 첨단 기법을 도입했다. 이를 위해 제품 포장에 이미지 인식기술을 적용했다. 이처럼 증강현실을 활용하면 두껍고 복잡한 사용설명서도 간단한 몇 개의 이미지로 대체할 수 있다는 게 전문가들의 설명이다. 이 밖에 PC 카메라로 비추면 3차원 영상이 나타나는 스포츠카드, 스마트폰 카메라를 대면 홀로그램 영상이 나타나는 명함 등의 AR 활용 사례도 이어지고 있다. 업계 관계자들은 "증강현실은 아직 초기단계지만 위치정보 및 다양한 센서기술의 발전과 더불어 다양한 경험을 극대화할 수 있는 인터랙티브 마케팅 기법이 대중화할 것"이라고 전망했다.

자료 : 연합뉴스, 2010.7.7

제 2 절 국제마케팅 조사의 절차

국제 마케팅 조사를 수행하는데 있어서 따르는 절차나 방법은 마케팅 조사에서 제시되는 표준적 조사와 유사하다. 즉 국내 마케팅에서 사용되는 서베이와 실험 등의 조사방법과 회귀분석, 분산분석, 군집분석 등의 통계처리 방법이 대부분 유용하게 사용될 수 있다.

국제 마케팅 조사를 해당 기업체가 직접 수행할 것인가, 또는 외부기관에 의뢰하여 수행할 것인가는 조사문제의 특성, 기업체의 규모, 기업이 가지고 있는 자원, 해외 조사 경험 등을 고려하여 결정한다.

국제 마케팅 조사에서 전형적으로 따라야 하는 조사절차는 〈그림 13-1〉과 같다.

〈그림 13-1〉 국제 마케팅 조사의 절차

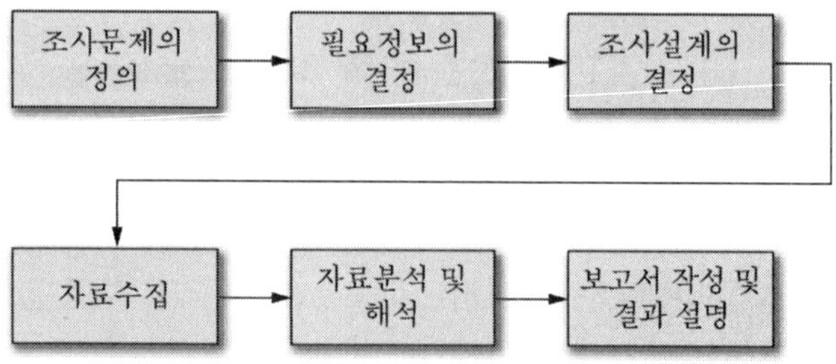

자료 : 문준연, 『글로벌 마케팅』, 명경사, 2006.

1. 조사문제의 정의

국제 마케팅 조사는 기업이 해결하고자 하는 문제를 규명하는 것에서 시작된다. 조사문제가 잘못 설정되면 정교한 통계분석을 하더라도 의미가 없다.

조사문제 정의에서 어려운 점은 조사하려는 다른 국가의 환경에 익숙하지 않다는 것이다. 생소한 현지국 환경에 대한 잘못된 가정과 조사문제 설정 오류를 범할 수 있으며 결론적으로 잘못된 결론을 도출할 수 있다. 따라서 이러한 문제를 해결하기 위해서는 조사의 초기 단계에서 예비 조사를 실시하는 것이 좋다. 이 방법으로는 옴니버스 서베이(omnibus survey)가 있다. 옴니버스 서베이란 조사전문기관에서 유사한 조사를 원하는 여러 고객의 질문을 취합하여 정기적으로 수행하는 서베이를 말한다. 이러한 서베이에서는 보통 조사기관이 관리하는 소비자 패널이 조사대상이 되며, 표본 규모가 크다.

잠재적 시장에 대한 예비정보를 수집하기 위해서 마케팅 담당자는 전문잡지를 구독하거나 대상 시장에 제품 및 원료를 공급하는 다른 기업들의 경영진들과 대화를 할 수도 있다.

조사할 지역에서 회사의 제품에 대한 무역박람회나 전람회 등을 방문하는 것도 도움이 될 수 있다.

효과적인 문제 규명은 조사 전문가들의 참여 뿐만 아니라 회사의 의사결정자들의 참여가 필요할 수 있다. 또한 문제를 정확하게 규명하기 위하여 조사 팀은 일반적인 내용 뿐만 아니라 특수한 문제의 내용들도 고려해야 한다.

이것은 서면으로 이루어져야 하는데 문제를 규명하는데 유용한 방법은 승인을 얻기 위하여 경영진에게 제출된 보고서나 예비제안을 개발하는 것이다.

조사보고서는 조사문제, 조사목표, 그리고 조사로부터 얻어지는 정보 없이 의사결정을 할 때 발생하는 잠재적 비용을 기록한다. 이 보고서는 또한 분석 단위, 조사의 시기, 그 프로젝트를 책임지는 사람, 그리고 예비예산이 규정되어 있다.

조사문제는 조사 질문으로 규정되어야 한다. 각 질문에 응답하는데 필요한 정보는 질문의 유형에 따라 다르다.

1) 분석단위

분석단위는 조사문제를 해결하기 위해서 최소의 정보원이다. 예를 들어 두 국가에서 특정 제품에 대한 총소비 패턴들을 비교하는데 목적이 있는 조사 프로젝트는 분석단위로서 나라를 이용한다. 이 분석 단위의 장점은 문화적, 경제적, 정치적 환경에 관해 이용할 수 있는 대부분의 정보가 국가에 의해 편성된다는 점이고 단점은 언제나 효과적이지 않다는 것이다. 전체국가를 기술하는 자료들은 상당한 다양성을 드러내지 않고 동질적인 인상을 준다는 것이다.

2) 타이밍

조사계획서 개발에 있어 민감한 논제인데 세계적 프로젝트들은 생각하는 것보다 더 많은 시간이 걸린다. 전체적으로 조사 프로젝트 착수 전에 그 조사 결과가 의사결정에 기여할 수 있도록 가까운 일자를 결정하는 것이 중요하다.

3) 조직

전략적의도의 조사는 회사의 구성원들에 의해 실시될 수 있다. 수출담당자 또는 사업단위 경영자는 프로젝트에 대한 지시를 받을 수 있다. 중소기업들과 국제적 경험이 없는 회사들은 회사 밖의 전문가들과 상담하는 것을 선호할 수 있다.

회사가 과거에 경험이 없는 지역에서 활동하고 회사가 그 지역에 새로운 경영자를 배정할 계획이라면 기업은 새로운 시장에 대해 연구해야 한다.

4) 예비예산

조사가 진행되고 프로젝트가 다음 단계로 옮겨진다고 가정할 때 프로젝트의 나머지를 진행하기 위해서 보다 상세한 예산과 충분한 조사설계가 개발되어야 한다.

2. 필요정보의 결정

기업 외부 원천으로부터 자료를 얻는 방법에는 1차 자료와 2차 자료조사를 통해 가능하다.

자료수집에서 비용과 시간의 문제 때문에 기업들은 2차 조사를 이용한다. 이 방법은 정보를 신속하고 저렴하게 정보를 제공받을 수 있지만 1차 자료에 비한다면 정밀도가 떨어진다. 따라서 대부분 2차 조사를 행하고 난 후 정보의 부족으로 1차 자료 조사를 행하게 된다.

1차 자료(primary data)에 의한 시장조사를 할 때는 외국의 판매회사나 잠재 바이어와의 인터뷰와 설문조사 등 여러 가지 직접적인 접촉을 통해 해외시장에서 직접 자료를 수집하게 된다. 이러한 시장조사는 기업의 요구에 맞는 정보를 제공하여 주고 특정 문제에 대한 해답을 제공해 준다는 점에서 매우 유용하지만 많은 시간과 비용이 필요하다는 단점이 있다.

2차 자료(Secondary data)에 의한 시장 조사의 경우 기업은 특정 국가 및 제품에 관한 무역통계와 같이 여러 가지 정보의 원천을 통하여 자료를 수집하게 된다. 이 조사는 비용이 적게 드는 장점은 있으나 실질적인 시장정보 입수에 한계가 있다. 예를 들어 어느 국가에 대한 최근 통계라고 하더라도 대부분은 2년 전의 통계라는 점이다. 통계의 시의성에 문제가 없다고 하더라도 일반적으로 통계는 너무 광범위하거나 기업이 시장상황을 구체적으로 분석하는 데는 한계가 있다. 이러한 한계가 있음에도 불구하고 2차 자료에 의한 시장조사는 초기단계에서 적은 비용과 노력으로 기업에게 유용한 정보를 제공하여 준다.

〈표 13-3〉 1차 자료와 2차 자료의 특징

1차 자료	2차 자료
*자료 수집에 있어 많은 시간과 비용이 사용됨 *전문가 수준의 조사 담당자가 직접 관찰하고 수집함 *주관적이 되기 쉬움 *실험적 조사가 필요함 *관련문제에 관한 특징적인 사항의 국한성 가능 *소유정보의 비공개성	*자료수집에 있어 적은 비용과 시간이 사용됨 *출판된 정보원 또는 타인에 의해 수집된 정보가 근원이 됨 *신속한 수집이 가능함 *자료의 편견 혹은 불안정성에 대한 가능성 *자료의 진부성의 가능성 *한계성에 대한 주의 깊은 분석의 필요성

출처 : Subhash C. Jain, *International Marketing Management*, PWS-Kent Publishing Company, Second ed., 1987, p. 321.

1) 2차 자료

조사자는 항상 2차 자료로부터 조사를 시작하는 것이 좋다. 2자 자료는 1차 자료에 비하여 저렴하고 시간도 적게 소요된다.

(1) 정부 자료

정부와 국영기관에서는 국제마케팅에 관련된 많은 자료가 있다. 정부의 경우 외교통상부, 기획재정부, 현지 대사관, 무역진흥공사(KOTRA)

등에 경제에 관련된 자료가 있다. 예를 들어 우리나라 외교통상부는 해외 각국 정보와 국제 정체, 국제 경제 이슈 및 최근 시장동향 정보 등을 온라인으로 제공해 주고 있다. 지식경제부 홈페이지에서는 무역 및 산업 동향, 정보와 기술 정보 및 표준 규격 정보 등을 제공해 주고 있다.

각국 정부는 정부가 지원하는 무역기구를 두고 있다. 무역기구에서는 자국 기업에게 해외 시장 정보를 제공하여 자국에 진입하고자 하는 타국 기업에게 관련 정보를 제공하여 준다.

(2) 국제기구 자료

국제기구에도 많은 유용한 자료가 있다. World bank, OECD, IMF, UN 등은 방대한 데이터베이스를 구축하고 있다. 이러한 기구에서 발표하는 보고서는 특히 각국의 인구 통계 정보와 경제 정보를 알아보는데 유익하다.

세계은행(World Bank)은 각 국가의 인구 현황과 성장 추이 및 GNP 등에 대한 자료를 제공하고 있다. OECD도 여러 가입 국가의 무역에 관련한 통계 동향을 보고하고 있다.

(3) 유료 자료

국제 비즈니스 정보를 전문화하는 기업도 있다. 이러한 상업용 자료는 사용자에 대한 직접 관련성이 높고 정보가 풍부하고 우수하나 정부기관 정보에 비해 고가이다. 유료자료를 제공하는 기업으로는 Economist Intelligence Unit(EIU)와 Euromonitor가 있다. EIU는 분기별로 시장 보고서를 발간하고 있으며 조사 대상국별로 상세한 정치동향 및 경제동향이 실려 있다.

Euromonitor는 국제 마케팅에 매우 유용한 보고서를 발간하고 있다.

(4) 신디케이트 서비스

신디케이트 서비스(sydicate service)는 주기적으로 자료를 수집하여 필요로 하는 기업에게 판매하는 기업에 의해 제공되는 서비스이다. 신디케이트 서비스를 매출자료 형태로 소비자 행동을 추적할 수 있고 소비자 태도, 지각, 라이프 스타일 등에 대한 정보를 주기적으로 수집함으로써 소비자 행동의 이해를 도울 수 있다.

(5) 경쟁사 자료

현지 시장에서 외국 회사들은 같은 처지에 놓여 있는 경우가 많다. 따라서 외국에 진출한 기업들이 서로 경쟁하기보다는 협력하는 경우도 많다. 이 때문에 기업들은 협력 차원에서 최신의 자료들을 서로 공유할 수 있다.

(6) 인터넷 해외시장조사(Online market research)

기업은 해외시장조사를 통해 단순한 바이어 검색뿐만 아니라 해외입찰정보, 투자, 구매, 시장동향, 상품, 통계자료, 전시회, 이벤트, 과학기술 등의 정보를 입수할 수 있다. 인터넷을 활용하여 정보를 파악하면 시간과 비용을 절약할 수 있다.

〈표 13-4〉 해외 기업정보 검색유형

구분	내용
무역정보 DB 사이트 활용	*KOMPASS *Tomasregister *PIERS *KOTRA/KOTIS 등
기업 정보 DB 사이트 활용	*연락점 이용(Yellow Pages) *기업현황정보 *재무, 증권정보 *CD-Rom, 디렉토리

출처 : 최장우, 『무역마케팅』, 2003, 두남 출판사

2) 1차 자료

(1) 관찰법

관찰법은 질문을 하지 않고 정보를 얻는 방법이다. 조사자들은 소비자들이 제품을 구매하고 그것을 사용하는 과정 또는 마케팅 커뮤니케

이션에 노출되는 과정에서 행동 양상을 조사하기 위해 소비자들을 관찰한다. 예를 들어 슈퍼마켓에서 소비자들이 쇼핑카트에 제품을 담기 전에 얼마나 오랫동안 제품을 살펴보는지 또는 음식을 준비할 때 라벨에 적힌 사용법을 얼마나 준수하는지 등을 관찰을 한다.

다른 국가의 특정한 문화의 집단 또는 가족을 관찰하거나 함께 생활하면서 관찰하는 방법도 있다. 이러한 심층적 관찰법을 민족 지학적 조사(ethnographic research)라고 한다.

(2) 실험법

실험법(experimental research)은 통제된 조건하에서 인과관계에 대해 시험해 보고자 하는 것이다. 조사자들은 대안적인 제품특성, 광고주제, 가격과 같은 마케팅 자극과 소비자 반응에 미치는 영향을 알아보고자 한다. 이러한 인과관계를 확립하고자 할 때는 조사자는 소비자의 반응이나 자극으로부터 비롯되었다고 할 수 있도록 시험대상이 되는 마케팅 자극을 제외한 모든 요소들은 통제해야 한다.

(3) 서베이법

서베이법(Survey research)은 1차 자료의 수집에 가장 널리 사용되고 있다. 서베이법은 모집단을 대표하는 표본의 응답자들로부터 설문지를 통하여 구조화된 자료를 수집하기 위하여 고안되었다.

글로벌 조사를 위한 설문지 작성시 다음과 같은 점을 유의해야 한다.

첫째, 개념적 동일성(Conceptual equivalence)

측정하고자 하는 개념이 조사 대상국에서 동일한 의미를 가지는 정도를 의미한다. 개념에 따라서 다른 국가 간에 전혀 다른 의미를 가지거나 국가에 따라 그런 개념이 존재하지 않는 경우가 있다.

둘째, 번역의 동일성(Translation equivalence)

설문지를 다른 언어로 번역하는 경우 번역의 동일성이 확보되어야 한다. 번역오류를 피하기 위하여 역번역법과 병행 번역법이 있다.

역번역법(Back translation)이란 기본 설문지를 타 언어로 번역하고 다시 기본 설문지 언어로 역번역하여 비교하는 것이다.

병행번역법(Parallel traslation)이란 복수의 번역자가 하나의 설문지를 각기 동시에 번역하는 방법이다. 그 다음에는 회의를 통하여 차이점을 찾아내고 조정한다.

셋째, 척도의 동일성(Scalar equivalence)

많은 설문지가 선택형 설문지를 사용하고 선택형 설문지 중에는 척도형 설문지를 많이 사용한다. 다른 국가의 설문지 응답자들이 각 점수에 대하여 동일한 의미와 해석을 부여하도록 해야 한다. 서베이에 사용되는 척도의 표준적 양식이 국가 마다 다르다. 따라서 응답자가 선택한 점수의 의미가 국가마다 다를 수 있다.

설문지는 번역이 완벽할지라고 조사자는 조사를 고려중인 국가들의 응답자들이 다양한 교육수준을 가지고 있다는 것을 염두에 두어야 한다. 특정국에서는 응답자에게 추상적인 언어적인 방법으로 질문하는 것이 적당할 수 있다.

또한 다른 국가에서는 응답자들에게 같은 질문이라고 시각적 수단을 통해서 전달되어야 할 수도 있다. 따라서 조사자는 국가 간의 차이는 물론 조사대상 집단들간의 조그마한 문화적 차이조차 이해해야 한다.

(4) 표적 집단 면접법(Focus group interview)

마케터가 갖고 있는 일련의 주제를 중심으로 토론이 이루어질 수 있는데 이때 훈련된 토론 신행자에 의해 진행되는 비공식적이고 개방적인 토론이 표적 집단 면접법이다. 글로벌 조사에서는 전문 토론 진행자의 역할이 중요하다. 토론 진행자는 현지국 언어와 대화 패턴에 익숙해야 한다. 또한 현지문화에도 민감해야 한다.

사례 13-2

한국 시장은 변화 빠른 글로벌 마케팅 시험장

"새로운 마케팅 전략을 시험하기에 한국은 가장 좋은 나라다." 다국적 생활용품기업 P&G의 글로벌 마케팅을 총괄하는 짐 스텐글(P&G 사장)의 말이다.

그는 그렇게 생각하는 이유로 "한국 소비자들이 까다롭고 매체를 주도적으로 선택하기 때문"이라고 설명했다. 스텐글 사장은 한해 67억 달러(약 6조3,000억원)의 광고비를 집행하는 '큰 손'으로 국내 마케팅 현황 파악을 위해 12일 방한했다. 15일 출국 전 인터뷰에 응한 그는 한국에 도착하자마자 가장 먼저 한 일이 대형 할인점 방문이었다고 했다.

이마트, 롯데마트, 홈에버를 돌아보며 P&G 상품의 판매상황을 일일이 체크했단다. 이를 통해 탈취제 '페브리즈'가 잘 팔리는 이유를 확인할 수 있었다고 했다. 탈취제 매대뿐만 아니라 가정용품 · 유아용품 · 애견용품 등 탈취제와 조금이라도 연관된 모든 매대에 페브리즈를 전시한 게 비결이라는 것. 그는 "페브리즈의 한국 탈취제 시장 점유율은 87%로 다른 아시아 국가와는 비교가 안 된다"며 "마케팅 노력이 얼마나 중요한지를 보여준다"고 말했다.

그는 한국 소비자 2명을 서울 서초동 한국P&G 사무실로 불러 심층 면접하기도 했다. 하루에 TV는 몇 시간 보는지, 인터넷은 얼마나 사용하는지 등을 꼼꼼히 물으며 한국 소비자의 특성을 파악하려 애썼다. 그는 "한국 소비자의 매체 선택 변화는 세계에서 가장 빠른 만큼 마케팅도 가장 먼저 다변화돼야 한다"고 강조했다. 이와 관련, 최근 한국에서 공중파 TV 대신 케이블 TV에 집중적으로 광고해 인지도를 크게 높인 P&G의 샴푸 브랜드 '비달 사순'을 마케팅 다변화의 성공 사례로 꼽았다.

하지만 그는 "세제나 화장품 · 푸 등 모두 성능으로 소비자를 만족시키지 못하면 마케팅을 아무리 잘 해도 소용없다"고 했다. 결국 끊임없이 변하는 소비자 취향을 반영한 기술개발이 경쟁력이라는 얘기다.

그는 "앞으로 광고는 좀더 재미있고 자극적이어야만 소비자들의 눈을 멈출 수 있을 것"이라며 "이를 위해 기업들은 창의력 있는 인재를 영입하는 데 주력해야 한다"고 강조했다.

자료 : 중앙일보, 2007.1.16

제3절 자료 분석법

국제 마케팅 조사에서 수집된 자료를 분석하는 방법은 매우 다양하다.

1. 수요유형 분석(Demand Pattern analysis)

경제개발의 다른 수준에 있는 국가들은 수요와 소비의 패턴이 다를 것이라고 가정한다. 제품이 처음 소개되었을 때 기존 시장에서 수요의 패턴을 비교함으로써 시장의 광범위한 예측이 가능하다.

2. 회귀분석(Regression analysis)

통계학에서 제일 많이 사용하는 잘 알려진 기법이다. 회귀의 종류는 다양하지만 일반적으로 구조를 보면 특정한 관심이 있거나 예측하려는 변수에 대해 이를 설명할 수 있는 여러 독립변수를 연결하게 된다. 회귀분석은 한 국가 차원에서 적용할 수 있다. 회귀분석은 정량적인 분석이기 때문에 자료의 적합성을 잘 평가해야 한다.

3. 군집분석(Cluster analysis)

국가마다 유사점과 차이점이 있기 때문에 이러한 자료를 토대로 하여 사용할 수 있는 통계방법이 군집분석이다. 군집분석의 목적은 집단 내 유사성과 집단과 차이를 극대화하는 군집으로 변수를 집군화하는데 있다. 군집 분석은 세계의 로컬, 국가와 지역 시장 간에 형성될 수 있는 유사성과 차별성 때문에 국제시장 조사에 잘 부합된다.

4. 소득 탄력성 측정

소득탄력성은 소득 변화율에 대한 수요의 변화율 관계로 정의할 수 있다. 소비재 수요에 대한 연구는 음식과 옷 같은 생활필수품은 비탄력적 수요를 나타낸다. 다시 말하면 이 범주에 대한 지출은 소득이 증가하는 것보다 더 느린 비율로 증가하게 된다.

5. 유사성평가(Analogy Estimation)

유사성 평가는 특수한 국가에서 시장자료가 결핍된 경우에 사용된다. 이것은 시장 잠재력에 대한 시험을 위해 일정한 비율을 비교 또는 대조하고 있는 기존시장에서 만들어진다. 이 기법에는 크게 두 가지 접근 방법이 있는데 횡단적 접근 방법과 추세적 접근 방법이 있다. 횡단적 접근 방법(Cross-section approach)은 한 국가의 제품-시장 크기는 한 비율을 형성하기 위하여 어떤 개략적인 총 경제지표와 관련된다. 이 비율은 그 국가에서 제품-시장에 대한 잠재력을 평가하기 위하여 분석에 있어서 특정 국가에 적용된다. 추세적 접근방법(Times series approach)의 방법은 제품 사용이 하나의 주기(cycle)를 통해서 움직인다는 신념에 바탕을 두고 있다. 그해서 분석 대상의 국가는 비록 시간 지체가 일어나지만 일정한 소득수준에서의 선진국가의 소비패턴을 따를 것이라고 가정한다.

6. 리스크 평가(Risk evaluation)

처음 태동하는 시장은 수익 잠재력에서 가장 큰 기회를 제공하지만 수익과 함께 리스크를 고려해야 한다.

기회분석에서 리스크 요인은 과소평가나 과대평가되어서는 안된다.

때때로 정치적 리스크 자체는 국제마케팅 전략의 성공이나 실패의 가장 중요한 원인이 될 수 있다. 따라서 기회가 확인된 경우 조사자는 우선 시장의 리스크 유형 즉 정치적 산업적, 금융적 유형에 관하여 리스크의 정도를 평가할 필요가 있다.

다음은 4가지 리스크 매트릭스이다.

〈표 13-5〉 4가지 리스크 매트릭스

	국가					
리스크수준 / 리스크유형	1	2	3	4	5	6
정치적						
상업적						
산업적						
금융적						

주) 리스크 수준: 1(매우 낮음) -> 6(매우)높음
출처 : 오상현(2009), 『국제마케팅』, 대명, p. 191.

7. BERI

BERI는 세계 50개 국가의 국가 리스크 예측을 제공하며 1년에 3번씩 업데이트 된다. 이 지침은 정치적 안정성, 지불 능력의 균형, 인플레이션, 노동생산성, 로컬 경영 숙련 등을 포함하는 15개 우수한 상황으로 4점 척도로 표현된다.

8. 포트폴리오(Portfolio Analysis System) 분석

국제마케팅 담당자들에게 중요한 것은 포트폴리오분석체계이다. 조사자들은 신시장의 선정과 같은 전략적인 조사문제를 다룰 때 포트폴리오 분석을 이용할 수 있다. 이것은 정보원으로써도 유용하다.

제4절 국제 마케팅 정보시스템

1. 정보의 개념 및 종류

정보(Information)는 자료(data)와 구별되는 말로 정보는 자료에 의미를 첨가하여 가공한 것으로 사람의 의지가 첨가되어 있는 것이다. 정보를 이용할 때는 자신의 목적과 적합한 의지가 자료에 가미되어 있는지를 확인할 필요가 있다.

정보에는 내부 정부와 외부정보가 있다. 내부정보(Internal Information)는 기업 내부로부터 얻을 수 있는 정보이다. 외부정보(External Information)는 의사결정자의 지위가 높아지면 의존하게 되는 정보이다. 최고경영자의 의사결정의 상당 부분은 외부정보에 의해 의존하고 있다.

정보시스템은 수량적인 자료 뿐만 아니라 질적인 자료도 취급할 수 있어야 하며 필요한 자료 검색이 용이해야 한다.

또한 정보는 수량적인 경우가 대부분이기 때문에 컴퓨터를 충분히 활용할 수 있다. 따라서 정보를 이용하려는 관계자가 손쉽게 자료나 정보를 찾아볼 수 있도록 구축되어야 한다.

2. 마케팅 정보시스템의 개념 및 활용

마케팅 정보시스템이란 기업 내외부로부터 적절한 정보를 수집하여 특정한 마케팅 의사결정의 기초를 위해 사용될 수 있도록 설계된 사람, 기계, 절차들이 상호작용하여 체계화된 복합체를 의미한다.

국제마케팅정보시스템은 한 국가에서 여러 나라로 확산되는 차원에서 정보수집의 중요성이 더욱 증대되고 수집되어야 할 정보량이 더욱 방대해진다. 또한 수집된 자료를 상호비교해야 하므로 국내 마케팅 정보시스템보다는 시간과 비용이 많이 들고 복잡하다.

국제 마케팅정보시스템은 해외시장 확장기회의 포착, 경영성과의 평가, 국제환경의 이해 및 전망, 국제전략 통합 및 자원의 재배치 등과 같은 중요한 의사결정에 유용하게 활용될 수 있다.

첫째, 국제마케팅정보시스템은 국제적 사업확장 뿐만 아니라 심층적으로 조사해야 할 필요가 있는 국가를 선정하는 데도 활용될 수 있다.

둘째, 국제마케팅 정보시스템은 상이한 환경과 시장조건 하에서 활동하고 있는 현지 자회사의 경영성과를 평가하는데 활용될 수 있다. 국제 경영성과를 보다 효과적으로 평가하기 위하여 시장점유율, 투자수익률의 지표와 판매원의 1인당 매출액, 매출액 대비 광고비 비율, 이직률 같은 지표를 함께 사용한다.

셋째, 세계 각국의 환경변화와 추세를 파악하는데 국제마케팅 정보시스템을 활용할 수 있다. 환경변화에 기업이 어떻게 대처하는지에 따라 기업의 능력과 목표이익 수준 유지에 직접적으로 영향을 미칠 수 있다.

넷째, 국제마케팅 정보시스템은 해외시장에서 진입, 유지, 확대, 철수의 의사결정을 행하는데 유용한 정보를 제공해 줄 수 있다. 따라서 국제 전략의 통합과 기업자원의 재배치 등에 활용될 수 있다.

3. 정보시스템 구축

기업은 경영활동을 통해 의식되어지지 않는 자연발생직인 정보 시스템(Information System)이 있다. 따라서 의식적인 정보시스템 구축이 필요하다. 기존의 자연발생적으로 생겨난 정보 시스템의 긍정적인 점과 부정적인 점을 분명히 하여 경영자가 의사결정 시스템을 사용하는데 불편이 없도록 해야 한다.

일반적으로 모든 기업에 대해 필요한 정보를 분류하는 틀을 제시하는 것은 힘든 일이므로 모든 기업들은 각기 특정 정보의 범주를 만들어야 하는데 다음 표는 최소한의 필요정보를 5개 범주로 나타낸 것이다.

〈표 13-6〉 국제 마케팅 정보 시스템을 위한 정보 범주

A. 시장정보 *시장 잠재성 : 기존 시간에 있어서 기존제품의 현상과 전망을 포함한 잠재적 수요를 나타내는 정보 *소비자의 태도와 행동 : 기존 제품과 신제품에 대한 소비자의 태도와 행동에 대한 정보, 기업의 투자이익에 대한 투자자의 태도 *유통경로 : 유통기관의 이용가능성, 효율성, 태도 및 선호에 대한 정보 *커뮤니케이션 매체 : 각종 매체의 이용가능성, 효율성, 비용에 관한 정보 *시장정보 원천 : 이용가능성, 질적인 면, 그리고 비용 *신제품 : 특정 기업의 신제품에 관련된 비기술적인 정보
B. 경쟁정보 *경쟁기업 전략과 계획 : 경쟁기업의 목표와 전략 및 계획에 관한 정보 *경쟁기능 전략과 계획 : 표적시장, 제품, 가격, 유통, 판매촉진전략과 계획, 금융, 제조, R&D, 고용 전략 등의 프로그램 *경쟁기업의 경영활동 : 경쟁기업의 경영활동에 관한 자세한 정보, 제품, 선적, 피고용인 전임, 종업원 사기 등
C. 규정정보 *외환 : 외환취급기관에 의해서 결정되는 환율의 변화나 예상되는 변화에 관한 정보 *해외세제: 이익, 배당, 이자 등에 대한 각종 세율을 결정하기 위한 외국기관 동태에 관한 정보 *외국의 각종 규정 : 외환과 과세 문제 이외의 특정 국가나 국제간의 행정당국의 각종 규정에 관한 모든 정보 *자국정부의 규정 : 기업에 영향을 미치는 자국 정부의 장려책, 통제책, 규정, 제한 등에 관한 정보
D. 자원정보 *노동인구 : 개별, 집단 노동력의 이용가능성, 고용지원자 등에 관한 정보 *자금 : 기업의 이용가능 자금과 비용에 관한 정보 *원자재 : 원자재의 이용가능성과 비용에 관한 정보 *매수와 합병 : 가능한 기업매수, 합병, 합작 등에 관한 정보
E. 일반적 정세 *경제적 요소 : 자본이동, 성장률, 경제구조, 경제지리와 같은 요소를 다루는 거시경제적 정보 *사회적 요소 : 사회적 구조, 관습, 태도 및 선호 등에 관한 정보 *정치적 요소 : 투자환경, 선거방법, 정치변동 등에 관한 정보 *과학적 기술요소 : 가능성이 있으나 아직 실험되지 않은 주요 기술개발에 관한 정보 *경영관리 실천정보 : 종업원 임금, 보고 제도 등에 관련된 경영관리 상의 실천과 제도에 관한 정보 *기타 정보 : 이상의 범주에 포함되지 않은 각종 정보

출처 : Warren J. *Multinational Marketing Management* 3rd ed., Englewood Cliffs, N.J. : Prentice-Hall, 1984, pp. 215-216.

사례 13-3

국외 시장 뚫는 첨병들 "아직도 세계는 넓다"

◆ 신시장 개척하는 프런티어들 ◆

2010년 경제 화두는 신시장 개척이다. 지식경제부는 이명박 대통령에게 새해 업무보고를 하면서 최우선 과제로 '주요 수출 공략지를 선진국에서 신흥국 시장으로 이동시킬 방침'이라 밝혔다. 금융위기 이후 선진시장은 소비가 줄어드는 반면 인도, 인도네시아, 브라질 등 신흥국이 새로운 소비시장으로 부상하고 있다. 전통적인 선진국 시장 내에서도 신시장 개척 움직임이 눈에 띈다. 그동안 난공불락으로 여겨졌던 일본 부품시장을 뚫은 한국 기업들이 하나둘 생겨나고 있다. 엔고로 고통 받는 일본 기업들이 자국 부품 활용 원칙을 포기하고 경쟁력 있는 한국산에 눈을 돌리기 시작한 덕분이다. 금융위기 파고를 넘기 위해 세계 각국이 재정지출 확대를 통한 경기부양을 추진하면서 각국 조달시장이 새로운 블루오션으로 떠오르고 있기도 하다. 이처럼 새롭게 열리는 신시장을 개척하기 위해 한발 앞서 뛰고 있는 프런티어들을 현지에서 직접 만나봤다.

선진국 · 개도국 수출실적 비교 〈단위:억달러, %〉

구분	2008년 11월	2009년 11월	증감률
전체 수출	288	341	18.1
선진국 수출	97	96	-1.2
개도국 수출	192	245	27.9

◆ 국외 공략 확 달라졌다…중남미 · 아프리카가 블루오션

장면1. 1960년 시계 도소매업으로 시작한 양지상역은 시계유리, 시계케이스 등을 제작해 수출하던 업체다. 86년부터는 손목시계를 직접 조립해 중동, 중국, 아프리카로 수출하기도 했다. 그러나 2000년대 중반 들어 중국산 저가 시계 공세로 폐업 위기를 맞았다. 고민하던 정호철 대표가 찾아낸 새로운 일은 헌옷 수출. 나이지리아에 헌옷 수요가 있다는 얘기를 듣고 현지에 가서 직접 상황을 파악하고 돌아왔다. 한국 헌옷 수집상과 계약을 맺어 헌옷을 공급받은 후 손질해 매월 컨테이너 1~2개 물량을 나이지리아에 수출한다. 20여년간 시계를 수출하며 쌓은 나이지리아 수입상들과의 관계가 큰 도움이 됐다. 2008년 7월부터 2009년 6월까지 1년 동안 무려 317만달러어치 헌옷을 수출했다. 수출증가율 1,000%다. 덕분에 양지상역은 지난 무역의 날에 '녹색산업' 부문에서 지식경제부장관상을 수상했다.

장면2. 지식경제부는 이명박 대통령에게 새해 업무보고를 하면서 최우선 과제로 '주요 수출 공략지를 선진국에서 인구 30억명 신흥국 시장(G20)으로 이동시킬 방침'이라 밝혔다. 금융위기 이후 미국 등 선진시장 소비가 줄어드는 가운데 중국, 인도, 인도네시아, 브라질 등 신흥국이 새로운 소비시장으로 부상하고 있어서다. 특히 아시아는 중국, 인도 경제가 급성장하면서 중산층이 급속하게 확대되고 있다. 1990년 1억4,000만명에 불과했던 아시아 중산층이 2008년 8억8,000만명으로 급증했다. 지경부는 이 시장이 '적당한 가격+중고급 품질'의 '미들시장'이라 규정했다. 사실 이 미들시장을 차지하기 위한 기업들의 총성 없는 전쟁은 이미 시작됐다. 일본산 부품만을 고집했던 혼다오토바이는 최근 중국산 부품을 채택했다. 베트남 시장에서 1,000달러대 오토바이를 출시하기 위해서다.

장면3. 삼성전자는 남아프리카공화국에 아프리카 총괄조직을 신설한다는 계획이다. 이를 기반으로 아프리카 대륙 중산층 시장 공략에 나선다는 그림을 그리고 있다. 삼성전자뿐 아니다. 포스코, 현대자동차, LG전자, STX 등 한국을 대표하는 기업들이 모두 아프리카 시장에 지대한 관심을 보이고 있다. 아프리카 시장의 가능성이 그만큼 크다는 얘기다. 지난 10년간 5.3%의 성장률을 기록한 아프리카는 2010년에 'V'자형 경제회복이 기대된다.

장면4. 요르단 정부가 발주한 연구용 원자로 국제경쟁입찰에서 한국원자력연구원-대우건설 컨소시엄이 러시아, 중국, 아르헨티나를 제치고 최우선협상자로 선정됐다. 오는 3월 최종계약이 이뤄지면 원자력을 시작한 지 50년 만에 처음으로 메이드 인 코리아를 수출하게 된다. 원자력계의 숙원이었던 원자로 요르단 수출은 또 다른 의미를 지닌다. 금융위기 이후 세계 각국이 재정지출 확대를 통한 경기부양을 추진하면서 각국 조달시장이 새로운 블루오션으로 떠오르는 중이다. 국외 조달시장 규모는 전 세계 총 교역액의 70%에 육박하는 연간 9조달러(2007년 기준)로 추정된다.

개도국 수출 급증세

'기아의 땅'으로만 여겨져 온 아프리카가 경제성장과 함께 주요시장으로 부상하고 있다.

2010년 경제 화두는 신시장 개척이다. 수출은 여전히 한국 경제를 지탱하는 버팀목이다. 정부는 새해에도 수출의 성장률 기여율이 3.5%에 달할 것으로 내다본다. 정부는 새해 경제성장률을 5%로 잡았다. 결국 새해 경제성장률 5%를 달성하기 위한 가장 주요한 열쇠는 '수출'이 쥐고 있다 할 수 있다. 수출과 관련해 새해에 가장 관심을 기울일 부문이 바로 신시장이다. 지고 있는 기존 시장을 넘어 떠오르는 신시장을 잡아야 수출강국의 위상을 유지할 수 있기 때문이다.

게다가 신시장 수출은 한국 경제의 고질병인 '고용 없는 성장'을 해결할 수 있는 방안으로도 관심을 끈다. 신시장 수출에 성공하는 중소기업이 늘어나면 그만큼 고용도 크게 늘어난다.

신시장은 크게 세 가지로 나눠볼 수 있다.

우선 그동안 한국이 주요 수출 대상으로 삼았던 미국, EU 등 선진국을 넘어선 신흥국 시장이다. 실제 2009년 11월의 대선진국 수출은 1.2% 감소한 반면 대개도국 수출은 무려 27.9%나 증가했다. 덕분에 전체 수출 상승률이 18.1% 증가했다. 결국 대 개도국 수출 증가가 한국 경제 V자형 회복에 큰 역할을 하고 있다는 의미다. 신흥국 시장 중에서도 중남미와 아프리카가 특히 단연 돋보인다. 그중에서도 '잠재력의 나라'에서 '초강대국'으로 변신하고 있는 브라질이 눈에 띈다. 2014년 브라질월드컵과 2016년 리우올림픽을 잇달아 유치하면서 향후 가장 기대되는 나라 1순위가 된 브라질은 현재 경제규모 세계 8위에서 5년 뒤 5위로 올라선다는 야심찬 계획을 세웠다. 아직 한국에는 미지의 땅인 아프리카는 기업들이 새해에 최우선적으로 공략할 지역 1위로 꼽힌다.

두 번째 신시장은 기존 수출 중점 지역 내에서도 아직 들어가지 못했던 곳이다. 일본과 중국 서부 시장이 대표적인 사례다.
난공불락으로 여겨졌던 일본 부품시장을 뚫는 한국 기업들이 하나둘 생겨나고 있다. 엔고로 고통받는 일본 기업들이 자국 부품 활용 원칙을 포기하고 경쟁력 있는 한국산에 눈을 돌리기 시작한 덕분이다. 특히 최근 신성델타테크가 도요타에 부품을 납품하게 된 것은 일종의 '대형 사건'으로 평가받는다.

중국 서부대개발도 새로운 기회

도요타는 오랫동안 일본산 부품 고수 전략을 고집스럽게 지켜왔다. 가격과 상관없이 품질이 최고인 일본산 부품으로 최고 제품을 만들겠다는 전략이었다. 그런 도요타가 더 이상 일본 부품을 고집하지 않겠다고 나섰다. 일본산과 비슷한 품질을 유지하면서 가격경쟁력도 갖춘 한국 부품업체들에는 절호의 기회다. 도요타뿐 아니라 혼다, 닛산차도 조만간 한국산 부품을 조달할 것으로 알려졌다.
'서부대개척'으로 표현되는 중국 내륙지방도 대표적인 신시장이다. 금융위기를 돌파하기 위해 적극적인 내수 진작에 나선 중국 정부가 가장 공을 들이는 지역이 바로 시안-충칭-청두를 잇는 내륙 서부경제권이다. 경기침체에도 이 지역은 두 자릿수 경제성장을 지속하고 있다.
세 번째는 민간무역이 아닌 각국 정부와 공공기관을 대상으로 하는 조달시장이다. 그중에서도 미국, EU, 중국, UN 등이 우리 기업들이 가장 눈여겨보는 곳이다.

도요타는 최근 일본산 부품 고수 전략을 포기하고 한국산 부품에 눈을 돌리고 있다.

미국 조달시장은 연간 5,280억달러 규모의 거대 시장이다. 게다가 미국 조달시장에는 WTO공공조달협정에 가입한 국가 기업들만 참여할 수 있다. 아직 회원이 아닌 중국, 인도 제품은 아예 참여가 불가능하다. 가격 면에서 중국산, 인도산에 밀렸던 한국산이 뚫고 들어갈 수 있는 여지가 충분하다. 파생효과도 대단하다. 이인규 코트라 미국조달지원센터 과장은 "미국 조달시장은 세계 최첨단 기술의 집합장으로, 여기에서 성공하면 어디에서든 성공할 수 있다"고 설명한다. 물론 조달시장에 들어가는 게 쉬운 일은 아니다. 이 과장은 "수많은 정부기관과 산하 조직, 방대하고 다양한 규정과 조달 프로그램, 낯선 용어들이 난무하는 등 구조가 복잡해 처음에는 이해하기 어려운 난점이 있다"고 전했다. 또한 조달시장 또한 철저하게 인맥 중심이다. "흔히 제품이나 서비스 품질을 보고 구매할 것 같지만 실제로는 그것을 파는 사람을 보고 산다. 오랜 기간 신뢰감을 심어주지 못한 판매자는 살아남을 수 없다. 보통 조달시장에서 인맥을 성공적으로 구축하는 데 10년이 걸린다고 하니, 장기적으로 내다보는 전략이 필요하다"는 게 이 과장 조언이다.

이처럼 새로운 시장이 펼쳐지고 있지만 사실 정보와 자금력이 약한 중소기업에는 그림의 떡일 수 있다. 신시장을 뚫기 위해서는 현지 시장 파악과 인맥 구축이 선행돼야 하는데 당장 하루 먹고 살기 바쁜 중소기업들이 먼 앞날을 내다보고 이 같은 투자를 단행하기 쉽지 않은 까닭이다. 이런 기업들에 실질적인 도움을 주기 위해 코트라 등 관계기관들은 다양한 지원책을 마련하고 있다.

정기훈 삼성물산 런던법인장은 "이들 기관 지원책을 적극 활용하거나, 해당 지역에 이미 진출한 대기업을 파트너로 삼아 도움을 받으라"고 조언한다.

자료 : 매일경제, 2010.1.6

연 습 문 제

1. 국제시장조사의 필요성에 대하여 설명하라.

2. 국제시장조사의 목적에 대하여 설명하라.

3. 국제시장조사의 내용에 대하여 서술하라.

4. 1차 자료와 2차 자료의 특징에 대하여 서술하라.

5. 서베이법(survey research)을 위한 설문지 작성시 유의점에 대하여 설명하라.

6. BERI에 대하여 설명하라.

7. 마케팅 정보시스템에 대하여 설명하라.

제 14 장

글로벌 인터넷마케팅

제 1 절 전자상거래의 이해

전자상거래는 미국의 국립 로랜스리브모어 연구소가 국방성의 프로젝트를 수행하면서 처음으로 사용한 용어로 거래가 시작되면서 끝날 때까지 종이서류가 사용되지 않는 기업환경을 정보통신 기술에 의해 추구하려는 데 그 목적이 있었다. 인터넷이 빠른 속도로 대중화되면서 기업들은 정보통신기술의 발달을 전략경영이나 비즈니스 엔지니어링에 적극 도입하여 활용하고 있다.

1. 전자상거래 정의

전자상거래의 정의는 견해에 따라 다르나 전자문서 교환, 이미지 처리, 바코드 사용, 전자우편, PC 통신, 전자자금이체, 전자화폐, 통신망을 이용한 가상 기업 등을 통한 일반적인 거래활동을 의미하기도 하고 조직(기업, 공공, 국가기관)과 소비자간 또는 조직과 조직 간의 상품, 유통관련 정보의 배포, 수집, 협상, 주문, 대금 지불 및 자금이체 등 모든 거래 절차를 전자화된 정보로 전달하는 온라인 상거래로서 개방화된 통신망상에 가상상점(Virtual Shopping Mall)을 설치하여 이곳에서 상품 및 서비스를 구매할 수 있으며 지불은 전자화폐를 이용하거나 신용카드를 암호화하여 통신망에 보냄으로써 결제가 이루어지는 것이다.

전자상거래는 EDI 및 CALS의 발전 및 정보통신 네트워크의 고도화와 더불어 발전하고 있다. 상업적 측면에서 초기의 전자상거래는 EDI와 함께 일부 정형문서의 전자 문서화로 시작되었으며 현재는 모든 상거래 절차에 있어서 EDI와 CALS를 도입하여 전산화, 자동화 시키면서 발전해 나가는 과정에 있다.

전자상거래의 범주는 EDI와 같은 정형화된 문서의 교환뿐만 아니라 팩스와 인터넷 등 다양한 형태의 전자매체를 이용한 교역행위가 모두 포함된다.

2. 전자상거래의 종류

전자상거래의 종류는 기업 간 거래, 기업과 소비자간 거래, 소비자와 소비자간 거래, 기업과 정부 간 거래 등 크게 네 가지로 분류할 수 있다.

상거래의 거래 주체는 소비자(Customer)와 기업(Business), 정부(Government)이다. 이들 거래 주체별 전자상거래의 유형을 분류해 보면 누가 누구에게 상품을 팔 것인지에 따라 나눌 수 있다. 즉, 기업 대 기업(B to B), 기업 대 소비자(B to C), 소비자 대 소비사(C to C), 정부 대 기업(G to B)로 나눌 수 있다.

(1) 기업 대 기업 간 전자상거래(B to B : Business to Business)

기업과 기업 간의 전자상거래(Business to Business)는 부가가치통신망이나 네트워크상에서 기업 간 주문송장 및 물품대금 지불 등 제반업무가 주로 EDI를 사용하여 기업 간의 거래를 하는 것이며 즉, 기업과 기업 간의 부품의 상호 조달, 유통망 공유 등을 인터넷을 통해 처리하는 형태이다.

인터넷을 통한 거래 이전에도 EDI(Electronic Data Interchange)나 CALS(Commerce At Light Speed)로 주문, 공급자 관리, 재고관리 등이 이루어져 왔다.

이러한 유형의 거래에서는 정보 보안과 거래 당사자 보호에 신중을 기해야 하며, B to B 전자상거래의 응용 형태에는 EDI, CALS, OPEN EDI, 경매 시스템이 있다.

(2) 기업과 소비자간 전자상거래(B to C : Business to Customer)

기업과 소비자간 전자상거래는 웹 기술의 발전과 함께 급성장하는 분야이며 인터넷 가상 상점이나 제조회사의 웹사이트를 통한 전자 소매를 의미하며, WWW의 보급과 더불어 급속도로 성장한 유형이다.

주요 취급 상품으로는 서적과 같은 지적 저작물이나 브랜드 등 확실한 소비재 상품들이 있고, 대금 결제는 전자 결제를 통해 이루어진다.

(3) 소비자와 소비자간 전자상거래(C to C : Customer to Customer)

소비자와 소비자(C to C)간 거래 유형은 소비자와 소비 자간에 1 : 1 거래가 이루어지는 것으로, 소비자가 소비의 주체인 동시에 공급의 주체가 되며, 소비자와 기업(C to B)간 거래 유형과 마찬가지로 인터넷이 소비자들을 직접 연결시켜 주는 시장 역할을 함으로써 가능해진 거래 유형이다.

현재는 주로 경매나 벼룩시장과 같이 중고품을 중심으로 거래가 이루어지고 있는데, 보다 합리적인 대응형 거래를 지향할 수 있다.

(4) 정부와 기업간 전자상거래(G to B : Government to Business)

정부와 기업(G to B)간 전자상거래 거래 유형은 정부와 기업 사이의 모든 거래를 포함하며, 현재는 시작 단계에 있지만 정부가 전자상거래 성장을 촉진하기 위해 독자적인 운영을 시작하면 급속한 팽창이 예상되는 전자상거래의 형태이다.

3. 전자상거래의 효과

전자상거래의 활성화를 통하여 기업은 비용절감, 신규시장 개척용이, 새로운 시장진입 용이, 상거래의 신속화, 제품의 다양화, 재고관리용이, 간접비 절감 등에 긍정적 효과를 기대할 수 있다.

① 비용절감

온라인으로 입찰정보 데이터베이스 접속, 입찰서 제출, 결과 조회가 가능해 공급자의 비용이 절감된다.

② 신규시장 개척용이

잠재고객에 대해 쉽고 저렴한 마케팅이 가능하다.

③ 새로운 시장 진입용이

지리적인 거처를 초월하여 인터넷 망이 연결된 곳이면 사업이 가능하다.

④ 상거래의 신속화

비즈니스 과정들이 상호 연결되어 각 단계별 및 세부과정간의 시간지연의 요인이 제거된다.

⑤ 제품의 다양화

제품 사양이 표준화되고 경쟁이 심화되어 제품의 품질이 개선되며 시장의 확대와 제품의 주문생산이 이루어진다.

⑥ 재고관리의 용이

즉시 재고관리와 통합화 제조기술을 통하여 제품이나 서비스에 대한 요구를 전자적으로 연결시킬 수 있으며 재고관리비용과 불량 재고에 의한 위험을 경감할 수 있다.

⑦ 간접비 절감

관리과정의 표준화, 자동화, 대규모 통합을 통하여 간접비를 절감할 수 있다.

전자상거래가 기업경영에 미치는 효과는 기존 상거래가 가지고 있는 물리적, 시간적, 공간적 한계를 극복할 수 있으며 상점과 종업원 등이 필요 없어서 고정비용 및 간접비용을 줄일 수도 있다. 또한 영업시간의 제약이 없어 전통적 상거래 방식의 물리적 한계를 극복할 수 있으며 고객과 쌍방향 통신이 가능하므로 마케팅의 성과를 높일 수 있다. 유통비를 절감할 수 있어 가격경쟁력을 확보할 수 있고 시장의 지역적 제한이 없이 새로운 시장진입이 용이하다. 그러나 무한한 정보제공이 가능하여 제품간의 경쟁이 치열해지고 이러한 환경변화에 대처하지 못하는 중소기업은 어려움에 봉착할 수 있고 유통채널의 단순화로 중간업체들이 쇠퇴할 수 있는 부정적 효과도 있다.

인터넷을 기반으로 한 전자상거래는 기업뿐만 아니라 소비자들에게도 여러 가지 이점을 제공하고 있다. 긍정적 효과로는 쇼핑에서 결제까지 원스톱 쇼핑이 가능해서 시간 및 비용이 절감된다. 기업들이 가격경쟁이 심해져 저렴한 가격에 제품을 구입할 수 있다는 것이 소비자들에게는 가장 큰 이점이 되었다. 시간의 제약이 없이 24시간 전 세계의 제품을 한자리에서 비교 가능하여 기업과 쌍방향 통신이 가능해져 고객의 요구에 맞는 제품 구입이 가능하게 되었다.

그러나 상품을 직접 볼 수가 없이 때문에 구매 후 불만족이 발생할 수 있으며 특히 해외사이트를 통해 구매한 제품은 해결하기가 더욱 힘든 경우가 많아졌다.

대금지불의 방법에서 신용카드 등의 개인정보가 노출되어 악용되는 경우가 발생되어 보안문제 해결 없이는 고객의 신뢰를 얻기가 어렵게 되었다.

사례 14-1

㈜이씨이십일‥ 수출 A부터 Z까지 … 토털 해외마케팅

국내 1위, 세계 2위의 온라인 B2B(기업 간 거래) 마켓플레이스 'EC21(www.ec21.com)'을 운영하는 ㈜이씨이십일(대표 권태경 · kr.ec21.com)은 중소기업청 수출기업화사업의 8년차 수행기관이다. 이 회사는 2000년 한국무역협회에서 분사한 이후, 수출의 기초인 인프라 구축에서부터 온 · 오프라인 마케팅을 포함한 무역컨설팅까지 중소기업에 꼭 필요한 토털 해외마케팅서비스를 제공하며 인지도를 쌓아왔다. 해외 바이어 알선, 다목적 e-카탈로그 제작 및 해외시장조사 등의 서비스 역시 중소기업의 해외시장 진출에 힘을 보태는 든든한 지원군이다.

㈜이씨이십일의 가장 큰 차별성은 세계 30개국에 퍼져 있는 100여개 글로벌 세일즈 네트워크와의 연계 서비스. 수년간 갖가지 시범사업을 통해 탄탄한 네트워크를 쌓음으로써 믿을 수 있는 알짜배기 정보만을 제공한다.

이를 바탕으로 한 인터넷 무역거래서비스 EC21은 연간 450만건의 인콰이어리(거래제안서) 내도(來到)와 2억건 이상의 페이지뷰 기록으로 정보에 대한 높은 신뢰도를 얻고 있다. 최근에는 유럽 집행위원회의 EU Gateway Programme 사업자로 선정돼 6년간 100억원의 계약을 수주하고, 캐나다 수출센터(CEC)와 양해각서(MOU)를 체결하는 등 해외업무를 더 넓게 확장하고 있다. 권태경 대표는 "이씨이십일의 세계적 인지도와 글로벌 네트워크는 신뢰를 기반으로 축적된 소중한 자산"이라며 '신뢰경영론'을 설파했다. 그는 "믿음이 없는 회사와는 비즈니스를 하지 않으려고 하는 게 시장경제의 이치"라며 "우리는 과거 9년간 365일 24시간 단 한 순간도 멈추지 않고 신뢰와 믿음을 쌓았다"고 덧붙였다. 이 밖에도 ㈜이씨이십일은 중소기업청 수출기업화 수행기관 중 무역 전문 인력을 30명 이상 보유한 유일한 기업으로서 특유의 '맨 파워'를 자랑한다. 다년간 중소기업 마케팅 경험을 축적한 전문 인력은 업체현황과 요구에 맞는 최적의 서비스로 고객의 만족을 얻고 있다.

자료 : 한국경제, 2009.1.29

4. 세계 전자상거래 시장 현황

미국은 인터넷이나 정보통신에서 기술적인 절대우위를 배경으로 전자상거래에서 가장 앞서가고 있다. 전자상거래에 있어서 미국은 세계의 80%이상을 차지하고 있으며 기술에 필요한 소프트웨어와 통신기술 분야에서도 세계우위를 고수하고 있다. 또한 인터넷 전자상거래에서 가장 중요하다고 할 수 있는 개인정보 관리 등의 보안기술에 있어서도 독보적인 위치에 있다.

미국의 인터넷 비즈니스는 민간기업 주도하에 이루어지고 있으며, 정부도 전자상거래를 NII(National Information Infrastructure)의 중요 응용분야로 선정하여 수요 창출 및 환경조성에 주력하고 있다.

한편 국제상거래 당사자 간에 주고받는 각종 서류의 표준화와 전자화를 통한 신속한 업무처리와 비용절감 노력은 1968년 미국 운송업계에서 일찍부터 시작되었다. 무역업무자동화는 1970년 스웨덴에서 논의된 이래 1980년대에 들어와 미국, 유럽연합, 일본, 싱가포르, 등에서 전산에 걸쳐 이용되게 되었다. 이에 유엔은 1987년 3월 EDI 국제표준인 '유엔 행정 · 상업 · 운송에 관한 전자문서교환방식'(UN/EDIFACT)을 제정하였으며 이는 국제 표준화기국(ISO)이 승인한 범세계적 표준이다.

글로벌 전자상거래는 상품과 서비스와 같은 전통적인 물품만을 거래하는 것이 아니라 소프트웨어와 아이디어와 같은 새로운 재산권 형태의 거래도 포함된다. 이는 온라인 상개서 계약과정에서의 기술사용뿐만 아니라 계약상의 의무이행과 권리구제에 있어서의 기술사용도 그 대상이 된다.

5. 국제상거래 관행의 변화

새로운 국제상거래가 전통적인 국제 상거래와 비교해 볼 때 다음과 같이 변화하고 있다.

1) 해외시장 및 거래선 정보의 수집 및 확산방법에 대한 변화

전통적인 상거래에서의 해외시장 조사는 주로 무역 관련 기관을 통한 위탁조사, 상공인 명부의 이용, 국내외 공공기관 이용, 해외출장, 해외광고, 무역전시회 등을 이용하였다. 그러나 국제전자상거래는 인터넷 홈페이지나 인터넷 전자우편 등을 이용하여 시장 정보 및 거래선 정보를 온라인 실시간으로 접촉하여 지구촌 전체를 하나의 시장으로 삼을 수 있게 되었다.

2) 청약과 승낙의 의사표시 수단

청약은 청약자가 피청약자에게 계약을 기대하고 행하는 의사표시로 전통적인 상거래에서는 우편, 텔렉스, 전보, 팩시밀리를 주로 이용하였으나 사이버 무역거래에서는 전자우편을 이용하게 되었다.

3) 계약 체결의 형식과 방법에 대한 변화

계약은 그 성질상 계약형식의 자유가 있다. 그러나 국제 상거래에서는 상거래 분쟁에 대비하여 서면에 의하여 거래조건을 구체적으로 약정하는 것이 일반화되어 있다. 반면 전자무역거래시에 B2B 전자거래의 상업적 요구에 부응하기 위하여 만들어진 전자거래 및 교환약정을 이용하게 되었디.

4) 무형재에 대한 물품인도 및 물류관행의 변화

상거래 당사자간의 매매계약을 이행하기 위해서는 반드시 물품운송이 수반된다. 국제상거래에서의 물품운송은 국제간의 재화의 위치 변화를 통하여 가치 형성에 기여하는 서비스이다. 전통적인 상거래에서는 유형재를 중심으로 해상운송 및 철도나 도로를 이용한 육상운송이 주류를 이루어 왔고 항로를 이용한 항공운송도 이용되어 왔다. 전자무역에서도 계약물품은 국제운송과정을 거쳐 합의된 장소까지 이동하는 것은 기존과 다름이 없으나 소프트웨어, 전자서적, 데이터베이스, 아이디어와 같은 새로운 형태의 정보재는 온라인 방식으로 물류가 이루어진다.

5) 인도의 증거 등 기타 서류의 전자문서 대체

국제상거래는 전통적으로 물품인도에 대하여 상업송장과 같은 일치증명서류 및 선하증권과 같은 인도시의 증거서류 제공을 통하여 이루어져 왔다. 그러나 전자무역거래에서는 컴퓨터로 읽을 수 있도록 서로 합의하여 표준화된 자료인 전자문서를 데이터 통신만을 통한 전송처리로 서류없는 상거래를 실현하게 되었다.

6) 대금결제 관행의 전자결제시스템으로 전환

국제상거래 상의 대금결제는 전통적으로 신용장(Letter of Credit) 방식, 전신송금환(T/T), 우편송금환(M/T), 송금수표(D/D)와 같은 송금방식, 그리고 어음 인수 인도조건(D/A), 어음 지급서류인도조건(D/P)과 같은 추심방식이 중심을 이루고 있었다. 최근의 통신기술의 발달로 인하여 대금결제도 전자결제시스템으로 전환되고 있다. 그 방식으로는 신용카드(Credit Card), 전자화폐(Electronic Cash), 무역카드 시스템(Trade-Card System), 전자자금이체(Electronic Fund Transfer) 방식, 시프트에 의한 전자신용자(SWIFT L/C) 등의 결제시스템이 있다.

사례 14-2

국내 중소기업 75% "해외 오픈마켓 몰라요" "이베이"가 뭐예요

온라인에선 걸음마…대한상의 "이베이 통한 수출, 홍콩의 1/30 수준"

우리나라가 최근 세계 10위권의 수출강국으로 자리 잡았지만, 온라인 수출은 걸음마 단계인 것으로 조사됐다.

대한상공회의소(회장 손경식)가 최근 국내 중견·중소기업 350개사를 대상으로 실시한 '국내 기업의 글로벌 전자상거래 실태조사'에 따르면, 연간 100조원 이상이 거래되고 있는 글로벌 오픈마켓인 이베이, 아마존(이상 미국), 라쿠텐(일본), 타오바오(중국) 등의 존재조차 모르는 기업이 75.1%에 달했다고 24일 밝혔다.

글로벌 오픈마켓 예시

	미 이베이	중 타오바오	일 라쿠텐	미 아마존
서비스채널	Global(39개국)	중국	일본	Global(7개국)
거래규모(08년) 환율09년7월	600억 달러 73조7,700억원	999.9억 위안 17조9,938억원	6,633억원 8조5,262억원	200억달러 24조5,900억원
회원수	2억명	9,800만명	4,250만명	1억2천만명
구매자	Global	Mainly China	Mainly Japan	Global

이처럼 글로벌 오픈마켓으로의 진출이 더딘 이유로 중소기업들의 64.3%는 '해외 판매 인력 부족'을 꼽았고, 다음으로 '해외배송 애로'(10.8%), '판매대금 결제 애로'(9.4%), 언어 문제(7.8%), '까다로운 입점 절차'(7.5%) 등으로 응답했다.

실제로 홍콩의 경우, 지난해 이베이만을 통해 연간 4억 달러 이상을 해외 소비자에게 직접 판매했지만, 우리나라는 약 30분의 1 수준인 1,400만 달러에 그친 것으로 대한상의는 분석했다. 태국 역시 연간 8,000만 달러를 수출하는 것으로 전했다.

중소기업의 63.1%는 해외 오픈마켓 진출이 활성화되기 위해서는 '해외 소비자 성향 및 상품분석'이 우선시돼야 한다고 지적했고 다음으로 '오픈마켓 판매 교육'(19.4%), '판매 상품 소싱'(12.6%), '배송요금 인하'(2.6%) 등이 뒤를 이었다.

한편 중소기업들이 온라인 수출에 가장 관심을 두고 있는 국가는 중국인 것으로 조사됐다. '가장 진출하고 싶은 해외 오픈마켓'을 물은 질문에 기업들의 절반(52.3%)가량이 중국의 오픈마켓을 꼽았다. 다음으로 미국(26.6%), 유럽(14.0%), 일본(7.1%)의 순이었다.

상의 관계자는 "국내 B2C(기업-소비자간) 전자상거래 규모가 18조원을 넘어서고 있지만, 정작 우리 기업의 해외 온라인 시장 진출은 현저히 뒤처지고 있다"며 "해외 소비자 직접 판매는 해외 소비자의 성향을 파악할 수 있는 지름길인 만큼 국내기업의 진출을 돕기 위한 다각적 지원이 뒤따라야 할 것"이라고 강조했다.

자료 : 디지털데일리, 2009.8.24

제 2 절 전자무역의 이해

1. 전자무역의 개념

전자무역이란 마케팅, 상담, 계약 원자재, 조달, 운송, 대금결제 등 제반 무역 업무를 가상공간을 통하여 시간과 공간의 제약 없이 처리하는 새로운 무역형태를 말한다. 우리나라에서는 전자무역이라는 용어가 한때 사이버 무역, 인터넷 무역등과 혼용되기도 하였다.

전자무역은 재화 또는 서비스의 국가 간 거래인 무역행위의 본질적 업무를 인터넷을 포함한 IT수단을 활용하여 전자적, 정보 집약적 방법으로 수행하는 무역활동이라고 정의할 수 있다. 또한 전자무역촉진에 관한 법에서는 전자무역을 '무역의 전부 또는 일부가 컴퓨터 등 정보처리 능력을 가진 장치와 정보통신망을 이용하여 이루어지는 거래로 정의하고 있다.

2. 전자무역이론

전자무역이론에는 자원기반 이론과 거래비용이론, 혁신확산이론이 있다.

1) 자원기반 이론

기업의 성공이론 중 자원기반이론에 따르면 동일한 산업에 속한 기업일지라도 기업마다 환경변화에 대응하는 방식이 다른데 그 이유는 기업이 보유한 자원이 다르기 때문이다. 기업이 전략을 성공적으로 실행하기 위해서는 전략 실행에 필요한 자원을 보유하고 있거나 창출해야 한다. 자원기반 이론은 기업을 유형자산과 무형자산의 독특한 집합체로 보고 기업은 장기간에 걸쳐 기업의 자원과 능력을 결합하고 구축해야 경쟁에서 성공할 수 있다. 기업은 기업이 가지고 있는 자원의 차별적 역량을 어떻게 활용하는가에 따라 기업이 계속적인 경쟁우위를 달성할 수 있다.

최근의 변화된 무역 환경하에서는 타국의 구매 정보 및 상품 정보에 대한 접근성이 기업들마다 매우 균질적이고 국가가 이동성을 확보하고 있으므로 이러한 기업의 자원은 더 이상 어느 특정기업의 무역활동에 있어서 핵심역량이 되지 못한다.

현재는 정보처리 프로세스가 개별 무역업체의 핵심 역량이 되고 있으며, 국제 상품 정보와 구매 니즈 정보, 각국의 제도적 프로세스 처리 정보 즉 통관이나 환율 등의 반응속도와 정확성이 기업의 핵심역량으로 인식되고 있다. 이러한 변화가 자원기반 이론에서는 개별기업이 전자무역 도입을 확산해야 하는 당위성을 설명하여 주고 있다.

2) 거래비용 이론

개별기업은 전자무역의 거래비용이 감소되어 기업의 성과를 향상시킨다고 하였다(Bensaou, 1997).

거래비용의 감축은 조정비용의 감축이라는 관점에서 접근할 수 있다. 여기서 조정비용이란 기업의 의사결정이나 회계처리, 계획수립 그리고 기업 운영을 통제하기 위하여 필요한 정보를 획득하는데 소요되는 비용보다 거래 파트너를 물색하고 선택하는 네 드는 비용과 선택한 파트너와 계약을 체결하는데 필요한 비용, 그리고 그들로 하여금 계약을 이행하도록 만드는 데 드는 비용을 의미한다.

정보기술이 기업간 거래활동에서 발생하는 조정비용에 미치는 영향을 살펴본 결과 정보기술은 정보처리 능력을 증가시킬 뿐만 아니라 의사소통과 업무처리 시간을 단축시킴으로써 주문한 제품의 리드타임이 감소됨에 따라 재고부족 및 재고 유지비용이 절감되고 마지막으로 조정비용이 감소된다(Bakos, 1991).

기업은 하나의 파트너와 거래관계를 유지하는 경우보다는 여러 파트너와 거래관계를 유지하는 경우가 더 유리하다. 그 이유는 기업이 원하는 품질의 제품이나 서비스를 적절한 가격에 제공해 줄 수 있는 파트너를 물색할 때 정보기술을 이용할 수 있어서 탐색비용이 거의 들지 않고 거래 파트너 선정 시 선택의 폭이 넓어지기 때문에 우수한 거래 파트너 선정 가능성도 높아지기 때문이다(Bakos & Brynjolfsson, 1993).

이렇게 볼 때 기업의 전자무역의 도입은 탐색비용 절감에 도움을 주는 것으로 설명할 수 있다.

3) 혁신확산 이론

소비재의 경우 혁신은 일반적으로 신제품으로 표현되며 산업재의 경우 생산 공정의 혁신을 의미한다. 이는 일반적으로 기술혁신으로 표현된다.

혁신은 산업의 경쟁강도와 관련해서 산업의 경쟁강도가 높을수록 혁신의 확산을 촉진시킨다는 것인데 경쟁강도가 높을수록 전자무역의 도입에 적극적이며 그 산업에 속한 기업들은 경쟁우위를 유지하기 위해 전자무역에 참여하게 된다는 것이다(Robertson & Gatignon, 1986).

또한 정부의 지원요인과 관련해서는 정부는 혁신에 영향을 미치는 가장 강력한 기관 중의 하나이기 때문에 정부의 지원이라는 요소도 전자무역에 영향을 미치는 중요한 요인이라고 할 수 있다. 마지막으로 최고경영자의 지원이 혁신에 필요한 자원의 지원을 보장하고 조직 내에서의 혁신적인 분위기를 창출하여 변화와 혁신에 대한 장애물과 저항을 극복하는데 결정적 역할을 수행한다.

3. 전자무역의 구성요소

기존의 무역방식과 다른 차원의 요소들을 전자무역의 구성요소라고 할 수 있는데 크게 제도적 요소, 기술적 요소, 상업적 요소로 구분할 수 있다.

1) 제도적 요소

전자무역거래에 대한 법적, 제도적 차원의 기반과 관련된 사항들이다. 전자무역거래가 기존의 서류를 매개로 한 무역거래와 동일한 법적 효력이 있도록 법적 기반이 조성되어야 전자무역이 가능하다. 전자무역과 관련한 국내 법률에는 대외무역법, 무역자동화법, 무역거래 기반 조성법, 전자거래기본법, 전자서명법 등을 들 수 있다.

2) 기술적 요소

전자적 무역거래가 원활하게 이루어질 수 있도록 필요한 하드웨어, 소프트웨어, 통신망 등의 구비를 통한 기술적 차원의 기반을 의미한다.

구체적으로 전자문서, 전자카탈로그, 전자결제 등의 표준화 작업이 해당되며 다양한 전자무역거래를 위한 각종 솔루션과 서비스의 개발 및 초고속정보통신망 등의 기술적 기반이 갖추어져 있어야 한다. 기술적 기반은 전자무역을 추진하는 기업의 내부적 기술기반인 ERP, KMS, EDI가 필요하며 외부기술기반인 인터넷, CALS, SCM의 기반으로 구성된다.

① ERP(Enterprise Resource Planning)

기업의 전자적 자원관리 시스템으로 과거 생산관리시스템의 MRP(Material Require Program : 자재소요량 계획)의 확장된 영역이다. 특히 1990년대에 들어 분산처리 및 전산 기술의 발전으로 전 세계적으로 널리 보급되었으며 생산 및 생산관리의 업무를 포함하여 재무, 회계 영업, 인사 등의 관리부분과 경영지원 기능을 포함하고 있다.

② KMS(Knowledge Management System)

조직 내에 다양하고 이질적인 형태로 분산되어 있는 지적 자본 및 경험을 획득하고 이를 분류 및 체계화하여 지식의 연계성을 확보하여

전장하며 모든 조직 구성원이 보유한 지식정보를 접근할 수 있도록 하는 시스템을 말한다.

③ CALS(Commerce At the Light Speed)

설계부터 개발, 구매, 생산, 판매 및 물류에 이르기까지 기업이 갖고 있는 모든 정보를 표준에 맞춰 디지털화한 뒤 기업내는 물론 기업 간 나아가 국제간에 공유하는 기업정보화시스템이다. 정보를 공유함으로써 각종 도면의 중복제작이나 전달과정의 왜곡 등에서 비롯되는 비효율을 줄일 수 있는 시스템이다.

④ SCM(Supply Chian Management)

공급사슬을 시장상황에 맞도록 최적화하여 경영 효율성을 높이는 활동으로 흔히 공급망 관리라고 한다. 불확실성이 큰 시장환경에 기민하게 대응하기 위하여 등장한 기법이다.

공급사슬이란 원료제조업자가 원료를 제공하면 부품업자가 부품을 제조하여 제품 생산업자에게 공급하고, 생산업자는 생산한 제품을 도매업자에게 인도하며 도매업자는 소매업자에게, 소매업자는 최종소비자에게 판매하는 일련의 과정을 말한다.

공급사슬관리는 자재의 조달에서 제조, 판매, 고객까지의 물류 및 정보의 흐름을 종합관리하고 전체적인 관점에서 생산과 공급을 최적화하는 것을 말한다.

SCM을 성공적으로 구축하기 위해서는 업종이나 형태에 맞는 공급망 구조를 새롭게 디자인하여 구조 자체를 변화시킬 수 있는 접근방법이 중요하다. SCM을 구축하기 위해서는 정보의 공유가 필수적인데 인터넷의 활용, 전자문서교환, 전자자금결제, 바코드 시스템, ASN(사전선적통보)과 같은 정보기술의 발달과 유통업계에서 도입하고 있던 QR(Quick Response)과 ECR(Efficient Consumer Response)을 통하여 SCM의 등장과 실행을 가능하게 하였다.

3) 상업적 요소

전자무역의 구성요소 중 가장 핵심적 요소인데 상업성이 없는 전자무역은 기업을 지속할 수 없게 만들기 때문에 중요하다. 여기서 상업적 요소란 전자적으로 무역관련 비즈니스를 수행할 수 있는 상업적 기반을 구축하는 것을 의미한다. 즉 대상상품과 컨텐츠, 관련 물류 및 결제, 전자무역 전문 인력 및 참여기관 등이 이에 해당된다.

4. 전자무역의 활용수단

전자무역의 급격한 발전으로 대금결제방식에 있어서 새롭고 다양한 방법이 개발되고 사용되고 있다.

1) 트레이드 카드(Trade Card)

Trade Card는 인터넷과 Trade Card 시스템을 이용하여 수출상과 수입상의 무역대금을 결제해 주는 것을 말한다. 세계무역센터협회(WTCA)는 1997년에 Trade Card Inc.(www.tradecard.com)를 설립하고 시스템을 개발하여 1998년 미국특허 및 상품관리국으로부터 특허를 획득하였으며 2000년부터 상용서비스를 개시하였다. 2005년의 경우 매분기 70% 이상의 성장률을 기록하였고 현재 700여 회원업체가 20여만개의 서류처리 및 수백만 달러의 대금결제를 위해 Trade Card를 활용하고 있다.

Trade Card는 무신용장 방식의 전자적인 무역결제시스템의 일종으로 수입업체와 수출업체, 금융기관, 보험회사 및 화물운송업체를 연결, 수출입 계약에서 무역, 금융, 선적 및 대금결제의 전 과정을 처리할 수 있게 하는 전자무역거래 및 금융서비스이다.

〈그림 14-1〉 트레이트 카드 홈페이지

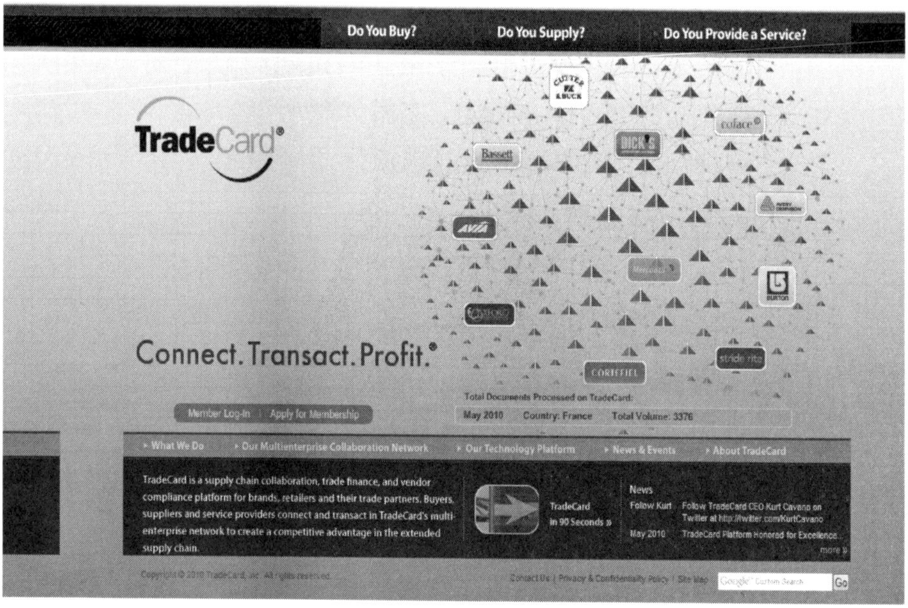

출처 : www.tradecard.com

2) 로제타 넷(Rosetta Net)

로제타 넷은 개방형 전자상거래 표준 프로세스를 제정, 구현, 보급하기 위해 전 세계 전자부품(Electronic Components : EC), 정보기술(Information Technology : IT) 그리고 반도체 제조(Semiconductor Manufacturing : SM)에 종사하는 540개 이상의 기업들이 구성한 비영리 컨소시엄으로 지역별로는 북미, 일본, 유럽, 한국, 대만, 싱가포르, 말레이시아, 중국에 지부가 결성되어 활동 중이다.

로제타 넷은 이 컨소시엄이 정의하는 전자상거래 표준 프레임워크를 지칭한다. 이러한 표준 프레임 워크에는 특히 상거래상의 표준 비즈니스 프로세스들이 포함되어 전 세계 공통의 전자상거래 언어를 제공하는 기능을 한다.

로제타 넷 컨소시엄의 활동목표는 자신의 웹사이트에 공표한 바와 같이 로제타 넷에서 규정하는 표준을 활용함으로써 사용자가 비즈니스

가치를 얻을 수 있도록 사용자들의 성공사례와 구현 경험들을 공개하고 이를 통하여 로제타 넷 사용자들이 사이클 타임의 감소, 재고 비용의 감소, 자동화를 통한 생산성 향상, 그리고 측정가능한 공급망 ROI획득과 같은 효과를 극대화할 수 있도록 지원하는데 있다.

국내에서는 삼성전자, LG전자, 삼보컴퓨터 등이 로제아 넷 표준을 이용하여 거래 시스템을 구현하여 사용하고 있다. 예를 들면 삼성전자는 소니, 인텔, 시스코시스템즈, NEC, 노키와 등과 수요예측, 구매 및 물류분야에서 B2B 거래를 수행하였다.

삼보컴퓨터는 인텔과 몇몇 국내 부품 회사들 간에 구매분야에서 로제타 넷 표준을 이용하고 있다.

〈그림 14-2〉 로제타넷 홈페이지

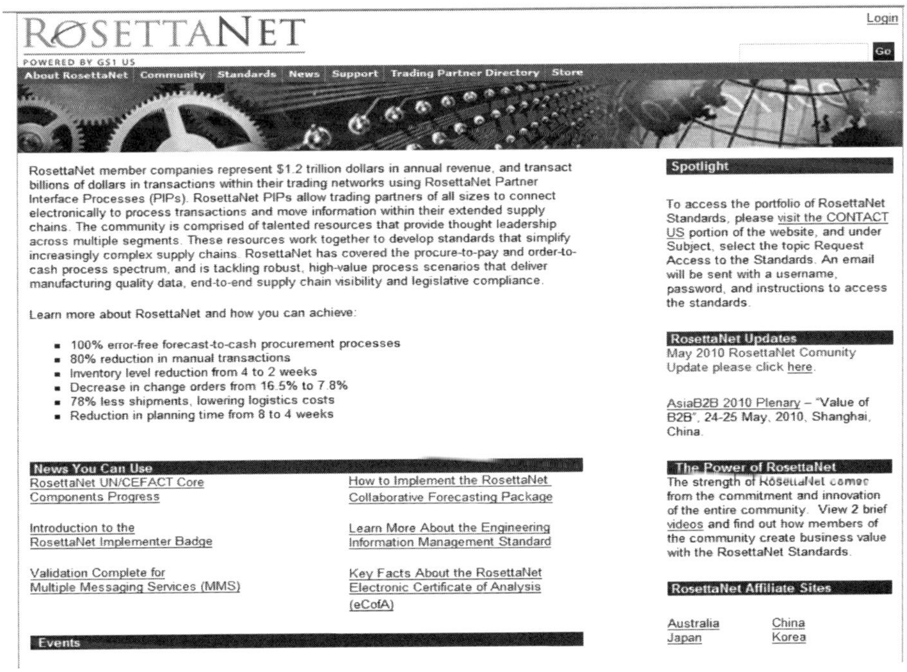

출처 : http://members.rosettanet.org/

3) 볼레로(Bolero)

Bolero(Bill of Lading for Europe, Bill of Lading Electronic Registry Organization : 선화증권전자등록기구)는 1997년 SWIFT(Society for Worldwide Interbank Financial Telecommunications : 세계 은행 간 금융테이터 통신협회)와 TT club(Through Transport Club : 물류상호보험조합)이 공동 출자하여 무역거래에 필요한 서류들을 안전하게 교환할 수 있도록 기반을 마련하고자 50%씩 지분을 출자하여 설립한 국제무역망 회사로 영국 런던에 본사를 두고 있으며 미국, 일본, 독일, 프랑스, 홍콩, 싱가포르, 한국 등에 현지법인과 사무소를 운영하고 있다.

볼레로 넷은 보안이 강화된 환경에서 은행의 신용장과 해운 업체를 선화증권을 포함하여 무역과 관련된 서류들을 전자결제로 대체하며 무역 서류의 전자화를 통하여 국제무역에 관련된 모든 기업 간 전자상거래를 지원하는 인터넷 기반의 무역거래 전용 네트워크 구현을 목표로 하고 있다.

볼레로 시스템의 기본 프레임은 Core Messaging Platform(CMP: 핵심 메시징 플랫폼)에서 비롯된다. CMP는 인터넷을 통하여 선사와 화주들 간의 전자문서의 교환을 가능하게 하는 메시지 송, 수신을 담당한다. 볼레로 시스템은 보안A(인증, 무결성 기밀성, 부인방지 등)가 철저한 체제로 유지되며 독특한 법적 기반(Rulebook : 다자간 계약, 등록을 통한 접근 제어 등)을 토대로 서비스 하고 있다.

4) 전자무역 플랫폼

전자무역 플랫폼은 무역절차 전반을 인터넷에서 일괄 처리할 수 있는 싱글 윈도우체제로써 물리적인 단일 시스템 구축이 아니라 각 기관들이 보유한 개별 플랫폼 또는 시스템을 기능적, 기술적으로 연동하는 연계 플랫폼을 의미한다.

전자무역 플랫폼에는 마케팅 상역, 외환, 통관, 물류, 결제와 관련된 시스템 인프라의 논리적인 연계로써 공동기반의 인프라를 의미한다.

제3절 국제 인터넷 마케팅

인터넷 마케팅(Intertnet marketing)이란 인터넷 환경하에서 조직이나 개인이 교환을 창출하고 지속적인 관계를 유지하기 위해 시장에 대한 지식을 바탕으로 시장을 정의하고 관리하는 과정이라고 정의할 수 있다.

1. 인터넷 소비자 행동

소비자들이 인터넷을 통해 컨텐트웨어를 소비하는 목적은 자신의 필요와 욕구를 충족시키기 위해서이다. 따라서 인터넷 환경에서 소비자가 느끼는 필요와 욕구를 파악하고 이를 충족시킬 수 있는 방안을 모색하는 것은 중요한 과제로 대두된다.

인터넷 마케팅 관리자는 소비자는 누구인가, 그들이 원하는 것은 무엇인가, 인터넷 환경에서 제시되는 마케팅 믹스에 대해 어떤 반응을 보이는가, 또한 어떤 과정을 통해 컨텐트웨어를 소비하는가에 관한 이론적 이해와 실무적 정보를 얻어야 한다.

이와 같은 정보를 바탕으로 인터넷 소비자 행동을 체계적으로 이해하는 것은 효과적인 인터넷 마케팅 전략 수립을 위한 중요한 밑거름이 될 것이다.

일반적으로 오프라인에 비해 인터넷 소비자 환경이 갖는 차별적 특징을 인지적 능력의 요구, 경험적 속성 정보의 결핍, 하이퍼텍스트를 통한 정보 제공, 인터넷 경험의 중요성이라는 네 가지 측면에서 살펴보면 다음과 같다.

1) 인지적 능력의 요구

인터넷에서 자신이 원하는 정보를 찾기 위해서는 검색능력이 필요하다. 적절한 검색엔진을 활용하고 정확한 검색어를 사용해서 검색된 정보 중 자신의 목적과 관련성 있는 것을 찾을 수 있는 인지적 능력이 있어야 한다.

또한 소비자에게 주어지는 정보 통제권(information control: 스스로 정보를 자유롭게 선택, 관리할 수 있는 권한)이 있다. 인터넷 환경에서 소비자는 자신의 보고 싶은 정보의 내용, 보는 순서, 시간 등을 스스로 통제할 수 있다. 따라서 이러한 인터넷 환경 특성이 소비자에게 그만큼 더 많은 인지적 노력을 요구하는 것이다.

2) 경험적 속성 정보의 결핍

인터넷에서 자주 거래되는 제품은 책, CD, 컴퓨터 소프트웨어와 같이 표준화된 것들이다. 반면에 의류나 보석과 같이 구매시 직접적인 경험이 중요한 제품은 인터넷을 통해 쉽게 거래될 수 없는 것으로 여겨진다. 그 이유는 인터넷 환경에서는 경험적 속성 정보 전달이 어렵기 때문이다.

인터넷 환경에서 소비자는 제품을 직접 만져보고 냄새 맡고, 먹어보고, 입어보는 것과 같이 직접적인 경험을 통한 품질평가를 하기 어렵다. 즉 경험적 속성 정보 전달이 제한된다. 따라서 경험적 속성을 속성의 가치를 평가할 수 있을 만큼 충분한 정보를 제공하면 인터넷 환경을 극복할 수 있다. 예를 들어 Apple computer는 사용자들이 회사의 웹사이트를 통하여 직접 구매한 제품에 대하여 사용 후기 내지는 랭킹을 할 수 있도록 하였다.

3) 하이퍼 텍스트를 통한 정보제공

하이퍼 텍스트(Hypertext)란 소비자의 선택에 따라 관련있는 쪽으로 옮겨갈 수 있도록 조직화된 정보로 이러한 관련 정보의 실체를 링크 또는 하이퍼 링크라고 한다. 인터넷 환경에서 소비자들은 정해진 순서에 따라 정보를 처리해 나갈 필요 없이, 자신의 목적이나 필요에 따라 하위정보를 선택 검토하고, 연결된 페이지를 자유롭게 이동 가능이 가능하다.

4) 온라인 경험의 중요성

일반적으로 오프라인 환경에서도 소비자에게 긍정적인 경험을 제공하는 것은 중요한 요인으로 여겨졌다. 인터넷 환경에서의 경험은 제품의 구매와 관련된 경험 뿐만 아니라 웹사이트에서 정보를 탐색하고 다양한 컨텐츠를 이용하면서 느끼는 것 모두를 포함하는 것이다. 즉 인터넷 환경은 오프라인에 비해 상대적으로 경험의 폭이 넓은 환경이라고 할 수 있다. 따라서 소비자들에게 최적의 경험을 느끼게 하는 것이 더욱 중요하다.

2. 인터넷 소비자 의사결정과정

일반적으로 소비자 의사결정 과정이란 소비자가 문제를 인식(problem recognition)하고 그것을 해결하기 위한 정보 탐색(information search)을 하여 이후 탐색된 선택 대안들을 평가(alternative evaluation)함으로써 선택(choice)하는 과정과 선택 후 소비자가 보이는 선택 후 행동(post-behavior)에 이르는 절차를 말한다.

1) 문제인식

어떤 사안과 관련하여 어느 시점에서 자신의 실제 상태(actual state)와 이에 상응하는 바람직한 상태(desired state)간의 차이를 지각하게 되면 그 차이를 해소시켜 줄 수 있는 수단에 대한 욕구가 환기된다. 바로 이러한 욕구의 환기가 소비자 의사결정 단계의 첫 단계이다. 인터넷을 검색하는 과정에서 흥미 있는 요인을 발견함으로써 문제인식이 시작한다.

또한 소비자들의 욕구는 웹 사이트 내에서의 기업 광고의 위치, 관심 분야와 관련된 배너, 검색엔진을 통한 검색 결과에서의 순서 등에 의해 영향을 받는다.

2) 정보탐색

소비자는 충족되지 않은 욕구를 인지하여 의사결정의 문제로 인식하게 되면, 이를 만족시킬 정보를 탐색하게 된다. 정보탐색은 내적 탐색과 외적 탐색으로 구분된다.

내적 탐색은 자신의 기억 속에서 정보를 인출하는 것이며 외적 탐색은 외부의 정보원으로부터 정보를 얻는 것이다. 따라서 소비자가 필요한 정보가 이미 머리 속에 저장되어 있는 경우에는 내적 탐색만으로 충분하나, 그렇지 않은 경우에는 외적 탐색을 하게 된다.

인터넷 상에서 소비자의 외적 탐색의 특징을 살펴보면 다음과 같다.

(1) **낮아진 정보 탐색 비용** : 인터넷을 통해 정보를 탐색한다면 한자리에 앉아 원하는 정보를 클릭만으로 얻을 수 있다.

(2) **다양한 정보원의 사용** : 생산자에 의한 제공, 게시판, 소비자 커뮤니티, 인터넷 포럼 등에 의한 정보 획득한다.

(3) **단서 의존도** : 내재적 단서, 외재적 단서가 있는데 내재적 단서란 제품을 구성하는 속성에 관한 정보이며 외재적 단서는 제품 자체가 갖고 있는 본질적인 속성 정보 이외의 요소들이다. 즉 제품명, 사이트명 가격, 제조국명이 그 예가 될 수 있다.

소비자는 인터넷 환경에서 실제 만지고 냄새를 맡아야 제품의 가치를 알 수 있는 감각적 속성에 대한 정보를 얻기 어렵다. 따라서 이러한 감각적 속성 정보 획득의 어려움으로 인해, 소비자들은 사이트명이나 제품명 등과 같은 외재적 단서에 더욱 의존할 수 있다. 그러나 인터넷 환경에서 소비자는 다양한 정보원을 통해 낮은 탐색 비용으로 정보를 수집할 수 있다. 따라서 이러한 정보를 충분히 활용하여 속성 정보에 대한 체계적인 정보탐색을 할 수 있다면 외재적 단서의 중요성은 오히려 감소할 수 있다.

3) 대안평가

대안평가 과정은 최종적으로 도출된 고려 상품군(consideration set)에 속한 각 선택 대안을 평가하고 소비자의 욕구에 부합하는 특정 대안을 선택하는 과정이다.

소비자들은 내적, 외적 탐색 과정을 통하여 수집된 정보에 의해 선택 대안들을 평가하게 된다. 따라서 인터넷 마케팅 관리자는 자사의 사이트나 컨텐츠가 소비자의 고려 상표군에 포함될 수 있도록 노력해야 한다.

4) 선택

소비자가 특정한 목표 수행을 위해 지속적으로 사이트를 선택하도록 하기 위해서는 결국시이트에 대한 호의적인 태도를 형성하도록 하여야 한다. 다음은 소비자가 사이트에 호의적인 태도 형성에 영향을 미치는 요인들이다.

(1) 오락성(entertainment) : 재미있고 흥미로운 내용, 지루하지 않게 배려한다.

(2) 정보성(informativeness) : 유익하고 다양한 정보의 수집이 가능하도록 한다.

(3) 조직성(organization) : 내용을 체계적으로 구성하고 컨텐츠에 접근하는 효과적인 네비게이션과 인터페이스(배경색, 이미지 크기, 소리파일 디스플레이)의 요소를 갖춘다.

(4) 상호작용성(interaction) : 상호작용성이 높을수록 인기 있는 사이트이므로 상호작용성을 증진시킬 수 있는 방안을 모색한다.

(5) 기다림 시간(waiting time) : 처음 사이트 들어갈 때, 사이트 내에

서 웹 페이지 간 이동할 때, 파일 등을 업로드 또는 다운로드 할 때 기다림을 경험하게 된다. 소비자가 기다림을 짧게 느낄 수 있도록 한다.

5) 선택 후 행동

소비자의 선택 후 행동은 소비자가 경험하게 되는 만족과 불만족, 그리고 자신의 경험 내용에 대한 구전 행동으로 볼 수 있다.

소비자의 만족/불만족 과정은 소비자의 기대수준과 실제 성과 간의 차이, 즉 불일치에 대한 지각의 정도에 의존한다.

또한 소비자가 선택 후 경험 내용에 대해 만족할수록 호의적으로 태도가 형성되고 향후 재방문 및 재구매 의도가 높아진다.

웹사이트 만족에 영향을 미치는 요인(Web Attention Revisit Satisfaction : WARS)을 실증적으로 분석한 결과 제공하는 정보의 양이 풍부하고 사이트의 디자인이 우수하며 전송속도가 빠르고 편리하게 검색할 수 있는 검색구조를 갖추고 있으며 컨텐츠의 업데이트가 신속하면 소비자가 만족하는 것으로 나타났다.

3. e-시장세분화(Segmentation)

1) 시장세분화의 개념

인터넷 마케팅의 궁극적 목적은 상호작용을 통하여 고객들의 필요와 욕구를 충족시키는 교환을 극대화하는 것이다. 인터넷이 도입된 초기에는 인터넷 사용자 집단을 하나의 동질 집단으로 판단하여 이분법을 적용하여 구분하였지만 현재 시점에서는 인터넷 사용자 상호간의 차이점을 보이고 있다. 따라서 잠재고객들의 필요와 욕구의 유사성에 따라 인터넷 사용자 시장을 각각 동질적인 특징을 지니는 하위시장으로 분리하고 각 하위시장에 적합한 마케팅 믹스를 적용해야 한다.

따라서 시장세분화(Market Segmentation)란 전체시장을 구성하는 잠재고객들을 동질적인 하위시장으로 나누는 과정을 의미한다.

2) 시장 세분화의 변수

인터넷 시장세분화를 위해서는 인구통계적 변수, 심리분석적 변수, 기술분석적 변수, 행동 분석적 변수 등 다양한 변수를 적용할 수 있다. 이러한 변수들 중 하나만을 시장세분화 변수로 선택하는 것은 아니며 몇 개의 기준을 조합한 형태로 사용할 수 있다.

(1) **인구통계적 변수**(demographic variables) : 나이, 직업, 소득, 교육수준 등과 같이 소비자 개인의 특성을 나타내는 변수

(2) **심리분석적 변수**(psychographic variables) : 사회계층, 라이프스타일, 개성, 태도, 느낌과 같은 소비자의 심리적 특성에 기초한 변수

(3) **기술분석적 변수**(technographic variables) : 소비자들이 기술에 대해 갖는 태도, 능력, 동기에 관한 변수

(4) **행동변수**(behavioral variables) : 고객의 행동과 밀접한 관련이 있는 변수로 인터넷 경험정도, 인터넷 이용 동기, 인터넷 접속 장소, 인터넷 사용시간, 인터넷 상표 애호도 등의 변수

4. e-표적시장 선정(Tarketing)

표적시장이란 가능한 세분시장들 중 기업이 표적으로 하여 마케팅 활동을 수행함으로써 고객은 물론 기업에게 가장 유리한 성과를 제공해주는 매력적인 시장을 의미한다. 표적시장 선정시 고려할 사항으로는 세분시장의 매력도를 분석하여 시장을 선택하는 것인데, 오프라인에서 갖고 있던 기반(Company), 세분시장의 규모의 성장 가능성(Customer), 경쟁현황(Competition) 등 세 가지 측면을 고려하여 선정한다.

(1) **기반** : 기업이 현재 어떠한 사명을 달성하고자 하며 어떠한 목표를 가지고 있느냐에 따라 시장의 의미는 달라지게 되므로 현재 구축한 이미지와 고객서비스 능력이 인터넷 비즈니스전개를 용이하게 할 수 있으나 이미지에 좋지 않은 영향을 미칠 수 있다. 따라서 세분시장을

평가함에 있어 현재 사업과 조화를 이룰 수 있는지에 대한 냉정한 검토가 이루어져야 한다.

(2) **규모나 성장 가능성** : 전자상거래 규모의 증가속도, 주식거래, 각종 티켓 예매 등의 시장 규모의 증대 속도, 광고시장의 증가 속도와 비교하여 시장 특성을 검토하여 어느 정도 성장 가능성을 예측할 수 있다.

(3) **경쟁관계** : 경쟁은 서로간의 시장 잠식 가능성을 의미한다. 경쟁이 치열한 시장에서 새로운 인터넷 비즈니스를 하고자 할 경우 시장을 선택을 신중히 고려해야 한다.

위와 같은 사항을 고려하고 세분고객을 공략하는 전략은 비차별적 마케팅, 차별적 마케팅, 집중적 마케팅 전략이 있다. 비차별적 마케팅 전략은 고객을 세분화하지 않고 한 가지의 제품이나 서비스로 전체시장을 대상으로 마케팅 활동을 전개하는 것을 의미한다. 인터넷에서 검색엔진 서비스나 디렉토리 같은 분야가 해당된다. 차별적 마케팅 전략은 여러 세분시장을 표적으로 하여 각 세분고객마다 차별화된 마케팅 활동을 전개하는 방법이다. 인터넷 사이트에서 유저가 관심있는 분야마다 해당 제품이나 서비스를 차별화하여 제공하는 것이 예가 될 수 있다.

집중적 마케팅 전략은 전략적으로 중요한 세분고객집단에 집중적으로 차별적 마케팅 활동을 펼치는 방법이다. 규모는 작으나 높은 시장 점유율을 확보하고자 하는 기업에게 적용된다.

5. e-위상정립(Positioning)

위상정립이란 목표 고객의 마음 속에 의미있고 독특한 경쟁적 위상을 차지하기 위해 기업의 컨텐트웨어와 이미지를 디자인 하는 것을 의미한다. 소비자들이 경쟁 사이트 또는 컨텐츠와 비교하여 갖고 있는 지각, 인식, 느낌 등이 복합적으로 구성되어 있는 것이다.

(1) **속성에 의한 위상정립** : 기업 자신의 속성이나 특성을 내세우면서

위상 정립하는 것이다. 예를 들어 다른 검색사이트와 차별화한 네이버는 지식 검색의 차별적 속성을 강조하였다.

(2) **편익에 의한 위상정립** : 편익을 강조하는 전략이다. 옥션의 경우 마트에서 장을 보는 것보다 소비자의 노력과 힘이 덜 든다는 것을 강조하여 편리함과 신속성을 강조하였다.

(3) **사용자의 위상정립** : 기업이 제공하는 서비스가 특정 사용자 그룹을 표적으로 하여 만들어진 최적의 것임을 강조하는 것이다. 10대 청소년만을 대상으로 한 사이트가 한 예가 될 수 있다.

(4) **경쟁자에 의한 위상정립** : 경쟁 사이트나 경쟁사이트가 제공하는 컨텐츠에 비하여 우월한 점을 강조하는 전략이다.

6. 5C 마케팅 믹스

인터넷 환경은 전통적인 4P믹스의 한계점을 극복할 수 있는 방법으로 인터넷 환경에서 새로운 마케팅 역할을 수행할 수 있는 전략적 믹스인 5C(Collaboration, Contentware, Commitment, Communication, Channel)를 설명하고자 한다.

(1) **콜래보레이션(Collaboration)** : 네트워크를 구성하는 주체간의 공동운명체적 생각으로 상호이익을 위하여 상대를 관리하거나 힘을 합치는 방법을 의미한다. 기업과 고객과의 관계 뿐만 아니라 기업과 기업, 고객과 고객의 관계 모두를 대상으로 할 수 있다. 고객을 단순히 판매의 대상이 아니라 기업의 협력자로 경쟁자도 상황에 따라 협력자로 만들 수 있어야 한다.

(2) **컨텐트웨어(Contentware)** : 교환을 하고자 하는 한 주체가 다른 주체에게 제공하는 모든 가치를 포괄하는 개념으로 제품과 체험의 두 차원으로 구분된다. 컨텐트웨어는 기존의 제품개념을 컨텐츠와 같은 디지털 제품, 정보, 시간, 편의성 커뮤니티 서비스 등과 같은 것이 포함될

수 있다.

(3) 커미트먼트(Commitment) : 컨텐트웨어를 제공받는 데 대한 반대급부로 교환하는 가치, 가격에서 확장 개념이다. 기존의 가격은 화폐적 가치만 의미하기 때문에 인터넷 상황에서 교환되는 더 다양한 가치를 포함한 어떤 커미트먼트를 요구할지 전략적으로 결정해야 한다.

(4) 커뮤니케이션(Communication) : 일 대 일 또는 다수 대 다수 사이에 다양한 방법을 통해 행하는 쌍방향 대화를 의미한다. 인터넷은 쌍방향 커뮤니케이션을 쉽고 저렴하고 실시간으로 가능하게 해줌으로써 고객과 일 대 일 대화도 가능하게 해주고 있다. 인터넷에서 쌍방향 커뮤니케이션이 가능한 방법은 광고, 판매촉진, PR, 구전 등이 포함된다.

(5) 채널(Channel) : 교환을 하고자 하는 주체 간에 제공하는 컨텐트웨어를 전달하는 경로이다. 유통 장소의 의미가 강했던 유통의 한계점을 극복하고 오프라인과 온라인 상의 모든 경로를 포함한다. 채널 관리는 유통경로를 어떻게 구성하여 효율화시키며 관리할 것이지 결정하는 것이다.

사례 14-3

Avnet Express, 아시아 전역에서 전자상거래 사이트 출범

중국 결제 기능을 지원하는 전자부품 전자상거래 사이트를 개시한 아시아 최초의 공인 배포업체

Avnet, Inc.(NYSE: AVT)의 Avnet Electronics Marketing 운영그룹의 일부분인 Avnet Express는 아시아에서 광범위한 전자상거래 웹 사이트를 개시했다. 이 사이트(http://www.avnetexpress.com/asia)는 중국 결제 기능을 제공하는 아시아 최초의 배포업체를 대표하는 웹 사이트이다.

Avnet Express, Asia라고 불리는 이 새로운 사이트를 통해 OEM 및 EMS 회사들의 디자인 및 구매 경영진들이 아시아 전역의 재고 사항을 신속하게 파악할 수 있다. 이들 경영진은 또한 Avnet Electronics Marketing의 글로벌 부품 메뉴에도 온라인으로 액세스할 수 있다. 현재 이 메뉴에는 400만개 이상의 다양한 부품이 올라 있다.

Avnet Electronics Marketing(EM) 신규채널개발 부문의 Beth Ely 수석 부사장은 "바로 지금 당사의 웹 고객 중 15%가 아시아에서 쇼핑을 하고 있으며, 이들이 주문한 부품이 미국의 창고에서 배송되고 있다"면서 "아시아에서 재고를 파악하고 구매할 수 있게 됨으로써, 아시아 고객들의 제품 개발 주기가 단축되고 물류 비용이 줄어들게 되었고, 또한 고객들이 자신의 위치에 가장 가까운 곳에서 제품을 주문할 수 있다"고 말했다.

그녀는 또한 "이 지역 내에서 현지 결제 방법과 현지 고객 서비스 지원을 통해 고객들이 더욱 쉽게 비즈니스를 수행할 수 있다"면서 "이 웹 사이트를 통해 Avnet Express는 해당 지역에 맞게 지역화된 콘텐츠와 기능을 갖춘 글로벌 플랫폼을 제공할 것"이라고 말했다.

Avnet Express, Asia는 부품 및 재고 검색, 가격 확인, 주문, 온라인 결제에 이르는 광범위하고 완벽한 온라인 서비스를 가능케 해주는 고급 전자상거래 플랫폼이다. 이 사이트는 파라미터화된 부품 검색, BOM(Bill of Material) 최적화, 부품 상호 참조 등의 여러 가지 강력한 기능을 제공한다. 이 사이트는 13개국 화폐와 중국어 간체, 일본어를 비롯한 9개 언어로 볼 수 있으며 AliPay, UnionPay, Visa 및 MasterCard를 통해 결제할 수 있다.

140개의 프렌차이즈 라인에 관한 풍부한 정보를 보유하고 있는 Avnet Express, Asia는 Avnet EM의 아시아 재고상황을 엔지니어들이 빠르고 효율적으로 검색할 수 있도록 도와준다. 이 사이트는 또한 다른 지역과 전세계에서도 검색과 주문을 지원하므로, 필요한 경우 멀리 떨어진 곳에서도 고객들이 제품을 구입할 수 있다.

Avnet Electronics Marketing Asia의 Stephen Wong 회장은 "Avnet Express, Asia는 당사의 기존 사업을 최적으로 보완하고 있으며, Avnet EM 공급망의 핵심적인 부분"이라면서 "당사의 디자인 서비스와 공급망 솔루션은 널리 알려져 있다. 이제, 인터넷의 성능을 활용하여 Avnet Express, Asia는 제품 공급을 더욱 확대할 것이며, 고객들이 필요에 맞는 다양한 검색, 주문 및 구매 모델을 선택할 수 있도록 선택권을 제공할 것"이라고 말했다.

아울러 Wong 사장은 "또한 고객의 특별한 요구사항을 충족시키기 위해, 필요하다면 당사의 지역 팀들이 현장 판매와 애플리케이션 지원도 제공할 수 있다"면서 "이를 통해 고객에게 진정한 가치를 더해주고, 다른 일반적인 전자상거래 웹 사이트와 Avnet Express, Asia를 차별화하여 고객 서비스를 위해 한층 더 노력할 것"이라고 말했다.

Avnet Electronics Marketing은 70개국 이상에서 EOEM(Electronic Original Equipment Manufacturers) 및 EMS(Electronic Manufacturing Services) 제공업체들에게 서비스를 제공하고 있으며, 피닉스에 본사가 있는 Avnet, Inc.의 운영그룹 중 하나이다. 이 회사는 주요 제조업체들의 전자 부품을 배포하고 관련된 설계망 및 공급망 서비스를 제공하고 있으며, 그룹의 웹 사이트 주소는 http://www.em.avnet.com이다.

포춘지 선정 500대 회사인 Avnet, Inc.(NYSE:AVT)는 전자 부품, 컴퓨터 제품 및 임베디드 기술을 배포하는 최대 업체 중 하나이다. Avnet은 세계 최고의 기술 공급업체들과 100,000명이 넘는 방대한 고객 기반을 서로 연결시켜주고 비용 효과적이고 부가가치가 높은 서비스와 솔루션을 제공함으로써 파트너의 성공을 도와준다. 2009년 6월 27일 종료된 회계연도에 Avnet은 162억3천만 달러의 수익을 기록했다. 자세한 정보는 http://www.avnet.com을 참조한다.

자료 : 연합뉴스, 2010.7.8

연 습 문 제

1. 전자상거래의 의의와 개념에 대하여 설명하라.

2. 전자상거래의 효과에 대하여 서술하라.

3. 전자무역이론에 대하여 서술하라.

4. 전자무역의 구성요소에 대하여 서술하라.

5. 인터넷 마케팅에 대하여 설명하라.

6. 5C 마케팅 믹스에 대하여 서술하라.

참고문헌

강원진, '글로벌 전자상거래 활성화를 위한 제도적 모델정립과 과제', 국제e-비즈니스학회지, 2000.

강태구, 『글로벌기업』, 무역경영사, 2008.

김광수·정동섭·이수영, 『국제경영』, 박영사, 2005.

김동기·한선해, 『국제마케팅론』, 박영사, 1988.

김병순 외 3인, 「한국기업의 국제경영전략」, 국제기업전략연구소, 1995.

김성수, 『21세기형 글로벌경영전략론』, 삼영사, 2008.

김은상, 『전략경영 & EDI』, 매일경제신문사, 1994.

김은희, '인터넷 전자상거래에 관한 연구', 숙명여자대학교 대학원 석사학위논문, 1998

김중배, 『국제경영학』, 형설출판사, 2001.

김중배·김숙웅, 『국제마케팅』, 형설출판사, 2008.

문준연, 『글로벌 마케팅』, 명경사, 2006.

박재기, 『글로벌 마케팅』, 형설출판사, 2005.

빈병길, 『국제경영』, 박영사, 1998.

반병길·이인세·이현수, 『국제마케팅』, 박영사, 2001.

신동민, 전자상거래의 추진현황 및 향후 전망, 시난 리뷰, 1997.

어윤대, 『국제경영』, 학현사, 1998.

오상현, 『국제마케팅』, 대명출판사, 2009,

원민관 전자상거래에서의 국제대금결제시스템에 관한 연구, 청주대학교 대학원 석사학위논문, 1997.

윤종훈 외 3인 공저, 『경영학원론』, 학현사, 2008.

이두희, 『통합적인터넷 마케팅』, 박영사, 2006.

이상진, 『전자무역』, 두남출판사, 2005.

이수영, 『글로벌 마케팅』, 대명, 2007.

이윤선, 『글로벌경영』, 청목출판사, 2007.

이장로, 『국제마케팅』, 무역경영사, 2008.

이장호, 『국제경영전략』, 박영사, 2003.

이재기, 『국제통상환경론』, 청목출판사, 2006.

이철·장대련, 『글로벌시대의 국제마케팅』, 학현사, 1998.

임천혁, 전자무역활용과 서비스요인에 관한 실증적연구, 건구대학교 대학원 박사학위논문, 2009.

장세진, 『글로벌경영』, 박영사, 2003.

정완용, 전자상거래의 입법방향과 법적문제, 경희대학교 대학원석사학위논문, 1997.

조동성, 『국제경영학』, 경문사, 1994.

주재훈, 『인터넷 비즈니스, 전자상거래』, 비봉출판사, 1998.

최장우, 『무역마케팅』, 두남, 2003.

한국산업기술진흥협회, 글로벌 기술경영을 위한 전략과 정책과제, 1996.

황중서, 『국제화시대의 기업』, 형설출판사, 2001.

전자무역촉진에 관한 법 제2조 제1항

전자상거래 국제논의 전문가포럼2002(2003), 산업자원부 한국전자거래 진흥원

E-business 표준화백서 : e 비즈니스를 선도하는 표준(2006), 산업자원부 : 한국 전자거래 진흥원

Albaum, G. & Strandskov, J., Duerr, E., and L. Dowd, *International Marketing and Export Management* 3rd(Addison-Wesley Publishing Co., 1998), p.133.

Bakos & Brynjolfsson, E., "From Vendors to Partners: Information Technology and Incomplete Contracts in Buyer-Supplier Relaionshoips", *Jouranal of Organisational Computing*, Vol. 3, No.3, 1993.

Bakos, Y., "Information Links and Electronic Maketplaces ; Implications of Interorganizational Information Systems in Vertical Markets", *Journal of Management Information Systems*, Vol. 8, No. 2, 1991.

Bensaou, M., (1991)Interorganizational Cooperation : The Role of Information Technology An-empirical Comparison of U. S. and Japanese Supplier Relation", *Information Systems Research*, Vol.8, No.2, 1997.

Buckley and Casson, Hill and Jones, *International Business: Competing in the Global Marketplace*, Irwin, 1995.

Buskirk, R., *Principles of Marketing, The Management View*, N.Y. : rev., 1965.

IPS. Interbrand's Best Global Brands, 2008.

Keegan, W. J., "Five Strategies for Multinational Marketing", in : H. Thorelli, H.Becker(ed), *International Marketing Strategy*, 3rd ed., N. Y. ect., 1984.

Keegan, W. J. and M. C. Green, Global Marketing, fifth edition, Prence Hall, 2008.

Kotra.

Martin S. Roth and Jean B. Romeo, "Matching Product Category and Country Image Perceptions : A Framework for Managing Country-of-Origin Effects", *Journal of International Business Studies*, Vol. 23, No. 3, 1992.

Michael R. Czinkota and Ilkka A. Ronkainen(), *Global Marketing*, New York, N.Y. : Dryden Press, 1996.

Robertson, T. S & Gatignon, H., "Competitive Effects on Technology Diffusion", *Journal of Marketing*, Vol. 50, No. 3, 1986.

Robock, S. H. & K. Simmonds and J. Zwick, Int'l Business and Multinational

Enterprise, Homewood, III: Richard D. Irwin, 1977.
Subhash C. Jain, *International Marketing Management*, PWS-Kent Publishing Company, Second ed. 1987.
Terpstra, V. & Ravisarathy, *International Marketing* 5th ed., 1991, pp.253-255.
Warren J. keengan and Mark C. Green, Global Marketing, prentice Hall, 2005.
Warren J. *Multinational Marketing Management* 3rd ed., Englewood Cliffs, N.J.: Prentice-Hall. 1984.
www.asean korea.org.
www.mofat.go.kr

찾아보기

[저자 약력]

• 이윤선

1987년 Graduate School, University of St. Tomas에서 경영학석사(MBA)받음.
1991년 Graduate School, University of St. Tomas에서 경영학박사(Ph.D. in Commerce)받음
1991년~ 인천대하교, 경원대학교, 상명여자대학교 교육대학원 강사 역임.
2005~2007년 성결대학교 교수 겸 학생처장 역임.
2008년 성결대학교 교수 겸 종합인력센터장 역임.
2008년~2010년 서울YMCA 이사 겸 재정위원회 위원장.
1991년~현재 성결대학교 경영학부 교수.

〈주요저서 및 논문〉
·『국제기업환경론』, 청목출판사
·『글로벌경영』, 청목출판사
·『경영전략』, 청목출판사
· The Economic Impact of FDI, Eunic Press.
· A Study on the Economic Impact: With Special Reference to Asean Countries.
· A Study on the Recent Trends of Korea's Overseas Investments.
· Foreign Direct Investment: Theories, Determinants, and Impact.
· Determinant Factors of Foreign Capital Inflow in Selected Pacific Nations: An Alternative Approach with Time-Series Data.
· 한국 IT산업의 국제경쟁력에 관한 연구
· 국제기업의 인적자원관리 전략에 관한 연구
· 이문화 경영과 커뮤니케이션에 관한 연구
· 국가정보화수준 평가를 위한 지표체계연구
· Brics의 투자환경에 관한 연구 외 다수.

글로벌마케팅

2019년 2월 20일 중판인쇄
2019년 2월 25일 중판발행

저 자 이 윤 선
발행인 유 성 열
발행처 청목출판사
서울특별시 영등포구 신길로 40길 20
전화 (02) 849-6157(代) · 2820 / 833-6090~1
FAX (02) 849-0817
등록 제318-1994-000090호

파본은 바꾸어 드립니다. 값 22,000원

http : //www.chongmok.co.kr

ISBN 978-89-5565-363-2